华南师范大学马克思主义研究丛书

历史主体的建构

——马克思主义农民理论中国化研究（1921—1949）

周建伟 著

中国社会科学出版社

图书在版编目(CIP)数据

历史主体的建构／周建伟著．—北京：中国社会科学出版社，2014.6
ISBN 978－7－5161－4458－9

Ⅰ.①历…　Ⅱ.①周…　Ⅲ.①马克思主义—发展—研究—中国
Ⅳ.①D61

中国版本图书馆 CIP 数据核字(2014)第 143633 号

出 版 人　赵剑英
责任编辑　孙　萍
责任校对　王兰馨
责任印制　王炳图

出　　版　中国社会科学出版社
社　　址　北京鼓楼西大街甲 158 号（邮编 100720）
网　　址　http：//www.csspw.cn
　　　　　中文域名：中国社科网　010－64070619
发 行 部　010－84083685
门 市 部　010－84029450
经　　销　新华书店及其他书店

印　　刷　北京君升印刷有限公司
装　　订　廊坊市广阳区广增装订厂
版　　次　2014 年 6 月第 1 版
印　　次　2014 年 6 月第 1 次印刷

开　　本　710×1000　1/16
印　　张　21.75
插　　页　2
字　　数　370 千字
定　　价　66.00 元

序

陈金龙

农民问题是中国革命、建设与改革的重要问题。中国共产党之所以能够领导革命取得成功，关键在于科学分析了农民，有效掌握了农民，找到了革命的主要依靠力量。农民理论不但是马克思主义中国化的重要领域，而且是马克思主义中国化的基点所在。时间具有化神奇为平常的功能，毛泽东提出的“农民是中国革命主力军”、“中国革命是新式的农民革命”等论断，当年可谓石破天惊，足够让那些“正统的”（教条的）马克思主义者震撼，但在今天已成常识，连中学生都不觉得有什么奇妙之处。由此，也产生了对中国共产党农民理论的简单化理解，仅将其视为“国情论”的结果。在一种程度上，这种看法不能说没有道理：中国农民人数最多，不靠他们靠谁？但问题在于，如果没有马克思主义农民理论的支持，这种趋向实用主义的农民理论，恐怕难以自称属于马克思主义理论体系，更不能说是中国化的马克思主义农民理论。

实际上，马克思主义中国化视阈中的农民理论是一个宽广的论域，其中包括马克思主义基本原理的理解，对经典马克思主义农民观的认识，马克思主义有关东方社会的论述（亚细亚生产方式），对马克思主义与中国革命关系的解释，对俄国革命模式的解读，对近代中国社会性质及其发展路径的理解，对中国革命的理解，对中国农民的属性、特征、地位、作用的理解，等等。从尽可能宽广的视阈分析近代中国的农民问题和各政治思想流派有关农民的论述，得出的结论才有可能贴近历史的真实，才有可能提出新的见解。新民主主义革命时期，是各种社会思潮各显身手、各展所长的时期，思想理论碰撞激烈，中共的农民理论与其他相关政治和思想流派形成了互动、斗争又相互吸收借鉴的复杂关系。比如，中共的农民理论与国民党对农民的认识与政策，与晏阳初、梁漱溟为代表的乡村建设派，形成了对话和竞争的关系。总之，中共的农民理论背后是系统的理论支持和实证支撑，而非某个天才人物顿悟式的天才创造或突发奇想；是各种思想理论对话互动的结果，而不是一种理论思想的单向度演进。

中共的农民理论和马克思主义中国化紧密相联，讨论中共的农民问题，离不开对马克思主义中国化的研究和阐释。我曾经在一篇文章中提出，马克思主义中国化研究存在“四多四少”的情况：研究马克思主义中国化历史进程的多，将马克思主义中国化作为专门问题进行探讨的少；分别研究马克思主义中国化理论成果的多，而将中国化马克思主义作为一个整体进行研究的成果少；孤立研究中国化马克思主义的成果多，而将“源”与“流”结合研究的成果偏少；对于中国化马克思主义理论本身的研究多，对于中国化马克思主义的实践研究少。我同时认为，推进马克思主义中国化研究，要在研究视阈和研究方法上不断创新，为此提出了四点建议：学科融合；视界多维；与时俱进；在学术研究与意识形态之间保持适当的张力。①今天看来，“四多四少”的情况有所改变，但仍然在一定程度上存在，我提出的四点建议仍然有其针对性和适用性。

本书作者周建伟是我指导的一名博士生，本书是他的博士学位论文，主题是新民主主义革命时期马克思主义农民理论中国化的历史进程和理论建构。了解以上一些背景性的东西，才能客观地对本书进行评析。总的来说，本书有三个特点：

一是分析视野有拓展。本书从内、外两个向度，解释了马克思主义农民理论中国化的建构历程和演进逻辑。内的方面，着眼于马克思主义理论和中共革命理论建构和革命实践历程，以“挑战与抉择”、“创造与转折”两个主题，追溯了马克思主义有关农民问题的论述，分析了马克思主义进入中国后在农民问题上面临的挑战，展示了马克思主义农民理论中国化内在理论演进的复杂过程。外的方面，著作以“民族—国家”、“社会—阶级”两个范畴，论述中国化马克思主义农民理论的建构逻辑和理论内容，展示不同理论流派间的话语互动，分析实践得失。总体来看，本书在“源”与“流”结合、理论与实践结合上有所拓展、有所创新。

二是理论建构有突破。马克思主义中国化研究的博士学位论文，有的问题意识明确，主线清晰，建构了合理的解释框架；有的虽然能够将所探

① 参见陈金龙：《深化马克思主义中国化研究的若干思考》，《教学与研究》2006 年第 2 期。

讨问题的来龙去脉讲清楚，但往往就事论事，在建构解释框架上力有不逮，或者没有解释框架。本书的问题意识明确，主线清晰，作者力图回答如下问题：在经典马克思主义著作中“消极落后”的农民，为什么成为了新民主主义革命的主力军？对马克思主义中国化来说，这蕴含了什么规律性的东西？对中国农民问题的解决来说，有哪些意义和启示？作者提出了历史主体建构这一核心概念，综合运用话语分析等方法，提出了自己的理论解释框架，对这三个问题进行了有说服力的阐释。对马克思主义中国化演进的过程，作者提出了一个带有后现代色彩的解释性概念——“承异”，基本含义是继承与断裂并存或结合。作者认为，理论的“断裂”之处，也就是新话语的生长之处。这些论述，体现了作者对马克思主义中国化、对中共农民理论理解的深化，有不少新意。

三是现实关怀强烈。意大利学者克罗齐说，一切历史都是现代史。历史与现实被一根线贯串着，难以分割。对中国来说，“三农”问题具有特殊的地位和重要性，事关中国革命、建设和改革的全局，事关中国现代化的路径和进程，用时髦的话说，事关中国梦的实现。任何研究“三农”问题的学者，都带有强烈的现实关怀，本书作者也不例外。本书的内容虽然止于 1949 年，但历史可以照亮现实，字里行间无不包含着作者对“三农”问题的现实思考。

周建伟是我指导的博士生中经历较为特别的一位。他硕士毕业后先在高校任教，后转到党政机关任职，从事政策研究工作，而后又脱产攻读博士学位。他既有一定的学术基础，也有对社会实际的切身认知，对很多问题有自己的见解和看法，在学术上也有自己的追求。建伟出身农家，研究农民问题是他的学术兴趣所在。他在硕士研究生阶段，正值我国“三农”问题突出、“三农”研究成为显学的时期，其硕士学位论文主题是我国农民的政治参与问题。近年来，我国解决“三农”问题的探索取得明显成效，学界“三农”问题研究热潮已过，甚至有趋冷的态势。不过，冷却也带来了反思，对学术研究特别是理性思考可能更有利。

我向来认为，对博士研究生，应当给予比较大的自主学习和自主研究空间。在入学时，我即向他们传达这样一种理念：攻博期间，要根据自己的知识背景、研究基础和学术兴趣，认认真真思考几个问题，这些问题很有可能就是今后的学术方向；认认真真读一些经典著作，这些著作很有可能就是学术研究的基础，受益终身。博士学位论文既是对学生学习研究的检验，也是对导师指导原则的检验。我和建伟商量他的博士学位论文选题，根据马克思主义中国化这一学科方向，结合我的指导理念和建伟的理论基础、学术兴趣，没有费太大周折，就定下了论文的方向和主题。但我还是有所担心，学术界非常重视农民问题的理论和实践的研究，研究成果已有不少，能不能与马克思主义中国化研究有机结合，有所突破，在分析视角、理论建构、学术观点、资料运用等方面有所突破、有所创新，是对作者的考验。博士学位论文的写作可以说是一个磨练身心的过程，我想对建伟也不例外。令人欣喜的是，经过三年的努力，他拿出了一篇有分量的论文，得到了答辩委员会的一致认可。我想，这是对作者潜心努力的最大肯定和鼓励。

博士研究生毕业后，建伟选择以学术为事业，留在高校工作。如果说博士学位论文是学术人的一个小高潮或小高峰的话，那我们有理由期待“后博士”时期学术研究新高潮或新高峰的到来。期待并祝愿建伟在学术研究的道路稳步前行，创出自己的一片天地！

是为序。

2013 年 12 月 1 日

目　录

序 …… (1)
绪论 …… (1)
第一节　问题的提出、研究思路、研究意义和概念界定 …… (1)
一　问题的提出 …… (1)
二　本书的总体思路和意义 …… (4)
三　概念界定 …… (7)
第二节　文献综述 …… (18)
一　关于党的农民理论的思想来源和发展动力 …… (18)
二　关于党的农民理论的主要内容 …… (22)
三　关于党的农民理论与马克思主义中国化的关系 …… (23)
四　对毛泽东农民理论的反思和批评 …… (25)
五　马克思主义农民理论中国化研究的特点和不足 …… (30)
第三节　研究方法和本书框架 …… (32)
一　研究方法 …… (32)
二　本书框架 …… (35)
第一章　挑战与抉择 …… (37)
第一节　遭遇中国农民：马克思主义农民观概略 …… (37)
一　马克思、恩格斯笔下的农民 …… (37)
二　列宁的农民理论 …… (44)
三　当马克思主义遭遇中国农民 …… (48)
第二节　理论引进和经验直觉：中共早期对中国农民问题的认识 …… (51)
一　两种取向的分歧：邓中夏与陈独秀的论争 …… (52)
二　理论与策略的供给：共产国际 …… (57)
三　一种新路径的探索：以毛泽东为例 …… (62)

四 早期中共农民话语的特点 …………………………………… (67)
第三节 理论自觉：党对中国农民问题认识的深化 ……………… (69)
一 党的六大对农民问题的认识 …………………………………… (69)
二 毛泽东的农村调查与革命实践 ………………………………… (75)
三 中国社会史论战对马克思主义农民理论中国化的贡献 … (84)
四 理论自觉与理论转折 …………………………………………… (93)
第二章 创造与转折 ………………………………………………… (96)
第一节 理论成熟：党的农民话语的完善 ………………………… (96)
一 对理论成果的吸收：以《中国革命与中国共产党》为例 …………………………………………………… (96)
二 理论思维的转型：马克思主义中国化 ……………………… (103)
三 话语与权力的变奏：延安的农村调查与整风运动 ……… (112)
四 党的农民话语体系的成熟 …………………………………… (123)
五 党的农民话语第一次转折的特点 …………………………… (126)
第二节 农民理论的再转折："严重的问题是教育农民" ……… (127)
一 历史背景的变化 ………………………………………………… (128)
二 话语内涵和理论来源 ………………………………………… (133)
三 党的农民话语的新拐点 ……………………………………… (139)
第三节 党的农民话语演变的特征与动力 ……………………… (142)
一 党的农民话语演变的特征 …………………………………… (143)
二 党的农民话语发展演变的动力 ……………………………… (147)
第三章 民族—国家 ………………………………………………… (152)
第一节 农民革命与主体地位的基础：对中国社会性质的认识 ………………………………………………… (152)
一 两种备选方案：亚细亚生产方式和社会发展"五阶段论" ……………………………………………… (153)
二 中国社会性质的论争：拒绝亚细亚生产方式 …………… (156)
三 中国社会性质的论争：接受和发展半殖民地半封建社会理论 …………………………………………… (166)
四 矛盾：毛泽东有关近代中国社会性质的话语及其策略 … (170)
第二节 农民主体地位与现代民族—国家的建构 ……………… (174)
一 农民主体地位的意识形态基石：民族主义 ……………… (174)

二　农民主体性的生成：启蒙与革命 …………………………… (177)
三　农民主体性的生成："传统的发明" ……………………… (191)
四　余论 …………………………………………………………… (196)
第三节　农民—人民话语与民族本位的革命科学 ………… (198)
一　农民—人民话语的生产 ……………………………………… (198)
二　民族本位的革命科学：新民主主义理论 ………………… (203)
第四章　社会—阶级 …………………………………………… (208)
第一节　结构—功能主义底色：党对中国农村阶级划分的演变与发展 …………………………………………… (208)
一　中国农村阶级分析的起步 ………………………………… (209)
二　农村阶级分析的发展 ……………………………………… (216)
三　农村阶级分析的完善 ……………………………………… (222)
四　农村阶级分析的特征 ……………………………………… (227)
第二节　中国农民的特征：革命与先进的辩证法 ………… (229)
一　对农民阶级属性的认识 …………………………………… (229)
二　对中国农民特征的分析 …………………………………… (234)
三　革命与先进的转换与结合 ………………………………… (238)
第三节　话语实践与村庄的阶级建构 …………………… (245)
一　领导权：革命知识分子与话语生产 ……………………… (246)
二　话语实践与微观社会的阶级建构：以《翻身》和《十里店》为例 …………………………………………… (251)
第五章　诠释与展望 …………………………………………… (266)
第一节　马克思主义农民理论中国化的路径、特征、启示和展望 …………………………………… (266)
一　马克思主义农民理论中国化的路径 ……………………… (267)
二　中国化马克思主义农民理论的内在紧张 ………………… (277)
三　推进中国化马克思主义农民理论继续发展 ……………… (286)
第二节　从农民理论中国化审视马克思主义中国化 ……… (297)
一　马克思主义中国化现有的解释模式 ……………………… (297)
二　从农民理论审视马克思主义中国化的解释模式 ………… (304)
三　马克思主义中国化一种补充的解释模式：承异论 ……… (307)
四　继续推进中国化马克思主义的创新和发展 ……………… (313)

结束语 …………………………………………………………………（317）
参考文献 ………………………………………………………………（320）
后记 ……………………………………………………………………（338）

绪　论

真理本身也不过是一种表述。[①]

——爱德华·萨义德

第一节　问题的提出、研究思路、研究意义和概念界定

一　问题的提出

"三农"（农村、农业、农民）问题是我国革命、建设和改革的根本问题，"三农"问题的核心是农民问题。对农民问题和农民理论的不懈探索，是中国近代以来的一个重要历史现象。各种不同派别的政治家、不同观点和旨趣的学者，都在农民问题和农民理论的探索上留下了足迹。其中，以毛泽东为代表的中国共产党人，在农民理论的创造上最为有力，也最为有效和成功，农民理论被认为是毛泽东等中共领导人对中国革命作出的最为重要的贡献，是马克思主义中国化最为突出和成功的方面。因此，学术界对中国共产党农民理论的研究一直没有停止，取得的研究成果非常丰富。不过，这并不代表这一领域的问题已经穷尽，没有进一步研究的必要和价值。实际上，在农民研究领域，不仅有许多理论的问题没有得到澄清和解决，甚至一些常识性的问题也存在遮蔽的现象。对党的农民理论，这个判断同样适用。比如，我们仍然要追问，以毛泽东为代表的中国共产党人是从什么向度来认识中国农民的？是从什么向度将马克思主义的农民理论中国化的？党的农民理论建构的历史进程和逻辑结构究竟是什么样的？他们在哪些方面吸收、借鉴或是批判、拒绝了当时林林总总的农民理论？其中的原因又是什么？回答了这些基本面的问题，才能更为有效地理

---

① 爱德华·萨义德：《东方学》，三联书店 1999 年版，第 349 页。

解中国共产党的农民理论，才能真正把握马克思主义农民理论的中国化，也才能真正解释马克思主义中国化，换言之，党的农民理论仍然具有可研究性。

当然，中国共产党农民理论的可研究性不仅基于问题本身的重要性和研究现状的不足，也是基于研究切入点和研究方法的选择及在此基础上能够带来的学术创新。现在，让我们回顾一下马克思、恩格斯、列宁和毛泽东对农民的一些论述，这些论述是我们耳熟能详的，但却能够说明农民和农民理论在中国共产党的革命话语体系中的独特位置，也能更好地解释为什么需要进一步研究党的农民理论。

在马克思、恩格斯那里，农民自身所代表的落后的生产关系不能适应资本主义大生产需要，农民所代表的生产方式及农民自身，在强大的资本主义面前，将不可避免地走向没落，并归于消亡。马克思、恩格斯虽然并未全面否认农民作为革命力量的作用和价值，但在他们笔下，农民归根到底是作为历史的客体而不是历史的主体而存在，农民因为其所代表的落后的生产方式决定了其具备的革命性是有限度的，农民的分散性、知识的有限性等也使其参与革命的可能打了更多的折扣。这些观点在马克思、恩格斯的著作中多次提及，其中最为著名的是马克思的这段论述：农民“不能以自己的名义来保护自己的阶级利益，无论是通过议会或通过国民政府。他们不能代表自己，一定要别人代表他们。他的代表一定要同时是他们的主宰，是高高站在他们上面的权威，是不受限制的政府权力，这种权力保护他们不受其他阶级侵犯，并从上面赐给他们雨水和阳光。所以，归根到底，小农的政治影响表现为行政权力支配社会”①。在马克思、恩格斯那里，农民和农民革命没有成为他们所设想的无产阶级革命的重要一环。美国学者爱瑟·金斯顿—曼（Esther Kingston - Mann）的话是有道理的：“马克思没有成功地将‘革命’农民融入他的理论框架，以致后来的马克思主义者在农民政策上痛苦地承受着机会主义之类的指责。”②

在列宁那里，对农民的评价演变成为著名的“两重作用”说：一方面，在贫困和破产的强大压力下，小农具备革命性；另一方面，农民在革

① 《马克思恩格斯选集》第1卷，人民出版社1995年版，第677—678页。

② Kingston - Mann, Esther, *Lenin and the Problem of Marxist Peasant Revolution*, New York: Oxford University Press, 1983, p. 18.

命过程中又表现出其小资产阶级性和小业主倾向，这使他们倾向于同无产阶级对抗，由此，在政治上，小农由于其革命性，可以与无产阶级结成同盟；但又因为其反动性，无产阶级对小农又要严加防备。[①] 列宁对农民在无产阶级革命中的地位和作用进行了修正和拓展，但基本上没有脱离马克思的经典观点。

当革命的烈火烧到中国这个东方农民国度时，毛泽东对中国农民在革命中的地位和作用作出了全新的评估："一切帝国主义、军阀、贪官污吏、土豪劣绅，都将被他们最后葬入坟墓。一切革命的党、革命的同志，都将在他们面前接受他们的检验而决定弃取。站在他们的前头领导他们呢？还是站在他们的后头指手画脚地批评他们呢？还是站在他们的对面反对他们呢？每个中国人对于这三项都有选择的自由，不过时局的命运将强迫你迅速的选择罢了。"[②] 在中国，一场新式的农民革命由此拉开了大幕。

以上引证想要说明的是，在马克思、恩格斯和列宁那里，农民主要是作为历史进程的客体而存在的，但在中国革命的进程中，农民的地位却出现了戏剧性和颠覆性的变化：历史客体成为了推动革命和社会进步最重要的、当然的历史主体。这无疑是一个重要的理论转变，但其中的演变逻辑又是怎样的？农民的历史主体地位是如何建构起来的？对这种变化应该如何评价？农民的主体地位在中国革命和马克思主义中国化进程中的意义是什么？对中国语境下注重"从实际出发"的学者来说，这些问题的答案似乎是"显而易见""不证自明"的。不过，看看一些海外学者在数十年前对毛泽东理论的评价是有意义的。迈斯纳这位毛泽东研究专家不无揶揄地写道："现代历史上一件具有讽刺意义的大事是：为先进工业国家的城市工人阶级而创立的马克思主义学说，居然变成了'落后的'农民国家中反对资本主义的革命运动所依据的主要思想体系。"[③] 莱塞克·科拉科夫斯基认为："毛主义的最后形式是一种激进的农民乌托邦，在它中间，虽然马克思主义的习语处处可见，但其主要的价值观似乎完全背离了马克思主义"；"毛不但强调中国不同于俄国，革命应该从农村向城市发展，而且也看到了贫苦农民是天然的革命力量。特别是他提出的社会阶层的革

① 《列宁选集》第1卷，人民出版社1995年版，第157—158页。

② 《毛泽东选集》卷一，东北书店1948年版，第20页。

③ 莫里斯·迈斯纳：《马克思主义、毛泽东主义与乌托邦主义》，中国人民大学出版社2006年版，第42页。

命性与贫苦农民的贫困性成正比例增长的观点，更是同马克思和列宁的看法相对立的。"[①] 对这样的观点，虽然国内学者时常表现出某种义愤，但这却对我们的"显而易见"和"不证自明"构成了实实在在的挑战，我们不能因为语境不同而一笑置之，因为，所谓的"显而易见"和"不证自明"，不过是思维在意识形态支配下产生的惰性而已，真正的问题仍然被"遮蔽"着，并没有从理论上得到解决，"解蔽"的任务仍然需要完成。也正因如此，本研究才具有些许的价值和意义。

二 本书的总体思路和意义

本书的切入点选择是农民历史主体地位的构建。历史主体地位问题是马克思、恩格斯、列宁等马克思主义经典作家的农民理论和中共的农民理论的一个重要"连接点"，具有拉康所提出的"征兆"（symptom）意义。齐泽克认为："'征兆'是一个特定的因素，它颠覆自己的普遍基础，犹如属（species）颠覆其种（genus）。"在齐泽克那里，"意识形态"就是马克思主义的"征兆"："我们可以说，马克思主义'意识形态批判'的基本程序已经是'征兆性的'了：它存在于对相异于既定意识形态领域的崩溃点（point of breakdown）的探测之中，与此同时，对于终止那个领域和获得其成熟的形式，它也是必不可少的。"[②] 笔者认为，在毛泽东那里，农民的主体地位问题也具有"征兆"的特征与意义，农民的主体地位不仅直接关系到对中国社会性质的认识、对中国革命性质的认识、对中国革命策略的认识、对中国共产党自身建设的认识，以及革命后国家和社会的发展方略，而且，它也是传统马克思主义与毛泽东的话语之间张力的集中显露，是传统理论的"崩溃点"，更是新话语形态的创生点。

本书的基本思路是：将农民的主体地位置于马克思主义与中共农民理论的连接点上，置于近代中国政治社会话语变迁和话语斗争的大背景下，以农民的主体地位建构为主线，全面探讨党的农民理论的演变与发展，阐析党的农民理论与其他政治和学术流派间关于农民主体地位的互动与斗争、批判与借鉴，在此基础上，以农民理论的演变来反思马克思主义中国化这个重大的历史与理论问题。

① 萧延中主编：《"传说"的传说》，中国工人出版社 1997 年版，第 580 页。

② 斯拉沃热·齐泽克：《意识形态的崇高客体》，中央编译出版社 2002 年版，第 29 页。

本书的理论意义主要在于，其一，能够在一定程度上深化对中国农民和党的农民理论的研究；其二，能够一定程度上拓展对马克思主义中国化的研究。就前者而言，农民学（Peasantology）是当今国际学术界方兴未艾的前沿学科，它把众多领域和流派学者吸引到了其中。[①] 马克思主义作为农民学的一个重要流派，在农民研究领域具有举足轻重的地位和影响。以马克思主义为指导，深化农民理论的研究，发展出成熟的中国化马克思主义的农民理论，是一个摆在我们面前的重大历史使命。但对中国学者来说，“我们不但不能照搬正统的古典主义或教条的马克思主义农民理论，也不能盲目趋时，附和西方的后现代的农民观。拥有世界农民人口的2/5、正在从事世界上最伟大的农民社会改造工程的中国，应该有自己的农民学理论体系”。[②] 本研究虽然并不直接以中国农民学或农民理论的体系建构为主要目标，但它的研究对象是中国农民和以毛泽东为代表的中国共产党人的农民理论，它将尝试性地分析和解答一些有关中国农民和中国革命、貌似显而易见但实际上却仍被“遮蔽”的问题，因此，本书对中国的农民理论和农民学的建构具有一定的意义，有利于深化对中国农民（以及一般意义上的农民）的认识，有利于中国化马克思主义农民理论的发展。就后者而言，正如陈金龙教授所指出的，当下的马克思主义中国化的研究中，孤立研究马克思主义中国化进程和成果的多，将马克思主义中国化作为专门问题进行探讨、将马克思主义中国化的“源”与“流”结合研究的成果偏少，“对于马克思主义中国化，不少已经论及的问题需要重新研究或解读，诸多尚未涉及的问题需要开拓领域、寻找新的理论生长点”。[③] 正是基于这个认识，本书将着重探讨马克思主义农民理论的中国化进程并以此观照和反思马克思主义中国化的解释模式，力求为马克思主义中国化

---

① 秦晖认为，目前国际上农民学是三种思潮并存：古典主义（正统自由派资本主义）、马克思主义和新民粹主义—后现代主义，其中新民粹主义—后现代主义正愈来愈成为农民学研究的主流；黄宗智认为，农民学具有三种传统：以西方经济学为代表的形式主义、以恰亚诺夫为代表的实体主义和以阶级分析为主要特点的马克思主义，黄宗智主张对中国农民需要一个囊括这三种传统的综合性研究（参阅秦晖、苏文《田园诗与狂想曲——关中模式与前近代社会的再认识》，中央编译出版社 1996 年版，第 10 页；黄宗智：《华北的小农经济与社会变迁》，中华书局 1986 年版，第 1—6 页）。

② 秦晖、苏文：《田园诗与狂想曲——关中模式与前近代社会的再认识》，中央编译出版社 1996 年版，第 11 页。

③ 陈金龙：《深化马克思主义中国化研究的若干思考》，《教学与研究》2006 年第 2 期。

研究添砖加瓦。

“三农”问题，是关系我国改革开放和现代化建设全局的重大问题，本书的研究直接指向“三农”问题的核心——党的农民理论和政策实践。作为一项历史研究，本书的当下性不可避免地存在某些不足，但本书的现实指向却是明显的，它希望通过对中国共产党农民理论演变发展的历史回顾和体系建构，为中国当下的“三农”问题起到追本溯源和提供镜鉴的作用。具体来说，就是结合马克思主义农民理论的中国化研究，对中国共产党对农民、农村、农业的理论认知进行历时性探讨，通过这种探讨，厘清改革开放后我国“三农”问题产生的一些理论和历史根源，并对当下我国“三农”问题的认识和解决提出一些有价值的思考。

需要说明的是，以毛泽东为代表的中国共产党人的农民理论内容十分丰富，国内学术界对其的研究已经比较系统和深入，本书关注的核心是中共农民理论中有关农民的历史主体地位和主体性问题，而不对中共的农民理论进行系统的分析概括。

还需要交代一下研究时段的选择。就本书主题而言，在研究时段上有三种可供选择的方案：一是从 1921 年到当下，对中共的农民理论进行长时段、全方位的梳理和阐释；二是将时间限定在延安时期，这是中共农民革命理论的成熟时期，毛泽东等中共领导人的成熟著作大多在这个阶段产生；三是将时间限定在 1921—1949 年。应当说，这三种选择各有其合理性和优越性。经综合考虑，笔者决定选择第三种方案，将时段限定在 1921—1949 年，原因主要是：第一，这段时期基本上属于中共农民革命的时期，将其作为一个整体来研究，在历史上和逻辑上可以保持一致性，不至于人为地肢解历史、割裂逻辑。第二，这段时期最为集中地展现了以毛泽东为代表的中国共产党人在农民理论上的创造，与马克思主义中国化的关系能够得到较为全面的展示，同时，各种文本比较丰富，能够比较全面地展现有关农民问题的不同话语体系的斗争，与话语分析方法的选择较为适应。第三，笔者认为，以毛泽东为代表的中国共产党人的农民理论以 1949 年为界，存在一个断裂，1949 年前是党在农民理论上最富独创性的时期，1949 年后农民理论则出现了回归苏联和斯大林的情况。选择论述 1921—1949 年期间的农民理论，一方面可以展示毛泽东农民理论断裂之前的全貌，另一方面又可以避免将毛泽东的农民理论视为铁板一块，厘清毛泽东农民理论的演变过程及变化情况，同时，也为比较和理解 1949 年前后毛泽东农民理论的断裂性演变提供了条件和可能。需要说明的是，本书不对中共和毛泽东的农民理论演变过程面面俱到地加以研究，而是结合分析方法和问题指向，选择这一时期内有代表性的事件和文本进行分析。

三　概念界定

本书的核心概念是历史主体、马克思主义中国化和农民理论等。这里先就主体概念进行扼要分析，提出一个历史主体建构的简要模型。对马克思主义中国化这一概念，根据行文需要，将在本书最后一章进行阐析。

主体（subject）的基本含义是人是自己的主人，成为主体，就意味着能够控制自己的命运，并拥有支配客体的力量。主体是具有特殊规定性的人，这种特殊规定性表现在：从外在关系上看，主体是相对于客体存在的；从内在本质上看，主体是自由、自觉的，主体能够自作主张，自主获得，能够履行自己的权利，承担自己的责任。主体意味着理性、自主、自为。要成为主体，在某种意义上说，并非易事。主体的外展就是主体性（subjectivity），也就是主体在与客体的关系中所呈现的能动性，是主体本质力量的充分外显。本书关注的是历史主体，它强调主体创造自己的历史，强调主体对既存社会结构和社会关系的革新能力。在革命时期，历史主体往往表现为革命主体。按照马克思主义的观点，所谓革命主体，就是积极参与革命，运用自己的力量改造旧的生产方式，革新上层建筑，创造新的社会形态的阶级或阶层。革命主体是历史主体的一种特殊形态。本书研究的时段是新民主主义革命时期，因此，本书所称的历史主体虽然是广义的，但主要是指革命主体，强调主体推动革命发展的能力和特征。

主体问题的重要方面是其生成问题。讨论主体的生成问题，就意味着主体实际上是被再生产出来的。建构历史主体，使其成为能够活跃于历史舞台、推动历史进步的力量，需要客观、主观和中介三方面的因素和力量（见图1.1）。

1. *历史主体建构的客观因素*

客观因素主要是建构历史主体的各种社会物质力量和社会结构及时空因素等。马克思主义强调社会的统一性，认为生产力—生产关系、经济基础—上层建筑具有决定与被决定关系，作为历史主体的某一阶级，其产生与没落都决定于生产力—生产关系、经济基础—上层建筑的矛盾运动。比

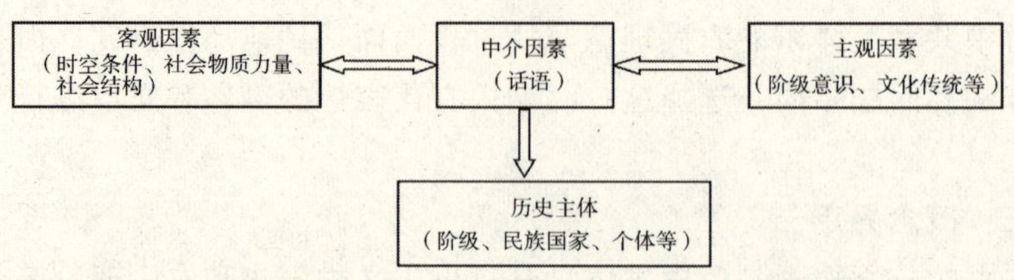

图 1.1 历史主体建构示意图

如，工人阶级登上历史舞台，成为推动历史发展的根本力量，是资本主义生产方式和工业化大生产的必然结果："随着大工业的发展，资产阶级赖以生产和占有产品的基础本身也就从它的脚下被挖掉了。它首先生产的是它自身的掘墓人。资产阶级的灭亡和无产阶级的胜利同样是不可避免的。"① 主体的生成与主体性的获得，受到人类的生产能力和与之相对应的社会结构、社会关系的影响和制约。这种影响和制约有积极和消极两个方面：积极方面，社会物质力量和社会结构决定和促进主体的生成，并形塑主体的品格，比如，无产阶级是由产业革命产生的，无产阶级登上历史舞台，成为历史的主体，就是现代大工业和资本主义生产关系的产物，现代大工业和资本主义生产关系，又决定了工人阶级作为历史主体的特征、地位和历史作用；消极方面，社会物质力量和社会结构使得某一阶级的主体性在某一阶段难以生成或不能充分发育，并使某些阶级丧失主体地位。马克思勾勒了主体性发展的三大阶段——人的依赖关系阶段、以物的依赖关系为基础的人的独立性阶段、建立在个人全面发展和社会生产能力成为共同社会财富基础上的自由个性阶段，② 这三个阶梯式的发展阶段，从宏观社会形态演进的规律解释了主体生成对客观因素的依赖。

社会物质力量和社会结构等因素在历史主体建构中的作用，是一个争论颇多的问题。从马克思主义所主张的唯物史观来看，客观因素无疑是阶级成为历史主体的决定因素，或者说，建构历史主体的所有因素都可追溯到社会物质层面。同时，马克思主义也带有某种结构主义特征，从结构的

① 《马克思恩格斯选集》第 1 卷，人民出版社 1995 年版，第 284 页。

② 参阅《马克思恩格斯全集》第 46 卷上，人民出版社 1979 年版，第 104 页。

角度看，客观因素不仅是建构历史主体的决定性因素，从结构主义的角度看，真正的主体甚至是结构而不是阶级（或人）。在这方面，阿尔都塞提供了一种有趣的解释，他认为，阶级并不是历史和社会的主体，但之所以人被视为主体，是因为真正的主体——生产关系不能被称为主体："生产关系的结构决定着生产者所占有的位置和所承担的功能，就他们是这些功能的承担者而言，他们不过是这些位置的占据者。因此，真正的'主体'（在过程的基本主体的意义上）不是这些占据者或功能者，也不是——尽管表面上是——'真正的人'，而是这些位置与功能的规定及分配。真正的'主体'是这些规定者和分配者，即生产关系（及政治的意识形态的生产关系）。但既然它们是关系，我们就不能在主体的范畴内来思考它们。"①

2. 历史主体建构的主观因素

主体生成的主观因素，是指蕴含于主体自身的、能够使自身成为主体的因素，也就是人的主体性的诞生和体现。最古典的现代主义解释是，主体性的诞生与增强，来自人的理性，而理性来自启蒙。典型的表述如笛卡尔所言："我思故我在"；或如康德所言："人为自然立法"。学术界对人的现代化问题的研究，林林总总的观点突出的也是主体性生成与强化的主观因素。马克思主义作为一种现代主义，虽然更为重视主体生成的客观因素，但它实际上同样强调主体自身的理性在主体生成中的重要地位，马克思主义对主体生成的主观因素也有自己的独特看法。

第一，突出阶级而不是个体的主体地位。马克思认为，参与和推动历史的基本力量是阶级，"个人隶属于一定阶级这一现象，在那个除了反对统治阶级以外不需要维护任何特殊利益的阶级还没有形成之前，是不可能消灭的"②。阶级相对于个人有其自主性，"阶级对各个人来说又是独立的，因此，这些人可以发现自己的生活条件是预先确定的：各个人的社会地位，从而他们个人的发展是由阶级决定的"③。个体要成为推动历史进程中的自觉参与者，必须意识到自己是阶级中的一员，认识到阶级在历史变革中的中心地位，因为，"要指明社会变革的动力和方向，必须从现实

① 阿尔都塞：《读〈资本论〉》，转引自孟登迎《意识形态与主体建构：阿尔都塞意识形态理论》，中国社会科学出版社 2002 年版，第 180 页。

② 《马克思恩格斯选集》第 1 卷，人民出版社 1995 年版，第 118 页。

③ 同上。

社会的对立的阶级中去寻找”①。马克思认为，阶级虽然是人类历史的普遍现象，但某一具体的阶级却是历史的，有一个形成、发展、衰亡的过程。

第二，强调阶级意识的重要性。这主要体现在马克思提出的从自在阶级（class in itself）向自为阶级（class for itself）转变的模式。自在阶级，如工人阶级，就是为资本主义生产关系所决定的工人阶级角色，这是一个居于社会结构中的“客观阶级”。自为阶级，则是主观上要对自身所处的阶级关系有明确认识，确立自己的阶级归属感和角色感，即阶级意识，并在阶级意识驱动下采取阶级行动，从而完成担负的历史使命的阶级。自为阶级既是居于一定社会结构中的“客观阶级”，也是有独立阶级意识和阶级行动的“主观阶级”。马克思对1848年的法国农民的一个判断是法国的农民还没有形成一个阶级，他们“不能代表自己，一定要别人代表他们”，根本原因是马克思认为法国农民还没有形成自己的阶级意识，是一个自在阶级而不是自为阶级。戈兰·余庞（Goran Therborn）总结认为，阶级形成实际上是客观与主观两个双重的过程，客观的过程包括既存的生产模式及人们被安排到不同经济实践中的过程，主观的过程则包含着人们发展出对自身与生产资料关系的理解，创造出对世界变迁的反应方式与发展出一系列共有的意识形态和政治实践。② 不过，今天的西方马克思主义学者虽然也基本围绕客观和主观方面来讨论阶级（以及作为主体的人）形成的过程，但似乎更加强调阶级意识在阶级形成过程中的作用。比如，英国学者约翰·汤普森在其名著《英国工人阶级的形成》中，引入了阶级行动、阶级经历等概念，打破了传统马克思主义阶级分析的经济决定论和结构论、化约论，强调工人阶级的形成离不开其独特的阶级经历，强调文化对工人阶级形成的作用和影响，强调是工人阶级创造了自己的历史。汤普森指出：“当一批人从共同的经历中得出结论（不管这种经历是从前辈那里得来还是亲身体验），感到并且明确说出他们之间有共同利益，他们的利益与其他人不同（而且常常对立）时，阶级就产生了。”③

① 王沪宁主编：《政治的逻辑——马克思主义政治学原理》，上海人民出版社2004年版，第65页。

② 转引自吴清军《西方工人阶级形成理论述评——立足中国转型时期的思考》，《社会学研究》2006年第2期。

③ 约翰·汤普森：《英国工人阶级的形成》，译林出版社2001年版，第1—2页。

讨论阶级意识，西方马克思主义主要创始人卢卡奇是不能回避的重要人物。卢卡奇认为，阶级意识不是组成某个阶级的单个人的思想的加总，也不是单个人思想的平均值，阶级意识是阶级在生成过程中对阶级所处的典型地位的“理性的适当的反应”，是“变成为意识的对阶级历史地位的感觉”，是受制约阶级对自己“社会的、历史的经济地位的无意识”。卢卡奇指出，阶级意识的成熟程度，代表着阶级主体性的增长程度；历史是实体，无产阶级及其阶级意识就是主体，对无产阶级而言，阶级斗争功能的发挥，完全取决于阶级意识，而不取决于具体斗争的胜利或失败，“革命的命运（以及人与此相关联的人类的命运）要取决于无产阶级的在意识形态上的成熟程度，即取决于它的阶级意识”。[①] 卢卡奇强调，阶级意识的丧失——对无产阶级而言就是“物化意识”占据了主导地位——将导致主体地位的丧失，因此，只有消除“物化意识”这种“虚假的表现形式”，“无产阶级才开始真正作为阶级而存在”[②]，换言之，阶级意识在很大程度上决定着一个阶级能否成为和在多大程度上成为历史的主体。

需要指出的是，在马克思主义学者中，对阶级（历史主体）形成过程中是客观因素起决定作用还是主观因素起主要作用是有很大争议的。持决定论和结构主义的马克思主义学者往往强调客观因素的决定性作用，反对以意识来解释阶级的形成。强调主观因素（意识）起主要作用的马克思主义学者虽然不反对社会存在决定社会意识这一马克思主义基本原理，但坚持马克思自在阶级向自为阶级转化的范式，认为阶级意

① 卢卡奇：《历史与阶级意识——关于马克思主义辩证法的研究》，商务印书馆 1995 年版，第 105、133、106、129 页。

② 同上书，第 257—258 页。卢卡奇将阶级意识提升到了统领的地位，但这个观点受到了一些马克思主义者的批评，如持结构主义观点的马克思主义学者波朗查斯就反对以“自在”和“自为”来划分阶级，他批评卢卡奇的阶级意识理论是以循环论和唯意志论来解释阶级问题。波朗查斯的批评是有一定道理的，以阶级意识来衡量阶级是否形成，确实带有唯意志论的色彩，并有“循环解释”的嫌疑：某个阶级形成了，是因为它具备了阶级意识；阶级意识形成了，是因为它成为了一个真正的阶级。但是，我们不能就此否定意识在阶级形成中的重要作用，我们要做的是运用结构、生活方式、意识形态、集体行动等多维的视角来分析阶级和阶级的形成。参阅尼科斯·波朗查斯《政治权力与社会阶级》，中国社会科学出版社 1982 年版，第 57—58 页。阶级问题是一个极其复杂的理论问题，对阶级、阶层理论的全面介绍，请参阅李强《社会分层十讲》，社会科学文献出版社 2008 年版；有关西方理论界关于阶级形成理论尤其是工人阶级形成理论的述评，请参阅吴清军《西方工人阶级形成理论述评——立足中国转型时期的思考》，《社会学研究》2006 年第 2 期。

识的形成是自为阶级形成和阶级成为历史主体的根本因素。有的学者则在两者之间徘徊，在理论上出现紧张和矛盾，典型者如阿尔都塞。阿尔都塞一方面从结构主义出发，强调结构而不是阶级（人）的主体作用；但另一方面，阿尔都塞又强调意识形态对主体的建构作用，认为是意识形态把个体呼唤为主体。阿尔都塞认为，意识形态建构主体的过程大致可归结为四个阶段：一是交织着各种意识形态的社会把“个体”当作介入社会实践的主体来召唤；二是个体接受召唤，把社会当作承认自己的对象，向社会屈从并经过投射反射成为主体；三是主体同社会主体相互识别，主体间相互识别，主体自我识别；四是把想象的状况当作现实的状况，主体向自己所认同的想象性对象靠拢，并依照想象性对象行动。①

国内学者对阶级形成的看法虽然没有发生过大的争议，但理解也是存在差异的。一般的学术著作中，对近代史上中国各阶级的形成，或者强调其形成的客观表现，如对中国工人阶级，大多就采用这一视角；或者认为某一阶级的存在是理所当然的，而既然这一阶级的存在理所当然，那他们按照阶级行动（主要是阶级斗争）的模式进行活动也是毋庸置疑的，对农民的研究往往潜藏这一假设。不过，对于一些可以争议的阶级，学术界还是有不同的看法，其中尤以资产阶级为最。② 虞和平认为，根据马克思主义理论，阶级形成这一概念的含义主要有两点：一是拥有同类生产资料而处于社会阶梯不同等级上的人群所组成，一个阶级就是一种经济社会等级；二是由上述各类人群组成社会大集团，所谓阶级的形成就是这种社会等级或社会大集团的形成，判别阶级形成的水平必须依据这种社会等级或大集团的形成及其存在状态。虞和平提出，衡量一个阶级形成与否，不能笼统地谈形成，而应该区别分析是自在状态上的形成还是自为状态上的形成，主要的判别标准有两个：一是看其组织程度如何；二是看其阶级斗争和阶级意识的水平如何。③ 虞和平的观点有一定代表性，他的观点说明，

---

① 陈越编：《哲学与政治：阿尔都塞读本》，吉林人民出版社 2003 年版，第 370—371 页；对阿尔都塞这一思想的阐释，可参阅孟登迎《意识形态与主体建构：阿尔都塞意识形态理论》，中国社会科学出版社 2002 年版，第 138—140 页。

② 参阅杨立强、沈渭滨《“近代中国资产阶级研究”讨论会综述》，《历史研究》1983 年第 6 期。

③ 参阅虞和平主编《中国现代化进程》第 2 卷，江苏人民出版社 2001 年版，第 436—439 页。

当前国内的学者一方面强调阶级形成标准上“自在”与“自为”的区别与统一，另一方面强调阶级形成过程中“自在”向“自为”的转变，但又似乎更为突出阶级形成的“自为”方面。虞和平以中国资产阶级形成的过程为例，提出了一个很有价值的论点，他认为，政党是阶级的最高组织形式，也是阶级“自为”的重要条件和标志，但受社会环境的影响，政党的出现和自为阶级的形成却又并非同步，在马克思分析的欧洲社会，自为阶级的形成或者先于政党出现，或者与政党同步出现；而在东方落后国家，政党的建立往往先于自为阶级的形成，阶级从“自在”向“自为”转变要在政党的领导和引导下才能实现。① 这个观点对研究中国农民（及工人）有一定启发意义。

笔者认为，各置一端的想法不利于对历史主体建构的全面理解，实际上，客观因素（社会物质力量和社会结构）和主观因素（阶级意识）都是阶级和历史主体形成的基本因素，同时它们中间还有一个沟通二者、影响二者的中介因素存在——话语（理论）。话语（理论）一方面反映和建构各种客观因素的结构和变化过程，另一方面也嵌入意识形态之中，成为阶级意识的重要成分，这也就是它能够成为主客观因素中介的原因所在。本书在探讨将农民构建为历史主体的客观因素和主观因素的同时，将着重研究中介因素在农民构建为历史主体中的作用和影响。

3. *历史主体建构的中介因素*

中介因素，是指主观因素和客观因素的链接因素，具体来说，就是解释主观因素和客观因素，并将其进行链接并进而整合为一个统一体的话语或理论。话语不仅反映主客观因素的状况，也对主客观因素进行链接和对接，并在一定程度上形塑着主客观因素。需要指出的是，本书赞同卢卡奇和阿尔都塞的观点，意识形态和阶级意识本质上是一种无意识，它虽然要由话语或理论来呈现，但它本身并不是话语或理论。

法国学者萨尔法蒂给话语下的定义是：“话语分析知识的对象，它指的是被认为与其产生的历史条件（社会的、意识形态的）相关的所有的文本整体。”萨尔法蒂认为，话语有三个标准，一是定位，即与一个既定的社会群体相关的社会学环境；二是记录，即承载它的媒介的品质；三是

---

① 参阅虞和平主编《中国现代化进程》第2卷，江苏人民出版社2001年版，第440—442页。

互文性（intertext），即一个文本的来源和另一个类型话语的其他文本之间保持的关系调节体制。① “从技术的意义上讲，话语是一种体现在特定语言中的专业知识体系，是一套组织见解和行为的思想形式。”② 在思想领域，话语可理解为理论，理论体系构成了话语系统。话语有四个突出的特征。

一是话语的建构与实践。话语具有强烈的建构性。福柯指出，人的主体地位实际上是知识—权力的产物，是真理话语的产物，这种建构性的话语观也可以在马克思那里得到回应。马克思有一句广为流传的话：“理论一经掌握群众，也会变成物质力量。理论只要说服人，就能掌握群众；而理论只要彻底，就能说服人。所谓彻底，就是抓住事物的根本。”③ 这深刻说明了话语（理论）在物质和意识之间的中介作用及话语（彻底的真理）对主体的形塑价值。齐泽克解释了话语为什么能够形塑主体，他指出，主体实际上是一个空位，要等待话语赋予其内容，“一个人的内容，‘他是什么’，将取决于外在的意指网络（signifying network），该意指网络为他提供符号性认同点（points of symbolic identification），授予他某些符合性委任”④。这实际上为我们解释历史提供了一个重要的维度。如杜赞齐在论及中国和印度历史上“人民”的产生时认为，作为民族主权基础的人民必须获得新生才能参与新世界，人民必须经过创造而成为人民，“在中国和印度那样的新民族国家，知识分子与国家所面临的最重要的工程之一，过去是、现在依然是重新塑造‘人民’。人民的教育学不仅是民族国家教育系统的任务，也是知识分子的任务”；“民族以人民的名义兴起，而授权民族的人民必须经过重新塑造才能成为自己的主人”。⑤ 同时，话语也并不是一个纯粹的个体行为或情景变量的折射，而是社会实践的一种形式。费尔克拉夫指出：“话语既是一种表现形式，也是一种行为形式。”⑥ 话语与社会结构之间存在着一种辩证的关系，话语是被社会结

① 乔治－埃利亚·萨尔法蒂：《话语分析基础知识》，天津人民出版社 2006 年版，第 10—11 页。

② 安德鲁·海伍德：《政治学核心词汇》，天津人民出版社 2008 年版，第 108 页。

③ 《马克思恩格斯选集》第 1 卷，人民出版社 1995 年版，第 9 页。

④ 斯拉沃热·齐泽克：《意识形态的崇高客体》，中央编译出版社 2002 年版，第 65 页。

⑤ 杜赞齐：《从民族国家拯救历史：民族主义话语与中国现代史研究》，社会科学文献出版社 2003 年版，第 19 页。

⑥ 诺曼·费尔克拉夫：《话语与社会变迁》，华夏出版社 2003 年版，第 60 页。

构所构成，但话语也承担着“说明世界、组成世界、建构世界”的任务。话语实践包括社会实践、政治实践和意识形态实践等内容。社会实践方面，“话语实践在传统方式和创造性方式两方面都是建构性的：它有助于再造社会本身（社会身份，社会关系，知识体系和信仰体系），它也有助于改变社会”。[①] 政治实践方面，“话语作为一种政治实践，建立、维持和改变权力关系，并且改变权力关系在其间获得的集合性实体（阶级、集团、共同体、团体）”[②]。而作为意识形态实践的话语，本身具有一个生产、分配、消费的过程，并建立、培养和维护（或改变）世界的意义。

二是互文性。互文性也称文本间性，是法国后结构主义代表人物朱丽亚·克里斯蒂娃（Julia Kristeva）提出的重要概念。互文性这一概念，“从文本的生产和文本的消费两个方向强调了某一具体文本同其外部各种因素的所有复杂性联系，使传统眼光中确定的、明晰和封闭文本走向一个广阔而复杂的开放性空间”，“最大限度地容纳了那些被传统文本观念说忽略的隐含性的非稳定因素”。[③] 克里斯蒂娃认为，文本词语的概念不是一个固定的点，不具有一成不变的意义，而是文本空间的交会，是诸多文本之间的对话；任何文本都是引语的拼凑，任何文本都是对另一些文本的吸收和改变；文本是一种生产力，文本与其所处的语言的关系是一种破坏—建立型的再分配关系，文本是众多文本的排列和置换。[④] 克里斯蒂娃揭示了文本意义的流动性和交互性，打破了封闭静止的文本观。经过罗兰·巴特、布鲁姆、吉内特、德里达等人，互文性得到了进一步的发展，比较著名的是罗兰·巴特提出的“作者已死”的命题和德里达提出的“延异”概念。互文性对理解文本意义的生成、话语的变迁等具有重要的意义，在思想史研究中具有重要地位。

三是话语能指的“漂浮”。索绪尔认为，概念是所指，音响形象是能

① 诺曼·费尔克拉夫：《话语与社会变迁》，华夏出版社 2003 年版，第 61 页。费尔克拉夫认为，在话语分析中，应避免两个陷阱：一是过分强调话语对社会的决定作用，二是过分强调社会对话语的建构作用。费尔克拉夫强调，要把话语和社会结构之间的关系看作是辩证的。

② 诺曼·费尔克拉夫：《话语与社会变迁》，华夏出版社 2003 年版，第 62 页。

③ 汪民安主编：《文化研究关键词》，江苏人民出版社 2007 年版，第 116 页。

④ 参阅王瑾《互文性》，载陶东风等主编《文化研究》第 5 辑，广西师范大学出版社 2005 年版，第 284—285 页。

指。索绪尔提出了一个非常重要的观点：语言中只有差异，这种差异主要表现在能指上。之所以会出现差异，是因为能指具有任意性；意义之所以产生，就在于差异的存在。后来者发展了索绪尔的这一思想，提出了能指具有自主性的思想，能指有时实际上处于无明确所指的状态，这就造成了能指的“漂浮”。“漂浮”的能指，意味着话语的能指具有多重指向，使得话语能够及时弥补主客观因素之间的裂缝，有效发挥其链接效应，将主客观因素进行串贯和整合。就中国的思想史研究而言，能指的“漂浮”意义十分突出，如吴冠军所言：“在当代中国思想界的各类论争中，‘能指’与‘所指’之间的复杂关系却未有得到认真地对待。而话语分析恰恰瞄准‘能指’与‘所指’之间的各种浮动的、异质的、多重的符号指向（与再度符号指向）及其过程，并关注于‘能指’在话语中所扮演的重要的角色：没有一个特殊的‘能指’，一个特殊的‘所指’是无法构想的……”① 吴冠军指出，在思想史研究中，要特别关注“主宰性能指”（Master－Signifier），即“没有所指的能指”（a signifier without signified），通过对“主宰性能指”的批判性审查，一些有助于理解话语秩序的、极具符号重要性的关键词可以得到追踪与分析，这些关键词组织起各种“普通”的符号指向链条（signifying chains），而后者则构筑着我们日常的语言使用。②

四是话语生产中的斗争与融合。针对同一个事物，往往是多种话语并存。费尔克拉夫指出：“话语不仅反映和描述社会实体与社会关系，话语还建造或‘构成’社会实体与社会关系；不同的话语以不同的方式构建各种至关重要的实体……并以不同的方式将人们置于社会主体的地位。”③ 正是由于不同的话语具有不同的构建社会实体与社会关系的方式，使得话语之间必然存在竞赛和斗争，也使话语带有了强烈的权力性，当然，这也使得领导权（主导性的能指）成为可能和必须。但这只是事物的一方面。话语的另一面是融合，即不同的话语在相同或不同的社会条件下结合起来，以建造一个新的、复杂的话语。比如，马克思主义中国化的过程既有

① 吴冠军：《话语分析与当代中国思想状况——一个思想札记》，载陶东风等主编《文化研究》第5辑，广西师范大学出版社2005年版，第111页。

② 参阅吴冠军《话语分析与当代中国思想状况——一个思想札记》，载陶东风等主编《文化研究》第5辑，广西师范大学出版社2005年版，第110—113页。

③ 诺曼·费尔克拉夫：《话语与社会变迁》，华夏出版社2003年版，第3页。

话语斗争的问题，也包含话语融合问题，在复杂的斗争与融合过程中，中国化的马克思主义才最终获得话语的领导权。

话语能够成为主体建构主客观因素之间的中介，与以上几个特征密切相关。能指的“漂浮”，使话语能够从容不迫地在社会结构和意识间建立对应性关系；互文性能够让话语更加开放地指称文本之间的复杂关系；话语的生产性、斗争性和实践性，使话语不仅能够反映主客观因素，也能够融贯主客观因素，并根据需要形塑主客观因素，形成逻辑上的内在统一，并最终使历史主体得以建构。需要指出的是，建构历史主体，是话语能动性的集中体现，但这种建构是建立在物质基础和社会结构基础上的，也是包容了主客观因素的。

4. 主体的类型

发现和塑造历史主体，推动社会和政治革命，促进社会的发展进步，是中国这个东方国家面临的首要任务。在这个历史过程中，存在多种类型的主体。

阶级。阶级作为历史演变的根本力量，最为马克思主义所重视。阶级分析，也是中国革命中寻找历史主体的基本方法。前文已对作为历史主体的阶级进行了较为详细的分析。

阶层。马克思主义的阶层分析隶属于阶级分析，阶层是建基于阶级之上的。由于中国革命的主力军是农民，而农民的构成极为复杂，在阶级分析的基础上，阶层划分就不可避免。阶层分析的结果是，有的农民阶层是革命的当然主力，是推动历史进步的当然主体，而有的农民阶层在革命中的地位则尴尬无比。

个人。个人成为主体，是欧洲启蒙运动的一大成果，也是现代主义的重要主张。马克思主义虽然强调阶级在历史变革中的作用，但也并不否认个人的主体地位。不过，从中国近代史演进的情况看，个人主体地位意味着理性和个性的发展与发达，是历史进步的表现，但却会与中国的革命现实和革命需要产生紧张和矛盾，个人的主体地位由此也就处于一种尴尬状态。

民族—国家。“民族—国家只存在于与其他民族—国家的体系性关系中。”① 建构民族—国家，实现民族独立，争取民族—国家在国际体系中

① 安东尼·吉登斯：《民族—国家与暴力》，三联书店1998年版，第5页。

的应有地位，是中国国家建设的一个重要目标和任务。但是，在建构民族—国家的过程中，民族—国家同时也作为一个重要的历史主体而存在，而且，它还是超越于其他所有主体的主体。作为主体的民族—国家需要一套话语体系进行建构。就本书研究的主题而言，毛泽东的农民话语，是民族—国家建构的核心话语之一；将农民塑造为历史的主体，是民族—国家建构的重要一环。

有必要对“农民理论”这一个词汇进行简要说明。从笔者涉猎的资料看，国内学者采用的大多是“农民问题理论”“农民问题学说”“关于农民问题的理论”等提法，很少有人采用“农民理论”这一术语。笔者所见，只有秦晖教授倡导要建立的“农民学”，与本书所称的“农民理论”意义相近。笔者之所以采用“农民理论”这一术语，并不是想要标新立异，而是有所考虑的：第一，笔者认为，农民本身并不是什么问题，用包含“农民问题”字眼的词汇，在表述上并不准确，也容易引起误解，仿佛农民天生只会带来问题；第二，不管采用什么表述，其基本点都是有关农民的各种理论分析，农民及其历史、所处的环境等是直接的研究对象，因此，在不影响这个基本点的前提下，应该选取一个既能够较好地表述其内涵和外延，又简洁明了的词汇。基于以上两方面的考虑，本书决定采用“农民理论”这一词汇。

第二节 文献综述

党的农民理论，一直是国内学术界研究的重要内容，成果丰硕。由于农民理论在中共革命和理论体系中的特殊地位，海外中国研究领域尤其是毛泽东研究领域，对中共农民理论的研究一直是重点之一，学者之间观点纷呈。

一 关于党的农民理论的思想来源和发展动力

马克思、恩格斯、列宁等经典作家的农民观，是中共农民理论的基本来源。近年来，国内学者加大了对经典作家农民观的研究，比如，何增科的《马克思、恩格斯关于农业和农民问题的基本观点述要》、邢艳琦的《列宁、斯大林关于农业和农民问题的基本观点述要》较为全面和简要地概括了经典作家对农业问题、农村问题和农民问题的有关理论观点;[①] 欧阳斌、唐春元在《毛泽东的农民问题理论研究》一书中，也分别对马克思和恩格斯、列宁和斯大林的农民理论进行了概括;[②] 秦晖的《田园诗与狂想曲》等著作，详细回顾和分析了马克思主义经典作家的农民观，阐释了马克思主义有关农民的理论观点是如何随着具体的历史条件、领导人的特质等因素的改变而改变的，剖析了经典作家在农民问题上的观点差异。[③]

对党的农民理论的思想来源和发展动力，学术界主要有四种观点。

一是强调马克思主义的理论根基作用。这种观点是国内学术界普遍接受的观点，认为中国共产党（毛泽东）的农民理论主要来源于马克思、恩格斯、列宁等经典作家的思想。比如，肖浩辉等学者从马克思主义的阶级分析观点、对农民的历史地位和作用的分析、解决农民土地问题的思想、工农联盟的思想、引导农民走合作化道路、发展现代化大农业的思想等六个方面详细阐述了马克思主义作为中国共产党（毛泽东）的农民理论的思想来源的表现和作用，认为马克思主义关于农民问题的理论“不仅为毛泽东关于农民问题的思想确定了正确的立场、观点和方法，而且为其确立了系统、丰富的理论内容，是毛泽东领导农民革命运动的指导思想”[④]。

二是强调中国共产党尤其是毛泽东的独立探索。国内的主流观点认为，以毛泽东为代表的中国共产党人独立探索和创立了中国的革命道路，尤其是农民革命理论，共产国际和苏联虽然对中共有理论上的指导，但其作用是有限的，甚至很多时候是消极的、错误的。胡绳认为，是以毛泽东为代表的中国马克思主义者，在中国革命处于极端危险的紧要关头表现出可贵的革命首创精神，为中国革命探索出了农村包围城市、武装夺取政权

① 俞可平等主编:《马克思主义研究论丛》(第5辑)“农业农民问题与新农村建设”，中央编译出版社2006年版，第1—44页；两文也发表在《马克思主义与现实》2005年第5期。

② 参阅欧阳斌、唐春元《毛泽东的农民问题理论研究》，浙江人民出版社1993年版，第10—20页。

③ 秦晖、苏文:《田园诗与狂想曲——关中模式与前近代社会的再认识》，中央编译出版社1996年版；秦晖:《土地革命=民主革命？集体化=社会主义？——马克思主义农民理论的演变与发展》，《学术界》2006年第6期。

④ 肖浩辉主编:《毛泽东与中国农民》，湖南出版社1993年版，第1—28页。

这样一条前人没有走过的正确道路。[①] 白钢认为，毛泽东关于农民的理论，成为中国新民主主义的政治、经济、军事和文化的纲领和政策的基础和出发点，解决了中国这样的落后农民国家的民主革命问题，给世界落后国家提供了榜样，"这是毛泽东对马克思主义的杰出贡献"。[②] 石仲泉强调毛泽东的调查研究对中共形成对中国革命问题尤其是农民问题的正确认识并提出正确的革命理论的作用，意在突出毛泽东在农民理论上的开创性和独创性。[③] 总的来说，大陆学者大多强调以毛泽东为代表的中国共产党人在农民问题上打破了共产国际的教条，独立自主地探索中国的革命道路。[④] 不过，以费正清等为代表的部分国外学者则更进一步，认为中共的农民理论和农民革命是毛泽东和中共的独创，已经偏离了经典的马列主义，形成了独具特色的"毛主义"（Maoism）。如本杰明·史华兹认为："毛主义战略实质上是在一个纯粹农民群众的基础上强制推行一个按照列宁主义原则组织起来并马列主义某些基本原理而获得生命力的政党。"他们进一步提出，毛泽东有关农民的理论和思想主要来自民粹主义，这是毛泽东农民理论独创性的重要来源。国内学者如李泽厚等也认为毛泽东的思想带有民粹主义的色彩和成分，这种色彩和成分主要就是体现在毛泽东的农民理论中。[⑤]

三是强调共产国际（苏联）的理论指导作用。国内部分研究共产国际的学者强调党和毛泽东在农民理论上的开创性的同时，也指出农民革命的理论基础和基本战略主要来源于共产国际。国内研究者较为一致的看法是，共产国际和斯大林在中国革命的问题上有很多错误，但也有重要的理论贡献，如阐明了中国革命的性质、特点、对象、任务、动力、前途等基本问题，阐明了东方半殖民地半封建社会发动农民开展土地革命的有关思想，这对于党和毛泽东农民理论的建构有重要的指导作用。[⑥] 曹军认为，共产国际和斯大林关于中国社会性质和革命任务的理论、策略是正确的，

① 胡绳主编：《中国共产党的七十年》，中共党史出版社 1991 年版，第 115 页。

② 白钢：《中国农民问题研究》，人民出版社 1993 年版，第 17 页。

③ 石仲泉：《毛泽东的艰辛开拓》，中共党史资料出版社 1990 年版，第 10—22 页。

④ 何萍、李维武：《马克思主义中国化探论》，人民出版社 2002 年版，第 112—125 页。

⑤ 参阅李泽厚《中国现代思想史论》，天津社会科学院出版社 2004 年版。

⑥ 参阅翟作君主编《共产国际与中国革命史关系研究荟萃》，复旦大学出版社 1990 年版，第 124 页。

关于中国农民问题的认识“在一般意义上来讲也是正确的”[①]。杨奎松在《马克思主义中国化的历史进程》一书中，详细阐述了共产国际在农民问题上对中共的指导，同样强调共产国际的正面作用。[②] 有的海外学者则认为，中共的农民理论不过是执行共产国际和苏联的指示而已，没有独创性可言，如卡尔·魏特夫回顾了列宁和共产国际有关东方落后国家革命的论述后提出，那种认为毛泽东的农民理论为核心的“毛主义”不过是一个“传说”而已，毛泽东的农民理论实际上全部来自列宁、斯大林和共产国际，毛泽东本人也承认这一点。[③] 不过，也有学者主张要具体分析共产国际（苏联）在基本理论上对中国共产党的影响，如秦晖、苏文在论及中国共产党农民理论的基础——封建社会观时，详细追溯了马克思的封建社会观到列宁的封建社会观的演变过程，他们认为，列宁主义的封建社会观与马克思的封建社会观是有不同的，中国共产党基本上是向斯大林实行“拿来主义”，因而也“拿来”了苏联的封建社会观，这种封建社会观与中国的实际未必符合；[④] 冯天瑜也持同样的观点，他认为毛泽东接受了苏联和共产国际所持的“泛化封建社会观”。[⑤] 也有学者对共产国际的作用持折中态度，认为共产国际的指导促进和加速了中国共产党（毛泽东）农民理论的形成，同时，毛泽东对农民理论的艰苦探索，也对共产国际有关中国革命的理论产生了积极影响。[⑥]

四是认为中国传统思想、孙中山的有关理论、中国的历史经验等也是中共（毛泽东）农民理论的重要来源。何萍、李维武认为，马克思主义与中国传统文化有相通之处，通过中国的马克思主义者“依据马克思主义对中国传统文化作出新的理解和阐释”，使马克思主义与中国传统文化的结合成为了可能，农民理论的形成和发展也是如此。[⑦] 肖浩辉等学者认为，毛泽东有关农民问题的思想具有民本主义、重农抑商、均贫富等

---

① 曹军：《毛泽东思想与共产国际关系研究》，陕西人民出版社 1996 年版，第 13 页。

② 参阅杨奎松《马克思主义中国化的历史进程》，河南人民出版社 1994 年版。

③ 参阅卡尔·魏特夫《“毛主义”的传说》，载萧延中主编《“传说”的传说》，中国工人出版社 1997 年版，第 212—249 页。

④ 参阅秦晖、苏文《田园诗与狂想曲——关中模式与前近代社会的再认识》，中央编译出版社 1996 年版，第 41 页。

⑤ 参阅冯天瑜《“封建”考论》，武汉大学出版社 2006 年版，第 286—302 页。

⑥ 佟艳：《共产国际与毛泽东农民问题理论形成的关系》，《学术交流》2005 年第 1 期。

⑦ 何萍、李维武：《马克思主义中国化探论》，人民出版社 2002 年版，第 41 页。

“传统文化基因”，孙中山的民生主义思想也对毛泽东的农民理论有一定影响。[①] 通过对孙中山与毛泽东有关思想理论的对勘，陈金龙指出，孙中山是毛泽东政治思想的一个重要来源。[②] 周连顺认为，毛泽东特别注重中国农民身上传统的不畏强暴的反抗精神，特别注意从社会下层寻找革命的力量，积极总结历史上农民战争的经验教训，这也是毛泽东农民理论得以形成的重要因素。[③]

二 关于党的农民理论的主要内容

学者们基本上是根据《毛泽东选集》和毛泽东的其他著作归纳中共农民理论的内容，表述虽有所不同，但实质上差异不大。肖浩辉主编的《毛泽东与中国农民》是一本论述党和毛泽东农民理论的专著，分析阐述了毛泽东关于农民问题思想的渊源以及民主革命时期、社会主义改造时期、社会主义建设时期毛泽东有关农民问题的理论，该书将民主革命时期毛泽东关于农民的思想概括为四个方面：（1）农民问题是中国民主革命基本问题的思想；（2）农村包围城市武装夺取政权的思想；（3）土地革命是中国民主革命主要内容的思想；（4）在农民占人口大多数的国家建设马克思主义政党的思想。[④] 欧阳斌、唐春元对毛泽东农民理论的概括是：（1）农民问题是中国民主革命的中心问题；（2）民主革命时期的农民问题实质上是土地问题；（3）中国共产党的武装斗争实质上是无产阶级领导的农民战争；（4）农业合作化是农民的根本出路；（5）工农联盟是人民民主专政的基础；（6）严重的问题是教育农民。[⑤] 白钢认为，毛泽东的农民观包括：农民问题的出发点是建立工农联盟、农民问题是中国革命的根本问题、农民阶级是一个有缺点的阶级、农村发展的道路是合作化和集体化，同时，白钢归纳了革命时期毛泽东的农民思想从三个方面丰富了马克思主义：（1）农民是中国革命的主要力量，是工人阶级坚定的同盟军；（2）农民是最大的革命派；（3）中国革命实质是农民革命。[⑥] 鞠健

① 参阅肖浩辉主编《毛泽东与中国农民》，湖南出版社 1993 年版，第 29—54 页。

② 参阅陈金龙《继承与超越——毛泽东与孙中山比较研究》，广东教育出版社 1998 年版。

③ 周连顺：《毛泽东与马克思主义中国化》，博士学位论文，北京大学，2006 年。

④ 肖浩辉主编：《毛泽东与中国农民》，湖南出版社 1993 年版。

⑤ 欧阳斌、唐春元：《毛泽东农民问题理论研究》，浙江人民出版社 1993 年版。

⑥ 参阅白钢《中国农民问题研究》，人民出版社 1993 年版，第 4—51 页。

认为，毛泽东在五个方面为马克思主义农民理论的中国化作出了贡献：（1）农民不仅是同盟军，而且是主力军；（2）依靠农民建立革命军队，形成人民战争的思想；（3）党组织的大门向农民中的先进分子开放，用整风形式解决党建问题；（4）科学分析农民中的各个阶层，采取不同的政策策略；（5）对农民身上存在的缺点和错误加以教育和引导。①

三 关于党的农民理论与马克思主义中国化的关系

党（毛泽东）的农民理论与马克思主义中国化的关系，主要涉及两个问题。

第一个问题是农民理论在马克思主义中国化过程中的地位和作用问题。学术界普遍认为，农民理论的形成在马克思主义中国化的过程中占据着特殊的地位，是实现马克思主义中国化第一次飞跃的重要特征。虽然学者们不否认农民理论在马克思主义中国化过程中的重要性，但具体观点也存在些微差异。主流的观点认为，农民理论的形成是马克思主义中国化第一次历史性飞跃的标志性事件，如代表官方和主流学术观点的最新大学教材认为，中共农村包围城市、武装夺取政权的革命道路，是“运用马克思主义的立场、观点和方法分析、研究和解决中国革命具体问题的光辉典范，对于推进马克思主义中国化具有重要的方法论意义”②；张琳认为，毛泽东领导创立农村革命根据地的实践，奠定了马克思主义运用于半殖民地半封建社会的中国革命模式的雏形，揭开了马克思主义中国化的序幕，标志着马克思主义中国化探索的开始；③ 吴玉才认为，农民理论不仅是马克思主义中国化第一次历史性飞跃的基点和突破口，而且是第一次历史性飞跃要解决的中心问题。④ 不过，也有学者认为，农民问题是革命领导权的中心问题之一，农民问题本质上是无产阶级的领导权问题，这实际上是在暗示，农民理论与马克思主义中国化的第一次历史性飞跃的关系也许并

---

① 鞠健：《论毛泽东在马克思主义农民理论中国化方面的主要贡献》，《社会主义研究》2005 年第 1 期。

② 本书编写组：《毛泽东思想、邓小平理论和“三个代表”重要思想概论》，高等教育出版社 2007 年版，第 55 页。

③ 张琳：《马克思主义及其中国语境》，中国环境科学出版社 2002 年版，第 260 页。

④ 吴玉才：《农民问题在第一次历史性飞跃中的历史地位》，《淮南师范学院学报》2003 年第 1 期。

不如想象得那么密切，地位和作用也并不如想象得那么大。[①]

第二个问题是农民理论与马克思主义中国化的属性和特征问题。学者们普遍认为，农民理论是马克思主义中国化的一个重要方面，在一定程度上影响着马克思主义中国化的属性和特征。具体来说，主要有以下几种观点。

一是结合论、发展论。这是国内学术界的主流观点，如吴玉才认为，农民理论是马克思主义的普遍真理与中国实际相结合的范例，也是结合成功及马克思主义进一步发展的标志；[②] 前述白钢、鞠健等学者实也持相似观点。近年来，也有学者从新的角度切入和分析农民与马克思主义的结合问题，如冯崇义从"农民意识"的角度阐述农民问题与马克思主义中国化的关系，他认为，在中国化的马克思主义中，原本被经典作家认为是同盟军的农民一跃成为革命主力军，原本被经典作家认为是革命边缘地带的农村一跃成为革命中心，这些变化无疑适应了中国革命也就是"新式农民战争"的需要，但"绝大多数成员来自农民、长期生活和战斗在农民中间的中国共产党在理论上突出农民的结果，是农民意识对中国共产党的革命理论较大的渗透"。[③] 也就是说，马克思主义中国化中的"结合"，实际上包括中国农民意识与马克思主义的结合。当然，对这种"结合"的评价，那就见仁见智了。

二是正统论。这种观点认为，中共的农民理论只不过承接了马克思列宁主义的观点并付诸实践而已，并没有什么新鲜的东西；马克思主义中国化不过是将马列主义理论运用于中国的实践而已，中共的独创性成分极少。如前所述，卡尔·魏特夫坚持认为，中共和毛泽东的农民革命理论不过是上来自于列宁、斯大林和共产国际，并无多少毛泽东独立创造的东西，"毛主义"不过是一个人为的"传说"而已。[④]

三是异端论。这种观点认为，作为中共（毛泽东）革命理论核心的

① 参阅沙健孙主编《中国共产党史稿》（1921—1949），第2卷，中央文献出版社2006年版，第511—515页。这种解读方式可能是试图避开毛泽东农民理论牵涉到的棘手的民粹主义问题。

② 吴玉才：《农民问题在第一次历史性飞跃中的历史地位》，《淮南师范学院学报》2003年第1期。

③ 冯崇义：《走出轮回：农民意识与百年中国》，吉林文史出版社1997年版，第185页。

④ 参阅卡尔·魏特夫《"毛主义"的传说》，载萧延中主编《"传说"的传说》，中国工人出版社1997年版，第212—249页。

农民理论是经典马克思主义中所没有的，是独创性的，中共（毛泽东）所谓的马克思主义中国化实际上已偏离了正统的马克思主义，而带有“异端”的性质。最先提出“异端论”的是本杰明·史华兹、斯图尔特·斯拉姆、莫里斯·迈斯纳等哈佛大学中国研究小组成员及戴维·麦克莱伦、莱塞克·科拉科夫斯基等学者。史华兹给“毛主义”下的定义是：“毛主义战略实质上是在一个纯粹农民群众的基础上强制推行一个按照列宁主义原则组织起来并因信奉马列主义某些基本原理而获得生命力的政党。”史华兹认为，以农民理论为核心的“毛主义”是对马克思列宁主义有关无产阶级革命核心思想预见的背离，构成了“异端”行为，“毛主义”可以说是一种“独创性异端”。① 迈斯纳认为，毛主义因强调农民阶级的作用而成为非马克思主义的“乌托邦异端”，但正是这种“乌托邦异端”“在革命需要时很好地满足了革命的要求，而且比正统的马克思主义更适合经济落后国家的现实”。②

四　对毛泽东农民理论的反思和批评

对毛泽东的农民理论的反思和批评，主要在三个层面展开。

第一个层面是对毛泽东农民理论现实依据的探讨与反思。学者们主要关注两个方面的问题：一是毛泽东农民理论的现实依据，二是被毛泽东农民理论所忽视的东西。

关于第一个方面，学术界研究比较多的是中国农村的土地占有情况，这往往被用来解释农民与地主之间的阶级矛盾以及为什么农民愿意参加共产党领导的革命。但学者的研究证明，毛泽东及其他中共领导人对农村的土地占有情况的估计是有偏差的。郭德宏对中国农村的土地占有、租佃关系、雇佣关系等进行了研究，并分别阐述了国民党和共产党进行的土地政策和土地改革实践。郭德宏认为，中共对农村土地占有情况、租佃情况的估计“与很多地方的实际并不符合”，毛泽东1920年代在农村所做的调查和对农村阶级的划分也存在一定的非科学性。③ 黄道炫对福建、江西等

---

① 参阅本杰明·史华兹《中国共产主义运动与毛泽东的崛起》，中国人民大学出版社2006年版。

② 莫里斯·迈斯纳：《马克思主义、毛泽东主义与乌托邦主义》，中国人民大学出版社2006年版，第62页。

③ 郭德宏：《中国近现代土地问题研究》，青岛出版社1993年版，第1、52页。

东南土地情况的研究表明，东南地区土地占有并不如许多历史著作描绘的那样畸形，普遍的贫困意味着农村确已酝酿着爆发革命的条件，但在什么情况下发生革命，在什么地方形成革命中心，并不一定必然和当地的土地占有状况相联系，也不能单纯用贫困加以解说。① 一些海外学者则认为中共和毛泽东对当时中国农村土地占有情况的判断是没有根据的，如赵冈、陈钟毅认为，20世纪中国的大地主已经寥若晨星，所谓的地主实际上只能算作自耕农，残存的几家“地主”根本不能称其为一个“阶级”。② 赵冈通过计算我国历史上土地分配案例的基尼系数后认为，我国历史上土地分配的基尼系数案例大多在0.6以下，农户土地分配是财产分配，与所得分配不同，所得分配的基尼系数要低于财产分配，“中国历史上不是一个分配过分不均的国度。中国社会的大问题不是‘患不均’，而是严重‘患寡’”③。

关于第二方面，学术界争论较多的是中共（毛泽东）将土地问题仅仅视为阶级和剥削问题，而忽视了中国乡村人地关系紧张的事实。比如，黄宗智通过对晚清和民国时期华北农村的研究提出，华北农村面临的最大问题是经济“内卷化”（involution，也译作“过密化”），即极高的土地产出率与极低的劳动生产率的矛盾性并存，产生这种现象的根源不是中共所主张的阶级对立，而是华北地区人地关系的高度紧张。④ 温铁军、冯开文认为，新中国成立前我国农村土地的所有权呈相对分散的趋势比较可信，土地使用权则向富农和中农相对集中且呈正态分布，这反映出土地制度并非农民贫困的直接原因。⑤ 前述赵冈、陈钟毅也认为中国农民之所以贫困，根本原因还是在于人多地少这个基本矛盾。也有学者对传统的地主—农民关系进行了反思。传统观点认为，地主—农民之间是剥削—反抗、压迫—解放关系，但高王凌依据大量地方史和口述史资料，指出剥削—反抗、压迫—解放模型过于简单化，对农民—地主—政府之间关系的处理太过笼统，忽略了历史进程中的实践逻辑，认识上也有不少误区，实际上，

① 黄道炫：《1920—1940年代中国东南地区的土地占有——兼谈地主、农民与土地革命》，《历史研究》2005年第1期。

② 赵冈、陈钟毅：《中国土地制度史》，台北联经出版事业公司1982年版，第240—242页。

③ 赵冈：《历史上的土地制度与地权分配》，中国农业出版社2003年版，第279页。

④ 参阅黄宗智《华北的小农经济与社会变迁》，中华书局1986年版。

⑤ 温铁军、冯开文：《农村土地问题的世纪反思》，《战略与管理》1998年第4期。

地主—农民之间是复杂的互动关系。[①]

第二个层面是对毛泽东农民理论的直接反思和批评。其中两方面最为重要：一是对毛泽东农民理论中民粹主义因素的讨论和反思。农民问题和民粹主义往往如影随形，海外学者如史华兹等认为毛泽东的思想中带有很强的民粹主义色彩，[②] 李泽厚、朱学勤等一些国内学者也接受了这种看法。如李泽厚提出，中共早期领导人中李大钊具有明显的民粹主义色彩，毛泽东也受其影响，民粹主义因素对马克思主义中国化起了极为重要的作用，对毛泽东注重农民、建构农民理论也有促进作用；[③] 朱学勤认为，毛泽东虽然接受了马克思主义，但民粹主义的固有观念“也被悄悄地嫁接了过来”。[④] 世纪之交，国内学术界就毛泽东的思想中是否具有民粹主义色彩或因素又爆发了一场争论。论辩因胡绳的文章《毛泽东的新民主主义理论再评价》而起，争论的焦点之一仍是毛泽东有关农民的思想和理论。胡绳在文中提出，毛泽东曾经染上“民粹主义”色彩，[⑤] 何诚、林蕴晖等对胡绳的观点表示赞同和支持，[⑥] 而沙健孙、黄如同等则对胡绳的观点进行批判，认为毛泽东没有沾染过民粹主义，毛泽东的思想中根本就没有所谓的民粹主义因素。[⑦]

二是对农民的属性与特征的研究和反思。国际学术界对农民属性和特征的判断，主要有理性小农、道德小农和阶级小农三种观点，海外学者很早就运用不同于马克思主义的观点对毛泽东的农民观进行反思和批评。黄宗智认为，中国大陆主流理论对农民的刻画存在明显的“单面化”倾向：“过去的宣传，间或把农民的性质，及其与中国革命的关系，过分简单

---

① 参阅高王凌《租佃关系新论——地主、农民和地租》，上海书店出版社 2005 年版。

② 海外学者对毛泽东的思想中的民粹主义色彩的讨论，可参见石仲泉《毛泽东的艰辛开拓》，中共党史出版社 1992 年版，第 601—606 页。

③ 李泽厚：《中国现代思想史论》，天津社会科学院出版社 2004 年版，第 151—160 页。

④ 朱学勤：《毛泽东和他的民粹主义倾向——与斯拉姆教授的对话》，载萧延中主编《晚年毛泽东》，春秋出版社 1989 年版，第 318 页。

⑤ 胡绳：《毛泽东的新民主主义理论再评价》，《中国社会科学》1999 年第 3 期。

⑥ 赞同胡绳意见的文章有何诚、林蕴晖等学者。参阅何诚《读〈毛泽东的新民主主义理论再评价〉》，《中共党史研究》1999 年第 6 期；林蕴晖：《论中国国情与马克思主义中国化》，《中共党史研究》2000 年第 1 期等。

⑦ 参阅沙健孙《一个至关重要的全局性问题——对毛泽东和毛泽东思想的评价》，《中流》1999 年第 4 期；黄如同《关于〈毛泽东的新民主主义论再评价〉若干问题的讨论》，《中共党史研究》1999 年第 6 期。对这次争论详细的回顾和讨论，可参阅董立文《关于毛泽东批判民粹主义及其不彻底性讨论的研究》，硕士学位论文，清华大学，2004 年。

化，但革命的实际行动，却显示出一个复杂的现实，反映了农民的多面性”；“简单的实体主义和形式主义，甚至于传统的马克思主义的分析，都不足以解释贫农的政治活动”。[①] 而“道德小农”理论的开创者詹姆斯·斯科特的学生拉尔夫·萨克斯顿在其著作《农民与中国革命的合法性》一书中，则以“道德小农”理论来审视中国革命，萨克斯顿反对有关中国革命的各种“精英主义”观点，认为马克思主义的农民理论是错误的，强调革命中农民的自治性与农民的横向阶级联系，认为农民是一个比城市工人阶级更加“自为”的阶级。近年来，国内的一些学者也开始接受和运用其他的方法来研究中国的农民问题。[②] 何高潮信奉理性小农论，在研究抗日根据地减租减息的著作《地主？农民？共产党：社会博弈论分析》中，他从中共、地主、农民三方的博弈关系入手，分析革命运动中的斗争与妥协这个“实质性问题”，何高潮认为，中共、地主、农民三方都在理性地计算自己的利益，农民与地主在减租减息政策实施过程中的行为是“一种理性选择的消极无奈”，那种认为中共是农民利益天然代表的假设是站不住脚的。[③] 张乐天从道德小农的角度，对浙北解放初期中共政权是如何被农民接受与获得合法性进行了解释。[④] 周晓红在研究农业集体化的论文中，则将农民视为理性选择的动物，认为农民加入合作社、人民公社是对成本—收益权衡的结果。[⑤] 这些不同视角的观点，都对传统的有关农民和农村的阶级斗争理论提出了批评和挑战。

不过，仍然有一些学者坚持从经典马克思主义的文本中寻找思想资源，对毛泽东的农民理论和中国在农民问题上的实践进行剖析和批判。比如，秦晖、苏文提出了“关中模式”这一概念，通过对“关中模式”的深入研究，秦晖、苏文对大陆主流的租佃—剥削观、对农民

① 黄宗智：《华北的小农经济与社会变迁》，中华书局 1986 年版，第 314、316 页。

② 参阅 Gregor Benton《道德经济与中国革命》，载江沛主编《二十世纪的中国农村社会》，中国档案出版社 1996 年版，第 300—309 页。

③ 参阅何高潮《地主？农民？共产党：社会博弈论分析》，香港牛津大学出版社 1997 年版。

④ 张乐天：《道德、仪式与农民的行为——对 1950 年代浙北农村的文化解读》，载周晓红、谢曙光主编《中国研究》2005 年春季卷。

⑤ 周晓红：《1951—1958：中国农业集体化的动力》，载周晓红、谢曙光主编《中国研究》2005 年春季卷。

的“两重性”理论、对1949年以来的农民政策进行了反思和批判。①同时，一些学者也尝试结合革命时期农村的实际社会状况对中共的农民理论进行研究，阐释中共农民理论形成和发展的微观机制。如陈德军在对赣东北革命根据地的研究中，解析了革命者是如何利用、引导、转化、重构农民在日常生活中形成的朴素的“敌人意识”并为革命目标服务的，对我们今天理解的毛泽东农民革命理论提出了一定程度的修正。②

第三个层面是对中国乡村历史书写范式的探讨与反思。1949年以来，大陆在历史理论和农民问题研究中形成了所谓的“革命史观”和“农民战争史观”，形成了意识形态色彩非常浓厚的乡村史（及中国史）书写模式。这种历史书写模式以斯大林的社会发展五阶段论为理论基础，以毛泽东的具体论述为依据，以阶级斗争为主线，以单线的历史进化为依归。就近代中国的乡村史而言，这种书写模式以封建地主经济论（基础是地主占有最重要的生产资料——土地）为基础，以地主对农民的剥削、农民与地主之间不可调和的阶级斗争为核心，对中共领导的以土地革命为中心的乡村革命进行理论阐释和合法性论证。20世纪80年代以来，学术界逐步认识到这种历史书写模式的问题与弊端，并对其进行检讨和反思。比如，罗荣渠、张静如、虞和平、许纪霖等一批学者所主张的现代化史观，以现代化来解释和重构中国近代史，对革命史观和农民战争史观提出了批判③；秦晖、苏文通过对中国社会历史的宏观考察和对前述“关中模式”的分析，对国内学术界占主导地位的“封建社会观”进行了批判，认为中国社会是“大共同体本位”，提出了“权力经济论”（超经济强制），而

① 参阅秦晖、苏文《田园诗与狂想曲——关中模式与前近代社会的再认识》，中央编译出版社1996年版。

② 参阅陈德军《乡村社会中的革命——以赣东北根据地为研究中心（1924—1934）》，上海大学出版社2004年版。

③ 近年来，以现代化理论为指导，以中国现代化进程为主轴的解释中国近代历史演进的著作有增多的趋势，其中著名的有罗荣渠：《现代化新论》（增订本），北京大学出版社2004年版；虞和平主编：《中国现代化历程》，江苏人民出版社2001年版；许纪霖、陈达凯主编：《中国现代化史》第1卷，上海三联书店1995年版；但有关现代化史观、革命史观等争论仍不绝于耳，有关讨论可参阅董正华《从历史发展多线性到史学范式多样化》，《史学月刊》2004年第5期；周东华：《正确对待中国近代史研究的“现代化范式”和“革命范式”——与吴剑杰、龚书铎等先生商榷》，《社会科学论坛》2005年第5期。

这些都是“革命史观”和“农民战争史观”的视界盲点[①]；黄宗智通过对华北农村的研究，提出了中国乡村发展过程中的“过密化”问题，并以此对毛泽东的农民理论提出批评。这些反思与批评触及毛泽东农民理论的基础，也在客观上侵蚀了中共农民革命的正当性基础。[②] 不过，上述理论也成为批判的对象，如有的学者认为，这些理论观点实际上也是近代乡村史概念化书写的表现，与革命史观、农民战争史观本质上并无二致。[③]

五 马克思主义农民理论中国化研究的特点和不足

总的来说，国内学术界对中共的农民理论与马克思主义中国化的研究主要有以下几个特点和不足。

第一，研究的主题较为广泛，但研究的视阈还有待拓展。学者们关注的重点仍然是毛泽东农民理论的构成、农民问题（理论）与中国革命的关系、农民理论与马列主义的关系等，绝大部分论著都是围绕这些论题展开，主题不可谓不广。不过，农民理论、农民问题是一个多向度、多层面的理论和问题。从目前国内马克思主义研究和中共党史研究的情况来看，研究主题虽然较为广泛，但考虑到农民问题的多面性、多层次性，研究的视阈还需要进一步地拓展和深化，尤其是对一些基本问题的研究，还亟须拓展和深化。比如，对党的农民理论的演变过程，就需要扬弃传统的单线进化和正误简单对立的预设和分析模式，运用新的研究方法，实事求是地分析其具体的、复杂的过程。

第二，研究方法比较多样，但仍需引入新的研究方法。国内学术界对中共和毛泽东农民理论及马克思主义中国化研究采用的方法主要是历史考据法、比较研究法、“注经式”解读法（解读毛泽东等中共领导人的有关著作）等，方法不可谓不多，在这些方法指导下完成的研究成果数量也蔚为可观，但这些方法基本上都是沿用了几十年的老方法，不可避免地面临方法“老化”、潜力“挖尽”的问题。在新史料难以获得的情况下，方

① 参阅秦晖、苏文《田园诗与狂想曲——关中模式与前近代社会的再认识》，中央编译出版社 1996 年版；秦晖：《政府与企业之外的现代化：中西公益事业史比较研究》，浙江人民出版社 1999 年版。

② 参阅黄宗智《华北的小农经济与社会变迁》，中华书局 1986 年版。

③ 参阅张佩国《质疑近代中国乡村史的概念化书写》，载复旦大学历史学系、复旦大学中外现代化进程研究中心编《近代中国的乡村社会》，上海古籍出版社 2005 年版，第 222—231 页。

法的问题就显得愈加重要，它直接关系到能否有创新性的成果推出。因此，引入其他学科的研究方法和研究手段，借鉴海外学者的研究方法和研究手段，就显得极为重要和必要。

第三，研究成果较为丰富，但有深度和高度的论著还比较缺乏。由于农民问题在中国革命与建设中的特殊性和重要性，除专门论述中共和毛泽东农民理论的著作外，有关中共党史、马克思主义中国化、中国近现代史等方面的著作往往都会以一定篇幅论及中国的农民问题和党的农民理论。近年来，随着对“三农”问题关注度的提高，不少学者从解决现实问题的角度出发研究和探讨革命时期的“三农”问题，取得了较为丰富的研究成果。但也要注意到，对农民理论的研究深度和广度还存在不足，主要表现在：研究农民理论的专著寥寥可数，系统性的研究比较少；“注经式”研究、“应景式”研究比较多，学术性还有待增强，理论水平有待提高，等等。笔者认为，秦晖多年前作出的批评在当下仍然适用：“多少年来我们的理论界在农民问题上投入了大量精力，史学界曾红极一时的农民战争史研究就是一例。然而这些研究多半带有某种诗一般的激情，致力于颂扬农民的革命性，鞭挞‘小私有者’的堕落，刻画农民的悲惨生活和描绘阶级斗争的激烈场面，却很少见到对农民经济运行规律的理性分析，对农民思维过程的冷静剖析以及对农民和农民社会中各种机制的科学考察和哲理性反思。”①

第四，理论观点共识较多，但学术争鸣显得不足。在中共和毛泽东农民理论研究领域，学术界存在共识多、分歧少、争鸣更少的现象。出现这种现象的原因主要是，在中国语境下，农民问题和农民理论存在特殊性，学术问题和政治问题往往勾连在一起，“政治正确性”的问题比较突出，限制了学术讨论；研究方法不够多元，视界不够宽广，理论观点上的创新还不够，客观上也很难形成有价值的理论争鸣；在难得一见的争鸣中也有很多非学术的东西掺杂其中，既影响了学术讨论的质量，也给学术争鸣带来了负面影响。

需要指出的是，虽然中共的农民理论研究领域存在一些不足，但近年来，新的研究趋势已悄然兴起，主要表现在三个方面：一是与传统的

---

① 秦晖、苏文：《田园诗与狂想曲——关中模式与前近代社会的再认识》，中央编译出版社1996年版，第3页。

“注经式”“歌颂式”“合法性论证式”研究不同，出现了反思性、批判性研究，前文所述秦晖等学者的研究即可归入此类。二是与传统的“宏大叙事”不同，微观研究开始兴起。一些学者试图摆脱主流的概念化书写状态，力图阐释乡村革命发生的微观机制。如前述陈德军的著作《乡村社会中的革命——以赣东北根据地为研究中心（1924—1934)》、吴重庆对中共在闽西上杭县才溪乡（毛泽东曾在此地进行社会调查，写出了著名的《才溪乡调查》）的革命动员进行的口述史研究，[①] 都力图重新建构中共土地革命时期的微观动员机制，还原社会历史的真实面貌。三是与传统的历史方法、比较方法不同，多元化的研究方法开始兴起，这在农民问题与乡村社会研究中表现最为明显，出现了社会史方法（如秦晖、黄宗智)、政治学方法（如陈德军)、人类学方法（如王铭铭)、现代化理论（如罗荣渠、虞和平、许纪霖等)、社会心理学方法（如周晓红）及博弈论（如何高潮）等。这三个方面代表了国内学术界对党的农民理论最新的发展趋向，也是非常值得重视的方面。

第三节 研究方法和本书框架

一 研究方法

1. 话语分析法

话语分析（discourse analysis）并非全新的研究方法，但却是近年来中国学术兴起的一种研究方法。近年来，话语及话语分析在中国思想史研究中的运用越来越多，取得了不少研究成果。鉴于话语分析在思想史研究中的争议性和在本书中的重要性，这里对话语分析作一个稍微详细的介绍和说明。

话语分析可分为传统的话语分析和后现代话语分析两种。传统的话语分析在历史研究尤其是思想史研究中运用比较广泛，这种话语分析将话语视为社会的反映，着眼于梳理和厘清有关话语或概念的来源、含义演变及其与历史实践的关系，分析话语的来源、演变的背景及支配话语的各种社会力量。按黄兴涛的解释，后现代话语分析具有三个重要特点：其一，将各种话语“平等地”视为具有特定价值预设的“论述”或“陈述”，否

① 吴重庆：《革命的底层动员——在才溪读〈才溪乡调查〉》，《读书》2001年第1期。

认“真理”，极端者如拉康甚至认为“真理来自误认”；其二，强调“话语”本身的“不自明性”，强调能指的“漂浮性”和“建构性”，重视揭露“话语”主体的言说“策略”（strategy），强调追究话语在社会实践中的权力关系、传播和运作的社会化过程、作用方式和形态等，具有解构性；其三，拒绝为话语寻找历史上的相关物或相似物，拒绝进行“延续性”的探索和原有思想史常用的那种“影响”分析，反对寻找与分析各种话语之间内涵的同一性及其某些“实在”根据，表现出一种对“断裂”和“离散”的偏执。后现代话语分析的优势在于：将思想与社会更加紧密地结合在一起，将思想文化现象与历史书写和阐释结合起来进行双重透视，增加了认知的复杂性和深度。[①] 如陈建华的著作《“革命”的现代性：中国革命话语论考》，就是带有后现代话语分析的特色，陈建华的论述策略是对“革命”这一话语进行历史考证，试图寻找话语背后的内涵流变、思想来源、历史背景、实践通路等；[②] 荣敬本《论延安的民主模式：话语模式与体制的比较研究》也可以归入此类，该书论述了延安时期中共内部、中共与其他政治派别有关民主的各种话语模式及其相互斗争，分析了话语与权力、制度之间复杂的互动关系。[③] 最为典型的是刘禾的著作《跨语际实践：文学、民族文化与被译介的现代性》，从文本翻译的角度，以“跨语际实践”来分析近代中国“翻译现代性”的产生。刘禾指出：“我本人对于跨语际实践的强调，绝不是要把历史事件化约为语言实践；恰恰相反，我的目的是要扩展历史的观念，也就是说把语言、话语、文本（包括历史写作本身）视为真正的历史事件，其中很重要的一点是话语行为在构造历史真实的过程中所具有的制造合法化术语的力量。”[④] 不过，国内学术界对后现代话语分析也有不同的看法，提出了一些批评意见，如认为后现代话语分析在逻辑上有不自洽之处，没有拿出有较大分量、有较强创新的著作，一些戴着后现代化话语分析帽子的著作总是喋喋不休地重复一些显而易见的结论，等等。

---

① 黄兴涛：《“话语”分析与中国近代思想文化史研究》，《历史研究》2007年第2期。

② 参阅陈建华《“革命”的现代性：中国革命话语论考》，上海古籍出版社2000年版。

③ 参阅荣敬本《论延安的民主模式：话语模式与体制的比较研究》，西北大学出版社2004年版。

④ 刘禾：《跨语际实践：文学、民族文化与被译介的现代性》，三联书店2002年版，第56页。

笔者认为，在历史研究尤其是思想史研究中，对后现代话语分析本身及话语分析的有效性等存在争议是正常的，这也提醒历史研究者尤其是思想史研究者，对话语分析和不同话语分析的路径保持开放、自省的态度。不过，新的方法总能带来令人欣喜的新发现，“人们还应该看到，恰恰是后现代主义为历史叙述拓展了一个前所未有的新天地，后现代主义的方法不仅渗透到绿树常青的‘新史学’的话语实践中，而且还为历史研究提供了别具特色的样本”①。当然，无论是传统的话语分析还是后现代的话语分析，都有其自身的特点和优势，都有其存在的合理性，虽然这两种话语分析的旨趣、路径、取向等有很大不同，但它们也有互补性，在一定条件下有综合运用、异曲同工的可能，同时，也可以尽量避免一些学者所批评的后现代话语分析存在的弊病。有鉴于此，本书将适度采用一种综合的（也可以称之为“调和的”）话语分析的研究路径，即是说，本书主张话语与现实之间、话语与话语之间（文本间）是双向互动的关系，既有后现代话语分析所主张的话语建构社会关系和社会事物的一面，也有传统话语分析所认同需要为话语寻找其社会基础的一面。

2. 比较研究法

比较研究是社会科学研究的基本方法之一。本书的比较主要体现在三个方面：一是将毛泽东的农民话语与共产国际及党内其他领导人的相关话语进行对比分析；二是将毛泽东不同时期的农民话语进行比较；三是对中国共产党（以毛泽东为代表）、中国国民党（以蒋介石为代表）、乡村建设派（以梁漱溟、晏阳初为代表）等多个政治和理论派别的相关理论进行适当比较，探求中国共产党内农民话语的理论来源和演变轨迹，展示近代中国不同流派在农民话语上的建构和贡献。

3. 历史文献法

结论只有建立在丰富和可靠的历史资料基础上才能扎实。本书涉及民国时期的历史文献较多，将通过对历史文献的梳理分析，厘清有关问题和理论观点的来龙去脉，同时，也将理论观点建立在坚实的历史资料基础上。

4. 宏观与微观相结合的方法

宏观分析和微观分析结合，既有助于从面上把握历史发展的脉络，也

① 孙江主编：《事件？记忆？叙述》代序，浙江人民出版社 2004 年版。

有助于从历史的细微处着手，反思、修正既有的理论观点，提出新的理论思路。宏观与微观是相对的。就本书而言，一方面，微观分析主要表现为对农民理论的分析，宏观分析主要是对马克思主义中国化的阐释，本书将二者结合起来，以微观的农民理论中国化来考察和反思宏观的马克思主义中国化；另一方面，阶级分析等社会层面的叙述是宏观的，具体的阶级划分等村庄层面的行动是微观的，本书将二者结合起来，展示宏观叙述与微观实际的复杂互动。

二　本书框架

本书除绪论外，分为五章，各章主要内容分述于下：

第一部分包括第一章和第二章，该部分从历时性的角度，对党内农民话语的互动和演变进行梳理和分析。第一章对马克思、恩格斯、列宁的农民观进行简要的概括，分析1921—1936年中共农民话语的演变情况和中国社会史论战对中共农民话语演变的作用。本章提出，马克思、恩格斯、列宁的农民理论在中国遭遇到了国情的挑战，中国共产党人在运用马克思主义理论指导中国革命的过程中，产生了深刻的分歧和斗争，共产国际、陈独秀、毛泽东分别是三种取向的代表：共产国际的贡献在于，它为党的农民话语提供了基本的术语和框架，但它的城市中心论与中国革命实际明显不符；陈独秀则展示了他所理解的经典马克思主义的经济决定论和机械进化论与中国实际的背离；毛泽东则以其社会学取向和阶级分析为测绘中国革命地图、寻找和确定中国革命的主体提供了方法，为实现中国革命战略的转变提供了基础；中国社会史论战实现了中国革命理论与马克思话语体系的直接对接，为毛泽东在延安时期实现农民话语和革命话语的成熟作出了贡献。在此基础上，党的农民话语第一次转折呼之欲出。第二章阐述了延安时期党的农民话语发展和成熟的情况，分析了毛泽东“严重的问题是教育农民”这一著名话语的产生和话语逻辑，并对党的农民话语的演变过程进行分析总结。本章提出，延安时期，伴随着党的农民话语成熟的，是农民话语实现了第一次全面的转折：经典马克思主义中的消极农民转变成为积极农民，革命客体转变成为革命的当然主体；从生产方式话语转向政治革命话语；农民话语的生产从演绎型转向实证型；在新中国建立前夕，毛泽东以“严重的问题是教育农民”这一话语完成了中共农民话语的第二次转折。本章指出，以农民的革命主体地位为中心，转折或者说断裂是中共农民话语的一个基本特征；革命时期党的农民话语的建构基本上是成功的，但也暴露出了农民话语的内在紧张。

第二部分包括第三章和第四章，该部分从民族—国家和社会—阶级两个维度，勾勒中共农民理论中农民主体地位的逻辑建构。第三章主要讨论对中国社会性质的认知和农民主体地位与中国民族—国家建构的复杂关系。本章指出，对中国社会性质的认识是中国革命的基础，党拒绝了亚细亚生产方式理论，接受并完善了半殖民地半封建社会，为农民革命理论提供了理论和社会基础；农民主体性的生成是农民革命理论的核心问题，以毛泽东为首的中国共产党人通过民族主义与民粹主义、革命启蒙、“传统的发明”等，成功塑造了农民的革命主体性；最终的结果，是建构了农民—人民话语与民族本位的革命科学。第四章主要讨论毛泽东等党的领导人对中国农村社会阶级的认识和划分及对农民革命性的认识和塑造，本章认为，毛泽东等人对农村社会阶级的分析主要是结构主义的，但也含有意志论的色彩，毛泽东农民话语的一个重要贡献，是区分了革命性和先进性，在实践上实现了从先进（生产方式）向革命（阶级斗争）的转换，通过话语实践，建构了农村的阶级结构，为彻底的社会革命提供了依据。

第三部分是本书的第五章，主题是创造与承异。本章探讨了马克思主义农民理论中国化的路径、张力和启示，并对如何继续推进中国化马克思主义农民理论的发展提出了看法；同时，结合马克思主义农民理论中国化的历程，对马克思主义中国化的解释模式进行了梳理和反思，提出了作为结合论补充的解释模式——承异论，在此基础上，分析了促进中国化马克思主义继续创新发展需要注意的几个问题。

第一章　挑战与抉择

历史好像是首先要麻醉这个国家的人民，然后才能把他们从世代相传的愚昧状态中唤醒似的。①

——马克思

第一节　遭遇中国农民：马克思主义农民观概略

马克思主义具有普世的品格，马克思主义农民理论也具有普世性。但马克思主义又是欧洲经验的产物，马克思、恩格斯对农民的认识也主要是以欧洲的社会历史发展为依据，对中国这个古老的东方国家而言，马克思主义仍然具有遥远地域的“异文化”成分。当源自欧洲的马克思主义穿越广袤的地域空间，旅行到中国，与遥远地域的中国农民迎头相撞，不可避免地产生火花，产生惊人的变化。

一　马克思、恩格斯笔下的农民

1. 小农代表的是前资本主义的落后生产关系

按照马克思的生产力—生产关系范式和社会发展阶段理论，小农属于前资本主义；在资本主义阶段，农民所经营的小土地和小农经济，代表的是前资本主义落后的生产关系，“属于一种过去的生产方式的残余”②。马克思认为：“小块土地所有制按其性质来说排斥社会劳动生产力的发展、劳动的社会形式、资本的社会积聚、大规模的畜牧和对科学的累进的应用。”“小土地所有制的前提是：人口的最大多数生活在农村，占统治地

① 《马克思恩格斯论中国》，人民出版社1997年版，第2页。

② 《马克思恩格斯选集》第4卷，人民出版社1995年版，第487页。

位的，不是社会劳动，而是孤立劳动；在这种情况下，财富和再生产的发展，无论是再生产的物质条件和精神条件的发展，都是不可能的，因而，也不可能具有合理耕作的条件。”“小土地所有制创造出了一个半处于社会之外的未开化的阶级，它兼具原始社会形式的一切粗野性和文明国家的一切贫困痛苦。”① 马克思并不否认农民具有社会主义的理想，但由于小农代表的是前资本主义的落后生产方式，他们所追求的社会主义是倒退的“封建主义的社会主义”或“小资产阶级的社会主义”，他们是用小农的尺度去批判资本主义制度，马克思认为，小农的这种企图是“反动的”“空想的”。②

2. 小农的主要特点是保守性和摇摆性

有学者指出，马克思笔下的农民有两种保守性：波拿巴式的保守性和万代式的保守性。波拿巴式的保守是政治上的保守，马克思认为，农民作为小私有者会跟在资产阶级后面反对无产阶级革命；万代式的保守是经济上的保守，马克思认为，农民会以小生产抗拒大生产。③ 万代式的保守是波拿巴式的保守的基础。恩格斯认为：“农民至今在多数场合下只是通过他们那种根源于农村生活闭塞状况的冷漠态度而证明自己是一个政治力量的因素。人口的主体的这种冷漠态度，不仅是巴黎和罗马议会贪污腐化的最强大的支柱，而且是俄国专制制度的最强大的支柱。”④《共产党宣言》则明确指出：“中间等级，即小工业家、小商人、手工业者、农民，他们同资产阶级作斗争，都是为了维护他们这种中间等级的生存，以免于灭亡。所以，他们不是革命的，而是保守的。不仅如此，他们甚至是反动的，因为他们力图使历史的车轮倒转。”⑤ 在《路易·波拿巴的雾月十八日》中，马克思提出了著名的“一袋马铃薯”论。马克思认为，法国小农虽然人数众多，但他们的生产方式不是使他们互相交往，而是使他们互相隔离。这种隔离状态由于法国的交通不便和农民的贫困而更为加强了。“这样，法国国民的广大群众，便是

---

① 马克思：《资本论》第3卷，人民出版社2004年版，第894、918、919页。

② 《马克思恩格斯选集》第4卷，人民出版社1995年版，第297—298页。

③ 参阅武力、郑有贵主编《解决“三农”问题之路——中国共产党“三农”思想政策史》，中国经济出版社2004年版，第17—19页。

④ 《马克思恩格斯选集》第4卷，人民出版社1995年版，第448页。

⑤ 《马克思恩格斯选集》第1卷，人民出版社1995年版，第282—283页。

由一些同名数简单相加形成的，好像一袋马铃薯是由袋中的一个个马铃薯所集成的那样。”① 马克思进而认为，农民实际上并未成为一个真正的阶级：“各个小农彼此间只存在地域的联系，他们利益的同一性并不使他们彼此间形成共同关系，形成全国性的联系，形成政治组织，就这一点而言，他们又不是一个阶级。”② 因此，小农不能以自己的名义来保护自己的阶级利益，“他们不能代表自己，一定要别人来代表他们。他们的代表一定要同时是他们的主宰，是高高站在他们上面的权威，是不受限制的政府权力，这种权力保护他们不受其他阶级侵犯，并从上面赐给他们雨水和阳光”③。

基于对农民所代表的生产方式及其政治取向的认识，马克思、恩格斯虽然没有全面否认农民可能具有的革命性，但他们似乎更为担心农民对待无产阶级革命的摇摆性。他们一方面认为，如果没有农民的参与，农民国度的无产阶级革命势必成为“孤鸿哀鸣”，④ 另一方面，他们又担心农民会追随资产阶级，反对无产阶级革命。恩格斯晚年仍然不无忧虑地写道：“1848 年二月革命的朦胧的社会主义激情，很快就被法国农民的反动投票一扫而光……单是农民的这一勋业就索取了法国人多少代价；法国人民至今还深受这一勋业的后果之苦。”⑤ “作为未来的无产者，他们本来应当乐意倾听社会主义的宣传。但是他们那根深蒂固的私有观念，暂时还阻碍他们这样做。为了保持他们那一小块岌岌可危的土地而进行的斗争越加艰苦，他们便越加顽固地拼命抓住这一小块土地不放，他们便越加倾向于把那些谈论将土地所有权转交整个社会掌握的社会民主党人看作如同高利贷者和律师一样危险的敌人。”⑥

---

① 《马克思恩格斯选集》第 1 卷，人民出版社 1995 年版，第 677 页。

② 同上。从笔者所见资料看，中共领导人中最早引用马克思这一论断的是瞿秋白。在作于 1927 年 2 月的《中国革命中之争论问题》中，瞿秋白引用了马克思的这段话，但瞿秋白并不是用来论证中国农民的“落后”，而是论证必然会涌现出农民的“政治代表”，领导和发动农民参加革命。同时，瞿秋白提出，中国和欧洲的条件完全不同，如果以西欧的革命来衡量，中国永远都不具备革命的条件，因此，中国革命必然是“中国式的”，而不是“西欧式的”。（中共中央书记处编：《六大以前——党的历史材料》，人民出版社 1980 年版，第 680—681 页）。

③ 《马克思恩格斯选集》第 1 卷，人民出版社 1995 年版，第 678 页。

④ 同上书，第 684 页。

⑤ 《马克思恩格斯选集》第 4 卷，人民出版社 1995 年版，第 484—485 页。

⑥ 同上书，第 488 页。

3. 农民内部存在不同的阶层，不同阶层的政治态度和发展前途是不一样的

恩格斯对欧洲农民内部的阶层进行了划分，并讨论了不同阶层的政治态度和他们在资本主义制度下的发展趋向和最终命运。在《德国的革命与反革命》一文中，恩格斯将德国的农村居民划分为富裕农民、小自由农、封建佃农、农业工人四个层级。恩格斯认为，富裕农民自然要与城市中反封建的资产阶级结成联盟；小自由农、封建佃农、农业工人虽然不可能独立从事革命运动，但无产阶级革命对他们有利，一旦革命运动全面爆发，“他们就会一个跟着一个参加进来”。① 在恩格斯晚年专门研究农民问题的著作《法德农民问题》中，恩格斯将农民区分为小农、中农和大农三类。恩格斯认为，小农是“未来的无产者”②；中农的利益和观点与小农没有本质区别，他们的发展趋向也大致相同；大农则是农村革命的对象，“我们的党一旦掌握政权，就应该干脆剥夺大土地占有者，就像剥夺工厂主一样”。③

4. 资本主义的发展将彻底破坏小农经济，小农将不可避免地走向灭亡，无产阶级革命中一般不会存在农民问题

马克思、恩格斯对农民问题保持了比较强烈的乐观色彩。他们认为，在资本无情的作用下，农民必然发生分化，大农将主要向资产阶级转化，中农和小农则会成为无产阶级的一部分，走向消亡对农民来说是不可逆转的历史规律。马克思认为，大生产必然会排挤小生产，大规模使用机器耕种将完全破坏农民的小土地所有制，使农民失去赖以存在的经济基础，“在当前同资产阶级对立的一切阶级中，只有无产阶级是真正的革命阶级。其余阶级都随着大工业的发展而日趋没落和灭亡……”；④ “看来农民在今天是注定要灭亡的。”⑤ 恩格斯认为，小农“同过了时的生产方式残余一样，在不可挽回地走向灭亡”；“正是以个人占有为条件的个体经济，使农民走向灭亡”。⑥ 恩格斯认为，无产阶级不可能抗拒历史的发展规律

① 《马克思恩格斯选集》第 1 卷，人民出版社 1995 年版，第 489 页。

② 《马克思恩格斯选集》第 4 卷，人民出版社 1995 年版，第 487 页。

③ 同上书，第 503 页。

④ 《马克思恩格斯选集》第 1 卷，人民出版社 1995 年版，第 282 页。

⑤ 《马克思恩格斯全集》第 38 卷，人民出版社 1986 年版，第 305 页。

⑥ 《马克思恩格斯选集》第 4 卷，人民出版社 1995 年版，第 487、500 页。

而保留小农的生产方式，无产阶级要做的只是，“我们遇见到小农必然灭亡，但我们无论如何不要以自己的干预去加速其灭亡”，“我们不会使农民得到解放，而只会延缓一下他们灭亡的时间”[①]。在得到列宁高度肯定的著作《土地问题》中，第二国际的理论家考茨基对马克思、恩格斯的论断进行了进一步说明，考茨基指出，强大的资本主义工业会“迅速地排挤供自己消费的农民家庭生产”，资本主义的交通制度用它的铁路、邮政、报纸“将城市的观念及产品带到国内极偏远的地方”，结果是“将全体农村人口都带进资本主义发展底过程以内”。[②] 实际上，《共产党宣言》早已断言，资本主义“使阶级对立简单化了。整个社会日益分裂为两大敌对的阵营，分裂为两大相互直接对立的阶级：资产阶级和无产阶级。”[③]因此，当无产阶级革命全面爆发和无产阶级取得政权时，已经无须直接面对农民问题。

5. 无产阶级在革命中要与农民结成联盟

马克思从巴黎公社的失败教训得出一个结论：无产阶级革命中如果没有农民的参与，那革命将成为无产阶级的“孤鸿哀鸣”。同时，马克思又指出，如果农民的利益与资产阶级的利益对立起来，“农民就把负有推翻资产阶级制度使命的城市无产阶级看作自己的天然同盟者和领导者”[④]。换言之，共同的利益将使工农联盟成为必要与可能。

6. 马克思东方社会理论中的农民观

马克思、恩格斯的农民观有一以贯之的成分，也包含演变发展的因

---

① 《马克思恩格斯选集》第4卷，人民出版社1995年版，第498页。何增科等人认为，马克思、恩格斯关于农民的基本观点是围绕“农民的解放”这个价值关怀展开的，这种观点实际上是偏颇的。在马克思、恩格斯有关农民的基本观点中，贯穿其中的是农民所代表的落后生产方式的灭亡和农民自身的分化与消亡，而不是实现农民的“解放”（参阅何增科《马克思、恩格斯关于农业和农民问题的基本观点述要》；俞可平等主编：《马克思主义研究论丛》（第5辑）“农业农民问题与新农村建设”，中央编译出版社2006年版，第19页）。

② 考茨基：《土地问题》，三联书店1955年版，第20页。需要指出的是，考茨基的观点与马克思、恩格斯的观点是有分歧的。考茨基指出，德国社会民主党按照马克思的理论，曾认为资本主义“会替它（指无产阶级革命——引者）清洗农村中的地盘，有如在城市中一样，也期待大生产与小生产的斗争，将使后者从它们之中排挤出去”。但事实证明这种观点并不正确。考茨基指出：“在农村经济中小生产的消灭，绝不是马上可以实现的，较大的农业企业只是缓慢地占有那种不得不让出的地位。社会民主党所依据的全部经济理论在应用到农业方面的时候好像是不正确似的。”（考茨基：《土地问题》，第14—15页）。

③ 《马克思恩格斯选集》第1卷，人民出版社1995年版，第273页。

④ 同上书，第681页。

素。在马克思晚年有关亚细亚生产方式的论述中，对东方各国历史发展道路和农民的作用提出了见解，其中既有他们长期坚持的观点，也加入了一些新的成分。

马克思、恩格斯始终强调处于前资本主义阶段的东方国家的落后性，东方国家农民的落后是亚细亚生产方式的落后性和农民本身的落后性的双重叠加，他们认为，没有欧洲资本主义的殖民，东方国家恐怕难以摆脱"长期停滞"的状态。比如，马克思虽然痛恨英国统治印度所造成的灾难，但对英国在印度造成的变革持肯定态度："的确，英国在印度斯坦造成社会革命完全是被极卑鄙的利益驱使的，在谋取这些利益的方式上也很愚钝。但是问题不在这里。问题在于，如果亚洲的社会状况没有一个根本的革命，人类能不能完成自己的使命。如果不能，那么，英国不管是干出了多大的罪行，它在造成这个革命的时候毕竟充当了历史的不自觉的工具。"① 村社和农民作为亚细亚生产方式的重要基础，对东方社会的"长期停滞"负有重要的责任。对亚细亚生产方式和对农民两个负面言说的叠加，可以推断，马克思、恩格斯对东方社会中农民的态度应该是消极、负面的。按照"世界历史"理论，马克思、恩格斯认为，资本主义"正像它使农村从属于城市一样，它使未开化和半开化的国家从属于文明的国家，使农民的民族从属于资产阶级的民族，使东方从属于西方"②。在这个势不可当的历史潮流面前，"长期停滞"的东方社会的发展获得了一种机遇——资本主义为打破东方社会长期的停滞状态提供了动力，殖民主义对东方社会具有"建设"功能。可见，马克思、恩格斯笔下的东方农民是历史的当然客体，他们和建筑在他们之上的制度将被殖民主义无情地消灭——这是历史进步的必然。

马克思虽然对亚细亚生产方式采取否定态度，但其晚年却对东方社会的发展表现出某种乐观，并对他的历史观作出了一些修订，对东方农民的态度也有所改变。在《给〈祖国纪事〉杂志编辑部的信》中，马克思指出他关于西欧资本主义起源的历史概述并不是普遍的历史哲学，并不是所有民族都会走与西欧同样的道路。1881 年 3 月，马克思在给

---

① 《马克思恩格斯选集》第 1 卷，人民出版社 1995 年版，第 766 页。

② 同上书，第 276 页。

俄国女革命家查苏利奇的复信中提出，村社制度的俄国“可以不通过资本主义制度的卡夫丁峡谷，而吸取到资本主义制度所取得的一切肯定成果”，俄国的村社制度“不必自杀就能获得新的生命”。[①] 这就是著名的“跨越卡夫丁峡谷”问题。在1882年《共产党宣言》俄文版序言中，马克思指出：“俄国公社，这一固然已经大遭破坏的原始土地公共占有形式，是能够直接过渡到高级的共产主义的公共占有形式呢？或者相反，它还必须先经历西方的历史发展所经历的那个瓦解过程呢？对于这个问题，目前唯一可能的答复是：假如俄国革命将成为西方无产阶级革命的信号而双方互相补充的话，那么现今的俄国土地公有制便能成为共产主义发展的起点。”[②] 马克思的依据是，俄国在全国范围内保存着村社制度，土地实行的集体占有的公有制度；俄国的土地适合于机器耕作，俄国农民习惯于劳动组合，有助于从小土地经济向合作经济过渡；西方资本主义的存在是改造俄国村社制度的物质条件。可见，鉴于俄国革命的实际情况和村社制度、村社农民的特殊性，马克思对村社农民的评价出现了正面趋向。同时，通过对亚细亚生产方式的初步研究，马克思向我们展示了一条可能的多线历史发展观，东方社会特殊的发展道路已现端倪。

总的来说，马克思、恩格斯对农民的看法是较为消极的。在他们的笔下，农民的遭遇虽然值得同情，但农民由于其所代表的落后的生产方式和农民自身的保守、落后、摇摆等特征，在未来的无产阶级革命中，农民很难作为革命的历史主体发挥作用，况且，农民的灭亡命运似乎已经等不到无产阶级革命全面爆发的那一刻。晚年的恩格斯仍然坚持认为：“如果这些农民看到他们现在的生产方式必然要灭亡并且从中得出必要的结论，他们就要到我们这里来，而我们的职责就是要尽力使他们也易于过渡到新的生产方式。否则，我们就只得让他们听天由命，而去同一定会对我们表示欢迎的他们的雇佣工人打交道了。大概我们在这里也将拒绝实行暴力的剥夺，不过我们可以指望，经济发展将使这些顽固脑袋也能变得明智。”[③] 不过，马克思、恩格斯也清晰地意识到了农民在历史变革过程中的巨大力

① 《马克思恩格斯全集》第19卷，人民出版社1963年版，第451页。

② 《马克思恩格斯选集》第1卷，人民出版社1995年版，第250页。

③ 《马克思恩格斯选集》第4卷，人民出版社1995年版，第503页。

量，提出了工农联盟思想，为农民的历史主体地位留下了一个位置，虽然这个位置是如此的狭小，基础是如此的脆弱。对前资本主义的东方社会制度下的农民，马克思的观点略显矛盾，但对农民的评价开始趋向正面。不过，在农民问题尤其是农民的历史主体问题上，马克思、恩格斯的观点既明确又含糊，后来的马克思主义者始终面对着巨大的挑战。正如爱瑟·金斯顿—曼所言："马克思的革命热情不能替代对这样一个问题的系统解释：在反对资本主义的革命中，为什么落后的小业主能够与无产阶级并肩战斗？"①

二 列宁的农民理论

农民理论在列宁主义中占有相当重要的地位。列宁的农民理论与马克思、恩格斯的农民理论具有继承性，也有一些重大的改变，同时，列宁农民理论本身也有一个变化转折的过程。按秦晖的研究，俄国1905年革命前，在同俄国民粹派的思想斗争中，列宁的农民观与马克思、恩格斯的农民观是"一脉相承的"，"就是把民主革命或由封建社会转变为'市民社会'的革命理解为一场'人的独立性'战胜传统共同体束缚的革命，同时又为自由竞争中'大生产'战胜'小生产'奠定了基础"②。但在1905—1907年斯托雷平改革的背景下，出于革命斗争的现实需要，列宁的农民理论发生了重大转折：过去反封建社会被视为解放个人、摆脱共同体对个人束缚的过程，但现在反封建被理解为消灭地主；过去农民被认为具有维护传统公社的"保守性"和争取成为小私有者的"进步性"，但现在农民的保守性被理解为维护"小私有"，进步性则被理解为反对"大私有"，等等。③ 如果说马克思、恩格斯对农民的认识是基于哲学和经济学的思考，那么，列宁对农民的认识则更注重现实革命策略的要求。爱瑟·金斯顿-曼认为，列宁主义虽然具有正统马克思主义的基本要素，但它迈

① Kingston-Mann, Esther, *Lenin and the Problem of Marxist Peasant Revolution*, New York: Oxford University Press, 1983, p. 18.

② 武力、郑有贵主编：《解决"三农"问题之路——中国共产党"三农"思想政策史》，中国经济出版社2004年版，第31页。

③ 参阅武力、郑有贵主编《解决"三农"问题之路——中国共产党"三农"思想政策史》，中国经济出版社2004年版，第38—39页。一直以来，国内学者往往将马克思、恩格斯、列宁、斯大林、毛泽东等人的农民理论视为一体，将他们每个人不同时期的农民理论视为一致的，不加任何区别，这是有偏颇的。

向了马克思主义的农民革命论，对农民的言说也开始走向正面。[①] 鉴于列宁农民理论与马克思、恩格斯农民理论之间的继承性，这里只扼要阐述与本书主题有关的和与马克思、恩格斯的农民理论有所不同的理论要点。

1. 农民的两重性

列宁明确将农民界定为小资产阶级。小资产阶级作为中间阶级，对无产阶级革命而言，必然表现出两重性：革命性和保守性。列宁认为："革命日益暴露出农民在现在的两重地位和两重作用。一方面，在贫苦农民的许多残余和农奴制的各种残余中充分说明农民革命运动中的泉源之深，说明了农民群众革命性的根基之深。另一方面……它的小资产阶级性，以及它内部的业主倾向与无产阶级倾向的对抗性。"[②] 两重性理论是列宁主义分析农民的基础，也是制定农民政策的基础，对共产党领导的革命影响深远。同时，列宁也坚信具有两重性的农民必然发生分化，如在《俄国资本主义的发展》中，列宁不厌其烦地罗列数据资料，力图证明俄国村社农民的"分化现在已是既成事实，农民完全分裂成了对立的两类"，即农村无产阶级和农村资产阶级。[③]

2. 工农联盟

基于现实的革命需要，列宁更加重视农民在革命中的作用，对工农联盟也更为重视，在论及农民问题的时候，列宁几乎都要强调工农联盟。列宁认为，彻底的土地改革和争取自身的利益，使农民趋向革命；更为重要的是，资产阶级不能把民主革命进行到底，而农民却能够把革命进行到底，"只有当资产阶级退出，而农民群众以积极革命者的姿态同无产阶级一起行动的时候，俄国革命才会开始具有真正的规模；只有那时，才会有资产阶级民主革命时代可能有的那种真正最广大的革命规模"。[④] "工人政党在自己的旗帜上写明支持农民（绝不是把农民当作小私有者或小有产阶级），因为农民能够同农奴制残余、特别是同专制制度进行革命斗争"。[⑤] 列宁认为，工农联盟是无产阶级与农民的互惠关系，只有通过工

---

① Kingston - Mann, Esther, *Lenin and the Problem of Marxist Peasant Revolution*, New York: Oxford University Press, 1983, p. 172.

② 《列宁全集》第 3 卷，人民出版社 1984 年版，第 11 页。

③ 同上书，第 159 页。

④ 《列宁全集》第 11 卷，人民出版社 1987 年版，第 82 页。

⑤ 《列宁全集》第 4 卷，人民出版社 1984 年版，第 197—198 页。

农联盟，无产阶级革命才能取得胜利，农民才能得到解放：一方面，“工人阶级的利益无疑要求工人阶级最坚决地支持农民革命”[①]；另一方面，“农村劳动群众只有同共产主义无产阶级结成联盟，奋勇地援助无产阶级为推翻地主（大土地占有者）和资产阶级的压迫而进行的革命斗争，此外别无出路”。[②] 斯大林后来对俄国革命胜利原因进行了总结，他认为，在俄国这个农民的国度，无产阶级之所以能够获得并保住政权，与农民的支持有直接关系，这是因为，俄国工人阶级“争得了绝大多数人民首先是农民对自己的同情和支持”。[③]

3. 对农民的利用、引导和约束

与马克思、恩格斯不同的是，列宁将农民看作“资本主义的”，而不是“前资本主义的”。经列宁诠释后的马克思主义认为，农民运动虽然不是社会主义运动，但却是民主主义运动，是民主革命的必然伴侣，而民主革命就其社会经济内容来说是资产阶级性质的革命。“农民运动绝不反对资产阶级制度的基础，不反对商品经济，不反对资本。正好相反，它反对农村中的各种旧的、农奴制的、前资本主义的关系，反对农奴制一切残余的主要支柱——地主土地所有制。”[④] 列宁认为，农民是“农业的资本主义自由演进的代表者”[⑤]，斯托雷平的改革法案正在农村加速形成“农民资产阶级”。

同时，基于两重性理论，列宁对包括农民在内的小资产阶级表现出不信任和戒备心理。列宁承认，农业劳动群众“异常闭塞而分散、往往处于半中世纪的依附状态”，组织和教育他们参加革命斗争“是非常困难的”[⑥]。列宁认为，每当资产阶级革命受挫时，小资产阶级群众就最容易、最迅速地变得灰心丧气，产生叛变情绪。[⑦] 列宁强调，“农村无产阶级和农民资产阶级的阶级对抗是不可避免的”；对无产阶级革命来讲，“农民运动中任何时候都会有反动成分，我们要预先向这种成分宣战”。[⑧]

---

① 《列宁选集》第 16 卷，人民出版社 1988 年版，第 312 页。

② 《列宁选集》第 4 卷，人民出版社 1995 年版，第 223 页。

③ 斯大林：《列宁主义问题》，人民出版社 1964 年版，第 180 页。

④ 《列宁选集》第 1 卷，人民出版社 1995 年版，第 655、650 页。

⑤ 《列宁全集》第 16 卷，人民出版社 1988 年版，第 228 页。

⑥ 《列宁选集》第 4 卷，人民出版社 1995 年版，第 232 页。

⑦ 《列宁全集》第 20 卷，人民出版社 1989 年版，第 308 页。

⑧ 《列宁选集》第 1 卷，人民出版社 1995 年版，第 650 页。

基于以上两点，列宁提出了要对农民进行利用、教育、约束和引导。列宁提出向农民进行强制性的意识形态灌输，以塑造“觉悟的农民”。他设想用城市无产阶级来教育农民：“如果不在农村中开展阶级斗争，不把农村劳动群众团结在城市无产阶级的共产党周围，不由城市无产阶级来教育农村劳动群众，这个任务是完成不了的。”① 同时，列宁主张，要用强有力的组织和纪律对农民进行约束。爱瑟·金斯顿—曼认为，在俄国 1903 年、1906 年和 1917 年革命中，列宁都对农民的行动和后果进行了积极的解释和评价，但又特别关注组织问题和纪律问题，表明列宁想在组织、纪律和农民的作用之间取得一种“平衡”。“列宁（对农民）的热情是复杂的。他在赞扬农民的同时，却又坚持认为农民总体上是小资产阶级的。”② 从这个意义上讲，列宁对农民革命性的认识和利用有很强的策略性。斯大林的话可以佐证：“列宁主张‘用尽’农民的革命能力，彻底利用农民的革命毅力，以便彻底消灭沙皇制度，以便过渡到无产阶级革命。”③

4. *落后国家的农民革命*

列宁对落后国家尤其是殖民地、半殖民地国家的农民革命进行了较为深入的探讨，提出了一些新的理论观点。

第一，落后国家农民革命的性质是资产阶级民主革命。一方面，这是因为“在整个社会经济都是资本主义性质的条件下，任何反对中世纪制度的农民革命都是资产阶级革命”④；另一方面，这是“因为落后国家的主要居民群众是农民，而农民是资产阶级资本主义关系的体现者”。⑤ 在批判民粹主义的檄文《俄国资本主义的发展》一书中，列宁不认为俄国的村社和村社农民有什么特殊之处，列宁分析后得出的结论是：“俄国村社农民不是资本主义的对抗者，而是资本主义最深厚和最牢固的基地。”⑥ 值得注意的是，列宁将落后国家的农民界定为资本主义生产关系的体现者，这是对马克思、恩格斯农民观的一个重大修订。

第二，落后国家革命的中心问题是土地革命。列宁认为：“土地问题

---

① 《列宁选集》第 4 卷，人民出版社 1995 年版，第 224 页。

② Kingston – Mann, Esther, *Lenin and the Problem of Marxist Peasant Revolution*, New York: Oxford University Press, 1983, p. 173.

③ 斯大林：《列宁主义问题》，人民出版社 1964 年版，第 26 页。

④ 《列宁全集》第 16 卷，人民出版社 1988 年版，第 315 页。

⑤ 《列宁选集》第 4 卷，人民出版社 1995 年版，第 276 页。

⑥ 《列宁全集》第 3 卷，人民出版社 1984 年版，第 146 页。

是俄国资产阶级革命的根本问题，它决定了这个革命的民族特点。这个问题的实质，就是农民为消灭地主土地占有制和俄国农业制度中的一切农奴制残余而斗争，因而也就是为消灭俄国整个社会政治制度中的农奴制残余而斗争。”① 对落后国家而言，“农民土地革命的胜利就是民主革命的完全胜利”，只有在土地革命中，农民才能够充分发挥其革命的作用。

第三，落后国家的农民革命要在先进国家的无产阶级的帮助下才能取得胜利。列宁认为，落后国家尤其是落后的殖民地、半殖民地国家几乎没有工业无产阶级，虽然“处于半封建依附状态的农民能够出色地领会建立苏维埃组织这一思想，并把它付诸实现”，但先进国家无产阶级的帮助必不可少，“先进国家的无产阶级能够也应该帮助落后国家的劳动群众，只要各苏维埃共和国胜利了的无产阶级向这些群众伸出手来，并且能够支持他们，落后国家的发展就能够突破它们目前所处的阶段”②。

总的来说，列宁的农民理论更具现实性和策略性，在列宁那里，农民革命、土地革命等话语使农民的革命性得到了进一步的肯定和重视，农民的革命主体地位也有所提升。我们可以这么认为，在列宁略显矛盾的论述里，农民至少具备了无产阶级革命的“半主体”地位。我们应记住列宁对普列汉诺夫的辛辣讽刺：

> 农民革命的胜利、小资产者对地主和大资产者的胜利，就需要有各种情况特别有利的凑合，需要实现非同寻常的、在庸人或庸俗历史学家看来是“乐观的”种种假设，需要大大发挥农民的主动性、革命毅力、觉悟、组织性和丰富的人民创造力。这是无可争辩的。普列汉诺夫讲到“人民创造力”这个字眼时开了一个庸俗的玩笑，这无非是一种想回避严肃问题的廉价遁词。由于商品生产不会使农民联合起来，集中起来，而是使他们分化和涣散，资产阶级国家的农民革命只有在无产阶级领导下才能实现。③

三 当马克思主义遭遇中国农民

当马克思主义理论经过长途跋涉来到中国这个东方的农民国度，力图

① 《列宁全集》第16卷，人民出版社1988年版，第387—388页。
② 《列宁选集》第4卷，人民出版社1995年版，第278页。
③ 《列宁全集》第16卷，人民出版社1988年版，第310—311页。

成为中国革命指导思想的时候，它遭遇了中国农民。这一遭遇所引起的碰撞，燃起了无数火花。

毫无疑问，马克思、恩格斯、列宁（以及斯大林、托洛茨基等）有关农民、有关东方社会、有关中国革命和中国农民的论述是一套话语体系，也是供不同背景的人们（尤其是“革命者”）进行解读的文本，革命者在解读中生产出新的文本，这就产生了“互文性”。“互文性是文本所具有的属性，即：一些文本充满着其他一些文本的片段，它们可以被明确地区分或融合，而文本也可以对它们进行吸收，与之发生矛盾，讥讽性地回应它们。”① 同时，这也涉及话语实践的问题。就中国革命而言，马克思列宁主义话语的实践所具有的批判性是毫无异议的，也是革命者极为需要的，不过，马克思列宁主义话语的社会实践所具有的建构性却要具体分析：一方面，它为中国革命提供了一种解释、预言、指导的话语体系和思想资源，为中国革命提供了一个正当性来源；但另一方面，在中国这个农民的国度，至少从文本来看，马克思列宁主义的建构性还存在不足，这在确定和塑造中国革命主体上的表现最为突出，因为，对一个纯粹的农民国度来讲，如何认识占人口最大多数的农民，赋予他们什么样的历史地位，是任何革命话语体系需要解决的重大问题。

总的来说，马克思主义尤其是其农民理论，在中国革命中勾连着四个非常重要的问题：

1. 农民的历史主体地位问题。马克思、恩格斯认为，农民在很大程度上是行将灭亡的历史客体，而不是推动历史进步的主体；列宁虽然重视农民在无产阶级革命中的作用，但他给予农民的不过是“半主体”的地位。问题是，农民占中国人口的绝大多数，如果中国农民不具备历史主体地位，中国革命如果没有农民的全面参与，那中国革命如何开展？中国革命如何能够取得成功？因此，农民的历史主体地位问题就具有了“征兆”的意义。在有关中国革命的话语及其实践中，必须有效解决农民的历史主体地位问题。

2. 中国革命的形势问题。马克思、恩格斯虽然提出了与中国革命有关的亚细亚生产方式，但他们所分析的主要是欧洲革命，他们得出的结论依据的也主要是欧洲革命。列宁对殖民地、半殖民地落后国家的革命进行

① 诺曼·费尔克拉夫：《话语与社会变迁》，华夏出版社2003年版，第78页。

了分析，但他针对的主要是俄国革命，经验也主要来自俄国。在今天看来，欧洲和俄国与中国革命形势的差异是不言而喻的，但在当时的一些中国革命者看来，马克思主义已经科学分析了包括中国在内的世界革命的形势和规律，已经为中国革命建构起了一套话语体系和革命策略。问题是，能否将欧洲和俄罗斯的革命策略套用在中国身上？这套话语和策略是否符合中国的实际？归根结底，也就是毛泽东提出的正确认识中国国情的问题，其中最为重要的就是中国革命的性质、阶段、动力、前途等一系列现实问题以及中国社会发展的革命“特殊规律”问题。而在中国这个农民的国度，这些问题无疑都与农民直接相关。

3. 亚细亚生产方式在中国的适用性问题。作为马克思直接分析印度、中国等东方国家情况所采用的理论观点，亚细亚生产方式在中国的马克思主义者心目中具有较为特殊的地位（本书第三章将对亚细亚生产方式问题进行专门阐述）。既然马克思对中国有直接的论述，从常理上讲，在中国革命中，这种论述似乎就应该成为理解中国社会发展、解释和指导中国革命的直接依据。但我们看到，在革命过程中，很少有中国的马克思主义者和革命知识分子以亚细亚生产方式作为自己解释中国革命、提出革命策略的依据。这确实是一个值得注意的特殊现象，也是马克思主义在中国革命中面临的一个重大挑战：如果马克思直接论述中国问题的理论都无法运用到中国革命，那马克思主义本身的正确性及其在中国革命的适用性都将面临挑战。亚细亚生产方式表面上看来与农民问题无关，但亚细亚生产方式直接关系到马克思主义对中国社会和中国革命的解释，而农民问题在中国革命中的地位不言而喻，因此，亚细亚生产方式在中国的适用性问题，就成为马克思主义遭遇中国和中国农民时需要解决的重大问题。

4. 马克思主义在中国革命中的正当性问题。这个问题承接以上三个问题而来，也是关系到马克思主义在中国的命运的根本问题。作为一套来自西方的“激进”话语体系，马克思主义在挑战其他话语体系的同时，也遭到了其他话语体系的挑战。挑战的目的主要在于论证各自在中国革命中的正当性，打击和否定对立理论的正当性，树立和巩固自己的话语领导权。马克思主义要赢得这场不同话语之间的斗争，争夺自身在中国革命中的正当性，其一，它必须坚持自己的基本立场和观点，并建构中国的社会现实和革命策略；其二，它必须对自身进行修正，以适应与欧洲和俄国不同的社会环境，以便更好地解释中国的社会现实，预测革命进程；其三，它必须在权力斗争中获取胜利，这就要求它找到一个能够取得革命胜利的现实力量。

以上四个挑战，归根到底，是需要马克思主义革命知识分子对这一根本性的问题作出回答：应该用什么样的马克思主义来解释中国社会，指导中国革命，才能赋予农民在中国历史发展和革命进程中适当的地位，取得革命的成功，推动中国历史发展进步？

第二节　理论引进和经验直觉：中共早期对中国农民问题的认识

在中国新兴的革命知识分子接受和引进马克思主义之初，虽然有一些马克思主义知识分子（如李大钊）已经意识到了农民问题的重要性，但马克思主义被设定为工人阶级革命和解放的指导理论，农民问题没有列入党的议事日程。[①] 此后，随着共产国际的指示、党自身的探索及中国革命的发展，农民问题的重要性和迫切性逐步被党的领导人所认识。1922 年的中共二大宣言用了一小段话论及农民，提出"中国三万万的农民，乃是革命运动中的最大要素"；"大量的贫苦农民能和工人握手革命，那时可以保证中国革命的成功"。[②] 这可看作党重视革命与农民关系的开始。1923 年召开的中共三大通过了内容简短的《农民运动决议案》，标志着农民在中共革命理论中地位的重大改变。彻底的转变来自 1925 年 1 月召开的中共四大，这次会议通过了《对于农民运动之决议案》，其中简要陈述了列宁和共产国际有关东方国家民族革命中农民革命性的理论，分析了国

① 中国共产党正式成立前夕，1921 年 6 月 10 日，张太雷作为筹建中的中国共产党的代表向共产国际第三次代表大会提交了一份书面报告。报告对当时中国的经济社会状况、社会主义思想的传播、阶级状况等进行了分析。对于中国农民，报告认为，中国的农民是小生产者，"与城市贫民相比，生活还过得去"，"在国家的经济生活中，他们这些小生产者的利益常常与城乡无产阶级消费者的利益发生冲突，因此不能指望这两类人很快结成联盟"，中国的农民"几乎全是文盲，他们没有任何组织，缺乏阶级自我意识，他们俯首听命，简直令人吃惊"。报告同时认为，不管农民"多么愚昧和不觉悟"，他们必将和工人群众一道为争取自由和土地而同帝国主义和农场主展开斗争。报告对农民的论述，代表了中国共产党早期对中国农民的认识（参阅张太雷《致共产国际第三次代表大会的书面报告》，载中共中央党史研究室第一研究部译《联共（布）、共产国际与中国国民革命运动》（1917—1925），北京图书馆出版社 1997 年版，第 169—170 页）。

② 中央档案馆编：《中共中央文件选集》第 1 册，中共中央党校出版社 1989 年版，第 113 页。

民革命与农民运动的关系，提出了中共独立开展农民运动的策略。[①] 与此同时，党内对农民问题的争论一直持续。通过创办《中国农民》《中国青年》《向导》等刊物，通过带有社会学性质的较为广泛的调查研究及共产国际的指导，党对农民问题的认识在争论中艰难前进。1927 年大革命失败后，形势急转直下，标志着这个时期的结束。总的来说，党的成立到大规模失败这一时期，是党的农民话语发轫期，主要以理论引进和经验直觉为主。

一 两种取向的分歧：邓中夏与陈独秀的论争

但凡理论争鸣，都要有所依持。对社会问题的争论而言，既要有理论来源，也要有实证支持。但对于当时尚显稚嫩的中国共产党而言，一方面对马克思主义的理解还不够深入，另一方面对中国国情的认识也有待加深，更兼农民问题对马克思主义、对中国来讲，都是一个颇为棘手的问题，因此，刚刚成立不久，按照马克思主义传统专注于工人运动的中国共产党，既对认识中国农民无迫切的兴趣和动力，也在认识中国农民上缺乏较为直接的理论和实证调查支持。这是首先要指出的。不过，这并不代表党的领导人对农民问题的思考缺乏理论渊源，也不代表党的领导人不重视中国的农民运动。实际上，这一时期，党的领导人中对中国农民问题的认识，主要的理论支持无疑来自于马克思主义，但也夹杂着一些民粹主义等思想因素。比如陈独秀对农民问题（及中国革命进程）的分析，深受马克思《〈政治经济学批判〉序言》的影响，这篇序言最先被范寿康根据日本学者河上肇的解读进行编译，以《马克思的唯物史观》为题，载《马克思主义与唯物史观》一书，该书作为《东方杂志》20 周年纪念刊物发行，影响应该是比较大的。[②] 这一时期毛泽东对于中国农民的认识，除马克思主义之外（如引导毛泽东成为马克思主义者的著作《共产党宣言》《阶级斗争》中也有论及农民问题的内容），还带有一些民粹主义的痕迹。当然，对中共农民理论带来直接的影响还是共产国际的有关理论和策略，如列宁为共产国际第二次代表大会准备的文件。

---

① 参阅中央档案馆编《中共中央文件选集》第 1 册，中共中央党校出版社 1989 年版，第 358—364 页。

② 范寿康、施存统、化鲁译述：《马克思主义与唯物史观》，商务印书馆 1924 年版。

总的来说，这一时期党对农民问题的认识刚刚起步，专门论述农民问题的著作非常少，但党的领导人明显注意到了农民问题的重要。比如，《新青年》第八卷第六号（1921 年）发表了日本学者佐野学著、李达翻译的《俄国农民阶级斗争史》，概要叙述了俄国农民的历史，指出了农民和农民问题在社会主义革命中的重要性。文章认为，农民的性格是重保守，好和平，和植物一样，在土地上裁定，但俄国的十月革命却把这个法则打破了，农民“那种果敢的革命势力演出的行动，就是罗素那样的自由主义相邻于贫民生活没有情愫的交际的贵族学者，也惊异起来了”。文章同时认为，俄国的农民问题仍然没有解决，“若不把农民问题好好解决，他（列宁）的革命，还不能说是根本的成就”。[①]《新青年》第九卷第四号（1921 年）刊登了中国农民运动的先驱沈定一组织制定的浙江衢前农民协会宣言和章程。《共产党》月刊 1921 年第三号发表了论述中国农民的专文，批驳那种认为中国农民生活没有痛苦、没有阶级分化的观点，认为中国农民的怨气“已弥漫天地”，爆发的时期“已是不远了”，肯定中国农民走向革命的趋势，革命者不能坐等农民自然进化，他们要作的是“用点人为的方法”，使农民“早有一天阶级自觉，早免一天痛苦”。[②] 这些零散的文章，虽然在理论上还显稚嫩，但也为党的农民理论建构提供了一定的借鉴参考。

邓中夏与陈独秀的争论，是这一时期对中共的农民理论形成和发展有着重大影响的事件，这场争论突出展示了马克思主义在农民问题上的内在紧张，也展示了不同取向的马克思主义知识分子在农民问题上的深刻分歧。

1923 年，陈独秀相继发表《资产阶级的革命与革命的资产阶级》《中国农民问题》《中国国民革命与社会各阶级》等文章，阐述他对中国革命性质、动力等问题的看法。陈独秀的观点主要是：第一，提出了革命的类型学。陈独秀将革命分为三类：宗法封建社会崩溃时的资产阶级的民主革命、资产阶级制度崩溃时的无产阶级的社会革命、特殊的殖民地或半殖民地的国民革命。其中，国民革命包含对内的民主革命和对外的民族革命。国民革命需要有产阶级和无产阶级联合起来，对外谋经济的独立，对内谋

① 佐野学：《俄国农民阶级斗争史》，《新青年》，李达译，第八卷第六号，1921 年。

② 该文的第一页被上海法捕房没收，故其标题和作者不详。

政治的自由，这是半殖民地国民革命的特有性质。国民革命的对象是宗主国和贵族军阀，故国民革命虽然是资产阶级的民主革命，但又不是纯粹的资产阶级革命。第二，分析了国民革命中各阶级的地位和作用。陈独秀将中国社会划分为五个阶级：官僚资产阶级、资产阶级、小资产阶级、农民、工人阶级。陈独秀认为："经济落后文化幼稚的中国，各阶级还都紧紧的束缚在宗法社会的旧壳内。"[①] 基于这个判断，陈独秀强调中国社会各阶级都存在消极因素。陈独秀认为，资产阶级中的工商业资产阶级是幼稚的，具有怯懦的心理，不容易赞成革命；资产阶级中的官僚资产阶级是反革命的；中国的产业幼稚，使得"工人阶级在客观上更是幼稚"，"工人阶级不仅在数量上是很幼稚，而且在质量上也很幼稚"。[②] 第三，虽然陈独秀认为农民有参与革命的可能性，但总的来说对农民参与革命的态度是负面的。陈独秀认为，外货入侵破坏农业、兵匪扰乱、天灾流行、官绅鱼肉，使得农民有参加革命的可能，但他更注重农民消极的方面。陈独秀认为，农民身上的消极因素主要有三个方面：其一，"农民居处散漫势力不易集中，文化低生活欲望简单易于趋向保守，中国土地广大易于迁徙被难苟安"[③]，这三点造成中国农民难以加入革命运动；其二，农民的私有观念"极其坚固"，他们的要求"不能超过转移地主之私有权为他们自己的私有权的心理以上"[④]，这进一步增加了农民参与革命的难度；其三，共产主义的社会革命与农民的利益是根本冲突的，这使得农民从根本上不可能参加共产主义革命。陈独秀的结论是："中国农民运动，必须国民革命完全成功，然后国内产业勃兴，然后普遍的农业资本化，然后农业的无产阶级发达集中起来，然后农村间才有真的共产的社会革命之需要与可能。"[⑤]这也就是所谓的"二次革命论"。

---

① 中央档案馆编：《中共中央文件选集》第1册，中共中央党校出版社1989年版，第594页。

② 同上书，第599页。

③ 同上书，第598页。

④ 同上书，第599页。

⑤ 同上。对于共产党与中国革命的关系，陈独秀的观点也带有十分明显的机械进化特征。如陈独秀在给维经斯基的信中认为："只有在国民革命取得胜利后，在阶级分化明朗后，我们共产党才能取得基本的发展。"陈独秀的这一判断所依据的应是马克思的《〈政治经济学批判〉序言》。[《维尔德给维经斯基的信》（1923年7月26日），载中共中央党史研究室第一研究部译《联共（布）、共产国际与中国国民革命运动》（1920—1925），北京图书馆出版社1997年版，第262页。维尔德即陈独秀]

邓中夏在《本团应注意农民运动》《我们的力量》等文章中，对陈独秀的观点进行了批评。邓中夏的主要观点有三：第一，不同意从心理学的角度来评价各阶级的革命性。邓中夏认为，那种认为中国工人阶级质量上幼稚的观点是以心理来解释社会现象，这种解释方法是马克思主义所反对的。邓中夏指出，中国工人罢工的数量和诉求都证明，中国工人阶级已经觉悟了。[①] 这个观点可以推论到对中国农民的分析上：与工人一样，要用实际的革命斗争实践来看待农民的革命性。第二，肯定中国农民的革命性。邓中夏认为，中国的农民固然思想保守，住处散漫，从理论上讲，农民革命似乎希望很少，但从实际来看却并非如此，因为在帝国主义的侵略压榨和军阀、痞绅的鱼肉之下，中国农民已"失掉他们经济的根本"；"水旱兵三灾并进，更逼得他们走投无路"，这样的惨况，"何时何地不是迫使他们走上革命的道路，所以我们敢于断定中国农民有革命的可能"[②]。邓中夏还大量列举广东、湖南的农民运动来证明农民的革命性，他赞扬农民在革命中壮烈的举动，"恐怕进步的工人也不能'专美'"[③]。第三，从现实的革命要求出发提出要重视农民运动。邓中夏认为，中国工人阶级力量弱小，没有至少占全国人口三分之二以上的农民对革命的参与，"中国不革命则已，欲革命我们不教育、煽动、领导这占人口大多数之农民积极的参加，那（哪）有希望"[④]。

学者对陈、邓二人争论的分析，往往注重讨论谁对谁错的问题。学者们肯定邓中夏的观点和邓中夏对陈独秀的批评，认为陈独秀错误估计了中国农民的革命性，以致对中国革命的分析根本上也是错误的。[⑤] 这种观点有其合理性，因为这已为历史的发展所证实。但学者们忽略了另外的问题：陈独秀和邓中夏根本性的分歧在哪里？陈独秀的分析与传统的马克思主义农民观有什么关系？国内的学者一般认为，在农民问题上，陈独秀和邓中夏观点的根本区别就在于邓中夏正确估计了农民的革命性，而陈独秀错误地低估了农民的革命性。这种观点实际上将问题简单化了。我们应该

① 《邓中夏文集》，人民出版社 1983 年版，第 100 页。

② 同上书，第 33、50 页。

③ 同上书，第 53 页。

④ 同上书，第 32 页。

⑤ 如贾俊民的分析，参阅武力、郑有贵主编《解决"三农"问题之路——中国共产党"三农"思想政策史》，中国经济出版社 2004 年版，第 56—61 页。

进一步追问陈独秀和邓中夏不同的论述路径及其各自的思想来源。

陈独秀的论述路径是经济决定论的，具有经典马克思主义的话语特征，也有他自己对唯物主义决定论的理解。陈独秀认为，一个阶级是否参与革命，“不是他们主观上的意识决定物，乃是他们客观上的经济条件决定的”[①]。陈独秀对农民革命性的分析，强调农民生产方式的落后性导致的思想意识上的落后，强调传统马克思主义主张的无产阶级革命与落后农民的不相容，等等，这些都可以在马克思、恩格斯的论述中找到依据。同时，陈独秀的分析是演绎的。他虽然没有直接引用马克思、恩格斯、列宁的话语，但他有这样一个预设：无论是资产阶级还是无产阶级革命，都不应是农民革命，虽然农民可以也应该参与革命。陈独秀持有一种较为僵硬的决定论和历史进化论，相信“在时间上，进化的历程恒次第不爽”；“主观的愤恨鄙厌心理，终于敌不过客观的历史进化历程之必然性”。[②] 如果资产阶级革命和无产阶级革命包含农民革命因素，无疑与历史进化的规律和步骤相违背，因此，对于资产阶级革命而言，“若失了资产阶级的援助，在革命事业中便没有阶级的意义和社会的基础”。[③] 换句话说，陈独秀不相信有所谓无产阶级领导的、以农民为主力军的“资产阶级性质的民主革命”。

邓中夏的分析路径是经验的、归纳的，体现出一种基于事实的理论灵活性。从邓中夏的论述逻辑中，我们可以发现，邓中夏主张“唤醒”农民，而不是被动地等待经济条件发展到某一阶段后农民的自动觉醒；邓中夏注重农民在困境中造成的、走投无路时为自身生存和利益抗争的革命性，而不是理论上推导出来的为某一社会理想奋斗的所谓的革命性；邓中夏强调从中国农民运动的实际状况来看待和分析农民的革命性，而不是从一个事先设定好的理论模式（如陈独秀的“进化论”）来分析农民的革命性。以上三点，决定了邓中夏与陈独秀看待中国革命以及中国农民的视角

① 中央档案馆编：《中共中央文件选集》第 1 册，中共中央党校出版社 1989 年版，第 596 页。美国学者郭颖颐（D. W. Kwok）认为，陈独秀信奉的是一种“粗糙的唯物主义观点，把现实看作是运动的物质”，陈独秀对科学缺乏深入的理解，但他的思想却具有教条的“唯科学主义的血缘”（参阅郭颖颐《中国现代思想中的唯科学主义（1900—1950）》，江苏人民出版社 1990 年版，第 55—58 页）。

② 中央档案馆编：《中共中央文件选集》第 1 册，中共中央党校出版社 1989 年版，第 579、580 页。

③ 同上书，第 582 页。

和取向的巨大差异。因此，在面对都认可的革命形势和农民运动状况时，在都认为农民力量巨大、都主张需要农民参与国民革命之时，二人的结论才会有如此之大的差异。

从单纯的论述逻辑来看，陈独秀对国民革命和农民问题的论述无疑是当时中共党内理论性最强的，邓中夏的论述逻辑和力量都不如陈独秀。因此，客观地说，如果抛开正确错误之争，我们可以认为，陈独秀和邓中夏（以及后来的毛泽东）的文章表明了早期中国共产党人在引进和运用马克思主义理论尤其是农民理论上的探索，但探索中的分歧已经初步显露出来。归根到底，陈独秀与邓中夏的争论反映的是马克思主义理论尤其是农民理论的中国化问题之争。我们可以认为陈独秀的农民观因为不符合中国实际因而是错误的，但不能说陈独秀的农民观是反马克思主义的；我们可以说邓中夏的农民观因为符合中国实际因而是正确的，但也许不能说邓中夏有关农民革命性的论述是完全的马克思主义的。也许，更为合理的评价是：陈独秀的论述是教条的，邓中夏的论述是朝向中国化的马克思主义的。

二　理论与策略的供给：共产国际

中共成立之初，严守自己是工人阶级政党这一规定，对农民问题没有给予多少关注。农民问题进入中共的视野和中共对农民问题的日益重视，与共产国际密切相关。1923 年 5 月，共产国际执委会给中共三大发出指示，要求中共将农民吸引到革命中来，中共要进行“反对封建关系残余的农民土地革命”，“力求实现工农联盟”。[①] 虽然这一指示未能及时到达中共手里，中共独立提出了重视农民问题的主张，但共产国际在推动中共农民运动开展中的作用却显而易见。此后，共产国际在给中共的一系列指示中，都对开展农民运动提出了要求。

国内学术界对共产国际对中共农民理论的形成与发展的作用大多给予肯定，但对共产国际有关中国农民革命理论策略的评价，一方面纠缠于正误之分，思维往往是直线的、非此即彼的；另一方面意图突出中共的独立性，强调中共独立自主探索出了农民革命理论。比如，一种有代表性的观

① 中央档案馆编：《中共中央文件选集》第 1 册，中共中央党校出版社 1989 年版，第 586—588 页。

点是："毛泽东关于农民问题的理论是在共产国际的理论指导下产生，又在抵制共产国际关于限制农民运动的指示下坚持和发展起来的。"① 这种观点虽然不能称为评价错误，但与对陈独秀有关理论观点的分析一样，它往往会忽略更为深层的东西，而忽略了这些深层次的东西，对共产国际的评价也就难以做到深刻和公允。实际上，共产国际对中国革命和中国农民运动给予的最深刻的影响和最丰富的资源，是它为中国革命和中国农民运动提供了一套话语体系，提供了一个对中国革命和农民运动的解释框架；以毛泽东为代表的中国共产党人，也是利用了这套话语体系来解释中国革命，他们的贡献是将对话语的能指进行创造性的转换，从而将这套话语体系中不符合中国实际的部分及自相矛盾的因素进行修正，对关键的部分进行了修改或深化，在此基础上，提出了更为有效的革命策略。这套话语系统成为中共革命理论的底层结构，在很大程度上规定（或制约）了中共农民革命理论的基本进路。不过，由于话语能指转换的隐蔽性，使得国内学者在熟练运用它来阐述中国革命时，却忽视了它的共产国际来源。这套话语系统的关键词是：

——半殖民地半封建社会。对于半殖民地半封建社会这一概念的由来及其内涵演变，陈金龙等学者有过较为详细的考察。② 论者普遍强调马克思、恩格斯、列宁对"半殖民地半封建"概念提出和形成的作用，强调蔡和森、毛泽东等中共领导人对这一概念的形成、发展和运用、普及中的作用，而相对忽视了共产国际的作用。由于共产国际的指示对中共具有指导性乃至强制性，共产国际将"半殖民地""半封建"这一概念运用来界定中国社会性质，指导中国革命，对中共的影响是非常直接和有效的。在共产国际第四次代表大会（1922 年）通过的《关于东方问题的总提纲》中，共产国际将东方国家表述为"殖民地和半殖民地国家"，并直接将中国界定为"半殖民地国家"，同时，文件还提出了"半封建"这一概念，解释了帝国主义和封建半封建势力的关系，认为帝国主义利用封建半封建

---

① 刘德喜：《毛泽东关于农民问题理论的产生与共产国际》，《共产国际研究》1993 年第 3 期。

② 相关的研究和讨论，可参阅陈金龙《"半殖民地半封建"概念形成过程考析》，《近代史研究》1996 年第 4 期；张庆海：《论对"半封建""半殖民地"两个概念的理论界定》，《近代史研究》1998 年第 6 期；周兴樑：《关于近代中国"两半"社会性质总理论的由来》，《历史教学》2005 年第 2 期；龙心刚：《对毛泽东使用与认识"半殖民地半封建"概念的历史考察》，《党史研究与教学》2007 年第 3 期。

势力作为其“统治的代理人”，这与后来对半殖民地与半封建关系的解释大体一致。[①] 在《土地纲领草案》（1922 年 11 月 30 日）中，共产国际提出了内涵与“半封建”大致相同的“封建残余”这一概念，这一概念在后来的文件中广为应用。[②] 紧接着，在发给中共三大的指示中，共产国际要求中共必须开展反对“封建主义残余”的农民土地革命。[③] 罗易在中共五大的报告中首次代表共产国际提出了“半封建”这一概念，认为中国的“国民经济仍然普遍地受封建或半封建生产关系所支配”。[④] 需要指出的是，封建残余也成为共产国际及斯大林、托洛茨基等苏共领导人解释中国社会性质的一个标准用语；这一概念在 20 世纪 30 年代进行的中国社会性质论战中被相当部分的参战者采用，对论证中国社会的半封建性质有直接的促进作用；在毛泽东的《中国革命与中国共产党》等重要著作中，“封建残余”这一概念也被大量运用，是用来描述“半封建”的一个核心概念。[⑤]

——民族民主革命。列宁首先将落后国家和殖民地、半殖民地国家的革命性质界定为资产阶级性质的民族革命。列宁在共产国际第二次代表大会上所作的《民族和殖民地问题委员会的报告》中综合与会者的意见，提出不提“资产阶级民主”运动，改提民族革命运动。列宁同时指出，任何民族运动都只能是资产阶级民主性质的，因为落后国家的主要居民群众是农民，而农民是资产阶级资本主义关系的体现者。[⑥] 这就将中国等半殖民地半封建落后国家的革命界定为了民族民主革命。共产国际遵循了列宁的这一观点，认为民族革命的基本任务“就是实现民族统一和取得国家独立”，“要力争最彻底地解决资产阶级民主革命的任务，以求得国家

---

① 参阅中共中央党史研究室第一研究部编《联共（布）、共产国际与中国国民革命运动》（1917—1925），北京图书馆出版社 1997 年版，第 355—363 页。

② 参阅《土地纲领草案》，载中共中央党史研究室第一研究部编《联共（布）、共产国际与中国国民革命运动》（1917—1925），北京图书馆出版社 1997 年版，第 368 页。

③ 中央档案馆编:《中共中央文件选集》第 1 册，中共中央党校出版社 1989 年版，第 586 页。

④ 罗易:《中国革命的性质与前途》（1927 年 5 月 4 日），载中共中央党史研究室第一研究部译《联共（布）、共产国际与中国国民革命运动》（1926—1927，上），北京图书馆出版社 1998 年版，第 401 页。

⑤ 新中国成立后编辑出版的《毛泽东选集》，将入选著作中的“封建残余”修改成了“封建势力”“封建地主”等用语，因此，在《毛泽东选集》中，已经没有“封建残余”这一用语。

⑥ 参阅《列宁选集》第 4 卷，人民出版社 1995 年版，第 276 页。

政治上的独立"[①]；同时又进一步提出，殖民地和半殖民地国家的共产党领导的革命的客观任务"超出了资产阶级民主革命的范围"[②]，将导向非资本主义的前途。这些理论观点被毛泽东等中共领导人承续下来，并得到了发展和完善。

——阶级。阶级分析是马克思主义的一个基本方法。共产国际有关中国的文献中，虽然没有关于中国阶级状况的专门分析，但阶级分析贯穿共产国际的文件。在共产国际有关东方国家和中国的文件中，除资产阶级和无产阶级（工人阶级）外，民族资产阶级、半无产阶级、地主、农民、小资产阶级等阶级分类概念大量运用；在对农民的分析中，则使用了贫农、小块土地农民、小农、小佃农、中农、大农等概念。[③] 虽然有的概念内涵还不清晰，有的概念与中国农村的情况并不符合，但相当部分的概念被中共采纳。

——工农联盟。工农联盟是建立在社会性质、革命任务和阶级分析之上的。《土地纲领草案》中提出："在反对大地主和资本家的国家的斗争中，劳动贫农和小佃农是农业和工业无产阶级的天然同盟军。"[④] 共产国际执委会给中共三大的指示中，首次要求中共要"力求实现工农联盟"，认为只有将占中国人口绝大多数的小农吸引到革命运动中来，中国革命才能取得胜利，而农民运动的领导权应当归于共产党。[⑤] 列宁和共产国际主张，在工农联盟中，城市工人阶级要担负起引导和教育农民的责任，帮助他们实现觉悟，但农民不能形成自己的政党（农民党），而只能以农会的方式接受共产党的领导，因为农民消化不了共产主义的纲领，共产党也"不需要农民共产主义者的小派别或小团体"，更重要的是农会这种方式可以让我们的同志"插身进去"，"在里头创立一核心"，"由我们同志的

① 《关于东方问题的总提纲》，载中共中央党史研究室第一研究部编《联共（布）、共产国际与中国国民革命运动》（1917—1925），北京图书馆出版社 1997 年版，第 358、362 页。

② 同上书，第 361 页。

③ 在共产国际的领导人中，列宁率先对农村居民进行了阶级分析。在给共产国际第二次代表大会准备的《土地问题提纲初稿》中，列宁将农村"被剥削群众"划分为农村无产阶级（雇佣工人）、半无产者（小块土地农民）、小农、中农、大农五个阶级。作为共产国际的领袖和主要的理论提供者，列宁对农村居民的阶级划分的影响无疑是巨大的（《列宁选集》第 4 卷，人民出版社 1995 年版，第 224—228 页）。

④ 中共中央党史研究室第一研究部编：《联共（布）、共产国际与中国国民革命运动》（1917—1925），北京图书馆出版社 1997 年版，第 367 页。

⑤ 中央档案馆编:《中共中央文件选集》第 1 册，中共中央党校出版社 1989 年版，第 586 页。

努力以保证我们的支配的势力”。[①] 工农联盟一直是中国革命的一个基本话语，用以解释党领导下的农民革命的合法性。

——土地革命＝民主革命。土地问题是落后的农民国家革命的根本问题，与农民问题紧密相连，也是农民话语的重要内容。列宁首次将落后国家的土地革命与资产阶级民主革命联系起来，认为“农民土地革命的胜利就是民主革命的完全胜利”，这一论断直接指导了共产国际关于东方国家社会革命的策略。《关于东方问题的总提纲》指出，对东方国家而言，“土地问题对于反对列强专制压迫的解放斗争，具有首要的意义”[②]。共产国际执委会给中共三大的指示中，要求中共必须开展反对封建主义残余的农民土地革命，提出只有坚持不懈的宣传工作和真正实现共产国际提出的土地革命口号，才能实现工农联盟。1927 年中国大革命失败后，共产国际和苏共党内对中国大革命失败的原因进行了激烈争论，斯大林和共产国际坚持认为土地革命是中国资产阶级民主革命的基础和内容”，“现阶段中国革命的基础是农民土地革命”，中国革命的“中心问题，中心任务，中心口号就是唤起土地革命的口号”[③]。这一观点（口号）是共产国际解释和指导中国革命的基本话语。毛泽东等中共领导人遵循列宁和共产国际的观点，认为中国农村的土地占有制度是封建制度的基础，彻底消灭地主阶级的土地占有制度，将土地分配给无地和少地的农民，就是中国新民主主义革命的胜利。[④]

共产国际极为重视对中国革命话语资源的掌控，虽然它对中国革命的分析仍不够成熟，但它在中共革命话语的供给和控制上不遗余力，甚至不惜越俎代庖，对孙中山的“三民主义”进行全新的解释，“以表明国民党

---

① 布哈林：《农民问题》，新青年社 1926 年版，第 22—28 页。这是布哈林在 1925 年 3—4 月召开的共产国际扩大执行委员会的报告和决议案，布哈林的讲话系统地论述了共产国际在农民问题上的基本主张，讲话和决议案很快就被翻译为中文并公开发行，在国内及中共党内的影响应该是很大的。

② 中共中央党史研究室第一研究部译：《联共（布）、共产国际与中国国民革命运动》（1917—1925），北京图书馆出版社 1997 年版，第 358 页。

③ 中共中央党史研究室第一研究部译：《联共（布）、共产国际与中国国民革命运动》（1926—1927，下），北京图书馆出版社 1998 年版，第 290、242 页。

④ 土地革命是否等同于民主革命，这仍然是一个值得探讨的问题。秦晖认为，将土地革命等同于民主革命，是列宁在俄国革命的特殊背景（斯托雷平改革）下提出的主张，“它只是马克思主义民主革命中的农民观在当时俄国条件下的运用，并不是一切情况下平分土地都可以与‘民主革命’画等号的”，但后来的农民国度的马克思主义者似乎误解了列宁这一观点提出的特殊历史背景，将平分土地等同于民主革命（武力、郑有贵主编：《解决“三农”问题之路——中国共产党“三农”思想政策史》，中国经济出版社 2004 年版，第 35 页）。

是一个符合时代精神的民族政党”[①]，试图将国民革命中不同的派系统一在自己提供的话语大旗下。

共产国际有关中国革命和农民革命的理论和策略也存在问题和不足：话语和概念的内涵还不是很清晰，对中国革命的针对性和指导性不足，半殖民地半封建社会就是一个例子；缺乏比较扎实全面的社会学基础，对中国社会性质的分析没有实证资料支撑；话语体系中的俄罗斯因素非常明显，如斯大林解释中国革命的三阶段论，就套用了苏联的革命模式，脱离了中国社会的实际；[②] 对农民的分析缺乏深度，虽然提出要对农民进行区分，但实际上还是把农民视为一个整体，没有对不同的农民阶层与革命的关系进行具体分析；最为重要的是，对中国农民的主体性、革命性估计过低，如 1926 年 3 月，湖南、广东等地农民运动正开展得如火如荼，但共产国际执行委员会第六次扩大会议提出的中国问题决议案却认为，中国农民还不是革命力量，而是正在“变为革命力量底巨大的后备军”[③]。总的来说，共产国际虽然为中共的农民革命提供了基本的话语框架，但这套话语系统仍是较为空泛的、不完善的，对中国农民的一些认识是错误的，与中国的实际、与中国革命的实际需求还有很大距离。

三 一种新路径的探索：以毛泽东为例

黄宗智认为，明清以来，中国知识分子大量迁入城镇，脱离了农村生活；到了近代，随着城市现代化的进展，知识分子与乡村的隔离更加明显，城市中的知识分子和乡村里的农民几乎生活在两个不同的世界，绝大多数的知识分子都缺乏实际的、准确的关于农村的认识。[④] 罗志田对近代知识分子的研究指出，晚清政府废除科举制的一个结果是使士农工商四大社会群体为基本要素的传统中国社会结构解体，而受影响最深的是位于四

① 《共产国际执行委员会主席团关于中国民族解放运动与国民党问题的决议》（1923 年 11 月 28 日），载中共中央党史研究室第一研究部译《联共（布）、共产国际与中国国民革命运动》（1920—1925），北京图书馆出版社 1997 年版，第 342—345 页。

② 参阅杨云若、杨奎松《共产国际与中国革命》，上海人民出版社 1988 年版，第 204—205 页。

③ 中央档案馆编：《中共中央文件选集》第 2 册，中共中央党校出版社 1989 年版，第 607 页。

④ 黄宗智：《认识中国——走向从实践出发的社会科学》，《中国社会科学》2005 年第 1 期。

民之首的士这一群体，一个后果是，“新教育制度培养出的已是在社会上‘自由浮动’的现代知识分子”，他们失去了传统的社会中心地位，日益边缘化；另一个结果是，知识分子失去了传统中“士”这一群体联系其他三民的重要社会功能，“中国的城乡渐呈分离之势”，这种状况的存在和发展，才使得敏锐者如李大钊高呼学生和知识分子要到民间去，而这却也正是城乡分离的证明。①

早期的中共作为一个知识分子发起和知识分子为主的政党，包括主要的领导人陈独秀、李大钊等在内，他们处于那个城乡日益隔离的时代，相当部分对农村缺乏实际和准确的认识，这也是使得党在提出开展农民运动、土地革命之后，在依赖共产国际的话语体系的同时，自身陷入了激烈的争论，出现了策略偏差的重要原因。由此，拘泥于权威话语的指引还是深入农村、从农村实际出发发展出一套新的话语系统，是摆在马克思主义革命知识分子面前的一个重大选择。

如前所述，1923—1924 年陈独秀与邓中夏的争论，代表了两种不同认识路径的分歧。与邓中夏的观点相近的还有毛泽东、彭湃等人。彭湃是中共党内最早领导农民运动的人，他对自己的家乡——海陆丰地区进行了深入的调查，对中国农民有着深刻的体认，也拥有丰富的农运经验，但彭湃的著述主要还是事件记述和具体的农运策略，很少有对中国农民和中国农村进行理论分析，这使得他无法成为中国革命新的认识路径和革命理论的开创者。沃马克的评价是恰当的：“虽然彭湃在海丰的农民组织的经验，有力地表明了农民运动可能获得的成功，但这个模式显而易见不足以为农民革命抽象出一个一般性的战略。”② 而毛泽东却以《中国社会各阶级的分析》等具有一般性战略特征的著作，为如何运用马克思主义理论分析中国农民和中国农村、如何用中国的实际经验看待马克思主义开拓了新的路径，虽然此时毛泽东的工作还是探索性的和初步的。这一时期，毛泽东在四个方面作出了重要贡献。

第一，提出了中国革命理论和策略研究的社会学方向。毛泽东深知党内知识分子对农民和农村实际状况认识的薄弱，为此，他创办了《农民

① 参阅罗志田《权势转移：近代中国的思想、社会与学术》，湖北人民出版社 1999 年版，第 193—195、213—214 页。

② 布兰特利·沃马克：《毛泽东政治思想的基础》（1917—1935），中国人民大学出版社 2006 年版，第 67—68 页。

问题丛刊》。在《农民问题丛刊》序言中，毛泽东满腔热情地号召党内同志："要立刻下了决心，把农民问题开始研究起来。要立刻下了决心，向党里要到命令，跑到你那熟悉的或不熟悉的乡村中间去，夏天晒着酷热的太阳，冬天冒着严寒的风雪，搀着农民的手，问他们痛苦些什么，问他们要些什么。"① 同时，毛泽东身体力行，进行农民问题的社会调查。从方法论的角度讲，这实际上初步提出了中国革命的社会学实证路径——将未证实的话语观点视为假设，这些假设只能得到革命实践的证实后才能获得真理的地位，换言之，毛泽东主张从中国的实际出发来对待马克思主义，发展出符合中国实际的革命话语系统，实事求是地制定切合中国实际的革命策略。

第二，指出了中国农民问题在中国革命中的中心地位。毛泽东的论述简洁明确有力："农民问题乃国民革命的中心问题，农民不起来参加并拥护国民革命，国民革命不会成功；农民运动不赶速地做起来，农民问题不会解决；农民问题不在现在的革命运动中得到相当的解决，农民不会拥护这个革命。"② 同时，毛泽东敏锐地意识到中国革命的特殊性，认识到中国的农民比工人更能够成为革命的力量。毛泽东指出："都市工人阶级目前所争，政治上只是求得集会结社之完全自由，尚不欲即时破坏资产阶级之政治地位。乡村的农民，则一起来便碰着那土豪劣绅大地主几千年来持以压榨农民的政权（这个地主政权即军阀政权的真正基础），非推翻这个压榨的政权，便不能有农民的地位，这是现时中国农民运动的一个最大的特色。"③

第三，高度肯定农民的革命性。在《湖南农民运动考察报告》中，毛泽东以大量翔实的资料，生动地展示了农民的革命性。毛泽东认为，农民运动迅猛异常，势不可当，农民将"冲决一切束缚他们的罗网"，一切帝国主义、军阀、贪官污吏、土豪劣绅，都将被农民运动葬入坟墓，一切革命的党派、革命的同志，都将在农民面前受检验而决定弃取。毛泽东进而指出，中国各政治派别的命运将取决于对待农民的态度："站在他们的前头领导他们呢？还是站在他们的后头指手画脚地批评他们呢？还是站在他们的对面反对他们呢？每个中国人对于这三项都有选择的自由，不过时

① 《毛泽东文集》第1卷，人民出版社1993年版，第39页。

② 同上书，第37页。

③ 同上书，第40—41页。

局将强迫你迅速地选择罢了。”①

第四，对农民进行了较为全面的阶级分析。最有代表性的著作是《中国社会各阶级的分析》和《中国农民中各阶级的分析及其对于革命的态度》。这是毛泽东这一时期最为重要的探索和贡献，是其革命理论尤其是农民理论的开端，初步展示了党的农民理论产生的新路径，我们也可以从中窥见马克思主义与中国革命的结合点所在。

毛泽东运用阶级分析，试图提出一个普适的中国各阶级革命力量分布图，一个普适的各阶级革命态度量表，为中国革命找出敌人和朋友。在《中国社会各阶级的分析》中，毛泽东将中国社会划分为大资产阶级、中资产阶级、小资产阶级、半无产阶级、无产阶级五个阶级，并从其经济地位、阶级性、革命对其利益得失的影响等方面推导其对待革命的态度。毛泽东将不同阶级在革命中的利益得失视为分析他们对待革命的态度、是否参与或反对革命的基本指标，并在其早期民众大联合思想的基础上，提出了有关阶级进行革命大联合的设想。毛泽东的结论是：

> 一切勾结帝国主义的军阀官僚、买办阶级、大地主、反动的智识阶级即所谓中国大资产阶级，乃是我们的敌人，乃是我们真正的敌人；一切小资产阶级、半无产阶级、无产阶级乃是我们的朋友，乃是我们真正的朋友。那动摇不定的中产阶级，其右翼应该把他们当做我们的敌人——即现时非敌人也去敌人不远；其左翼可以把他们当做我们的朋友——但不是真正的朋友，我们要时刻提防他，不要让他乱了我们的阵线！我们的朋友有多少？有三万万九千五百万。我们真正的敌人有多少？有一百万。那可友可敌的中间派有多少？有四百万。②

同时，毛泽东试图测绘中国农村各阶级革命的力量分布，绘制农村各阶级革命态度量表。在《中国农民中各阶级的分析及其对于革命的态度》一文中，毛泽东将中国农村居民划分为大地主、小地主、自耕农、半自耕农、半益农、贫农、雇农、游民无产阶级八个阶级，并对各个阶级的数

① 《毛泽东选集》卷一，东北书店1948年版，第20页。

② 毛泽东：《中国社会各阶级的分析》，《中国农民》1926年第2期。该文最初刊发于《革命半月刊》1925年第4期，后又刊发于《中国青年》1926年第五集第116、117期。

量、特征和对待革命的态度进行了分析。毛泽东总结道：

> 我们组织农民，乃组织自耕农、半自耕农、半益农、贫农、雇农及手工业工人五种农民于一个组织之下。对于地主阶级在原则上用争斗的方法，请他们在经济上政治上让步，在特别情形上，即是遇了如海丰广宁等处最反动最凶恶极端鱼肉人民的土豪劣绅时，则须完全打倒他。对于游民无产阶级则劝他们帮忙农民协会一边，加入革命的大运动，以求失业问题的解决，切不可逼其跑入敌人那一边，做了反革命派的力量。①

在这一时期，毛泽东还没有较为深入地从事农村的实地调查研究，他对中国社会各阶级和农村各阶级的分析，依据的主要是其他人收集的资料。但是，这并不妨碍毛泽东开创中国革命新的分析路径。笔者将这种路径称为社会学路径。在这一时期，这条路径有四个突出的特点：

其一，它主要是实证的而非演绎的。它力图从中国实际中提取和抽象出中国革命的一般规律，而不单纯依靠普遍理论的逻辑演绎来确定中国的革命路径。

其二，它主要是政治的而非哲学的。它关注中国社会各阶级的实际生存状况和革命对不同阶级可能产生的利益得失，以及不同阶级由此产生的对待革命的态度或革命意识，它在分析中遵循的是利益政治原则，对社会发展的哲学思辨则关注不多。

其三，它主要是实利的而非超然的。与其他持不同取向的革命理论家（如陈独秀）一样，它关注的中心同样是革命的现实状况，试图找出推动革命的现实力量，发展出一套能够让革命早日取得成功的战略和策略。正如沃马克所言："毛泽东的阶级分析方法主要不是对经济或政治结构的研究，它们是为了详细说明国民革命在群众革命方面的潜力的。"②

其四，它虽然是对马克思主义的运用，但与经典马克思主义的具体观点又有所不同。毛泽东的路径仍然遵循了马克思主义的基本分析方法，但

---

① 毛泽东：《中国农民中各阶级的分析及其对于革命的态度》，《中国农民》1926年第1期。

② 布兰特利·沃马克：《毛泽东政治思想的基础》（1917—1935），中国人民大学出版社2006年版，第89页。

由于初始路径依赖和革命实际需要等方面的原因，它更为重视马克思主义的阶级分析方法。毛泽东的这两篇文章虽然并不十分成熟，但可以说是这一时期运用马克思主义的阶级分析的代表作。沃马克的评价是恰当的："毛泽东对农民的压倒性数量以及他们对苦难所意味着的政治潜力的强调，看上去似乎……更少一些马克思主义的特点，而更多一些淳朴的意味，但它是对中国较少分化的政治形势的一种恰当的反映。"①

需要指出的是，从理论上讲，实证资料并不能自动转化为理论，实证资料的选取和解释需要方法的指导，理论的建构需要方法的灌注。毛泽东对有关中国农民资料的选取，对中国农民的认识过程及其结果，与他的阶级分析方法，及其早年的经历和思想密切相关，这是需要特别注意的。因此，毛泽东社会学的实证路径，展示的是一种理论与实际相结合的路径。当然，毛泽东社会学的实证路径意义重大，但这时还是初步的，它的完善，要等到延安时期。

四　早期中共农民话语的特点

1. 出现了两种取向的话语分歧，展现了马克思主义运用到落后农民国度时的矛盾

如前所述，党内在农民问题上出现了两种不同的取向：一种是以陈独秀等为代表的机械进化和理论教条取向，另一种是以毛泽东、邓中夏、彭湃等为代表的社会学取向。前者对农民的革命性和农民运动持较为负面的看法，后者高度肯定农民的革命性和农民运动论。这两种取向的分歧，既展现了中共早期在马克思主义诠释上的分歧和矛盾，也展示了以欧洲经验为依据的马克思主义运用到落后的东方农民国度时的内在紧张。从理论层面讲，这一时期对中国农民问题的理论阐释更为深刻的应是陈独秀，但由于其机械和教条的理论取向，随着农民运动的蓬勃开展，这种取向被证明是错误的。而毛泽东等人的社会学取向虽然较为稚嫩，但它却指向了一种新的话语生产模式。

2. 注重革命的实际需要，对农民主体地位的理论和实证分析不足

中共领导人和理论家提出了重视农民革命作用的思想，并在一定程度

① 布兰特利·沃马克：《毛泽东政治思想的基础》（1917—1935），中国人民大学出版社 2006 年版，第 88 页。

上达成了共识。但是，这种重视主要来自革命策略的实际需要，对农民问题的理论阐释和实证分析还不足。无论是毛泽东、邓中夏等对农民和农民运动持积极态度的领导人，还是陈独秀等对农民和农民运动持保留态度的领导人，他们之所以重视农民，原因主要有两个：其一，中国工人数量很少，而农民数量众多，没有众多数量的农民群众参与，革命难以取得胜利。邓中夏反问道："这样一个占全人口绝对大多数的农民群众，在革命运动中不是一个不可轻侮的伟大势力吗？是我们青年革命家所可忽视的吗？"[①] 陈独秀看重农民，也是因为农民数量众多。其二，农民因为受到沉重压迫而能够参与革命。毛泽东的论证逻辑即是如此，陈独秀也承认这一点。这两个观点无疑是合理的，但并不深刻，因为它没有从理论上阐释中国农民为什么能够成为革命的主体，成为革命的主要力量（当然，陈独秀论证了农民为什么不能成为革命的主要力量），同时，他们的论点以直观感受和主观估计为依据，缺乏较为坚实的实证资料支撑。

3. 取得了一些理论成果，但仍是初步的

在共产国际的指导下，农民理论的基本框架初步形成。同时，陈独秀、李大钊、毛泽东、邓中夏、彭湃、瞿秋白等中共领导人，虽然取向有所不同，但都在国民革命的大背景下，对农民理论进行了积极探索，取得了一定的理论进展，如农民问题在中国革命中的地位、农民的革命性、土地革命、农民的组织和宣传教育等方面，都在理论上进行了探索和解答。当然，这些成果的取得是初步的和不成熟的，以陈独秀为例，他对农民的理论分析虽然较为深刻，但出现了取向上的明显偏差；对毛泽东来讲，马克思主义方法的运用还显得生涩，如对中国社会各阶级的分析，使用的概念是大资产阶级、中资产阶级、小资产阶级和半无产阶级、无产阶级，这些概念基本上属于资本主义国家的阶级构成概念，阶级划分的标准也不够明确，这说明毛泽东对中国社会性质的认识还不够全面准确，对马克思主义阶级分析方法的认识和运用都存在不足。[②]

① 《邓中夏文集》，人民出版社 1983 年版，第 50 页。

② 新中国成立后选编《毛泽东选集》时，《中国社会各阶级的分析》作为开篇入选，但经过了比较大的修改。修改使毛泽东对中国社会阶级的划分得到了一定的完善，但并未消弭毛泽东此时在阶级分析方法运用上的不足，并造成了一些新的混淆，如将"大资产阶级"修改为"地主阶级和买办阶级"，就使阶级划分原本清晰的逻辑出现了不自洽的情况（参阅毛泽东《中国社会各阶级的分析》，《毛泽东选集》第 1 卷，人民出版社 1991 年版，第 3—9 页）。

中共领导人虽然努力回答革命中的农民问题，但总体上讲，还处于破题的阶段，马克思主义与中国社会实际的关系是什么？如何运用马克思主义的基本方法来分析中国社会、中国农民？如何看待中国农民在革命中的地位？这些都是毛泽东等人的分析所提出的基本问题，而不是已经获得的现成答案。不过，正是意识到了这些问题，才有了以后的艰苦探索。而毛泽东主张的社会学的分析路向，展示了马克思主义农民理论中国化的基本原则和路向，是这一时期最大的成果。

第三节　理论自觉：党对中国农民问题认识的深化

1927 年大革命失败，党的主要力量逐步进入农村，开展武装斗争和土地革命。1934 年，在国民党的围剿下，革命遭到重大挫折，红军被迫长征，进行战略大转移。1937 年，党在陕北建立了巩固的革命根据地。这一时期，农民问题被党提到了一个新的高度，农民革命成为革命的主轴。这一时期，既是党独立自主探索中国革命道路的开始，也是党在农民理论发展上开始进入理论自觉的时期。

一　党的六大对农民问题的认识

1928 年 6 月 18 日至 7 月 11 日，在共产国际的帮助下，中国共产党第六次代表大会在莫斯科召开。这次大会是在大革命失败后党内思想较为混乱的情况下召开的，也是直接在共产国际领导下召开的。会议通过了《政治决议案》《土地问题决议案》《农民问题决议案》《职工运动决议案》等一系列文件，对党内争论严重的问题进行了回答，大体上统一了党内思想。在党的历史上，六大第一次对农民问题进行较为全面和集中的阐述，提出了农民运动的基本理论和策略。分析党的六大，可以看出中共农民话语的基本模式。

1. 党的六大对农民问题的阐述

阅读中共六大的有关文献，可以发现，中共六大文件的表述逻辑略显凌乱。但在凌乱背后，仍然可以看出，中共六大农民理论的话语逻辑是中国的社会性质、中国革命的性质、中国革命的步骤、中国农村阶级划分、土地问题、现阶段的革命策略。

——中国的社会性质。六大决议案没有直接对中国的社会性质进行界定，但六大坚持的是共产国际和斯大林提出的中国是半殖民地半封建社会这一论断，并对中国的封建问题进行了一些新的阐述。第一，因应苏共党内有关中国社会性质和中国革命路线的争论，反驳了中国是"亚洲式生产方法"（即亚细亚生产方式）的观点，第一次直面了马克思有关东方社会的理论观点。六大决议案将"亚洲式生产方法"的特点概括为：没有土地私有制；国家指导绝大部分的社会工程建设（尤其是水利河道），此为形成集权的中央政府统治一般小生产者的组织的物质基础；公产社制度之巩固的存在。六大决议案认为，这些特征，尤其是没有土地私有制这一条，是和中国的实际情形相反的，因此，中国并不存在所谓的"亚洲式生产方法"。第二，注意到了中国封建制的特殊性。六大决议案指出，中国封建制度的发展有许多特殊情形，与西欧封建制度有许多差异，在土地制度上，中国的国家封建制度（所谓国有土地）与地主私有土地制度并存，而西欧是中世纪的封建领主制。决议案认为，不管这些差异如何，中国的根本事实就是，"现在的中国经济政治制度，的确应当规定为半封建制度"①。第三，分析了半封建与半殖民的关系。六大决议案提出，帝国主义一方面维持了封建制度，但另一方面又必然消灭封建制度，使中国走向资本主义。决议案认为，"帝国主义阻滞中国工业资本的发展，征服中国的封建余孽，间接的收刮农民的膏血，利用中国的一切积极的寄生虫阶级"②，形成和强化了帝国主义掠夺中国的半殖民地制度。帝国主义握有管理中国全体经济的全权，扶持中国的封建势力，维持中国的军阀封建式的割据，与中国的商业高利贷资本相勾结，采用多种方法对中国进行剥削。同时，六大决议案指出，帝国主义虽然阻滞了中国工业的发展，但它"始终使中国资本主义化"③，因为帝国主义资本的侵略，增强了货币经济的作用，扩大了商业交易和货币的流转，推动了农业商品化，使农民无产阶级化，而这必然使前资本主义的生产方式渐渐消灭，肃清资本主义发展的道路。这些论述和观点虽然显得前后矛盾，却是马克思关于资本主义全球化的基本观点。

---

① 中央档案馆编:《中共中央文件选集》第4册，中共中央党校出版社1989年版，第336—338页。

② 同上书，第340页。

③ 同上书，第341页。

——中国革命的性质和基本问题。六大决议案指出，中国现阶段的革命是资产阶级性质的民权革命，原因是：国家真正的统一未完成，还没有从帝国主义之下解放出来；地主阶级的土地私有制没有推翻，半封建余孽没有肃清；现在的政权是地主军阀买办民族资产阶级的国家政权，它依赖国际帝国主义才能生存。因此，中国革命的任务是推翻帝国主义和土地革命，革命的动力只有无产阶级和农民，中国革命的前途是非资本主义的，也就是社会主义的。[①]

——中国革命的步骤。六大决议案认为，中国革命分两步走：第一步是开展资产阶级性质的民权革命，第二步是开展社会主义革命。中国革命既然是资产阶级性质的民权革命，决议案提出，中国社会发展的第一步是朝向自由的资本主义，消灭封建残余。决议案认为，中国农村资本主义化有三条可能的路径：第一条路径是农民的资本主义式的农家经济——应用雇佣劳动的富农经济；第二条路径是地主经济转变为资本主义农业经济；第三条路径是外国投资使中国农村转变为资本主义经济。决议案强调，第二条、第三条路径都不可行，只有第一条路径可行。第二条路径不可行的原因是，中国没有大地主经济，只有小地主经济，小地主没有足够的资本进行技术革命、采用雇佣方式不如出租土地“上算”，使得资本主义的农业经济缺乏经济条件；而国内战争不能停止，资产阶级的法律秩序不能确定，土匪不能肃清，又使得资本主义农业经济发展缺乏政治条件。第三条路径不可行，原因是如果要走这条路，就意味着中国将从半殖民地沦落为完全的殖民地，这是工农革命所不允许的。因此，第一条路是中国唯一可行的道路。

——土地问题。六大将土地革命与资产阶级民主革命画上了等号，《土地问题决议案》提出：

> 土地革命是开辟自由的资本主义的发展与封建余毒相矛盾的表现。只有痛快的革命的方法，肃清土地关系里的封建余毒，完全消灭一切压迫束缚的方法，完全消除地主阶级的剥削制度，才能开辟农村之中资本主义的自由的比较快的发展——将中国农民（如佃农和农

---

① 中央档案馆编：《中共中央文件选集》第4册，中共中央党校出版社1989年版，第298—301页。

奴）变成资本主义式的小农经济。[①]

决议案认为："土地革命是中国革命的主要内容"，近年来中国农民的各种斗争，"都表示农民是在要求得到土地——土地对于农民，是最主要的生产资料及维持生活的来源"。[②] 中国土地问题的特点是，资产阶级式的土地所有制已经占优势，这种优势仍在日益发展（资产阶级式的土地所有制是指土地可以买卖）；"物产地租"这种封建剥削方式仍旧是很广泛的现象；地主阶级中中小地主比大地主占优势；各省地主的大小关系不平衡。中国是小农式的农业经济，几乎没有欧洲封建地主式的农业经济。中国的土地斗争与西欧也不同，西欧是小资产阶级的私有土地与中世纪式的地主经济之间的矛盾，中国的土地斗争是无地少地的农民与独占土地的阶级之间的矛盾，力争经营使用土地的自由，脱离封建式的束缚剥削强制和压迫，中国农民"客观上是在力争农业经济的资本主义发展，要使自由的农民变成资本主义的小农经济"[③]。因此，中国农民必然是中国第一步革命（资产阶级性质的民权革命）的主体。

六大决议案认为，中国第一步的革命必然要过渡到第二步的革命，即社会主义革命。决议案设想，待苏维埃政权巩固后，即当实现土地国有，相应地，中国共产党将帮助农民去消灭土地私有权，把一切土地变为社会的共有财产，"因为共产党认为土地国有，乃消灭国内最后的封建遗迹的最坚决最澈（彻）底的方法"[④]。如果将农民界定为小资产阶级，农民的目标是在争取自由的资本主义的发展的话，那么，在这一步的革命中，农民将不可避免地成为革命的对象。

——中国农村的阶级（阶层）划分和革命策略。虽然从土地革命的角度论证了农民的革命主体地位，但中国农村复杂的阶级（阶层）构成，使农村的阶级分析成为必要。六大决议案中，阶级划分的标准不太一致，在《土地问题决议案》中就出现了两种划分，一方面，决议案将中国农村居民划分为地主豪绅阶级和农民两个大的阶级；另一方面，又将农民划

---

① 中央档案馆编:《中共中央文件选集》第 4 册，中共中央党校出版社 1989 年版，第 349 页。

② 同上书，第 329 页。

③ 同上书，第 338 页。

④ 同上书，第 353 页。

分为富农、中农、小农和最小农几个小阶级，同时又认为，中国农民的极大部分可划分为佃农（绝对无地的）、半佃农（自己土地太少需要承租地主的田地）、自耕农（自己有土地，但仍需做些其他工作以补耕田的不足），中国农民中有3/4是无地或少地的农民。决议案指出，地主豪绅阶级是中国社会主要的封建余孽，是土地革命的主要对象；富农通常以残酷的方式剥削雇佣劳动的人，对农民运动常表现中立或仇视的态度，并常常更快地走入反革命阵营，对富农也要采取斗争的策略，现阶段要使富农中立，以减少敌人的力量；中农、小农、最小农是革命可以依靠的力量，要在农村建立从雇农起到中农止的统一战线，联合中农是保证土地革命胜利的主要条件，同时，要巩固贫农与雇农在思想上和组织上的领导。

虽然六大决议案的言说逻辑不够清晰明确，但中国社会的性质、中国革命的性质、中国革命的步骤、土地问题和阶级划分等构成了一个言说体系，大体论证了农民中的中农、小农、最小农和雇农的革命主体地位。1929年8月，中共中央作出了接受共产国际对于农民问题指示的决议，对六大有关农民和农民革命的理论观点和政策进行了更为集中和清晰的表述，但基本观点和言说方式没有变化。① 这种言说方式被延续下来，一直到毛泽东的《中国革命与中国共产党》一文问世后才有所改变。

2. 党的六大农民理论的不足

中共六大第一次对中国革命理论尤其是农民革命理论进行比较全面和集中的阐述，对农民的认识也有一定发展，但其中也存在问题和不足。②

第一，自我矛盾和论述不周详之处颇多。六大决议案不仅逻辑显得凌乱，理论分析的自我矛盾之处、不周之处也比较多。

——对中国社会性质的认识。六大决议案总体上将中国界定为半殖民地半封建社会，但一些地方又有与半殖民地半封建社会相矛盾的分析，比

① 参阅中央档案馆编《中共中央文件选集》第5册，中共中央党校出版社1989年版，第446—460页。

② 国内学者对六大的研究，主要依据中国共产党第六届中央委员会扩大的第七次全体会议通过的《关于若干历史问题的决议》的口径开展，强调六大对中国革命性质认识、革命形势估计的正确和策略的错误（主要是未认识农村在革命中特殊和重要的地位、农村革命根据地未能引起重视、城市中心主义、将民族资产阶级界定为革命的敌人、对敌人内部的矛盾缺乏充分估计等），对六大有关中国革命理论阐述的分析还不多（《关于若干历史问题的决议》对六大的评价，请参阅《毛泽东选集》第3卷，人民出版社1991年版，第958页）。

较突出的有：认为中国农村“资产阶级式的土地所有制已经占着优势”①，却又将中国的土地关系明确界定为半封建制度；认为中国是小农经济占优势，但又提出“资本主义式的小农经济”是土地革命的目标，认为有“封建主义的小农经济”和“资本主义的小农经济”两种小农经济形态，并提出了中国封建制度下的自由农民观，概念上存在混乱；仅从农村经济尤其是土地关系推导出中国社会性质，没有对城市及城乡关系进行分析，忽略了中国社会性质中的城市因素。出现这些矛盾和不周之处，原因在于理论的混乱，即：究竟是以剥削方式还是以生产方式来界定社会性质。这个问题，一直困扰着众多马克思主义者或自称以马克思主义为指南研究中国社会的革命知识分子。

——对帝国主义的认识。六大一方面认为帝国主义是中国的主要革命对象，另一方面又指出帝国主义对中国社会发展的双重作用：帝国主义与封建余孽勾结，阻碍中国工业的发展；帝国主义始终要使中国资本主义化。这个论断继承了马克思的基本观点，是深刻之论，但却内含矛盾。按照马克思的观点，资本主义是建立在大工业基础上的，如果帝国主义的重要目的是维护中国的封建制度，阻碍中国工业的发展，那帝国主义就不可能使中国资本主义化；为了保住兼用资本主义的剥削方式和封建掠夺方式获得的利益，帝国主义也不愿意使中国资本主义化。对帝国主义认识的矛盾，实际上是马克思主义关于殖民主义对东方国家社会发展作用的论断在具体运用上的矛盾。

——对富农的认识。六大对富农的认识是较为混乱的，一方面，对富农的革命性作出了较为负面的判断；另一方面，又认为富农具有资本主义性质。六大将中国革命定位为资产阶级性质的民主革命，那具有资本主义特征的富农应该是当然的革命力量，其革命性不应像六大所说的那么消极和负面。② 此外，需要指出的是，六大以土地所有关系和占有情况为标准，对中国农村社会进行阶级划分，这个标准没有触及马克思主义阶级分析的核心——剥削，也没有考虑中国土地所有和占有存在的多种多样的形

① 中央档案馆编：《中共中央文件选集》第4册，中共中央党校出版社1989年版，第331页。

② 对民族资产阶级的认识和策略同样与六大决议案的基本理论相悖——既然将中国革命界定为资产阶级性质的民主革命，那代表中国资本主义生产方式和发展方向的民族资产阶级就不应该被认为“背叛革命”，民族资产阶级应该是革命的动力而不是革命的敌人。

态，在理论上不够自洽和合理，在实践中可能造成偏离。

第二，受苏共内部斗争和苏联中国研究的影响很大，一些观点与中国革命实际脱节。

1927 年中国大革命失败后，苏共内部以斯大林为代表的派别和以托洛茨基为代表的派别就中国大革命失败的原因和中国社会的性质、中国革命的性质和策略等展开了激烈争论。同时，一些苏联学者也对中国历史和社会开展了较为深入的学术研究和探讨。六大在争论结束后不久召开，并且是在莫斯科召开，会议受到苏共和共产国际的“直接指导”，自然受到苏共内部政治斗争及苏联学者相关学术研究和争论的强烈影响。瓦尔加为六大草拟了纲领草案初稿，并送交斯大林审阅，六大决议案基本上遵照了瓦尔加的纲领草案。[①] 瓦尔加纲领草案的理论底色是斯大林的中国革命三阶段论。斯大林的中国革命三阶段论认为，中国革命的第一阶段是全民族联合战线的革命，第二阶段是工农群众的革命和土地革命，第三阶段是无产阶级革命。六大决议案就是以斯大林为中国革命规定的第二阶段为蓝本进行表述的。此外，瓦尔加有关中国的封建社会不同于欧洲封建社会的理论观点，在六大决议案中得到了贯彻；六大决议案中专门阐述中国不属于“亚洲式生产方法”，也与苏联学术界关于中国社会发展的讨论直接相关。客观地说，苏共和共产国际为中国革命直接提供了基本的话语系统，苏共和共产国际的指导也有利于帮助马克思主义学养还不高的中共厘清中国革命中的一些基本问题，但苏共为中国革命提供的理论大多来自俄国革命的经验，机械套用的色彩浓厚，不仅与中国革命的实际不完全符合，也对中共独立自主探索革命道路造成了一定障碍。

二　毛泽东的农村调查与革命实践

毛泽东素来注重调查研究。在担任国民党中央农民部部长和主持广州农民运动讲习所期间，毛泽东就非常注意收集有关农村和农民的资料，开展农民问题研究。毛泽东还创办了《农民问题丛刊》等刊物，编印了有关农民问题的资料集，但他一直深感“研究农民问题”“太缺乏材料”。[②]

① 参阅中共中央党史研究室第一研究部译《联共（布）、共产国际与中国苏维埃运动》（1927—1931），中央文献出版社 2002 年版，第 400—408 页。

② 《毛泽东文集》第 1 卷，人民出版社 1993 年版，第 39 页。

国民革命高潮时期，毛泽东对湖南农民运动进行了实地调查，写出了著名的《湖南农民运动考察报告》。大革命失败后，毛泽东在领导军事斗争的同时，坚持开展社会调查，写出了《寻乌调查》《兴国调查》《长冈乡调查》等调查报告，并初步提出了调查研究的方法论。通过社会调查，毛泽东对中国社会尤其是中国农村、中国农民有了较为广泛和深入的认识，加上这一时期开辟领导军事斗争、农村革命根据地和建设苏维埃政权的经历，为毛泽东提出和发展他的农民革命理论提供了条件。

1. 调查与发言权：一种革命话语生产模式的新指向

沃马克以“社会科学家”来描述土地革命时期的毛泽东，这主要归功于毛泽东这一时期丰富的社会调查成果。[①] 其中最为突出的是，毛泽东将社会调查提到了无以复加的高度，他将社会调查与政策制定参与权即“发言权”直接联系在一起。在 1930 年 5 月撰写的《调查工作》（后题目改为《反对本本主义》）一文，毛泽东开篇即道：

> 你对于某个问题没有调查，就停止你对于某个问题的发言权。这不太野蛮了吗？一点也不野蛮。你对那个问题的现实情况和历史情况既然没有调查，不知底里，对于那个问题的发言便一定是瞎说一顿。瞎说一顿之不能解决问题是大家明了的，那末，停止你的发言权有什么不公道呢？许多的同志都成天地闭着眼睛在那里瞎说，这是共产党员的耻辱，岂有共产党员而可以闭着眼睛瞎说一顿的吗？[②]

毛泽东的口号是：不做调查没有发言权，不做正确的调查同样没有发言权。[③]

毛泽东社会调查的意义在于，它不承认“本本”具有天然的正确性和权威性。毛泽东认为，马克思主义也不是天然正确的：“我们说马克思主义是对的，决不是因为马克思这个人是什么‘先哲’，而是因为他的理论，在我们的实践中，在我们的斗争中，证明了是对的。”[④] 毛泽东暗示，

---

① 布兰特利·沃马克：《毛泽东政治思想的基础（1917—1935）》，中国人民大学出版社 2006 年版，第 131 页。

② 《毛泽东农村调查文集》，人民出版社 1982 年版，第 1 页。

③ 同上书，第 13 页。

④ 同上书，第 4 页。

正确的革命战略和策略只能来自对中国国情的调查和深入研究，“本本”的作用实际上是有限的，有时甚至是不可靠的。毛泽东后来说，作了寻乌调查，他才弄清富农与地主的区别，提出解决富农问题的办法，提出抽多补少、抽肥补瘦的政策；贫农与雇农的问题，则是在兴国调查后才弄清楚的。[①]

毛泽东社会学实证取向的发展，喻示着一种存在新特性的革命话语生产模式的诞生。将毛泽东视为“狭隘经验论”的人，对中国革命进行解释、预测，制定革命战略、策略的话语来自苏联和共产国际，话语生产模式是移植和演绎；而毛泽东所倡导的话语生产模式则是实证的、经验的，这种话语生产模式将指向一种新的话语模式，为正确认识复杂的中国社会和中国革命提供了可能，同时，它也预示着同移植话语的冲突与斗争。

2. 阶级分析：马克思主义方法的运用与意涵

在毛泽东社会学的实证方法之中，潜藏着一个如何对待马克思主义的前设性问题。在这一时期，作为为生存而四处征战的地方和军队领导人，毛泽东没有时间和精力，也没有兴趣，甚至没有太多的资格去研究和思考马克思主义这一宏大的理论问题，用马克思主义来对中国社会的发展进程进行宏观分析。毛泽东能够做的，是应用他所理解的马克思主义方法，去开展农村调查，去分析中国农村社会，提出能够帮助红军和苏维埃政权获得生存和发展的政策。毛泽东此时对中国社会和中国革命的总体看法，能说的大概就只是这么一句：“我们完全同意共产国际关于中国问题的决议。中国现时的阶段，确实还是资产阶级民权革命的阶段。中国彻底的民权主义革命之完成，是包括对外推翻帝国主义特权，求得彻底的民族解放与统一；对内肃清买办阶级的城市势力，消灭乡村封建关系，完成土地革命，推翻豪绅阶级变形政治组织的军阀制度。必定要在这样的民权主义革命当中，方能造成工人政权的真正基础，以进到社会主义革命。”[②] 在这种表态性话语之后，毛泽东笔锋一转，立刻转到对边界党和红军的斗争与生存的论述中。

毛泽东对马克思主义的接受，是从阶级斗争开始的，核心是阶级分析。毛泽东说：“记得我在一九二〇年，第一次看了考茨基著的《阶级

① 《毛泽东农村调查文集》，人民出版社 1982 年版，第 22—23 页。

② 《毛泽东选集》卷四，东北书店 1948 年版，第 538 页。

斗争》，陈望道翻译的《共产党宣言》，和一个英国人作的《社会主义史》，我才知道人类自有史以来就有阶级斗争，阶级斗争是社会发展的原动力，初步地得到认识问题的方法论。可是这些书上，并没有中国的湖南、湖北，也没有中国的蒋介石和陈独秀。我只取了它四个字：'阶级斗争'，老老实实地来开始研究实际的阶级斗争。"① 虽然马克思主义者都强调和重视阶级斗争问题，但毛泽东对阶级和阶级斗争的强调却更为引人注目。毛泽东认为，阶级分析是社会调查的基本方法，也是社会调查的根本目标："我们调查工作的主要方法是解剖各种社会阶级，我们的终极目的是要明了各种阶级的相互关系，得到正确的阶级估量，然后定出我们正确的斗争策略，确定哪些阶级是革命斗争的主力，哪些阶级是我们应当争取的同盟者，哪些阶级是要打倒的。我们的目的完全在这里。"② 在毛泽东看来，社会调查的目标在调查之前已经预定好了，就是分析阶级状况尤其是阶级关系和阶级斗争，所有资料的收集都要为阶级分析服务。

在《寻乌调查》中，毛泽东对寻乌农村的阶级状况作了全面深入的分析。他将寻乌农村人口划分为地主、富农、中农、贫农、手工工人、游民、雇农七个阶级，并计算了每个阶级的人口数量和比例。与《中国农民中各阶级的分析及其对于革命的态度》一文比较，毛泽东对中国农村阶级状况的复杂性有了较为全面的认识。比如，他不再简单地将地主只划分为大地主和小地主两大类，而是划分为公共地主和个人地主两大类，公共地主分为祖宗地主、神道地主、政治地主三个类别，个人地主又分为大地主、中地主和小地主三种情况。值得注意的是，毛泽东对农村各阶级的政治态度的复杂性有了新的认识。比如，他不再简单地将大地主视为封建代表，而是将他们的政治态度进行了区分，指出地主阶级内部政治取向存在的差异，毛泽东注意到，大学生往往来自大中地主家庭，他们的相当部分能够接受新思想，进入革命队伍，成为革命队伍的

① 《毛泽东农村调查文集》，人民出版社1982年版，第21—22页。毛泽东为何以阶级斗争的视角去理解马克思主义，这是一个严肃但又有趣的问题。一些学者认为毛泽东早年受到的无政府主义的影响在其中发挥了巨大的作用。如尚庆飞的研究指出，青年毛泽东并没有阶级意识，有的只是等级观念，"由于无政府主义的启蒙，导致毛泽东开始形成阶级意识"（尚庆飞：《短暂的启蒙与深刻的印痕——近代中国无政府主义思潮与毛泽东的心路历程》，《现代哲学》2008年第2期）。

② 《毛泽东农村调查文集》，人民出版社1982年版，第6页。

骨干。

石仲泉认为，毛泽东在中央苏区的农村社会调查，为他提出和发展土地革命、根据地建设等理论提供了支持，为马克思主义中国化奠定了基础。[①] 这个观点无疑是正确的。但我们还应注意的是，毛泽东的社会调查所采取的方法——阶级分析——在开辟新的理论模式或话语模式中的独特作用。将毛泽东与陈独秀比较，陈独秀服膺唯物史观，但他对唯物史观的理解比较机械，接近于经济决定论。陈独秀强调生产力对生产关系的决定作用，强调“一个社会制度，非到了生产力在其制度内更无发展之余地时，决不会崩坏”[②]。但陈独秀也敏锐地意识到了他理解的马克思主义唯物史观中经济决定论与阶级斗争之间的紧张，他给出的解释是：“马克思的革命说乃指经济自然进化的结果，和空想家的革命说不同；马克思的阶级斗争说乃指人类历史进化之自然现象，并非一种超自然的玄想。所以唯物史观说和阶级斗争说不但不矛盾，并且可以相互证明。”[③] 陈独秀的解释同样强调革命的自然进化性和革命与经济（生产力）的关系。换言之，如果按照陈独秀对马克思唯物史观的理解，那中国革命的主力不应是“落后的”农民。陈独秀的解释，使他失去了创造中国马克思主义的机会。但对毛泽东而言，他接受的马克思主义是从阶级斗争开始的，对马克思的思想体系，毛泽东是以“阶级斗争”四个字为切入点来认识和理解的，虽然后来者可以批评毛泽东对马克思唯物史观理解的片面性，[④] 但事物都有两面性，从另一面讲，毛泽东从阶级分析、阶级斗争的视角接受和理解马克思主义，却是他能够超越从共产国际和苏联移植的革命话语体系，进行话语创新的基础所在。

第一，阶级分析预设了革命力量的开放性。阶级分析强调阶级对待革命的态度，它的任务是找出革命的领导阶级、革命的依靠阶级、革命的阶级对象等，对革命性的来源，阶级分析持开放态度。一个阶级的革命性，既可以来自阶级本身生产方式的先进性，也可以来自革命斗争可能为阶级

---

① 石仲泉：《中央苏区调查与毛泽东对马克思主义中国化的贡献》，《毛泽东邓小平理论研究》2005 年第 5 期。

② 《陈独秀著作选》第 2 卷，上海人民出版社 1993 年版，第 355 页。

③ 同上。

④ 如邱守娟批评毛泽东将历史唯物主义等同于阶级斗争，误解了历史唯物主义，并导致了后来的阶级斗争扩大化。参阅邱守娟《试析毛泽东对历史唯物主义的误解》，《北京大学学报》（哲学社会科学版）2003 年第 3 期。

带来的利益，来自外部的政治动员。无论是何种来源，阶级分析都将这一阶级视为革命力量，加以重视和利用。对大部分地区仍处于前资本主义、以农民为主体的中国而言，阶级分析的开放性使得它比经济决定论更有优势，也为一种新的话语模式生产提供了可能。毛泽东对中国农村阶级状况的分析，体现的就是这一思想。

第二，阶级分析预设了实证方法的必要性。社会现实远比理论所阐释的复杂多变，要想认识社会，了解各阶级对待革命的态度，“唯一的方法就是向社会作调查，调查社会各阶级的生动情况”[①]。因此，阶级分析本身就包含有实证的思想和取向，这与机械的经济决定论直接从权威理论演绎出革命力量和革命策略的方法截然不同。

第三，阶级分析为创新革命话语提供了可能性。陈独秀虽然意识到了经济进化论与阶级斗争说之间的紧张，但基于对经济决定论的服膺，他不假思索地认为二者本质上是统一的，放弃了从阶级斗争出发探寻中国的马克思主义革命话语体系的可能性。而毛泽东则从阶级斗争入手，通过社会调查，为中国革命开启了新的话语体系——新式的农民革命学说。总的来说，正是阶级分析，为毛泽东农民革命话语的生产提供了可能。

3. 革命地图测绘：中心—边缘的转换

套用弗里德里克·詹姆逊的认知测绘理论，阶级分析实质是测绘革命地图的一种方法。认知测绘“是一种理解的方式，即理解个人对其世界的再现何以能摆脱传统上对表现的批判，因为绘图与实践直接相连。认知测绘于此是政治无意识过程的某种隐喻，同时它也是我们如何开始将局部与全球进行连接的模式”[②]。毛泽东运用阶级分析对中国的革命地图进行了新的测绘，并成功地实现了革命的中心—边缘转换。当然，在这一时期，毛泽东对中国革命地图的测绘还未达到成熟，或者说，毛泽东正在为成熟和准确的革命地图测绘做实证方面的准备。

阶级分析是马克思主义的重要方法。无论是陈独秀还是共产国际，也都采取阶级分析的方法对中国革命进行测绘分析，但他们采用的是经典马克思主义的视角，将阶级建基于生产方式，更强调以生产方式来判断阶级

① 《毛泽东农村调查文集》，人民出版社 1982 年版，第 15 页。

② 董国礼：《詹姆逊的空间化思考：从超空间到认知测绘美学》，《社会》2006 年第 6 期。

的作用和功能。国民革命时期，陈独秀强调中国工人和农民身上的负面因素，对他们的看法趋向于负面；1927 年革命失败后，陈独秀认为国民革命“是资产阶级取得了胜利”，中国的封建主义成为了“残余势力之残余”，强调针对富农（农村资产阶级）和商业资产阶级社会主义性质的革命。[①] 共产国际虽然不否认贫雇农的革命性，但它认为农民运动的任务是为城市工人革命服务：“农民群众的斗争是与城市无产阶级的斗争有密切联系的……我们党在农村中的策略，是要与我们在日常经济斗争中以夺取城市无产阶级的策略相适应，相配合。”[②] 中共中央据此强调：“群众工作的对象，最主要的当然是城市的广大的劳苦群众——尤其是产业工人，没有城市的领导，乡村斗争很少胜利的可能。没有工人的领导，农民革命很少成功的希望，所以建立城市工作尤其是工人运动，成为党目前最迫切的任务。”[③] 从表面看，共产国际和陈独秀所在的“托派”对国民革命后中国革命形势的判断有根本的差异，以至于共产国际和中共称“托派”为革命的“取消派”，而陈独秀则称共产国际和中共的策略为“盲动主义”。但在分歧的背后，两者对中国革命地图的测绘底色却是一致的——他们都认为中国革命的中心应在城市，革命的中心力量是工人，农村革命、农民革命不过是对城市无产阶级革命的“配合”，本质上是革命的边缘区域，它的一项重要任务是等待全国革命高潮的到来，以发动对反动势力的总攻击。对共产国际和当时的中共中央而言，虽然承认中国农民运动高涨的速度与规模远超过工人运动，但它一如既往地过高估计中国城市工人的受剥削程度和革命性，强调工人成分对中共政治路线和革命领导权的意义。[④] 他们的话语逻辑其实是相通的：第一，工人阶级是革命的领导阶级，自然要发动和依靠工人的力量，这就要以产业工人聚集的城市为中心，并且“只有注重职工运动，才能领导农民斗争”。第二，城市是政治经济中心，假如城市工人不起来取得城市的政权，领导农民实行土地革命，乡村的革

① 中央档案馆编：《中共中央文件选集》第 5 册，中共中央党校出版社 1989 年版，第 727、731 页。

② 《共产国际执行委员会与中国共产党书》（1929 年 6 月 7 日），《中共中央文件选集》第 5 册，中共中央党校出版社 1989 年版，第 696 页。

③ 《中央通告第十五号》（1928 年 11 月 8 日），《中共中央文件选集》第 4 册，中共中央党校出版社 1989 年版，第 691 页。

④ 中共中央党史研究室第一研究部译：《联共（布）、共产国际与中国苏维埃运动·前言》（1927—1931），中央文献出版社 2002 年版，第 17 页。

命力量不论如何大终难取得长期的胜利。偏僻的乡村地区农民运动虽然蓬勃发展，但由于远离城市这个革命的中心，难以形成农民运动的中心基础，对党最后夺取政权来说是“莫大的缺陷”[①]。第三，由于中国革命的主观力量十分薄弱，只应“抓住中心的中心”即几个主要的城市。[②]这一策略就是所谓的“城市中心论”。在城市武装起义和攻打城市接连遭遇挫折之后，共产国际和中共中央逐步从“城市中心论”中清醒过来，不过，直到第五次反“围剿”失败，它们一直把毛泽东提出的农村包围城市的思想作为革命的局部战略对待，而不认为应是中国革命的整体战略。[③]

毛泽东的阶级分析和革命地图测绘则使中国革命的中心—边缘发生了逆转：城市这个理论上的革命中心区域被乡村取代，革命的主力军由农民取代，乡村成为革命的中心区域，农民成为最重要的革命主体，随之而来的是中国革命理论的深刻转变。毛泽东依靠他的阶级分析方法，利用社会调查和革命实践，对陈独秀的观点进行了批判，并逐步对共产国际和当时的中共中央的革命地图进行矫正。

前文已对毛泽东的阶级分析和农村社会调查作了论述，这里我们简要分析毛泽东在这一时期对中国革命地图的总体情况进行测绘的另一些相关著述。1928 年 10 月，毛泽东为湘赣边界党第二次代表大会起草了决议案。毛泽东认为，中国之所以能够在白色政权的包围下存在小块赤色政权，有其特殊的原因，归结起来主要有四个方面：一是中国是帝国主义间接统治的半殖民地国家，这就造成了中国地方的农业经济（而不是统一的资本主义经济），造成了帝国主义划分势力范围的分裂剥削政策，这使得赤色政权可以不依靠外部的支持，在各路军阀的地盘缝隙得以存在；二是国民革命的影响；三是全国革命形势的发展；四是相当力量的正式红军的存在。[④]毛泽东提出的第一个因素实际上已经指出中国红色政权只能在农村存在，因为只有农村才是

---

① 《政治决议案》（1929 年 6 月），《中共中央文件选集》第 5 册，中共中央党校出版社 1989 年版，第 198 页。

② 参阅杨奎松《马克思主义中国化的历史进程》，河南人民出版社 1994 年版，第 97 页。

③ 有关的分析，可参阅武力、郑有贵主编《解决“三农”问题之路——中国共产党“三农”思想政策史》，中国经济出版社 2004 年版，第 95—105 页；杨奎松：《马克思主义中国化的历史进程》，河南人民出版社 1994 年版，第 82—102 页。

④ 《毛泽东选集》卷四，东北书店 1948 年版，第 511—512 页。

地方的农业经济，反革命的力量才相对薄弱，才存在军阀之间的“缝隙”，换言之，如果要以红军和红色政权为基础进行暴力夺权的话，政权只能建立在反革命力量薄弱的农村，革命的主力自然也只能是农民。1930 年 1 月，在写给红四军第一纵队司令员林彪的信中，毛泽东批评了当时共产国际和中共中央所持的先争取群众后建立政权的理论，认为这种理论的错误是没有认清中国是许多帝国主义国家相互争夺的半殖民地这一事实，毛泽东认为，只有理解了中国是许多帝国主义国家相互争夺的半殖民地这一事实，才能理解中国何以没有统一的政权，农民问题之所以严重，工农民主政权道路之所以正确，红军和红色政权之所以能够存在、红军、红色政权和红色区域之所以是中国农民斗争的最高形式等根本性问题。[①] 毛泽东实际上是进一步（也是隐晦地）重复了湘赣边界党第二次代表大会决议案的观点，强调了农村和农民在中国革命中的中心地位、主体地位。

对毛泽东的观点也需要从反面来加以理解：为什么城市不能成为中国革命的中心？为什么工人不能成为中国革命的主力？毛泽东对城市没有做过多少调查研究（这并不意味毛泽东对城市和工人没有深刻的认识），他对农村和农民重要性的强调主要来自于对农村和农民的认识及对革命、反革命力量对比的现实，但要全面有效地证明农村的革命中心地位、农民的革命主力军地位，还需要对中国城市、中国工人的情况进行研究，并将城市和农村进行对比。毛泽东确实更看重农民运动，而对中国的工人运动持有某种保留意见。在 1926 年的一篇文章中，毛泽东就已指出：

> 都市工人阶级目前所争，政治上只是求得集会结社之完全自由，尚不欲即时破坏资产阶级之政治地位。乡村的农民，则一起来便碰着那土豪劣绅大地主几千年来持以压榨农民的政权（这个地主政权即军阀政权的真正基础），非推翻这个压榨的政权，便不能有农民的地位，这是现时中国农民运动的一个最大的特色。[②]

① 《毛泽东选集》第 1 卷，人民出版社 1991 年版，第 97—98 页。

② 《毛泽东文集》第 1 卷，人民出版社 1993 年版，第 40—41 页。

今天看来，毛泽东的这一洞见，对他测绘中国革命地图有着重要的影响和意义。当然，毛泽东这一认识的正确程度，也已为近代中国的历史发展过程所检验。①

毛泽东这一时期农村调查与革命实践，不仅有力地推动了他对中国革命的认识，也为新的革命话语的生产提供了重要基础。但也要看到，在这一时期，毛泽东有关中国革命新话语的发展仍然是初步的。由于中国社会的复杂性，毛泽东对中国革命地图的测绘也是初步的。更为重要的是，毛泽东的“经验主义”不能完全替代马克思主义理论对中国革命的演绎分析，阶级分析不可能完全取代生产方式分析，它最终还是要从生产方式分析中寻找基础和依据，以证明自己的马克思主义血统，以证明自己所生产的话语的合法性。而要完成话语的转向，生产出新的革命话语体系，仅靠毛泽东一人或中共党内的几个高级干部是不可能做到的，它需要中国马克思主义者尤其是马克思主义革命知识分子的共同努力。

三 中国社会史论战对马克思主义农民理论中国化的贡献

社会史论战爆发于20世纪20年代末到30年代。它有广义和狭义之分。广义的社会史包括中国社会性质论战、中国社会史论战和中国农村性质论战三部分，时间大致在1928—1937年；狭义的社会史论战专指以《读书杂志》出版的社会史论战专号为中心的关于中国历史上社会经济形态演变过程的论争。本书关注的是广义的社会史论战。现有的著述大多从中国马克思主义史学理论发展或革命策略的比较、批判的角度来研究社会

① 近代中国工人运动虽然蓬勃发展，但其运动目标多局限于经济领域，这与沿海城市资本主义处于上升期，工人能够获得经济社会发展的好处有关，也与国民党政府的工人运动政策和处理工人运动的方式有关。国民党对工人运动有自己的一套理念和方法，1927年“四·一二”政变后，国民党对工人运动采取了“负面接纳”的策略，即一方面残酷镇压共产党领导的以政治诉求为主的工人运动，另一方面又大量建立以经济诉求为主的“黄色工会”，对工人的经济诉求采取一定程度的支持和保护，有效削弱了共产党对工人运动的控制和影响。中共在工人运动上的策略错误（如“立三路线”）也是导致工人运动失败或无法导向政治革命的一个重要原因，但它并非主要原因。一项统计表明，1918—1940年间，上海发生的2291起罢工事件中，有65%以上取得了完全胜利或部分胜利，这也从另一个侧面说明国民党对工人运动的分化策略。参阅赵鼎新《社会与政治运动讲义》，社会科学文献出版社2006年版，第151—152页；裴宜理（Elizabeth J. Perry）：《上海罢工——中国工人政治研究》，江苏人民出版社2001年版，第8页脚注①。

史论战，从马克思主义中国化的角度来研究社会史论战的著述还比较少见。[①] 实际上，无论是马克思主义理论的传播和演变，还是中国共产党革命策略的论证和完善，以及对马克思主义中国化路径的选择，社会史论战都具有不可忽视的重要意义。

社会史论战的爆发与国民革命失败后的形势变化密切相关。王礼锡在《中国社会史论战》专号第一辑第三版卷头语中的一句话真切地说明了中国社会史论战与如火如荼的革命浪潮之间的关系："现在盲目的革命已经碰壁，而革命的潜力又不可以消泯于暴力的镇压之下，正需要正确的革命理论指导正确的革命的新途径的时候。'没有革命的理论，就没有革命的行动'，这句名言指出了'革命理论'在这革命茫无前途的时候是如何地重要！"[②] 阿里夫·德里克认为，社会史论战之所以发生，一个重要原因是 1927 年国共两党统一战线的破裂和国共两党革命策略的冲突："当这些年轻的知识分子在 1927 年之后转向历史的写作时，他们并不是作为职业的历史学家，而是在历史中寻找革命实践问题答案的革命者"。[③]

虽然论战具有强烈的革命形势背景，参与者大都具有党派背景或政治身份，但没有人能够否认论战的理论价值，尤其是对中国马克思主义发展演变的重要意义，因为，这次论战是在马克思主义的旗号下进行的，"完全是严格沿着马克思主义路线来进行的，参战的每一方都尽量表明自己是根据不变的物质力量来解放社会问题的科学家"[④]；"论战各方，即使不属于中共或托派，甚至是共产党的反对者，都大体接受了马克思主义基本学说，并以之作为论证的理论依据"[⑤]。不管当时参与论战的学者们取向如何，对对方的观点与马克思主义的关系如何评价，但新近的研究表明，这场论战实际上并非马克思主义与非马克思主义、真正的马克思主义与伪马

---

① 现有的研究马克思主义中国化历史进程的著作基本上都没有涉及社会史论战，如杨奎松的《马克思主义中国化的历史进程》（河南人民出版社 1994 年版），何萍、李维武的《马克思主义中国化探论》（人民出版社 2002 年版）等专题研究马克思主义中国化发展进程的著作，都没有论及社会史论战对马克思主义中国化的影响和意义。

② 王礼锡：《第三版卷头语》，《读书杂志》第一卷四、五期合刊，神州国光社，1931 年。

③ 阿里夫·德里克：《革命与历史：中国马克思主义历史学的起源，1919—1937》，江苏人民出版社 2005 年版，第 34 页。

④ 郭颖颐（D. D. Kwok）：《中国现代思想中的唯科学主义》（1900—1950），江苏人民出版社 1990 年版，第 13 页。

⑤ 李泽厚：《中国现代思想史论》，天津社会科学院出版社 2004 年版，第 65—66 页。

克思主义之间的争论，而是马克思主义或唯物史观内部的争论。[①] 或者如阿里夫·德里克所言，如果一定要划分派别的话，社会史论战应是中共的马克思主义者与非中共的马克思主义者（如国民党、“托派”）之间的论争。

中国社会史论战涉及的问题主要有三个方面：近代中国的社会性质、中国社会史分期及社会发展的规律、近代中国农村的社会性质。这三个问题是相互关联的，也都与当时关注的革命形势和革命策略密切相关。对中共而言，“论战的结果，不仅为后来延安时代完成的中共革命经典《中国革命与中国共产党》《新民主主义论》提供了直接的理论资源，而且为在此以后由历史主体变革要求而来的主体文化和文化主体革命奠定了理论基础”。[②]

1. 论战实现了中国革命理论与马克思话语体系的直接对接，弥补了中国的马克思主义远离理论源头的不足。

在社会史论战之前，中国的马克思主义者承接的主要是共产国际、苏共及俄国、日本等国学者转述或诠释之后的马克思主义，能够直接从马克思主义的源头汲取理论营养的学者和党的领导人少之又少。比如，中国共产党创始人之一的李大钊，其马克思主义思想的主要来源是日本马克思主义学者；党内认同的马克思主义是经过苏共和共产国际解释的马克思主义。可以说，在较长的一段时期内，中国的马克思主义在很大程度上是远离其理论源头的，中共的理论中并没有嵌入多少马克思、恩格斯的文本。这虽然有其客观原因，但它客观上影响了中国马克思主义的发展进程，也使马克思主义中国化的进程受到了限制。

社会史论战建基于对马克思、恩格斯文本的大量翻译和研究之上，也建基于部分中国马克思主义学者对俄国马克思主义的不满。就前者而言，20世纪20年代末至30年代是马克思主义著作翻译的黄金时期。据统计，1927年前中国翻译出版的马克思、恩格斯著作为16本，而1928—1937年翻译出版的

① 详细论述，请参阅陈峰《社会史论战与中国史学》，山东大学博士学位论文，2005年5月，第63—66页。

② 许纪霖、陈达凯主编：《中国现代化史》（第一卷），上海三联书店1995年版，第489页。郭若平从半殖民地半封建社会理论的形成和被毛泽东吸收的角度论述了中国社会史论战对新民主主义理论形成的贡献，亦可参考（郭若平：《新民主主义理论的学理探源——对“中国社会史论战”有益成果的吸收》，《中共党史研究》2003年第4期）。

数目是 33 本，是前者的两倍多；到 1937 年，所有的马克思、恩格斯及其他欧洲马克思主义思想家如普列汉诺夫、考茨基的重要著作，都已译成中文出版，有的还不止一个译本。[①] 马克思主义著作大量翻译出版，社会史论战是一个直接的推动力。马克思、恩格斯及欧洲马克思主义理论家著作的大量翻译出版，使中国学者和革命知识分子能够比较便利和全面地了解马克思主义创始人的思想，直接从源头活水中汲取思想资源，用以解释中国社会历史与中国革命，提出革命策略。就后者而言，1927 年国共分裂和大革命的失败，使得部分马克思主义者或者尊奉马克思主义的学者和革命知识分子对苏共和共产国际有关中国的革命理论、革命策略产生了怀疑和不满，他们对联共（布）和共产国际采取了一种批判的态度，寻求革命自主性和从源头上探寻中国革命策略和出路的愿望日益强烈。在这种愿望的驱动下，马克思主义学者们开始认真研究和思考马克思、恩格斯文本中的有关论述，并将之用于对中国社会和革命的解释。总之，社会史论战是中国革命理论与马克思话语体系的直接对接，虽然它不可能完全抵消苏共与共产国际对中共的强大影响，但从正面来讲，它却在一定程度上弥补了马克思主义中国化远离理论源头的不足，拓展了中国马克思主义的视野，深化了中国学者尤其是中国马克思主义者对马克思主义的认识，为独立探寻中国社会发展之路提供了重要条件；从反面来讲，它使中国马克思主义者（及中共领导人）反思苏共与共产国际理论策略的正确性和有效性，并为自身的革命理论和策略进行理论分析和辩护，从而有利于中共革命理论的发展和完善，也为马克思主义中国化提供了理论上的可能和必然。

社会史论战实现了中国革命理论与马克思话语体系的直接对接，使中国的马克思主义革命知识分子进一步认识了马克思、恩格斯的文本，弥补了以往中国的马克思主义远离理论源头的不足，了解了马克思对中国社会发展形态的看法，也看到了对马克思文本的不同解读，从而加深了对马克思主义的认识。这里略举一例。斯大林和共产国际将中国的社会性质界定为“半封建社会”，但如何区分不同社会形态、何为封建社会，马克思对封建社会的界定是什么、对中国社会形态是如何分析的，在共产国际的文

---

① Cheng hsueh - chia（郑学稼），“A Brief Account of the Introduction of Karl Marx's Works to China”, Issue and Studies, 4. 2, Nov. 1967。转引自阿里夫·德里克《革命与历史：中国马克思主义历史学的起源，1919—1937》，江苏人民出版社 2005 年版，第 32 页。

件中却很少有直接的论述，作为下级的中共可以说只是接受“半封建社会”这一决定，为什么中国是半封建社会，如何分析中国半封建社会的特征，党的文件虽有涉及，但就像党的六大决议案一样，还存在不少错漏。通过社会史论战，马克思主义知识分子进一步厘清了马克思主义区分社会形态的依据和标准，认识了马克思主义关于社会形态演进的理论观点，了解了马克思对中国社会发展形态的看法，为中国“半殖民地半封建社会”提供了马克思主义的理论基础和中国的实证支撑。尤其是通过对亚细亚生产方式和半殖民地半封建社会的对比，为最终接受和完善半殖民地半封建社会提供了依据。

2. 论战展现了马克思主义对中国社会、中国革命解释和策略的多重可能性，展示了马克思主义中国化的需要与可能。

虽然阿里夫·德里克等学者强调社会史论战暴露了马克思主义对中国历史解释的局限性，参与社会史论战的学者们确实在理论纯洁性的相互攻击和自我辩护上花费了过多的精力和篇幅，[①] 但不可否认的是，论战较为全面地展示了马克思主义对于中国社会、中国革命解释的多重可能性，在这些可能性基础上，马克思主义中国化的路径也跃然纸上。

对中国近代社会性质的解释主要有三种：新思潮派（中共党内的马克思主义者）主张的半殖民地半封建说、动力派（“托派”）主张的资本主义说、新生命派（国民党内信奉唯物史观的知识分子）不是很明确的主张。新思潮派强调经济结构中的剥削方式对区分社会性质的决定性作用，尤其强调农村中地主对农民的“超经济”剥夺，认为近代中国是半殖民地半封建社会，中国革命是反对帝国主义和封建主义的革命；动力派强调市场的作用，将自然经济视为封建的本质特征，而市场经济则是资本主义的本质所在，提出随着资本主义的入侵，中国社会已经是资本主义性质的，中国革命应该是社会主义性质的革命；新生命派将“封建势力”归之于上层建筑范畴，强调帝国主义与割据军阀对中国社会发展的阻挠和破坏作用，认为中国社会是一个阶级结构和社会性质模糊的社会，中国要寻求国家的统一和反对帝国主义，而不是搞阶级斗争。在此基础上，他们也各自提出了中国革命性质、革命策略的理解和规划。

① 阿里夫·德里克：《革命与历史：中国马克思主义历史学的起源，1919—1937》，江苏人民出版社2005年版，第199页。

我们不争论各派对马克思主义、对唯物史观理解的正确与错误，不争论不同革命策略的对错，这里要强调的是，论战中的不同观点展示了经典马克思主义对中国社会和中国革命阐释上的张力和多样性，展示了经典马克思主义（及唯物史观）在解释中国社会、规划中国革命上的潜力和局限，也预示了马克思主义中国化的视野和路径。用同一种（或近似的）理论来分析同一个国家，得出的结论差异如此之大，其中虽然有方方面面的主客观因素使然，但经典马克思主义本身无疑也是一个重要因素。比如，经典马克思主义理论在阐释中国（及其他东方国家）问题上存在内在紧张，马克思对东方国家发展独特性和有关世界发展普遍规律之间的张力被揭示出来，经典马克思主义对社会性质、社会结构表述上的不明确之处也被展示出来。这一方面使论战各方可以根据自己的理解和政治立场，各取所需，分别裁剪经典马克思主义和中国历史资料；另一方面也使论战各方认识到经典马克思主义的内在紧张所在，认识到它对中国社会和中国革命在诠释上的多重可能性及由此带来的发展潜力。经典马克思主义张力的显露和对张力认识的不断清晰，使统一各种不同的诠释在理论上成为必要和可能，而要实现这种统一，就必须使马克思主义中国化。

社会史论战揭示了中国社会和中国革命不同于西欧和俄国的独特性和复杂性，也对马克思主义提出了更为深刻的挑战和课题。经典马克思主义对社会形态、社会发展和革命进程的分析，主要是基于欧洲的经验；列宁主义对社会、国家和革命的阐释，主要是针对俄国情境，解决俄国革命中遇到的问题。对于中国这样的东方农民国家，虽然相当部分的论战参与者力图将中国历史的发展进程纳入世界历史之中，但论战的一个客观后果是，它更多的展示了中国与欧洲（及俄国）不同的一面，展示了中国社会发展和革命策略更为复杂的一面。因为有不同和复杂存在，才使各派能够为自己的观点找到实证材料的支撑；同时，也因为有不同和复杂存在，使经典马克思主义在对中国问题的阐释上面临挑战。这种挑战，预示着需要中国化的马克思主义，使其对中国社会和中国革命的解释更为有效和统一。

3. 论战有助于科学分析中国历史发展进程、中国社会性质、中国革命性质、中国革命策略等基本问题，从马克思主义理论的高度论证农民的革命主体地位。

中国农民在革命中地位如何，既有经验认识的一面，也有理论论证的一面。在社会史论战发生之前，包括毛泽东在内的中国共产党人对农民问题的认识基本上采取社会学的方式，从经验的角度来认识和确定农民在革命中的地位。这种认识方法有助于从理论的教条中解放出来，实事求是地分析中国问题，但建立在经验基础上的认识还需要马克思主义的支撑，否则它就难免被视为“狭隘经验主义”，甚至被认为“非马克思主义”。毛泽东的遭遇就深切地说明了这一点。从马克思主义理论的高度解释农民在革命中的地位，一直是党的重要工作。中共六大的决议案及六大之后中共中央发布的相当部分文件，都在试图完成这项工作。这些努力难能可贵，但其成效却不太显著。原因主要有三：其一，中共的理论来源受制于苏共，它对农民问题的解释自主权很小；其二，党的领导人大多忙于现实的革命策略，很难有足够的时间和精力从马克思、恩格斯的文本出发分析农民问题的答案；其三，像毛泽东这样的有创造性的领导人，一方面由于忙于实际的领导工作和革命斗争，另一方面由于自身对马克思、恩格斯文本的还不熟悉，只能采取社会学的经验方法，难以从马克思主义理论的高度来论证中国农民的革命主体地位。

社会史论战中，农民问题被各派高度重视，还发生了专门论述农村和农民问题的中国农村社会性质论证，形成了不少有益的理论成果。农民在革命中地位的决定，并不仅仅是数量优势、受剥削受压迫带来的反抗性这几个因素所能够决定的，虽然这些因素能够给予革命领导人直观的感觉，为制定革命策略提供了直观的依据。从马克思主义的角度看，决定农民地位的因素，最根本的还是社会性质、革命性质、阶级属性等因素。从各派的观点来看，最能够突出农民的革命主体地位，是新思潮派主张的半殖民地半封建社会理论，这一理论暗含了中国的革命就是农民针对地主的阶级斗争这一论断，这也就喻示着农民革命的必然性和正当性。相对来讲，“动力派”的资本主义观，新生命派对帝国主义、封建割据的强调和对阶级斗争的有意忽视，都难以做到这一点。也正因为如此，半殖民地半封建社会这一认识，一直被中国共产党延续下来，成为革命的基本依据，也成为中国化马克思主义的基础理论。但是，半殖民地半封建社会这一界定，还需要从马克思主义中寻找理论资源，这就要探讨马克思的社会形态理论和历史发展阶段理论。以我们今天的认识来看，很难说那些参与论战的学者全面把握了马克思、恩格斯的思想和文本，但历史地看，他们作出了自己的最大努力，也取得了当时所能够取得的认识成果。更为重要的是，中共的马克思主义者之所以能够在政治上取得成功，一个重要原因就是社会史论战为党领导的农民革命提供了较为有效的合法性论证，这些论证被毛泽东等领导人所采纳。

4. 通过大量翔实实证资料的收集和对资料的分析，为农民的革命主体地位提供了进一步的论证与支持。

以毛泽东为代表的中国共产党人无疑是农村调查的重要力量，毛泽东的调查方法和阶级分析，为确定革命力量提供了依据，也为革命话语的生产提供了重要条件。但毛泽东的农村调查也有其局限性，如调查集中于江西、湖南、福建等南方地区，地域范围比较小，考虑到中国的地域之广、各地差异之大，毛泽东农村调查的代表性并不是很高；毛泽东所采用的阶级分析方法，对革命策略的制定来说具有直接且重要的意义，但毛泽东对阶级问题的认识和划分阶级的标准还缺乏马克思主义的理论支持（当然，这只是表示毛泽东的阶级分析以经验为主，并不意味毛泽东的分析不正确）；进一步，毛泽东的阶级分析是在农民是革命主力军这一前设下进行的，而为什么农民是革命的主力军，农民所受的剥削具体如何，在当时的条件下，毛泽东的认识主要是经验的，理论的高度和深度都还不够。

实际上，在毛泽东开展农村调查的同时，国内还有许多学者开展农村调查，其中不乏知名媒体的支持和参与。比如，1927 年 8 月，《东方杂志》出版了农民状况调查专号，刊登了 14 篇调查报告，节录了 23 篇农村调查征文的核心内容，并刊登了社会学家杨开道的分析性文章。这些调查报告研究的区域十分广泛，总计有贵州、浙江、四川、湖北、安徽、淮河流域、湖南、江苏、河北、甘肃、河南、上海、云南、山东等十数省，展示了各地农村不同的状况。当然，成绩最为卓著、影响最大的是金陵大学农学院农业经济系在美国学者卜凯（J. L. Buck）教授指导和主持下于 1921—1925 年和 1928—1933 年进行的前后两次大规模农村经济调查，调查成果分别以《中国农家经济》和《中国土地利用》为题出版。北京大学教授陶孟和任所长的北平社会调查所和乡村建设派进行的农村调查都取得了良好成效，尤以社会学家李景汉主持的定县农村调查为最。国民政府农村复兴委员会也主持开展了一系列农村调查，陈翰笙等马克思主义学者主持或参加了这些调查，从有关资料看，调查的范围包括华南（尤其是广东、广西）、华东（如江苏、浙江）、华北（如河北）、东北等地区。与毛泽东的农村调查相比，这些调查涉及的地域更为广泛，获得的资料更为丰富，理论自觉性也更强，较为全面地展示了我国各地的农村状况；这些资料的获得，也为开展中国农村社会性质论战，厘清中国农村社会及中国社会的性质提供了条件。

中国农村社会性质论战的中心问题有两个：农村经济的研究方法，主要是生产力与生产关系问题；中国农村社会的性质及发展动向。对前者的讨论是为对后者的探讨作准备的。农村派，即中共领导下的组织中国农村经济研究会（以《中国农村》杂志为阵地），在与动力派、乡村建设派等理论派别的论战及对卜凯等学者的农村研究方法的批判中，作出了三方面的贡献：

一是进一步阐释了社会形态的区分标准。农村派批判了以生产力区分社会形态的观点，提出区分社会形态、确定社会性质的应是生产关系。他们认为，在辨认某一社会经济结构性质的时候，“要从生产关系本身——特别是生产手段所有者与直接生产者之间的对立关系，劳动者与生产手段的结合形式，以及剩余产品被榨取的形态——的分析来决定”①。对于农村来讲，主要是土地产权关系和剥削关系。从这个标准出发，农村派开展论证了中国农村的半殖民地半封建社会性质，明确界定了半封建的内涵，“半封建的意义，一定地是指那种封建经济已在崩坏，资本主义经济已有相当发展，可是还没有占到优势的过渡阶段说的”②。

二是较为清晰地阐释了帝国主义与国内封建残余的关系、帝国主义与国内资产阶级的关系。按照经典马克思主义的观点，资本主义的侵入和对前资本主义生产方式的侵蚀，必然使落后国家纳入世界资本主义体系，落后国家也会逐步进入资本主义。这也是“托派”所持的观点。而中国革命知识分子根据近代中国的惨痛历史，认为帝国主义不仅没有使中国进入资本主义社会，相反，阻碍了中国资本主义的发展，其中的原因众说纷纭，观点多流于道德义愤，论述也流于直观和表面。农村派根据马克思主义理论和获得的实证资料，阐释了帝国主义与国内封建残余的关系、帝国主义与国内资产阶级的关系，比较清晰地勾勒了帝国主义如何利用国内封建残余和买办资本获取利益，阻碍中国资本主义的过程和机制，由此论证了农村革命的性质、必要性和目标等基本问题。

---

① 陶直夫（钱俊瑞）：《中国农村社会性质与农业改造问题》，《中国农村》第1卷，1935年第11期。

② 周彬：《中国农村经济性质问题的讨论》，《中国农村》第1卷，1935年第9期。

三是实证资料的应用和阶级划分的精细化。农村派在全国各地开展了相当数量的农村调查，对中国农村土地分配的研究不仅范围广，而且进一步量化、精确化。中国农村派细致比较了当时国内流行的四种农户划分法，肯定了从理论上论证了中国共产党所持的将农村居民划分为地主、富农、中农、贫农、雇农的方法。① 农村阶级划分不仅更加理论化，而且在实证资料的基础上，出现了精细化的趋向，更为清晰地描绘了农村中各阶级的数量及其相互关系，展示了中国农民革命的必要性和前景，为农民革命提供了更为全面和深入的实证资料和理论支撑。

中国社会性质论战的成果，有的被毛泽东的著作直接吸收，有的成为毛泽东著作的潜台词，或者成为隐藏的前设，或者遭到扬弃，与毛泽东的著作形成了一种对话的关系。只有了解中国社会性质论战，才能理解党的农民理论的演进过程和建构的路径选择。

四 理论自觉与理论转折

土地革命时期，是中国共产党在农民问题及中国革命理论上的自觉期和重要发展期。一方面，通过以毛泽东为代表的中国共产党人的革命实践和农村社会调查，在共产国际提供的话语体系的基础上，不断深化对中国农民、中国革命的认识；另一方面，以马克思主义和唯物史观为指导的各派学者，在研究马克思、恩格斯、列宁文本的基础上，从不同角度对国民革命的失败进行反思，对新的革命形势进行分析，他们从马克思主义的理论源头接来了活水，实现了中国革命与经典马克思主义的对接，对马克思主义的运用开始迈向自觉，同时，借助于更为丰富的实证资料，他们提出了各自对中国社会和中国革命的阐释话语及不同的策略。在革命实践、社会调查和马克思主义理论研究的基础上，在实现理论自觉、理论发展的同时，中国共产党对中国农民以及中国革命的认识也开始了一个重大转折。

第一个是农民地位的转折。农民从经典马克思主义中革命的消极力量转变为中国革命的重要力量，再转变为中国革命的当然主体和主力军。这体现在毛泽东等人的阶级分析中。毛泽东的阶级分析暗含有中国革命的中心在农村、革命的主力军是农民这一预设，并得到了革命实践的验证。同

① 参阅孙冶方《论农村调查中农户分类方法》，《中国农村》第1卷，1935年第10期；《读者问答》，《中国农村》创刊号，1934年。

时，这也体现在对马克思文本不同的解读和争论中，具体来说，对马克思文本的争论和对中国社会发展阶段的争论、对中国社会性质及中国农村社会性质的争论，客观上都在为这一预设提供合法性论证。这一预设颠覆了苏俄城市革命、工人革命的经典模式，初步完成了向农村革命、农民革命的模式转变。何干之评述社会史论战的这段话就说明了其中的关系：

> 有了新的形势，有了阶级的新关系，经济学者的任务，就绝不应划地自限，单单要阐明中国社会的性质，也不应单以技术的研究来作社会结构的旁证。他们不单要分析中国社会的结构，不单要根据技术的研究，再确认中国社会，以这结论来决定中国革命的性质、动力和方向。那是非常可宝贵的工作。但他们目前的工作，不应单单只有这一点，不应单单只分析某些阶级的经济基础是怎样，对革命的态度是怎样，更要紧是针对新的局势，研究一向没有民族自信力或缺乏民族自信力的人，怎样改变态度，怎样同情或参加救亡的斗争……①

何干之的这段话虽然针对的是如何建立抗日民族统一战线问题，但也清晰表明了社会史论战与中共革命模式转变的关系：社会史论战揭示了经典马克思主义在中国农民问题上的紧张，揭示了农民的主体地位与中国革命之间的逻辑关系，为中共的革命模式转变提供了一种马克思主义的理论论证。当然，何干之也点出了另一个问题：理论分析尤其是结构主义的阶级分析不能代替革命实践中的意识问题（民族意识和阶级意识）。这要留待毛泽东等中国共产党人在延安时期加以解决。

第二个是中国革命话语的转折。主要包括两个方面：一是中国革命话语的生产与再生产方式的转折，二是中国革命话语重心的转折。就前者而言，话语的生产与再生产开始出现不再仅仅依靠苏共和共产国际，话语生产的自主性开始凸显。如前所述，这种自主性体现在以毛泽东为代表的中国共产党人通过革命实践和社会调查来自主生产新的话语体系，或者对苏共和共产国际的话语体系进行修正甚至挑战；同时，也体现在马克思主义学者追本溯源，从马克思、恩格斯、列宁的文本中直接寻找思想资源，结合中国历史和现实资料，在各自的政治立场上生产和再生产相应的话语。

---

① 《何干之文集》第1卷，北京出版社1994年版，第258页。

就后者而言，主要表现在革命话语的重心从城市和工人转向农村和农民，并以农村和农民为中心构建中国的革命话语体系。

当马克思主义的经典农民理论遭遇中国农民，擦出的不仅仅是革命的火花，更有理论和实践的困惑与挑战。来自西方的、以分析资本主义社会见长的马克思主义能否客观分析和反映中国乡村，马克思对中国的论述是否能够指导中国革命，这是必须思考和回答的问题。中国的马克思主义者对此是持肯定态度的，但党对马克思主义的学习和认识有一个过程，对其精神实质的领会和把握更是一个艰难的历程。虽然共产国际为中国革命提供了基本的话语体系，但它参照的主要是俄国革命的经验，对中国的实际情况认识不足，尤其是对中国革命主体的认识严重不足。以毛泽东为代表的中国共产党人，在革命实践中，开辟了一条社会学路径的革命话语生产方式，强调调查研究与革命话语生产的相关性，通过对中国实际的分析，对中国革命地图进行了初步的测绘，实现了革命的中心—边缘的转换，农民的革命主力军地位、农村的革命中心地位在实践上得以确立。与此同时，在国民党统治区，一场主要以马克思主义为指导分析中国革命道路的大争论——中国社会史论战——如火如荼地展开，中国的革命知识分子开始与源头的马克思话语体系对接，从源头上汲取马克思的思想资源，并自觉运用马克思主义分析中国农村和农民，为中国农民的革命主体地位提供理论论证。而中国社会史论战也让马克思主义知识分子真切地认识到，马克思主义本身也存在不同的解读，马克思主义与中国革命实践的关系是如此复杂。在话语实践与话语斗争的作用下，在推进理论自觉与理论转折的同时，马克思主义中国化提上了历史议程。马克思主义中国化的一个重要内容，就是论证和确定中国革命的主体性力量——农民。

第二章 创造与转折

在障碍物面前，两点之间最短的线有可能是曲线。[①]

——贝托尔特·布莱希特

第一节 理论成熟：党的农民话语的完善

延安时期是党相对稳定的时期，这种稳定也给以毛泽东为代表的中国共产党人新的理论创新提供了条件，党的农民话语及中国革命的话语体系得以发展和完善。

一 对理论成果的吸收：以《中国革命与中国共产党》为例

延安时期，以毛泽东为代表的中国共产党人利用各种条件，努力了解和吸收马克思主义与中国社会问题研究的最新成果。刚在陕北站稳脚跟，毛泽东就开始搜罗各种书籍，弥补他自觉“饥荒到十分”的知识。[②] 1936年10月22日，在给叶剑英、刘鼎的信中，毛泽东叮嘱说：

> 要买一批通俗的社会科学自然科学及哲学书，大约共买十种至十五种左右，要经过选择真正是通俗的而又有价值的（例如艾思奇的《大众哲学》，柳湜的《街头讲话》之类），每种买五十部，共价不过一百元至三百元，请剑兄经手选择，鼎兄经手购买。在十一月初先行选买几种寄来，作为学校与部队提高干部政治文化水平之用。[③]

---

① 贝托特·布莱希特：《伽利略传》，河南人民出版社1980年版，第120页。

② 《致李立三》（1929年11月28日），载《毛泽东书信选集》，人民出版社1983年版，第28页。

③ 《毛泽东文集》第1卷，人民出版社1993年版，第453页。

斯诺在《西行漫记》中说，毛泽东是个认真研究哲学的人。我有一阵子每天晚上都去见他，向他采访共产党的历史，有一次一个客人带了几本哲学新书来给他，于是毛泽东就要求我改期再谈；他花了三四夜的工夫专心读了这几本书，在这期间，他似乎是什么都不管了。[①]

毛泽东在陕北和延安批阅较多的哲学著作有十几种，除马恩列斯的著作以外，还有苏联和中国学者的著作。其中西洛可夫、爱森堡等合著的《辩证法唯物论教程》批注文字最多，在这本书的第三版上先后用毛笔、黑铅笔在书眉和空白的地方写下了近一万二千字的批注，从头到尾作了圈点和勾画。毛泽东的批文，有对原著的扼要而精辟的概述，简明的赞同评语，也有对原著观点的批评、引申，特别是有许多联系中国实际所作的发挥。毛泽东还仔细阅读了李达的《社会学大纲》和艾思奇的《大众哲学》等著作。[②]

更为重要的是，一批国统区的马克思主义学者陆续来到延安，给党带来了国内马克思主义研究和中国革命问题研究的最新成果，其中包括对毛泽东的思想发展有着很大影响的经济学家王学文、历史学家何干之、哲学家艾思奇及后来成为毛泽东政治秘书的陈伯达等人。这里以何干之和陈伯达为例作一个简单介绍。

何干之曾留学日本，在日本期间，较为全面地学习了马克思主义。[③]回国后，一度在广州从事进步文化工作。20 世纪 30 年代，何干之进入研究和创作的高峰期，研究的重点是中国社会性质问题，参与了中国社会史论战，并首先撰写了有关论战的回顾性、总结性著作《中国社会性质问题论战》和《中国社会史问题论战》。何干之的著作还有《中国的过去现在与未来》《中国经济读本》等，其中《中国的过去现在与未来》较为全面地阐述了何干之对中国社会和中国革命的理论思考。1937 年 10 月，何

---

① 埃德加·斯诺：《西行漫记》，三联书店 1979 年版，第 67 页。《毛泽东年谱》记载，1938 年 1 月 17 日，毛泽东开始读李达的《社会学大纲》，至 3 月 16 日读完，并提到毛泽东阅读克劳塞维茨的《战争论》，潘梓年寄来的《逻辑与逻辑学》等著作（参阅逄先知主编《毛泽东年谱》（中），中央文献出版社 2005 年版，第 51、62、63、66 页）。

② 参阅龚育之等《毛泽东的读书生活》，三联书店 1986 年版，第 44 页。

③ 何干之曾两次到日本。第一次是 1929—1931 年，是到日本留学，他先后进入的是早稻田大学专修科和明治大学经济科。第二次到日本是 1935 年，是为躲避国民党的缉捕，在日本逗留了半年左右。何干之与李大钊等党的领导人经历类似，其马克思主义理论也主要来自日本学者（参阅胡华、刘炼《何干之传》，载《何干之文集》第 1 卷，北京出版社 1994 年版，第 4—12 页）。

干之来到延安。到达延安的第二天下午，毛泽东等中央领导人即请何干之一行吃饭。毛泽东对何干之的著作和观点非常熟悉和赞赏，曾试图延请何干之担任自己的理论秘书，但被何干之婉拒。何干之出版于1936年的著作《中国的过去现在和未来》，提出了新的民主革命等观点和提法，为毛泽东所赞赏，对新民主主义理论的建构有一定影响。何干之先后任教于陕北公学、中央党校、华北联合大学和延安大学等学术机构。在延安期间，何干之撰写了《中国社会经济结构》《三民主义研究》等著作。

陈伯达早年就读于厦门集美师范学校、上海大学和广州中山大学，参加过北伐。国民革命失败后，陈伯达被送到莫斯科中山大学学习。20世纪30年代，陈伯达在北平中国大学担任教授，参加了中国社会史论战，撰有《中国社会停滞状态的基础——论“封建生产方法在中国所展开的特殊亚细亚形态”》一文，提出了中国所展开的特殊亚细亚形态是“封建式的土地占有与商业资本和高利贷资本三位一体的结合”的观点，在论战中独树一帜。[①] 在北平大学任教期间，陈伯达发起了旨在继承“五四”精神的“新启蒙运动”，强调对中国传统思想进行马克思主义的批判与继承，被称为马克思主义中国化的“起源语境”。[②] 与何干之一样，在进入延安之前，陈伯达已经确立了自己的学者地位。1937年8月，陈伯达到达延安，先是任教于陕北公学，后转到中央党校、马列学院和中宣部任教或任职。1939年春，陈伯达奉调到毛泽东身边工作，担任毛泽东的政治秘书。

毛泽东之所以选择陈伯达，是因为陈伯达具有三方面的优势：一是陈伯达留学苏联，参加过中国社会史论战，马克思主义的理论功底比较深厚，对马克思主义文本很熟悉，熟悉国内马克思主义理论的发展情况，在利用马克思主义分析中国文化方面已经有相当的成果，可在一定程度上弥补毛泽东的不足。二是陈伯达与毛泽东在马克思主义与中国的关系问题上具有强烈的共识。雷蒙德·怀利指出，毛泽东和陈伯达都同意要找到一种方法，将辩证唯物主义的普遍真理与中国实际相结合，他们在对马克思主义的认识和对中国实际的认识上也有相当程度的一致性，在参与中国社会史论战和“新启蒙运动”的过程中，陈伯达已经发现了马克思主义与中

① 陈伯达：《中国社会停滞状态的基础——论“封建生产方法在中国所展开的特殊亚细亚形态”》，《文史》第一卷第四号，1934年12月。

② 参阅陈亚杰《“马克思主义中国化”的起源语境》，中共中央党校博士学位论文，2005年。

国实际之间的“正确关系”。同时，陈伯达对马克思主义与中国文化的关系、马克思主义民族化等问题也有比较深入的研究，这些都为毛泽东所赞赏。[①] 陈伯达对农民问题也有研究，他曾在陕北公学等学校讲授农民问题，并为1938年9月初版的《社会科学基础教程》撰写了《农民问题》一章（该书第九章），后来还著有《近代中国地租概说》一书。陈伯达的特点在于能够较为纯熟地运用马克思主义来分析中国农民问题，并能够将分析上升到理论高度。三是陈伯达的文笔好，文字严谨，对马克思主义术语使用纯熟，这对草拟政治文本很有帮助。陈伯达也不负毛泽东所望，对马克思主义中国化这一概念的建构作出了一定的贡献，对于这一点，我们不应因为陈伯达后来的问题而加以否认或回避。

这批马克思主义学者来到延安，一方面在陕北公学等学校任教，向中国共产党人传授马克思主义、中国社会和中国革命的最新研究成果，另一方面也通过与毛泽东等领导人合作的形式，将通过社会史论战、社会调查等获得的研究成果带入毛泽东和中共中央的文本和思想中，其中典型的是《中国革命和中国共产党》一文。

《中国革命与中国共产党》（后改题为《中国革命和中国共产党》）作于1939年冬，是由毛泽东和其他几位同志合作完成的一个课本。原计划包含三个部分，毛泽东负责其中的第二部分《中国革命》，其他同志负责第一部分《中国社会》和第三部分《党的建设》。毛泽东撰写了第二部分，并对其他几位同志起草的第一部分进行了修改，第三部分则因为写作的同志没有完稿而停止。故此，收入《毛泽东选集》的只是其中的第一、第二部分。

这几位“其他同志”究竟是谁，现在还没有披露。据冯天瑜教授推测，这几位“其他同志”可能是当时在延安的历史学家何干之、经济学家王学文、哲学家艾思奇。[②] 冯天瑜教授将陈伯达排除在外，其实，陈伯达到达延安的时间还在何干之之前，陈伯达也参与过中国社会史论战，1939年春即已成为毛泽东的政治秘书，因此，陈伯达参与《中国革命与中国共产党》第一部分的写作也是可能的。另据张静如先生主编的《中

① Wylie, Ramond F., *The Emergence of Maoism: Mao Tse – tung, Ch' en Po – ta and the Searche for Chinese Theory*, Stanford: Stanford University Press, 1980, pp. 47 – 52.

② 冯天瑜：《“封建”考论》，武汉大学出版社2006年版，第293页。

国共产党思想史》指出，毛泽东与张闻天、李维汉合作写成了《中国革命和中国共产党》，而据李维汉的《回忆与研究》记述，他负责的是第三部分《党的建设》，因故没有完成。① 据此推断，第一部分的作者也可能是张闻天。② 不管具体执笔的人是谁，有两点是可以肯定的：第一，毛泽东对其中的基本观点是赞同的；第二，无论是何干之等人还是张闻天，都参与了社会史论战，这篇文章汲取了社会史论战的成果。

《中国革命与中国共产党》是毛泽东一部极为重要的著作，它对中国社会、中华民族的发展历程，对中国半殖民地半封建社会的形成与特征进行了简要却清晰的说明，在此基础上，分析阐述了对中国新民主主义革命的性质、对象、任务、动力、前途等基本问题，与《新民主主义论》等一道，标志着党的话语体系的成熟，对中国革命产生了重要和深远的影响。

理解《中国革命与中国共产党》，须从互文性入手。“互文性概念指向文本的生产能力，指向文本如何能够改变从前的文本，如何重建现存的习俗（文类、话语），以便创造出新的习俗。”③ 具体来说，有三种情况最为重要：

1. 预设。预设是文本生产者视为理所当然的立场，它以不在场的形式实现了在场。其中有三个预设尤为重要。

第一个预设是人类社会发展阶段的普适性。文中提出：“中华民族的发展（主要是汉族的发展），和世界上别的大民族同样，曾经经过了若干万年平等而无阶级的原始共产主义社会的生活。而从原始共产主义社会崩溃、社会生活转入阶级生活那个时代开始，经过奴隶社会、封建社会，直到现在，已有了五千年之久。”④ 这是论证中国历史发展和近代中国社会性质的一个很重要的前提，但文中并没有解释为什么人类社会的“大民族”都要经历相同的历史发展阶段，这就预设了对马克思《政治经济学批判序言》中这一判断的理解：“大体上说，亚细亚的、古代的、封建的和现代资产阶级的生产方式，可以看作是社会经济形态演进的几个时

① 李维汉：《回忆与研究》，中共党史资料出版社 1986 年版，第 434 页。

② 张静如主编：《中国共产党思想史》，青岛出版社 1991 年版，第 230 页。

③ 诺曼·费尔克拉夫：《话语与社会变迁》，华夏出版社 2003 年版，第 94 页。

④ 《毛泽东选集》卷二，东北书店 1948 年版，第 206 页。

代”[①]，很明显，文本采纳了斯大林的线性进化的解释，或者说，斯大林对马克思这一判断的解读是文本的一个重要背景。

第二个预设是社会形态判断的标准。文章较为详细地阐释了中国半殖民地半封建社会的成因，列出了半殖民地半封建社会的特征，但却没有对社会形态的判断或区分标准进行说明。如果将此与社会史论战结合起来考虑，线索就清晰了。划分社会类型的标准是社会史论战的一个重要内容，农村派与其他派别和学者之间对此进行过争论。农村派认为划分农村社会类型的标准是生产关系，尤其是土地关系和剥削关系。[②] 何干之在评述中国社会史论战的著作中，引用马克思的著作，主张划分社会类型的标准是生产关系：“各种生产力的要素所结合的方法，生产的方法，生产力的发展，生产力发展的社会形式，生产关系，就是划分历史上各种社会结构的基准……撇开了生产关系这概念，也就不能认识各种社会的规律性。”[③] 何干之等参与过社会史论战的学者如果真的就是那几位“其他同志”的话，划分社会类型的依据是生产关系这一判断自然就作为预设存在于文本之中；如果何干之等人不是那几位“其他同志”，生产力作为划分社会类型的标准的预设不会改变，同时，也可以从刚刚过去的社会史论战得到验证。

第三个预设是将租佃等同于封建，将雇佣等同于资本主义。《中国革命与中国共产党》对中国社会各阶级进行了较为精细的测绘，进一步完善了毛泽东的阶级分析。鉴于中国是资本主义与封建主义并存，社会空间具有高度的复杂性，《中国革命与中国共产党》对中国社会阶级的测绘采取了资产阶级—无产阶级，封建地主阶级—农民阶级及兼具封建主义、资本主义特征的富农这一分类方法，但文中却没有提出划分阶级的确切标准，这只能从社会史论战的成果来理解。换言之，毛泽东在阶级分析中预设了社会史论战所阐明的马克思主义阶级划分的标准——将租佃等同于封建、雇佣等同于资本主义，在此基础上，辅之以土地占有、生活状况等，

① 《马克思恩格斯选集》第2卷，人民出版社1995年版，第33页。

② 较为典型的分析，可参阅陶直夫（钱俊瑞）《中国农村社会性质与农业改造问题》，载冯和法、薛暮桥编《〈中国农村〉论文选》（上），人民出版社1983年版，第116—144页；余霖（薛暮桥）：《介绍并批评王宜昌先生关于中国农村经济底论著》，载冯和法、薛暮桥编《〈中国农村〉论文选》（上），人民出版社1983年版，第181—200页。

③ 《何干之文集》第1卷，北京出版社1994年版，第247页。

将中国社会阶级的划分细化。

2. 否定。否定是文本间的一种对话，与预设的积极性不同的是，这种对话是消极的，意在反驳不同的话语模式。从文本的表层结构来讲，否定的对象可以是在场的，也可以是不在场的，但从深层结构上讲，否定和预设一样，都是实现在场的一种形式。《中国革命与中国共产党》要否定的有国民党、“托派”、中共党内的教条主义者及与中国持不同观点的其他政治和理论派别的话语模式。在话语的表层结构上，这些否定的对象都没有出场，它们隐藏在文本的深层结构中。比如，对中国近代半殖民地半封建社会性质的肯定，就是对“托派”提出的资本主义社会论和陶希圣等国民党内信奉唯物史观的理论家提出的模糊论的否定；对革命性质和革命策略的论述、对革命动力的阶级尤其是农村阶级关系的分析，不仅是对国民党、“托派”理论的否定，更是否定了梁漱溟、晏阳初等乡村建设派理论家的理论话语。

3. 转换。转换是指文本类型的转化，是一种特定的互文性链条。《中国革命与中国共产党》存在两种类型的文本间转换：中国共产党过去的决议类政治文本向学术性政治文本的转换；社会史论战中的学术文本向学术性政治文本的转换。在文本类型的转换过程中，有两点值得注意：一是话语特征的变化。《中国革命与中国共产党》将中国共产党过去的决议类政治文本单纯提概念、作判断的话语形态转换为提概念、作解释的话语形态，将社会史论战中注重引经据典和实证分析的烦琐理论转换为概念、定义和扼要阐释相结合的学术性政治性文本，而被它转换的文本则成为与它对话的对象，潜藏在了它的深层结构中。二是文本意义的殖民。转换这种互文性链条，是文本类型“被殖民化和入侵的通道，沿着这样的通道，文本类型之间的关系就成为被争夺的对象”。①文本意义的殖民包括正向殖民和反向殖民两类。正向殖民是被转换的文本的意义进入转换后的文本中，预先为转换后的文本设定了诠释的路径和结果；反向殖民是指转换后的文本的意义进入了被转换的文本中，形成倒推机制，成为理解和衡量被转换文本的前设机制。对《中国革命与中国共产党》这一文本而言，正向和反向的意义殖民都存在。就前者而言，比如，最为重要的社会形态划分的标准，文本中并未直接表述出

① 诺曼·费尔克拉夫：《话语与社会变迁》，华夏出版社 2003 年版，第 122 页。

来，而需要联系社会史论战中的有关文本才能得到说明和阐释；对农民的分析是中国农村阶级分析中最为重要的一个环节，文本将农民界定为“小资产阶级”，这是列宁的文本和中共早期文件意义殖民的一个体现。[①] 就后者而言，则是因为《中国革命与中国共产党》后来成为诠释中国革命的权威政治文本和学术文本，获得了解读和衡量其他一切文本的权力，从而也就成了文本意义的继承者。

《中国革命与中国共产党》只是以毛泽东为代表的中共领导人吸收理论养料的一个较为典型的案例。其实，在延安时代，中共领导人相当多的政治文本都吸收了各方面的理论来源，这也保证了延安时代中共理论创新的繁盛。对农民理论而言，最为重要的是，在学术界马克思主义理论的深入研究面前，它逐步超越了以往经验型的表述模式，将实证分析与马克思主义理论结合起来，有效推进了马克思主义话语中国化的进程，也有效推动了农民理论的中国化。

二　理论思维的转型：马克思主义中国化[②]

农民理论的发展和成熟，除了实证资料的获取和分析外，思维方式的转型也是重要的一环。因为，就中国的马克思主义者而言，重视具有强大数量优势的农民的革命作用，并不存在多大的困难，但要从马克思主义的角度论证农民的作用，却是一个大的问题。从马克思主义本身来看，要将内置于其内部的城市—工人中心的革命模式转变为农村—农民中心的革命，也面临着不少困难和问题。要解决这些困难和问题，需要理论思维的彻底转型；这种转型，也是对中共农民理论正当性的阐释。

---

① 新中国成立后出版的经过修订后的《中国革命和中国共产党》文本中，对农民属性的表述进行了修改，删除了一句直接界定农民属性的句子：“农民一般都是小资产阶级”，同时，将论述小资产阶级的第三节标题由“各种类型的小资产阶级”修改为“农民以外的各种类型的小资产阶级”，意思虽没有本质性的变化，但客观上却起到了对农民属性界定的模糊化效果，这可以看作对意义殖民的一个策略性抵抗。参见《毛泽东选集》卷二，东北书店 1948 年版，第 224 页；《毛泽东选集》第 2 卷，人民出版社 1991 年版，第 640 页。

② 从解释学的角度来讲，马克思主义中国化并不是明确提出了“马克思主义中国化”这一概念后才开始进行的，而是从马克思主义进入中国那一刻起就开始了，因为外来话语一旦进入中国，对它的诠释就开始了，正因为如此，学术界对马克思主义中国化的起点多有争论。本书这里所称的马克思主义中国化意味着党的思维的转型，并不是认为到此时才有了马克思主义中国化，这里的“思维转型”只是表示，马克思主义中国化至此才进入理论自觉的阶段，而此前的马克思主义中国化主要是自然、自发和非自觉的。

1. 马克思主义中国化概念的提出

1938年10月，在扩大的六届六中全会上，毛泽东作了《论新阶段》的报告。报告指出：

> 共产党员是国际主义的马克思主义者，但马克思主义必须通过民族形式才能实现。没有抽象的马克思主义，只有具体的马克思主义。所谓具体的马克思主义，就是通过民族形式的马克思主义，就是把马克思主义应用到中国具体环境的具体斗争中去，而不是抽象地应用它。成为伟大中华民族之一部分而与这个民族血肉联系的共产党员，离开中国特点来谈马克思主义，只是抽象的空洞的马克思主义。因此，马克思主义的中国化，使之在其每一表现中带有中国的特性，即是说，按照中国的特点去应用它，成为全党亟待了解并亟需解决的问题。洋八股必须废止，空洞抽象的调头必须少唱，教条主义必须休息，而代之以新鲜活泼的，为中国老百姓所喜闻乐见的中国作风和中国气派。①

在此，毛泽东鲜明地提出了"马克思主义的中国化"这一概念。这一概念的提出，既有当时各西方引进的学科都在热切地进行"中国化"这一理论背景，也体现了中共理论思维转型的迫切要求和话语转型的基本样态。

第一，从强调马列主义的普适性转换为强调中国社会的特殊性，强调中国经验。如前所述，毛泽东对中国社会和中国革命的认识基本属于社会学的，他特别强调经验的作用。在马克思主义中国化这一术语中，中国经验和中国社会的特殊性自然也是重点，或者说，在毛泽东看来，需要用中国的经验来重构马克思主义，"使马克思主义在其每一表现中带有中国的特性"，这样达到使马克思主义中国化的目的。脱离中国经验、脱离中国社会的特殊性，只能是抽象的空洞的马克思主义，就是犯了教条主义的错误，所持的话语必然是毫无用处的洋八股。毛泽东认为，中国共产党对中国社会历史独特性的认识还非常不足："我们这个大民族［有］数千年的

---

① 中央档案馆编：《中共中央文件选集》第11册，中共中央党校出版社1991年版，第658—659页。

历史，有它的发展法则，有它的民族特点，有它的许多珍贵品。对于这个，我们还是小学生。”① 在六中全会的结论中，毛泽东进一步阐述了中国革命的特殊性。毛泽东认为，资本主义国家内部有资产阶级的民主制度，外部没有民族压迫，资本主义国家内部的阶级斗争是长期的合法斗争，即使要开展武装斗争，也必须等到资产阶级无能之时、无产阶级的大多数愿意进行武装斗争之时、农民群众自愿援助无产阶级之时，同时，资本主义国家的武装斗争先占领城市，然后再争夺乡村，这条道路已经被十月革命所证实。但中国革命却具有与资本主义国家完全不同的特性：

> 中国的特点是：不是一个独立的民主的国家，而是一个半殖民地半封建的国家；对内没有民主制度，而受封建制度压迫；对外没有民族独立，而受帝国主义压迫。因此，无议会可以利用，无组织工人举行罢工的合法权。在这里，共产党的任务，基本的不是经过长期合法斗争以进入暴动与战争，也不是先占城市后取乡村，而是走相反的道路。②

第二，将马克思主义理论的内容与马克思主义的方法进行区分，强调马克思主义的方法论特征，悬置马克思主义具体内容对中国的适用性。毛泽东认为：

> 马克思、恩格斯、列宁、斯大林的理论，是“放之四海而皆准”的理论。不是把他们的理论当作教条看，而是当作行动的指南。不是学习马克思列宁主义的字母，而是学习他们观察问题与解决问题的立场与方法。只有这个行动指南，只有这个立场与方法，才是革命的科学，才是引导我们认识革命对象与指导革命运动的唯一正确的方针。③

---

① 中央档案馆编：《中共中央文件选集》第 11 册，中共中央党校出版社 1991 年版，第 658 页。

② 《毛泽东选集》卷二，东北书店 1948 年版，第 184 页。

③ 中央档案馆编：《中共中央文件选集》第 11 册，中共中央党校出版社 1991 年版，第 657 页。

可以看出，毛泽东强调的是马克思主义的方法论特征，强调站在马克思主义的立场上看待问题，对马克思主义的具体内容，毛泽东采取的是悬置的态度。澳大利亚学者尼克·奈特认为，毛泽东将马克思主义区分为“精髓”和“内容”两个部分，毛泽东一直强调马克思主义的精髓（普遍性规律）与具体内容的区别，他高度重视马克思主义的精髓，对马克思有关历史的具体分析不感兴趣，认为关注马克思对具体问题的分析反而会限制马克思主义在具体历史条件下的运用。[①] 尼克·奈特的这种分析是有道理的，这也正好展示了马克思主义中国化的一个根本性的向度转变——从强调马克思主义的具体论点到强调马克思主义的方法论特征。

2. 中国革命地图的测绘哲学：实践观与矛盾观

1937 年，毛泽东编写了《辩证法唯物论讲授提纲》。1951 年，其中的第三章第一节《矛盾统一法则》被修改为《矛盾论》，第二章第十一节《实践论》也得到修改，标题仍为《实践论》，两文均收入《毛泽东选集》，成为毛泽东最具代表性、也最具影响的哲学著作。学者们的这个认识无疑是恰当的：无论从“两论”的历史背景和历史逻辑，还是从“两论”的具体内容来看，都是“对中国社会的特点和中国革命经验的哲学概括”[②]。但也要认识到，毛泽东“两论”实质上是中国的政治哲学，一方面，它担负着为中国共产党的革命理论提供正当性论证的重大任务，另一方面，它还承担着测绘中国革命地图的重大职能。毛泽东提出的中国革命地图的测绘哲学——矛盾观与实践观，是中国革命方法论的彻底转型。

毛泽东的革命地图测绘的第一个内容是革命真理认知过程，具体来说，就是毛泽东的认识论——从实践到理论再到实践无限循环的认识论。毛泽东贯彻了他的社会学实证方法，强调感性认识和社会实践对达至真理性认识的基础作用及感性认识与理性认识之间的辩证关系：

---

① Nick Knight, “The Form of Mao Zedong's ‘Sinification of Marxism’”, *The Australian Journal of Chinese Affairs*, No. 9 (Jan., 1983) p. 23. 尼克·奈特在文中指出，对毛泽东而言，“马克思主义所主张的普遍规律，除阶级斗争外别无他物”。这句话虽然指出了阶级斗争理论对马克思主义中国化的重要性，但却未免失之偏颇。实际上，在延安时期，毛泽东在发展阶级分析的同时，也在试图超越阶级斗争的单一范式，转而从马克思主义整体性的方法论来研究中国问题和看待马克思主义中国化。

② 金羽、石仲泉、杨耕主编：《毛泽东〈矛盾论〉〈实践论〉新探》，中国人民大学出版社 1991 年版，第 12 页。

理性认识依赖于感性认识，感性认识有待于发展到理性认识，这就是辩证唯物论的认识论。哲学上的“唯理论”和“经验论”都不懂得认识的历史性或辩证性，虽然各有片面的真理（对于唯物的唯理论和经验论而言，非指唯心的唯理论和经验论），但在认识论的全体上则都是错误的。由感性到理性之辩证唯物论的认识运动，对于一个小的认识过程（例如对于一个事物或一件工作的认识）是如此，对于一个大的认识过程（例如对于一个社会或一个革命的认识）也是如此。①

毛泽东强调行动者对变革的直接参与对获得真理性认识的关键性作用。毛泽东认为，要直接认识事物，只有亲身参加变革现实、变革事物的实践，这样“才能暴露那种或那些事物的本质而理解它们”。② 毛泽东强调行动者自身实践的作用，从而否定了没有亲身参与中国革命的“理论家们”对中国革命的“发言权”：

你要有知识，你就得参加变革现实的实践。你要知道梨子的滋味，你就得变革梨子，亲口吃一吃。你要知道原子的组织同性质，你就得实行物理学和化学的实验，变革原子的情况。你要知道革命的理论和方法，你就得参加革命。③

毛泽东强调实践对真理的决定作用和真理的效用性，为真理性认识提供了一个简单且具中国特色的检验标准。毛泽东认为，认识从实践开始，经过实践得到了理论的认识后还必须再回到改造世界的实践去；实践是检验真理的标准，真理在实践中得到检验，就意味着真理不仅是正确的，而且是有效用的，效用没有达到，真理性认识就没有实现，认识过程也就没有完结：

社会的人们投身于变革在某一发展阶段内的某一客观过程的实践

① 《毛泽东选集》第1卷，人民出版社1991年版，第291—292页。

② 同上书，第287页。

③ 同上书，第287—288页。

> 中（不论是关于变革某一自然过程的实践，或变革某一社会过程的实践），由于客观过程的反映和主观能动性的作用，使得人们的认识由感性的推移到了理性的，造成了大体上相应于该客观过程的法则性的思想、理论、计划或方案，然后再应用这种思想、理论、计划或方案于该同一客观过程的实践，如果能够实现预想的目的，即将预定的思想、理论、计划、方案在该同一过程的实践中变为事实，或者大体上变为事实，那末，对于这一具体过程的认识运动算是完成了。[①]

总的来说，毛泽东从正反两个方面对他的认识论进行了阐述。正面阐释的是认识事物的方法，这既是对毛泽东自身认识中国社会和中国革命的方法论总结，也是对自己的认识成果进行的正当性、科学性证明；反面否定的是教条主义对中国革命的“发言权”，从而确立起自己的理论权威。最终的结果，是促使全党的理论思维从本本主义、教条主义转向带有经验论、效用论色彩的辩证方法。

毛泽东的革命地图测绘的第二个内容是革命的空间地图测绘，用路易·阿尔都塞的话说就是毛泽东所创建的多元决定论（Overdeterminism），这主要来自毛泽东的矛盾学说。弗里德里克·詹姆逊认为，认知测绘可以提供一个具有教育作用的政治文化，从而使得“个体对其自身处于整个全球性世界系统中的位置有所了解并加以警觉”[②]。从中国近代的社会政治空间来讲，它与詹姆逊所研究的后现代空间非常类似，都具有高度的复杂性，它需要一种有针对性的认知测绘手段来进行革命地图的测绘。

毛泽东的认知测绘手段就是矛盾分析。魏斐德（Frederic Wakeman, Jr.）认为，毛泽东的矛盾论对本体论的问题几乎没有探究，“它实际上是一篇唯物主义认识论的论文”[③]。这个观点无疑是正确的。进一步说，毛泽东的矛盾论和他的实践论一样，阐述的都是进行革命地图测绘的政治哲学，而不仅仅是哲学著作，从毛泽东列举的事实基本上都是中共的革命政策就可以看出来。《矛盾论》集中阐述了矛盾的普遍性、矛盾的特殊性和主要矛盾、矛盾的主要方面、矛盾的同一性和斗争性等理论，其中，毛泽

---

① 《毛泽东选集》第1卷，人民出版社1991年版，第293页。

② 弗里德里克·詹姆逊：《晚期资本主义的文化逻辑》，三联书店1997年版，第514页。

③ 魏斐德：《历史与意志：毛泽东思想的哲学透视》，中国人民大学出版社2005年版，第272页。

东着重阐明了三点：第一，事物的矛盾是多元的，但多元矛盾中总有一对矛盾是主导性的；第二，事物的矛盾是变化的，矛盾的双方发展是不平衡的，在一段时期内，矛盾的一方往往占有主导地位，决定了事物的属性；第三，矛盾的发展是辩证的、转化的，矛盾双方都有可能成为决定事物性质的主导方面，比如，在一定条件下，上层建筑也可以成为决定的力量，“当着政治文化等等上层建筑阻碍着经济基础的发展的时候，对于政治上和文化上的革新就成为主要的决定的东西了”[①]。

对中共的革命哲学和革命策略而言，毛泽东的矛盾学说具有双重意义：

第一，深化了对经济决定论的批判，为中国这个落后的东方国家革命进程中的特殊性提供了政治哲学的解释。经济决定论在中国的马克思主义中影响非常深远，中共的创始人李大钊和陈独秀都受到经济决定论的影响。陈独秀对历史发展进程的理解基本上遵循经济决定论；李大钊虽然重视阶级斗争，认为“阶级竞争说恰如一条金线”，把马克思主义内部的各种理论联系了起来，但他认为称马克思的唯物史观为经济史观“妥当些”[②]，强调经济构造对社会结构具有基础和决定的作用：生产力非到社会组织不能容纳时，社会组织就不会被打破。[③] 相当部分党内领导人所理解的马克思主义唯物史观也是大致如此。但毛泽东的矛盾学说却暗含着对经济决定论的批判，他认为：其一，社会结构中的矛盾是多重的，以经济基础为中心的矛盾只是社会矛盾的一个方面而已，它并不能替代对其他矛盾的认识和分析；其二，经济基础并不总是能够在社会结构中起主导的作用，因为矛盾的主导方面是变化的，其他方面对经济基础也存在决定的可能性；其三，矛盾的主要方面和次要方面也是变化的，在推动社会变革的力量中，不仅不能排除，甚至还要更为重视上层建筑对经济基础、经济基础对生产力的决定作用。相对于经典马克思主义的一元决定论，毛泽东提出了自己的辩证矛盾观：

---

① 《毛泽东选集》第1卷，人民出版社1991年版，第326页。魏斐德认为，毛泽东的“辩证唯物论”“亲自论证了精神力量——‘意志’——能够决定革命”（参阅魏斐德《历史与意志：毛泽东思想的哲学透视》，中国人民大学出版社2005年版，第274页）。

② 中国李大钊研究会编注《李大钊全集》第3卷，人民出版社2006年版，第216页。

③ 参阅中国李大钊研究会编注《李大钊全集》第3卷，人民出版社2006年版，第19—28页。

> 诚然，生产力、实践、经济基础，一般地表现为主要的决定的作用，谁不承认这一点，谁就不是唯物论者。然而，生产关系、理论、上层建筑这些方面，在一定条件之下，又转过来表现其为主要的决定的作用，这也是必须承认的。当着不变更生产关系，生产力就不能发展的时候，生产关系的变更就起了主要的决定的作用。①

在此基础上，毛泽东指出，所谓分析矛盾，就要具体问题具体分析，那种僵化的决定论思维是不可行的，得出的结论是不可靠的：

> 不论研究何种矛盾的特性——各个物质运动形式的矛盾，各个运动形式在各个发展过程中的矛盾，各个发展过程的矛盾的各方面，各个发展过程在其各个阶段上的矛盾以及各个发展阶段上的矛盾的各方面，研究所有这些矛盾的特性，都不能带有主观随意性，必须对它们实行具体的分析。②

阿尔都塞对毛泽东的矛盾思想多有推崇，多次引用毛泽东的论断作为自己“多元决定论”的依据。阿尔都塞用更为简练的语句重述了毛泽东的矛盾理论，也更能够看出他对僵硬的经济决定论的批判：

> 根据实践经验证明，主导结构固然是固定的，但结构中各矛盾的地位却在变化：主要矛盾变为次要矛盾，一种次要矛盾上升到主要地位；矛盾的主要方面变为次要方面，一个次要方面又变为主要方面。始终存在着一个主要矛盾和一些次要矛盾，但在固定不变的主导结构中，主要矛盾和次要矛盾在各个环节上交换位置。③

建立在多元矛盾基础上的，是对中国革命特殊性的深刻认识，而建立在这

---

① 《毛泽东选集》第1卷，人民出版社1991年版，第325—326页。邹谠教授注意到毛泽东的用语“一般地”与恩格斯的用语“归根到底”的区别：在中文语境里，“一般地”表达的是频率的意思，而“归根到底”所含的是因果顺序和最终的意思。邹谠认为：“毛超越了恩格斯，他肯定在一定条件下，政治和文化的转变成为主要和决定的，不仅是在人类的历史中‘起一定的作用’而已。”（邹谠：《二十世纪中国政治》，香港牛津大学出版社1994年版，第74页）。

② 《毛泽东选集》第1卷，人民出版社1991年版，第317页。

③ 阿尔都塞：《保卫马克思》，商务印书馆2006年版，第206页。

种特殊性基础上的，是中国革命理论和革命策略的特殊性，换言之，毛泽东的矛盾学说从政治哲学的高度，批判了党内的各种教条主义思想。

第二，提出了较为完善的多元决定的革命空间测绘科学。毛泽东的认知测绘方法是多重矛盾分析，这个方法的直接成果是用于分析中国革命的社会—政治空间。毛泽东的观点是，中国社会是一个多重矛盾的空间：

> 在中国资产阶级民主革命过程中，有中国社会各被压迫阶级和帝国主义的矛盾，有人民大众和封建制度的矛盾，有无产阶级和资产阶级的矛盾，有农民及城市小资产阶级和资产阶级的矛盾，有各个反动的统治集团之间的矛盾等等，情形是非常复杂的。这些矛盾，不但各各有其特殊性，不能一律看待，而且每一矛盾的两方面，又各各有其特点，也是不能一律看待的。①

这个类似于后现代空间的多重矛盾空间，确实能够使革命者失去方向，使革命者不能为革命及自我准确定位。毛泽东对这个多重矛盾空间的认知测绘方法就是抓住主要矛盾和主要的矛盾方面，因为是主要矛盾及主要的矛盾方面决定或影响着事物性质及其发展趋势。“在复杂的事物发展的发展过程中，有许多的矛盾存在，其中必有一种是主要的矛盾，由于它的存在和发展规定或影响着其他矛盾的存在和发展。”② 毛泽东认为，在一个确定的空间中，虽然有多重矛盾存在，但这个空间的结构在一定时间内却是相对稳定的，这是因为决定空间属性及变化的主要矛盾在一定时期的稳定性，因此，以辩证而不是机械的思维抓住并准确分析这个相对稳定的社会空间结构，就可以做到准确的革命空间测绘。

30 年后，阿尔都塞用更为精密的结构主义话语将毛泽东所主张的多重矛盾、主导结构结合起来，进一步明确了多元决定的思想，也清晰点明了毛泽东的矛盾学说的意义和精华所在：

> 只有多元决定才能使我们不把有结构的复杂整体（例如社会形态，这是迄今以来的马克思主义实践所真正致力的唯一对象）的具

① 《毛泽东选集》第 1 卷，人民出版社 1991 年版，第 311—312 页。

② 同上书，第 320 页。

> 体演变看作是外界“条件”作用于一个固定的有结构整体（以及它的范畴、范畴的固定顺序）而产生的偶然演变，而把这种具体演变看作是复杂整体内部的具体的结构调整，每个范畴、每个矛盾以及通过结构调整得到反映的主导结构各环节，都在结构调整中起到了本质的“作用”。①

毛泽东用他多元决定的矛盾思想，对中国革命的空间进行了不同于他人的认知测绘，取得的一个重要成果，就是对中国革命地图的新测绘，以及由此而来对中国农民不同于经典马克思主义和党内教条主义的新认识。

总而言之，毛泽东的矛盾学说通过对经济决定论的批判和对中国革命地图的重新测绘，为农民作为中国革命主力军和主导力量提供了方法论的支撑，有效论证了中国共产党领导的革命存在的必然性和革命取得胜利的可能性。

三　话语与权力的变奏：延安的农村调查与整风运动

话语与权力之间存在着错综复杂的关系。米歇尔·福柯认为，权力不仅是压迫性的，更是生产性的，是权力支配着话语，生产着知识，创造着主体，而话语和知识又反过来巩固了权力。在讨论权力如何建构主体的灵魂这一问题时，福柯指出：“现实的非身体的灵魂不是一种实体，而是一种因素。它体现了某种权力的效应，某种知识的指涉，某种机制。借助这种机制，权力关系造就了一种知识体系，知识则扩大和强化了这种权力的效应。”② 虽然福柯强调权力生产话语、知识乃至真理的观点被一些学者所诟病，但权力对话语和知识生产的重要性确是实实在在的，难以辩驳。

延安时期是毛泽东掌握党的最高领导权，成为最高领袖的时期。在经过党内激烈的话语斗争和权力斗争之后，毛泽东的理论与思想获得了领导地位。对毛泽东来讲，与井冈山时期的情况已经完全不同，他不再需要小心翼翼地包装自己的话语来反抗中央不正确的理论路线；相反，权力与话语已经成为自己一体之两翼，能够起到相互巩固、相互促进的功效，而权力对话语生产的巨大作用，权力与真理之间近乎透明的关系，也就成为这

① 阿尔都塞：《保卫马克思》，商务印书馆2006年版，第205页。

② 米歇尔·福柯：《规训与惩戒》，三联书店1999年版，第32页。

一时期农民理论的重要特色。

1. *农村调查与“新”话语：以延安农村调查团晋陕调查为例*

毛泽东一贯重视调查研究，调查研究也是毛泽东所主张的一种重要的话语生产模式。在井冈山时期，在战斗间隙，毛泽东亲自开展调查研究，写出了《寻乌调查》等著名的调查报告，为建构新的农民话语生产模式作出了巨大的贡献。在延安时期，毛泽东一如既往地重视调查研究，并将自己有关调查研究的文章集结成为《农村调查》出版，用以指导全党调查研究工作的开展。但有所不同的是，作为党的最高领导人的毛泽东已经不可能再将主要精力放在实地调查上了，他所要做的只是推动全党兴起调查研究之风，确保党的指导思想和自己实践得出的调查方法能够用于指导调查研究。毛泽东告诫全党：

> 现在我们很多同志，很多还保存着一种粗枝大叶、不求甚解的作风，甚至全然不了解下情，却在那里担负指导工作，这是异常危险的现象。对于中国各个社会阶层的实际情况，没有真正具体的了解，真正好的领导是不会有的。①

对于调查研究的方法，毛泽东作了规定，主要是“解剖麻雀”和阶级分析：

> 要了解情况，唯一的方法是向社会作调查，调查社会各阶层的生动情况。普遍调查是不可能也不需要的，有意识有计划地抓住几个城市、几个乡村，用马克思主义的根本观点——阶级分析的方法，作几次周密的调查，乃是了解情况的最基本的方法，只有这样，才能使我们具有对中国社会问题的最基础知识。②

1941年8月，中共中央发出《中共中央关于调查研究的决定》和《中共中央关于实施调查的决定》两个文件，决定在中央设置调查研究机构，收集国内外的有关材料加以研究，同时要求各级党政机关均要设置调

---

① 《毛泽东选集》卷二，东北书店1948年版，第173页。

② 同上。

查研究机构，要求各级机关及其全体同志，都要参与收集该地的各种资料，作为该地工作的助手，并将有关材料提供给中央，文件还对收集材料的范围和方法作了较为详细的规定。同时，决定从党性的角度，进一步强化了调查研究与话语权的关系：

> 党内许多同志，还不了解没有调查就没有发言权这一真理。还不了解系统的周密的社会调查，是决定政策的基础。还不知道领导机关的基本任务，就在于了解情况和掌握政策，而情况不了解，则政策势必错误。还不知道，不但帝国主义对于中国的调查研究，是如何的无微不至，就是国民党对于国内外情况，亦比我党所了解的丰富得多。还不知道，粗枝大叶、自以为是的主观主义作风，就是党性不纯的第一个表现；而实事求是，理论与实际密切联系，则是一个党性坚强的党员的起码态度。①

在这个背景下，以张闻天为团长的延安农村调查团得以组成，开始了长达一年零两个月的晋陕农村实地调查。之所以要专门分析这次农村调查，是因为它对党的农民话语的发展提供了一种新的可能性。

延安农村调查团开展对陕北和晋西北五个地点的调查，分别是神府县直属乡8个自然村的调查、兴县二区14个自然村土地问题的调查、米脂县杨家沟村的调查、米脂城内经济调查和绥德县商业调查。与农村问题直接相关是前三个地点的调查。这三个调查地点的选择具有典型性：神府是经过土地革命，农村中已经铲除了地主阶级的地区；兴县是没有经过土地革命，但当地并无大地主的自然经济地区；米脂杨家沟则是未经过土地革命，保存着大地主经济的地区。对这三个地区的调查，可以较好地反映西北地区农村的状况及革命对农村社会变迁的影响。调查完成后，调查团撰写了《陕甘宁边区神府县直属乡8个自然村的调查》《晋西北兴县二区14个村的土地问题研究（报告大纲）》《米脂县杨家沟调查》三份调查报告，写成了《出发归来》和《发展新式资本主义》两篇论著。在调查中，张闻天作为调查团最高领导，作用十分突出。据调查团成员马洪回忆，张闻

① 中央档案馆编：《中共中央文件选集》第13册，中共中央党校出版社1991年版，第173—174页。

天“亲自动手拟定调查提纲，整理调查材料，撰写调查报告，还具体指导团员进行调查，不断总结调查的经验与体会。调查结束后，他又以亲身的感受写了总结报告”①。可以说，张闻天是调查团的灵魂，调查团撰写的调查报告和有关论著，反映的基本上是张闻天的思想和理论观点。晋陕调查的成果主要体现在五个方面：

——从静态的角度，较为系统和细致地了解和描述了调查点的经济社会现状。通过对调查点自然状况、土地占有情况、租佃关系、阶级关系、农民负担等方面的详细调查，调查组获得了大量的第一手资料，对调查点的经济社会状况进行了深入的分析，对现状的把握非常全面和深入，调查报告中列举了大量的数据进行说明。

——从动态的角度，分析了晋陕地区农村社会变迁的原因和变化的情况。如在对兴县二区 14 个村土地问题的调查报告中，张闻天认为，战争与革命是农村阶级关系变化的基本原因，其中战争是阶级关系变化的基本因素，革命则是阶级关系变化的主观的决定因素，同时，报告还分析了农村各阶级的具体变动情况。②

——从长时段的角度，描述和分析了典型地区地主经济的发展变化情况及地主经济衰落的必然。在对杨家沟村的调查中，张闻天等意外发现了当地马氏地主集团中最大的地主马维新家中保存完好的近百年的各种账簿和契约，为他对地主经济百年来的发展变迁的详细研究提供了证据。报告详细列举马家近百年来的土地占有、土地兼并、租佃关系、雇佣关系、商业兴衰、高利贷剥削以及马家的收入支出等方面的数据，分析了其中的变化情况和原因，生动展现了地主经济百年的发展变迁历程。这篇报告可以说是一篇精致和翔实的社会史著作。张闻天认为，在边区政府“减租减息”政策的作用下，到 1940 年，马维新的经济已经“从发展走到停滞了”，要发展经济，“马维新必得寻找新的出路。这种出路，他现在正在寻找着，但还没有找到。这正是他的苦闷之所在”。③

——分析了边区农村经济衰退的原因，提出了恢复和发展边区经济的对策。在对兴县二区 14 个村的研究中，张闻天认为，农村经济的紧缩、

① 马洪：《张闻天晋陕调查文集·序》，中共党史出版社 1994 年版，第 1 页。

② 《张闻天晋陕调查文集》，中共党史出版社 1994 年版，第 93—95 页。

③ 同上书，第 259、254 页。

农村生产力下降的原因主要是战争的影响和边区政策的影响——战争使得敌人的破坏加剧，根据地缩小，劳动力减少，牲畜减少，非农业人口挤入农业人口；边区的政策实施上存在偏差，一部分干部对新民主主义的经济与政治政策认识不够，不能有效调整阶级关系，稳定社会秩序，提高农民的劳动积极性，减轻农民的负担。张闻天提出，发展农村经济的任务，一是掌握新民主主义的三分封建、七分资本主义的经济和政治政策，加强对干部的政策教育；二是精兵简政，节省人力物力；三是认真实行减租减息和交租交息政策；四是切实解决农民生产中面临的实际困难。①

——提出了发展新式资本主义的思想和设想。发展新式资本主义，是张闻天对中国农村发展道路的独特思考。张闻天的观点是：第一，资本主义生产方式是进步的。张闻天指出："晋西北封建势力还强大，农村资本主义只是萌芽，工商业根本没有。封建剥削制度是落后的。资本主义生产方式，是现时比较进步的，可使社会进化的。"② 第二，新式资本主义可以促进社会生产力发展，将来的社会主义要靠新式资本主义的发展做基础。张闻天认为，在资本主义方式的经营下，富农经营自己的土地并雇用长工，土地可以集中使用，合理分工，同时，富农和资本家又可以投资工商业，形成资本积累，"农村资本主义，是农村经济将来发展的前途"，"将来社会主义，又要靠新式资本主义的发展做基础"③。第三，不要怕资本家多，不要怕农民受苦。张闻天认为，不应把改善农民的生活放在分配别人的财产上，主要应从发展生产、增加社会财富来改善民生，这才是比较妥当的。而要发展生产，就不要怕富农，富农的剥削也并不可怕。要发展新式资本主义，应当允许土地集中，"说贫农永远比雇农生活好，贫农不要丢失土地当雇农，这是落后的想法"，"欧美各国资本主义发达，工人生活比今天中国小地主好得多"④。第四，中国的新式资本主义不同于欧美的资本主义。这种不同主要体现在我们有革命政权和革命政策，可以调节社会各阶级关系，操纵国计民生的工商业都掌握在国家手中。

学术界讨论较多的是张闻天在调查中提出的新式资本主义这一观点，这一观点实际上有中央正式文件的支持。1942 年 1 月 28 日，中央政治局

① 《张闻天晋陕调查文集》，中共党史出版社 1994 年版，第 122 页。

② 同上书，第 323—324 页。

③ 同上书，第 61、324 页。

④ 同上书，第 324 页。

通过了关于抗日根据地土地政策的决定，决定指出："承认资本主义生产方式是中国现时比较进步的生产方式，而资产阶级、特别是小资产阶级，是中国现时比较进步的社会成分和政治力量。富农的生产方式是带有资本主义性质的，富农是农村的资产阶级，是抗日与生产的一个不可缺少的力量。"① 在中共中央这一决定作出时，张闻天的报告还在撰写中。张闻天作为中央政治局委员，决定中应包含他的思想，但决定无疑又为张闻天在调查报告中进一步发挥自己的思想提供了鼓励和支持，但中共中央的这一决定不能掩盖张闻天思想的独特价值：

第一，运用生产方式话语对乡村微观社会进行了较为有效的分析，但也表露了生产方式话语与政治革命话语之间的紧张关系。张闻天强调中国必须走过资本主义这一阶段，才能进行社会主义革命和建设，这其中的差别不能混淆："中国社会将来才是社会主义和共产主义，今天则要实行新民主主义，就是新式资本主义。因为中国太落后，只有走过新式资本主义的第一步，才能走社会主义的第二步。社会主义和共产主义，是我们的理想。发展新式资本主义，是我们现时的任务，也是我们当前的具体工作。若把理想当现实，乱来一阵，会弄糟糕的。"② 依据所获得的资料，张闻天在报告中暗示，平均地权后造成的大量的小自耕农带来的小农经济对生产力的促进是暂时的，它并不是能够支持中国长久发展的力量，张闻天指出："独立的小生产者的经济，代替了地主剥削农民的经济。旧的矛盾（封建剥削）是解决了，这是经济发展上的一大进步。然而旧的矛盾的解决，不过是新的矛盾的开始。"③ 可以看出，张闻天操持的是典型的生产方式话语，从中共农民话语的演进发展历程看，张闻天不过是借助于毛泽东所倡导的调查研究形式，重新强调了经典马克思主义唯物论的生产方式话语而已。在这种话语模式中，阶级分析须以在生产方式演进中的先进性作为依据，比较典型的是，张闻天重视富农和富裕中农的作用，将他们视为发展新式资本主义的基本力量，对贫农、自耕农则持相对负面的看法，这与毛泽东的政治革命话语和以革命态度为依据、重视贫农和中农的阶级分析明显不同。可以说，张闻天的话语初步展示了中共农民话语的内在紧

① 中央档案馆编：《中共中央文件选集》第13册，中共中央党校出版社1991年版，第282页。

② 《张闻天晋陕调查文集》，中共党史出版社1994年版，第325页。

③ 同上书，第14页。

张，展示了生产方式话语分析与政治革命话语分析的内在矛盾，其中根本性的矛盾在于：是生产方式分析服务于政治革命分析，还是政治革命分析服务于生产方式分析，在张闻天看来，后者无疑才是马克思主义的。

第二，展现了中国农村社会的多样性，对主要来源于中国南方的阶级分析提出了修正性意见。毛泽东阶级划分的社会依据主要来自他在湖南、江西、福建、广东等南方省份的社会调查和革命实践，1933 年 10 月，毛泽东专门起草了文件《怎样分析农村阶级》，为分析和划分中国农村阶级提供了依据。在延安时期，这个文件被重印下发，成为根据地党政机关开展农村阶级划分的依据。虽然毛泽东《怎样分析农村阶级》这一文件为农村的阶级分析和划分提供了较为确定的依据，但其中的划分方法主要来自中国南方地区，它是否适合西北、华北等其他地区，还是有疑问的。不过，鉴于毛泽东已经获得党的最高领袖地位，毛泽东的理论也获得了领导地位，党内很难有人敢于对毛泽东的阶级分析方法提出质疑。虽然张闻天的调查报告和论著采用的阶级划分方法基本上遵照了毛泽东的理论，但延安农村调查团所获得的资料却和毛泽东的阶级分析产生了一个有趣的对比：其一，中国农村的阶级分化和阶级斗争是否明显和强烈？调查报告罗列了土地占有、租佃、借贷等方面相当翔实的数据，揭露和批判了地主阶级对农民的剥削，但却基本上没有农民反对地主的压迫和剥削的记载，这应该不是张闻天和调查团的忽略，反而说明西北地区以自耕农为主的社会中阶级分化并不剧烈，阶级斗争也不像阶级分析理论所想象的那么明显。其二，租佃关系是否是划分阶级和界定剥削的根本标准？调查团发现，革命前后土地出租情况发生了根本性的变化，革命前租入土地的以贫农居多，出租土地的主要是地主，革命后租入土地的却以富裕中农和中农为多。据此，张闻天认为："租佃关系的发展是向着资本主义，而不是向着封建主义，这是显而易见的。"[①] 也就是说，对租佃关系还要进一步区分，将租佃关系简单地等同于封建剥削并不准确，至少在张闻天看来，还存在另一种租佃关系——资本主义租佃关系，这种租佃关系是有利的、进步的，它有助于土地向富农和富裕中农集中，促进农村社会生产力的发展。这与毛泽东在《怎样分析农村阶级》将租佃关系界定为封建，完全否定租佃关系的进步作用有所分歧。其三，土地分配与生产力发展是什么关

① 《张闻天晋陕调查文集》，中共党史出版社 1994 年版，第 45 页。

系？张闻天分析了1939—1940年边区农业生产下降的真正因素、政策因素等客观原因，同时又提出了两个具有挑战性的命题：一是土地重新分配的结果不是释放了农民的生产积极性，而是土地束缚住了农民；二是革命后土地的分散化不利于农业生产力的提高。张闻天认为，获得了土地的农民既不能很好地当雇工，又不能很好地务农，这对农民来说实际上是不利的；地权高度分散的小生产经济，对农业发展是不利的。[①] 而当时党内主流的观点认为，只要农民分到了土地，就会支持革命，就会迸发出无穷的生产潜力，从而促进革命的发展和生产力的进步。张闻天提出的这两个观点，与当时党内的主流观点有明显的不同。

总的来说，张闻天和延安农村调查团的成果，既有向经典马克思主义的农民话语回归的一面，也有向党内主流农民话语展示多面的中国农村和中国农民的一面，它运用调查研究带来的发言权，暗含着对党内主流农民话语进行补充和矫正的意图。不管张闻天和调查团撰写的报告中运用的农民话语的成败如何，正如后人所评价的，张闻天思想的核心部分，“即一切必须从发展生产力为前提的思想，却肯定会永远遗泽于后人”[②]。

2. 整风运动：话语的对决

“整风运动是中共发展史上一个转折点。”[③]这场发生在1942—1944年、长达3年的运动，主题是强调结合中国的实际来学习和运用马克思主义。这次运动可以看作是中共内部的一场话语决战过程，也是一个结束话语斗争的过程。与这场话语斗争相联系的，是毛泽东最终获得和巩固了自己在党内的最高权力。

1942年春，整风运动正式开始，但它的准备却是从党的六届六中全会后就开始了。尤其值得一提的是，毛泽东不仅通过作报告、出版早期农村调查报告等形式，大力倡导调查研究和实事求是精神，还专门主持编辑了历史文献集《六大以来》。《六大以来》汇集了1928年中共六大到1941年11月党的历史文献519篇，共280多万字，篇目的选择极为严格细致，

---

① 《张闻天晋陕调查文集》，中共党史出版社1994年版，第48页。

② 李向前：《抗日战争与中国西北农村社会的变动——兼谈张闻天的“新式资本主义”观点》，载冯崇义、古德曼编《华北抗日根据地与社会生态》，当代中国出版社1998年版，第68页。

③ 马克·塞尔登：《革命中的中国：延安道路》，社会科学文献出版社2002年版，第182页。

以尽力突出党内的路线斗争。胡乔木回忆说，编辑《六大以来》就是为了解决政治路线问题，把文件编出来，说那时中央一些领导人存在主观主义、教条主义就有了可靠的根据，有的人就哑口无言了，也就清楚看到毛主席确实代表了正确路线，更加确定了他在党内的领导地位。① 为了更好地了解党的历史，1942 年，毛泽东又主持编辑了《六大以前》，汇集党的早期领导人的署名文章，共收录文献 184 篇。在两本资料的基础上，毛泽东又对其中的资料进行进一步的选编，于 1943 年 10 月出版了《两条路线》。如果《六大以来》和《六大以前》主要还是资料汇编、话语意图还较为隐晦的话，《两条路线》的话语斗争意图就显而易见了，党内正确和错误两条路线的轮廓和斗争历程被勾勒出来，毛泽东成为正确路线的代表。毛泽东承认，自己所作的报告确实不如“党书”（《六大以来》）有效，“党书一出，许多同志解除武装”，“大家才承认十年内战后期中央领导的错误是路线错误”。②

1941 年 11 月 1 日，毛泽东为高级学习组规定了第一批学习书目，共 10 部，全部为外国书目，篇目有季米特洛夫之国际七次大会报告、结论及闭幕词、《联共党史》的结束语等。1942 年 4 月 3 日，中宣部下发关于在延安讨论中央决定及毛泽东同志整顿三风报告的决定，确定 18 个文件为所有干部和学生的学习和考试材料，篇目有《整顿党的作风》《反对党八股》《毛泽东农村调查序言二》《联共党史结束语六条》等。由于要求非高级干部学习的外国篇目太少，1942 年 4 月 16 日，中宣部下发文件，特别补充四个文件，分别是斯大林论领导与检查，列宁、斯大林等论党的纪律与党的民主，斯大林论平均主义，季米特洛夫论干部政策与干部教育政策。1942 年 6 月 8 日，中宣部发出在全党进行整顿“三风”的指示，要求中央直属系统利用 4 个月的时间精读 22 个文件，其中包括毛泽东整顿“三风”的报告、毛泽东关于改造学习的报告等。③

① 《胡乔木回忆毛泽东》，人民出版社 1994 年版，第 48 页。

② 《毛泽东年谱》（中），人民出版社、中央文献出版社 1993 年版，第 469 页。

③ 参阅《中共中央宣传部延安讨论中央决定及毛泽东同志整顿三风报告的决定》，载中央档案馆编《中共中央文件选集》第 13 册，中共中央党校出版社 1991 年版，第 367 页；《中央宣传部关于增加整风学习材料及学习时间的通知》《中央直属系统四个月研究二十二个文件的计划》，载中央档案馆编《中共中央文件选集》第 13 册，中共中央党校出版社 1991 年版，第 393 页。对学习书目的分析，请参阅荣敬本《论延安的民主模式：话语模式与体制的比较研究》，西北大学出版社 2004 年版，第 139—141 页。

学习书目的选择有两个突出的特点：一是选择学习材料时，高级干部学习的主要是国外著作，而其他干部和学生学习的主要是国内著作，其中又以毛泽东的著作为主，包括毛泽东本人的著作或是反映毛泽东思想的著作，尤其是为一般干部和学生指定的18个学习材料，毛泽东的著作或由毛泽东起草的中央文件为13个，超过总数的2/3。二是选择外国著作时，毛泽东有意绕开了直接论述中国问题的著作。共产国际有大量的文件材料直接分析阐述中国的社会和革命问题，但毛泽东对这些材料一律采取回避态度，他选择的学习材料基本上属于方法论的著作。学习材料选择的意义在于，“10个思想方法文件与83个‘党书’文件之间构成了对照阅读的关系，隐含着运用10个文件的思想来解读83个文件和评判六大以来政治实践的目的”①。从毛泽东对书目的精心选择中，可以得出两个结论：其一，毛泽东的话语已经占据了主导地位，成为党内的主流话语；其二，毛泽东认为自己话语的主导地位还不够放心，他还需要彻底击败党内的“错误”思想，使自己的话语获得完全的领导权。毛泽东选择了两条路径：一是对照中国的实际，论证党内错误的思想脱离了中国实际，没有任何效用，调查研究就是服务于这一目的；二是通过特别选择的著作，论证党内错误思想违背了马列主义和斯大林的方法和观点。确实，只有从这两个方面入手，才能彻底击败党内的不同话语。

要确立自己的话语体系的地位，一方面要论证其他话语的错误性，另一方面则需论证自己的真理性，将话语斗争塑造为真理与谬误之间的斗争。《两条路线》、毛泽东的著作和反映毛泽东的思想的著作被大量指定为学习书目，无疑起到了这一作用，但对毛泽东在井冈山时期被指责为“狭隘经验主义”这一桩历史公案，则必须进行翻案，才能和两条路线斗争这一叙述模式吻合，以证明毛泽东的思想理论和革命实践的一贯正确。这一任务最终由《关于若干历史问题的决议》这一具有最高权威的文件完成，它完成了党内话语斗争标准模式的构建——坚持马列主义与中国实际相结合的真理与反马克思主义的机会主义之间的路线斗争。这种话语竞争的叙述模式建构，毛泽东的贡献是第一位的，任弼时、胡乔木等人的贡

---

① 荣敬本：《论延安的民主模式：话语模式与体制的比较研究》，西北大学出版社2004年版，第141—142页。

献也非常大。[①]《关于若干历史问题的决议》在将批判的矛头对准教条主义的同时，也花了相当的篇幅论证经验主义的问题，以证明毛泽东只是“科学地把这些经验总结起来，作为以后行动中的指导，这完全不是经验主义，而是马克思列宁主义”[②]，从而为毛泽东和毛泽东早期的思想正了名，也塑造毛泽东话语一贯正确的形象。话语斗争和权力密不可分，在话语斗争的基础上，通过审干运动，毛泽东的话语得到了有效灌输，权力对真理的生产性在延安得到了实践。就农民理论而言，整风运动产生了三方面的结果：

一是毛泽东话语的领导权地位得以完全树立，毛泽东的农民理论真正成为全党的革命理论。不仅毛泽东的话语的正确性、真理性得到了全面的肯定和认同，更为重要的是，毛泽东的著作成为党内话语生产的重要基础和合法性依据。整风运动进一步肯定了毛泽东农民话语的正确性，全面确立和巩固了毛泽东的农民理论在革命理论中的地位。

二是重整了话语生产机制，进一步巩固了农民理论的地位。整风运动彻底批判了那种事事从经典作家和共产国际的文件中找依据、找出处的教条主义思想，提出和强调实事求是、从实际出发的思想路线，肯定了毛泽东社会学路径的原则。整风运动将毛泽东调查研究与话语权的关系进行了制度化，创建了从上到下不同层次、比较完整的调查研究机构，通过对话语生产机制的调整，对话语进行了“规训”。同时，整风运动对主观主义、教条主义和宗派主义的批判，也起到了对话语生产的内容和模式进行规训的效果。对最具创造性的农民理论而言，新的话语生产机制抵消了共产国际曾经有过的强大影响，巩固了毛泽东农民理论的领导地位。比如，毛泽东的著作取代共产国际，成为党内话语生产的重要基础和合法性依据；党的政策文件的行文方式发生了根本性的变化，以前那种文章一开头就引用共产国际的文件政策和斯大林等苏共领导人的讲话，长篇大论地纵论国际形势的方式得以改变，取而代之的是直入主题，分析中国的实际情况，这些都是毛泽东农民理论领导权得到的认同和巩固的表现。

三是产生了新的话语禁忌，为挑战毛泽东农民理论领导权设置了

① 参阅荣敬本《论延安的民主模式：话语模式与体制的比较研究》，西北大学出版社 2004 年版，第 143—154 页。

② 《毛泽东选集》第 3 卷，人民出版社 1991 年版，第 988—989 页。

“防火墙”。比如，对毛泽东及毛泽东为代表的中共中央的理论，必须遵循中央决议和文件的口径，个人不得随意作出评判；对毛泽东批判的教条主义、主观主义、宗派主义、自由主义，以及毛泽东在讲话中所使用的“言必称希腊”“留声机”等，成为路线斗争的代名词。这实际上形成了一种新的话语禁忌，一些语言和评判对党的理论、对同志是不能使用的，因为一旦使用，就意味着路线斗争。毛泽东的农民理论也因此获得了“话语禁忌”的保护，领导地位也进一步强化。

高华认为，整风运动的过程也是毛泽东革命思想基本原则系统化、社会化的过程，农民的革命主力军地位，是毛泽东革命思想的核心原则之一，整风运动的一个目的，就是将这一原则系统化、理论化，并贯穿于党的一切思想活动。这是一个实事求是的判断。经过整风运动，毛泽东农民理论的正确性，党内同志再没有怀疑，农民在中国革命中的主体地位、主力军地位，中国革命实质上是农民革命，中国革命的中心在农村等一系列基本观点，得到了全面的肯定和认同。

四 党的农民话语体系的成熟

党的农民革命话语体系的成熟主要体现在新民主主义理论的提出和完善，具体包括三个方面：第一，农民革命话语体系成熟的标志；第二，农民革命话语体系成熟的代表性著作；第三，农民革命话语体系成熟的理论体现。以下分别进行阐述。

1. 农民革命话语体系成熟的标志

党的农民革命话语成熟的标志应该有两个方面：一是实践上的。具体来说就是农民成为革命的主力军，农村成为革命的中心地域。之所以认为实践也是中共农民革命话语成熟的重要标志，是因为实践与话语之间存在千丝万缕的联系，实践在很多时候是话语在实践。二是理论上的。简要地说，就是农民革命的理论得到完善，形成一个自洽的话语体系。对话语体系来讲，第二个标志应该更为重要。笔者认为，这两个标志又可以归结为一个标准，就是农民的革命主体地位得到理论上的有效论证和实践上的实际确认，因为，正如前文所指出的，革命的主体问题、农民的革命主体地位对马克思主义和中国革命来讲，具有“征兆”的意义，解决好了这个问题，就意味着新的话语体系破茧而出。

2. 农民革命话语体系成熟的代表性著作

毛泽东是中共农民理论的集大成者，代表性著作也主要出自毛泽东。笔者认为，中共农民革命话语体系成熟的代表性著作主要有《中国革命和中国共产党》《新民主主义论》《〈共产党人〉发刊词》《在延安文艺座谈会上的讲话》《论联合政府》《在中国共产党第七次全国代表大会上的口头政治报告》，另外，刘少奇在党的七大上所作的报告《论党》，首次对毛泽东思想进行了归纳概括，其中对农民问题的阐述占据了相当的篇幅，并均属总结性、综合性的著作，也可以看作中共农民革命话语体系成熟的代表性著作之一。

3. 农民革命话语体系成熟的理论体现

党的农民革命话语体系有一个发展成熟的过程，理论上的完善是其成熟的根本体现。

(1) 革命认知测绘方法的提出和完善。以实践为中心的认识论和以多元决定为特色的矛盾论，为中国革命空间的认知测绘提供了创造性的方法，也为农民的革命主体地位提供了正当性论证。

(2) 半殖民地半封建社会理论的完善。这是农民革命话语体系中最为基础的部分，也是中国社会和中国革命的特殊性所在。在《中国革命和中国共产党》一文中，毛泽东对半殖民地半封建社会的成因和特征进行了分析，毛泽东认为，中国的半殖民地半封建社会的特征主要是：

——封建时代的自给自足的自然经济基础是被破坏了但封建剥削制度的根基——地主阶级对农民的剥削，不但依旧保持着，而且同买办资本和高利贷资本的剥削结合在一起，在中国的社会经济生活中，占着显然的优势。

——民族资本主义有了某些发展，并在中国政治的、文化的生活中起了颇大的作用，但它没有成为中国社会经济的主要形式，力量也很软弱，它与帝国主义封建残余都有联系。

——皇帝和贵族的专制政权是被推翻了，代之不是地主阶级的军阀官僚的统治，就是地主阶级和大资产阶级联盟的专政。

——帝国主义不但操纵了中国的财政和经济的命脉，并且操纵了中国的政治和军事的力量。

——中国是在许多帝国主义国家的统治或半统治之下，实际上处于长期的不统一状态，加之土地广大，中国的经济、政治和文化的发展，表现出极端的不平衡。

——帝国主义和封建主义的双重压迫，特别是由于日本帝国主义的大举进攻，中国的广大人民，尤其是农民，日益贫困化以至大破产，过着饥寒交迫的和毫无政治权利的生活。中国人民的贫困和不自由的程度，是世界所少见的。①

毛泽东认为，决定半殖民地半封建社会状况的，主要是帝国主义的势力，是帝国主义与国内封建残余相结合的结果，因此，帝国主义与中华民族的矛盾、封建残余与人民大众的矛盾，是半殖民地半封建社会的主要矛盾，这是任何资本主义国家的革命史中所没有的，中国革命就是在这个基础上发生和发展起来的："中国现阶段革命的性质是资产阶级民主革命的性质，革命的主要对象是帝国主义和封建主义，革命的动力基本的是无产阶级、农民阶级和城市小资产阶级，而在一定的时期中，一定的程度上，还有民族资产阶级等等这样许多的东西；而且规定了：革命斗争的主要形式是武装斗争。"②

（3）中国革命道路理论的确立。就是农村包围城市，武装夺取政权的道路。这条道路包含有丰富的内容：一是开展武装斗争、暴力夺取政权的思想；二是农村是革命的中心、农民是革命的主力军思想；三是土地革命是中国民主革命的主要内容的思想；四是根据地政权建设思想。毛泽东用简洁的话语概括了中国民主革命的特点："中国共产党的武装斗争，就是在无产阶级领导之下的农民战争"；③"中国的革命实质上是农民革命，现在的抗日，实质上是农民的抗日。新民主主义的政治，实质上就是授权给农民。新三民主义，真三民主义，实质上就是农民革命主义"。④农民革命、农民革命主义这些术语，除了毛泽东外，恐怕不是其他信奉马克思主义的革命者能够讲出来的。

（4）对中国农民特征认识的深化。在马克思、恩格斯笔下，农民的形象是消极的，但在毛泽东眼里，农民的形象主要是积极的。本书第五章对此有专节进行分析阐述，这里暂且放过。

---

① 《毛泽东选集》卷二，东北书店 1948 年版，第 213—214 页。

② 同上书，第 197 页。

③ 同上书，第 200 页。

④ 同上书，第 258—259 页。

以上四点，可以说是中共农民理论最为重要的部分，也是其农民理论话语成为体系并且成为成熟体系的体现。但正如前文所指出的，中共农民理论话语成熟的根本标志是农民的革命主体地位得到确证。这四点所体现的也正是农民的革命主体地位：毛泽东的矛盾学说和实践学说为农民革命主体地位的分析提供了方法论基础，也提供了正当性论证；半殖民地半封建社会理论、革命道路理论为农民的革命主体地位提供了直接的理论依据；对中国农民特征的细致认识，则为农民的革命主体地位提供了进一步的支持。

五 党的农民话语第一次转折的特点

党的农民理论的成熟尤其是农民革命主体地位的确证，意味着马克思主义的农民话语在中国这片土地上出现了重大转折。这个转折的主要特点有：

第一，经典马克思主义中的消极农民转变成为积极农民，革命客体转变成为革命的当然主体。这是中共农民话语转折所要实现的重要目的，也是转折的标志所在。毛泽东对于农民所蕴含的力量，对于农民的革命性没有怀疑，他要证明农民的革命性所在，以说服他的同志。但毛泽东也面临着一个巨大的挑战，就是马克思主义的创始人对农民较为消极的看法。应该说，毛泽东对于这个挑战的应对是相当成功的，他不仅论证了中国农民的革命主体地位，而且让他的同志们、他的追随者甚至他曾经的反对者信服了他的结论和论证。用小巴林顿·摩尔的话说就是，毛泽东实现了马克思主义农民话语的根本性转折：“那种认为农民只是历史客体，是一种社会生存形态，是历史变化的被动承受者，而与历史变革的动力无缘的观点，已经站不住脚了……在现时代，农民一如革命中坚分子，成了革命的代表，随着中坚分子大获全胜，他们也作为卓有影响的演员而步入历史舞台。”①

第二，从生产方式话语转向政治革命话语。要战胜马克思主义创始人对农民负面看法的挑战，就必须适度改变马克思主义的话语策略，但这种修改不能从根本上动摇马克思主义的内核。毛泽东的话语策略有二：一是提出马克思主义中国化，将马克思主义话语带入中国的语境，为自己的话

---

① 巴林顿·摩尔：《民主与专制的社会起源》，华夏出版社 1987 年版，第 368 页。

语策略提供具体的情境支持和正当性支撑。二是将马克思的生产方式话语转变为革命性话语，具体来说，就是强调中国的半殖民地半封建社会性质，强调阶级分析，强调农民的被剥削、被压迫命运，强调革命对农民利益得失的影响及由此而导致的农民的革命性，而回避了经典马克思主义主张的一个重要命题——农民代表的是前资本主义落后生产方式。当然，这种回避不可能做到完全成功，在不经意的时候，其中的张力就会显露出来。

第三，农民话语的生产从演绎型转向实证型。从马克思、恩格斯等经典作家的著作和共产国际的文件指示中推演中国革命策略的拿来主义做法，被毛泽东称为“言必称希腊”的“教条主义”，终被唾弃。取而代之的是“没有调查就没有发言权”的实证型话语生产方法，它强调马克思主义的方法与其具体内容的区分，强调中国的特殊性和对中国特殊性的认识，强调从革命实践中获取和检验革命真理的极端重要性。

从革命的需要来看，毛泽东有关农民的话语策略是成功的，农民话语体系也是实事求是的，符合中国革命实际的，是马克思主义中国化的重大理论成果，对中国革命的推动作用是巨大的，甚至可以说是关键性的。当然，需要指出的是，毛泽东的农民话语虽然已经较为成熟完善，但仍然存在一些值得进一步审视的问题。如，马克思主义农民理论与毛泽东的农民理论的关系问题，承续和断裂之间，哪方面所占的分量更大？毛泽东的农民理论与中国革命实践的关系问题，是中国的革命实践造就了毛泽东的农民理论，还是毛泽东的农民理论促成了中国的革命实践？最为重要的，是中共的农民理论与中国农村、中国农民的实际状况的符合性问题，究竟是毛泽东在用自己的话语如实地反映农民，还是毛泽东在按照革命的要求想象农民？

第二节 农民理论的再转折:“严重的问题是教育农民”

1949 年 6 月，在革命胜利前夕，毛泽东发表了全面阐述新的政权形态的著作《论人民民主专政》，提出了一个著名的论断：“严重的问题是教育农民。”[①] 这个论断在中国共产党的农民理论中具有十分独特的地位，

① 毛泽东：《论人民民主专政》，新华日报印，1949 年 7 月，第 11 页。

对新中国成立后的农民问题也有极为重要的影响。本节将通过对毛泽东“严重的问题是教育农民”这一话语的背景和逻辑分析，解读中共农民话语的再转折及其寓意所在。

一 历史背景的变化

1. 革命胜利后农民地位和作用即将发生的重大变化

面对全国革命胜利的目标即将实现的现实，以毛泽东为首的中共领导人开始思考和谋划革命胜利后面临的挑战和问题。在七届二中全会上，毛泽东指出，乡村包围城市，然后取得城市的工作方式已经完结，“从现在起，开始了由城市到乡村并由城市领导乡村的时期。党的工作重心由乡村转移到了城市”。[①] 党的工作重心转移意味着，作为中国革命主力军的农民和作为革命根据地的农村，其地位和作用将发生根本性的变化。简言之，这个变化就是：农民将从革命主力军向生产者和资本积累提供者转变，农村将从革命根据地向资本积累生产地转变。之所以有这个重大变化，原因主要有二：

第一，工业化是后革命时期的根本任务。马克思主义认为，社会主义只能建立在发达的大工业基础上。“大工业及其所引起的生产无限扩大的可能性，使人们能够建立这样一种社会制度，在这种社会制度下，一切生活必需品都将生产得很多，使每一个社会成员能够完全自由地发展和发挥他的全部力量和才能。”[②] 大工业的代表是城市，因此，必须以城市领导乡村。但中国是一个落后的农业国，加快发展现代工业，是建立社会主义的当务之急，也是民族富强和独立的根本保障。正如毛泽东所言：“中国落后的原因，主要的是没有新式工业”；“要中国的民族独立有巩固的保障，就必须工业化。我们共产党是要努力于中国的工业化的。”[③]

第二，农业是发展大工业所需资金的主要来源。按照毛泽东的说法，中国的经济主要是分散的小农经济，“一穷二白”。要发展现代工业，首先要解决的就是资金积累问题。“为了完成国家工业化和农业技术改造所需要的大量资金，其中有一个相当大的部分是要从农业方面积累起来

① 《毛泽东选集》第4卷，人民出版社1991年版，第1427页。

② 《马克思恩格斯选集》第1卷，人民出版社1995年版，第237页。

③ 《毛泽东文集》第3卷，人民出版社1996年版，第146页。

的。”[①] 问题在于，农民是否甘愿为此作出牺牲？或者说，如何以对农民伤害最小的方式获取农业剩余？从苏联的情况看，“全盘集体化就是要把农民编织起来提供‘原始积累’”[②]。苏联集体化的道路走得并不顺利，其间充满着暴力和死亡。对经济远较俄国落后的中国而言，要获得发展现代工业所需要的资本积累，在当时能够认识到的社会主义制度框架下，除了苏联的路子之外，似乎又没有其他更好的办法。但是，农民是中国革命的主力军，为革命作出了巨大牺牲，在中国国家体制内具有较为特殊的地位和作用，这与苏联有很大的不同，毛泽东等中共领导人在感情上无疑对农民是有一定偏向的。在认定“苏联所走过的这一条道路，正是我们的榜样”的前提下，[③] 从教育农民着手，尽量缓解中国工业化过程中农民与国家的冲突和矛盾，是一个无奈但却合理的选择。从历史走过的足迹看，毛泽东等人实际上采取了两方面的策略：一方面延续革命战争时期的思想教育与政治动员之路，尤其是对农民进行教育；另一方面移植苏联的集体化、“剪刀差”模式，推进农业社会化。

2. 苏联农业集体化的经验

革命即将全面胜利的现实在带来农民地位、作用变化的同时，也带来了胜利后的农民、农村、农业向何处去的问题。在新民主主义革命的问题上，以毛泽东为首的中国共产党人独立自主地开创了中国的革命道路，但在社会主义革命和社会主义建设上，苏联的道路不仅不可忽视，甚至还是唯一的经验来源。历史地看，这主要归功于《联共（布）党史简明教程》一书在中共党内的广泛学习和传播。

苏共 1938 年出版的《联共（布）党史简明教程》一书，是全面总结布尔什维克党“所经过的历史道路的基本教训”的权威著作。这本书很快被翻译成中文出版，并位列中共党内高级干部的必读书目之首。延安的各种报刊对《联共（布）党史简明教程》进行了全面系统的宣传，各类宣传文章超过 60 篇。[④] 毛泽东多次要求学习《联共（布）党史简明教程》，并多次提及书中的有关内容，将其作为重要的经验参考。比如，在

① 《毛泽东文集》第 6 卷，人民出版社 1999 年版，第 432 页。

② 金雁：《苏俄现代化与改革研究》，广东教育出版社 1999 年版，第 5 页。

③ 《毛泽东文集》第 6 卷，人民出版社 1999 年版，第 434 页。

④ 参阅中共中央党校图书馆编《新民主主义革命时期影印革命期刊索引》（抗日战争时期），中共中央党校出版社 1987 年版，第 42—47 页。

《改造我们的学习》的演讲中，毛泽东提出，研究马克思主义，应以联共党史为中心材料，其他的一切都是辅助材料，因为，“联共党史是一百年来全世界共产主义运动最高的综合与总结，是理论与实际结合的典型，在全世界上还只有这个完全的典型”①。在整风运动中，《联共（布）党史简明教程》成为指定的必读学习书目。在中共七大上，毛泽东向党内高级干部推荐了5本必读书，其中对《联共（布）党史简明教程》评述最多。毛泽东认为，《联共（布）党史简明教程》“这本书是历史的，又是理论的，又有历史，又有理论，它是一个胜利的社会主义国家的历史，是马克思主义在俄国成功的历史，这本书要读”②。作为唯一的社会主义成功模式经验总结著作，《联共（布）党史简明教程》中记述的苏联社会主义革命和建设的做法具有不可置疑的权威性，自然也就成为中国共产党学习和效仿的对象。毛泽东多次引用《联共（布）党史简明教程》中有关苏联农业集体化的做法和论断，或者用来批判与其相异的观点，或者用来证明自己的观点。就“严重的问题是教育农民”这一话语而言，毛泽东专门提到了“根据苏联的经验”，可见，《联共（布）党史简明教程》既是重要的理论渊源，又是重要的历史背景。

3. 农业社会主义思想的出现

在土地改革过程中，党内出现了一种农业社会主义思想，这是“在小农经济基础上产生出来的一种平均主义思想。抱有这种思想的人们，企图用小农经济的标准，来认识和改造全世界，以为把整个经济都改造为划一的‘平均’的小农经济，就是实行社会主义，而可以避免资本主义的发展”③。中央和毛泽东对农业社会主义思想进行了严厉批判。在晋绥干部会议上，毛泽东指出：“现在农村中流行的一种破坏工商业，在分配土地上的问题上主张绝对平均主义的思想，是一种农业社会主义的思想。这种思想的性质是反动的、落后的、倒退的，我们应当批判这种思想。”④在1948年9月召开的中央政治局会议上，毛泽东进一步解释了反对农业

① 《毛泽东选集》卷六，东北书店1948年版，第937页。毛泽东这里所称的“联共党史”即《联共（布）党史简明教程》。

② 《毛泽东文集》第3卷，人民出版社1996年版，第350页。

③ 新华社信箱：《关于农业社会主义的问答》，《农业集体化重要文件汇编》（1949—1957），中共中央党校出版社1981年版，第23页。

④ 《毛泽东选集》第4卷，人民出版社1991年版，第1314页。

社会主义思想的原因："我们反对农业社会主义，所指的是脱离工业、只要农业来搞什么社会主义，这是破坏生产、阻碍生产力发展的，是反动的。但不能由此产生误解。将来在社会主义体系中农业也要社会化。"① 新华社信箱于1948年7月27日发表《关于农业社会主义的问答》，对农业社会主义思想进行了深入剖析，指出农业社会主义思想带来的"决不是什么社会主义的农业，而将是社会生产力的破坏与倒退"；"所得的结果，一定仍然是一场大家的贫困"②。农业社会主义思想的一个重要来源是民粹主义。民粹主义思想"在农民出身的党员占多数的党内是会长期存在的"，"民粹主义在中国和我们党内影响是很广大的"。③ 从某种意义上说，农业社会主义思想的出现是必然的，由于农业社会主义思想有比较深厚的社会基础，消除起来有一定难度。

4. 土改中暴露的问题

从1947年开始，各解放区相继开始进行土地改革。土改暴露了部分农民身上存在的各种问题，其中有三个方面的问题最为突出：

一是农民组织的"劣化"问题。土改在一些地方出现了"重贫轻品"的不良倾向，导致二流子、流氓操控贫农团，对乡村秩序造成了极大破坏。习仲勋在呈报中央的一封电报中，详细描述了一些地方贫农团的情况："老区贫农团，不能尽其领导一切的作用。因为贫农团本身很复杂。有的因为过去分的地坏、地远，或人口增加，经济不能发展；有的因为偶遭灾祸下降；有的是地、富还未转化；有的因为吃、喝、嫖、赌，不务正业而致贫者。后一种人，占贫农中四分之一，因而这种贫农团，在老区一级组织起来，就是向中农身上打主意，'左'的偏向，亦由此而来。"这种情况导致"贫农也恐慌"。④ 如陕北佳县一个二流子因为最穷进入贫农团并当上了团长，此人公开宣称："先搞地主和富农，再搞中农，好一些的贫农也要搞，斗争要好比割韭菜，割了一层又一层。"⑤

二是绝对平均主义问题。土改中，一些地方出现了见肥就咬、见财就

---

① 《毛泽东文集》第5卷，人民出版社1996年版，第139页。

② 新华社信箱：《关于农业社会主义的问答》，《农业集体化重要文件汇编》（1949—1957），中共中央党校出版社1981年版，第27页。

③ 《毛泽东文集》第3卷，人民出版社1996年版，第323、275页。

④ 《习仲勋文选》，中央文献出版社1995年版，第47页。

⑤ 《解放战争时期陕甘宁边区财政经济史料选辑》，三秦出版社1989年版，第133页。

分的恶劣现象。如山西崞县一区与城区33个自然村，富农错定地主者共43户，中农错定富农者106户，中农错定地主者26户，中农错定所谓“下降地主”者5户，其他错定破产地主者51户。其中一个村子，500余户竟定出地主富农100来家，目的就是分配这些农户的财产。纠正错误时困难不少，原因主要是积极分子怕丢面子、怕报复、怕退东西，但后者是最主要的原因。[①]根据陶鲁笳对豫北土改的回忆，豫北一些地方土改中“相当普遍地打击中农和一部分贫雇，实际上形成了农民内部的混战”[②]。

三是农民的思想和发展走向问题。土改后，不少农民对如何适应新的利益格局、是否进一步发展生产产生了顾虑，而一些地方党组织也对土改后农民和农村的发展走向抱有顾虑，一些解放区就此专门向中央递交了报告。比如，1948年12月，华北局在给中央的报告中说，随着土改的完成，农村的阶级关系发生了根本变化，农民的思想也发生着根本变化，“农民在发展着一种对城市和工人的反对情绪，表现在当兵、支差、负担三个问题上，农民认为工人有特权，在这三个问题上，都是工人占便宜”；“在生产问题上，几年来农民的情绪总是表现为：要就是对生产有顾虑，怕‘割韭菜’，不敢生产发家，要就是盲目地发展资本主义”[③]。可见解放区党委和政府对土改后农民思想情绪和农村发展走向的焦虑。“必须在结束土改后在农民群众中深入进行新民主主义建设的教育……这是当前进一步发动农民，进一步巩固工农联盟的一个基本问题，这里教育有很大的作用。”[④]《解决“三农”问题之路》一书在论及毛泽东提出“严重的问题是教育农民”时，即将此作为根本性的原因。[⑤]

以上三方面的问题，给解放区的一些区域带来了人人自危、农业生产下降的局面，也使解放区党委和政府对农民和农村的形势充满焦虑，形成

---

① 参见《谭政文关于山西崞县召开土地改革代表会议情况的报告》，载中央档案馆编《中共中央文件选集》(1948)，中共中央党校出版社1992年版，第103—109页。

② 中共河南省委党史工作委员会：《河南解放区的土地改革》，河南人民出版社1991年版，第306页。

③ 《华北解放区财政经济史资料选编》第一辑，中国财政经济出版社1996年版，第416、417页。

④ 同上书，第417页。

⑤ 参见武力、郑有贵主编《解决“三农”问题之路——中国共产党“三农”思想政策史》，中国经济出版社2004年版，第243—244页。

了李放春所说的土改中“翻身”与“生产”的内在紧张。[①] 为此，毛泽东在晋绥干部会议上严厉批判了土改中“群众要怎么办就怎么办”的口号，要求对群众正确的意见才能接受，对群众不正确的意见，“则必须教育群众，加以改正”。[②] 新华社也就此发表专文，要求各解放区“必须特别对于贫农和雇农，认真地进行发展生产的教育，同时也对于中农及其他人们进行发展生产的教育，并继续实行对于提高生产的必要奖励”。[③]

二　话语内涵和理论来源

承接以上的背景分析，下面我们分析毛泽东“严重的问题是教育农民”这一话语的内涵及其理论来源。

1. 文本分析

要理解毛泽东此论断的内涵，有必要对文本进行详细分析。毛泽东在《论人民民主专政》一文中提出“严重的问题是教育农民”这一话语的全文是：

> 严重的问题是教育农民。农民的经济是分散的，根据苏联的经验，需要很长的时间和细心的工作，才能做到农业社会化。没有农业的社会化，就没有全部的巩固的社会主义。而欲农业社会化，必须发展以国有企业为主体的强大的工业。人民民主专政的国家，必须有步骤地解决这个国家工业化问题。本文不打算多谈经济问题，这里不来详说。[④]

这段话内涵十分丰富，主要包括：（1）论点：严重的问题是教育农民；

---

① 参见李放春《北方土改中的“翻身”与“生产”——中国革命现代性的一个话语—历史矛盾溯考》，载黄宗智主编《中国乡村研究》第三辑，社会科学文献出版社 2005 年版，第 231—292 页。

② 《毛泽东选集》第 4 卷，人民出版社 1991 年版，第 1310 页。

③ 新华社信箱：《关于农业社会主义的问答》，《农业集体化重要文件汇编》（1949—1957），中共中央党校出版社 1981 年版，第 27 页。

④ 毛泽东：《论人民民主专政》，新华日报印，1949 年 7 月，第 11 页。新中国成立后选编《毛泽东选集》时，对这段话作了一点文字上的调整，其中最明显的调整是将“而欲农业社会化，必须发展以国有企业为主体的强大的工业”调整为“农业社会化的步骤，必须和以国有企业为主体的强大的工业发展相适应”。调整后的文字更能体现毛泽东对社会主义工农业关系的理解（参阅《毛泽东选集》第 4 卷，人民出版社 1991 年版，第 1477 页）。

（2）对中国当时农民经济形态的判断：分散的小农经济；（3）农业社会化与社会主义的关系：农业社会化是社会主义的重要基础；（4）农业社会化与工业发展的关系：农业社会化必须与强大的工业相适应；（5）社会主义国家与工业化的关系：社会主义必须建立在工业化基础上，人民民主专政的中国必须解决工业化的问题，实现工业化；（6）论断的适用和论证领域：经济领域；（7）历史依据：苏联经验。这段话的关键词按照出现的先后顺序是：教育农民、农业社会化、工业化、人民民主专政。从文本的论证结构分析，毛泽东的推理应该是：（1）社会主义（包括中国的人民民主专政）必须建立在工业基础上；农业社会化必须与强大的工业相适应；农业社会化是社会主义的重要基础；（2）中国的农民经济是分散的小农经济，不属于农业社会化的范畴，与工业化的要求不相适应；人民民主专政的中国必须解决工业化的问题，实现工业化；（3）必须改变中国分散的小农经济面貌，推进农业社会化，为实现工业化创造条件和基础；（4）结论：严重的问题是教育农民。从 4 个关键词来看，逻辑顺序应是：人民民主专政、工业化、农业社会化、教育农民。

仔细分析可以发现，单就文本来看，毛泽东有意无意地遗漏或忽略了什么，换句话说，文本中有一些没有被点明的“潜台词”，导致“严重的问题是教育农民”这一话语出现了一些逻辑上的“不自洽”。这个“不自洽”发生在农业社会化与教育农民这两个关键词之间，即：为什么农业社会化必须要教育农民，而且教育农民还是“严重的问题”？接着问下去，还有这样一些疑问：农业社会化的内涵是什么？农业社会化与工业化的关系什么？农业社会化与社会主义制度的关系是什么？教育农民究竟要教育农民什么？教育农民要达到什么目的？等等。这些都是隐藏在文本中的“潜台词”，对它们进行了回答，才能完整理解毛泽东“严重的问题是教育农民”这一话语；而要完整理解这一论断，则需要结合其历史背景、理论来源等进行分析。

2. 理论来源

从文本来看，毛泽东“严重的问题是教育农民”这一话语主要涉及社会主义农业生产形态、社会主义制度下农业与工业关系、农民与社会主义关系这三方面。

第一，社会主义农业生产形态。

在社会主义制度下，农业生产究竟应采取什么形态，这是一个非常重要的问题。农业生产形态主要包括两个方面：一是农业生产资料的所有制问题，其中土地问题最为重要；二是农业生产的组织方式问题，具体来说，就是农业生产应该采取家庭（个体）、合作社还是集体化的方式。这两个问题又可归结为一个问题，即社会主义条件下的农业是大生产还是小生产？

对土地的所有问题，马克思、恩格斯给出的经典答案是：社会主义制度下土地应采取“公共占有”的方式。在《法德农民问题》中，恩格斯以坚决的语气说：“社会主义的任务，不如说仅仅在于把生产资料转交给生产者公共占有”；“只要忽视这一点”，就会把我们“引入歧途”。同时，恩格斯又指出，绝不能采取“暴力剥夺小农”的方式实现土地的公共占有，而要引导农民“自愿合作”。[①] 恩格斯相信，在土地问题上，南特纲领的起草者与他有同样的观点，就是“现在分为小块的土地也必定要转归公共占有”[②]。在俄罗斯，着眼于现实政治斗争的需要，列宁改变了自己以前与恩格斯一脉相传的观点，承接了原来俄国民粹派中最为激进的土地国有化思想。在斯大林时代，斯大林则批判了恩格斯对待农民的“温和”思想，进行了“全盘集体化和消灭富农”的运动，土地收归集体农庄，实行“共有共耕”。[③] 对这一运动的描述在《联共（布）党史简明教程》中占了相当的篇幅，使农村土地集体所有制成为社会主义农业的标准土地产权模式，“集体共耕”成为社会主义农业的标准组织形式。

实际上，无论马克思、恩格斯还是列宁、斯大林，都认为社会化的大农业比小农业效率高，更适应工业化的需要，社会主义条件下的农业应是大生产而非小生产。因为，小农的“生产方式是以土地及其他生产资料的分散为前提的。它既排斥生产资料的聚集，也排斥协作，排斥同一生产过程内部的分工，排斥社会对自然的支配和统治，排斥社会生产力的只有发展。它只同生产和社会的狭隘的自然产生的界限相容”[④]。到了恩格斯晚年，虽然欧洲农业的发展已经展示出了家庭生产顽强的生产力，但恩格斯仍然坚持大生产优于小生产的理论观点，恩格斯坚信：“资本主义的大

① 《马克思恩格斯选集》第4卷，人民出版社1995年版，第492、498—499页。

② 同上书，第501页。

③ 参阅武力、郑有贵主编《中国共产党三农政策史》第一章，中国经济出版社2004年版，第16—46页。

④ 《马克思恩格斯选集》第2卷，人民出版社1995年版，第267页。

生产将把他们（指小农——引者）那无力的过时的小生产压碎，正如火车把独轮手推车压碎一样是毫无问题的。”[①] 虽然如秦晖所指出的，苏联的全盘集体化、“集体共耕”是斯大林对马克思、恩格斯设想的重大修改，但实际上也可看作斯大林依据当时的现实形势，对马克思、恩格斯观点在对农业社会化实现形式上的一种补充，而并非对农业社会化目标的实质性修改。

第二，社会主义制度下农业与工业的关系。

在社会主义制度下，农业与工业应是什么关系，马克思、恩格斯不可能给出明确的答案，这个问题的解答留给了斯大林，并被深深地打上了俄罗斯的烙印。

《联共（布）党史简明教程》给出了苏联实行农业集体化的三个主要原因：一是城市商品粮匮乏，要确保粮食供应；二是实现农业机械化，以提高农业生产水平；三是消灭农村中的资本主义因素，巩固工农联盟。《联共（布）党史简明教程》认为最核心的问题还是农村中的社会主义与资本主义两条道路的斗争问题：“国家面临着两种可能：或者过渡到资本主义的大生产，这就意味着农民群众破产，工人阶级和农民的联盟灭亡，富农的力量加强，社会主义在农村失败；或者是另一条道路，即把小农户联合成社会主义的大农庄，联合成为使用拖拉机和其他现代化机器迅速提高粮食生产机器商品产量的集体农庄。”[②] 但学者的研究证明，苏联农业集体化的根本原因和目的在于以集体农庄这一制度隐蔽地、低成本地提取农业剩余，获得工业化所需的“原始积累”。[③] 质言之，在苏联的社会主义体制下，农业与工业的实质关系是农业（农村）无偿地为工业（城市）提供资金以发展工业，这也就是斯大林所谓的“贡税”：“农民不仅要向国家交纳一般的税，即直接税和间接税，而且他们在购买工业品时还要因为价格较高而多付一些钱，这是第一；而在出卖农产品时多少要少得一些

---

① 《马克思恩格斯选集》第4卷，人民出版社1995年版，第501页。

② 联共（布）中央特设委员会编：《联共（布）党史简明教程》，人民出版社1975年版，第316—317页。

③ 如苏联史专家金雁认为，以“贡税论”为指导的“全盘集体化”，就是要把农民编制起来提供“原始积累”，这“与农村里是否发生了贫富差异或两极分化并没有什么关系，更与农村中是否有‘资产阶级’不相干。哪怕当时的小农是‘一拨齐’地全无差别，只要国家需要‘原始积累’，他们就必须编制成集体农庄”。参见金雁《苏俄现代化与改革研究》，广东教育出版社1999年版，第114—115页。

钱，这是第二。这是为发展……工业而向农民征收的一种额外税。这是一种类似‘贡税’的东西，是一种类似超额税的东西。”①

在《关于农业合作化问题》中，毛泽东全面阐述了社会主义工业化与农业集体化的关系问题。毛泽东认为：“苏联的经验，在这个问题上也给我们指出了方向，我们的有些同志却没有注意，他们老是孤立地互不联系地去看这些问题。”② 毛泽东强调，我国必须坚持“农业合作化的步骤应当和我国的社会主义工业化的步骤相适应的方针，而这种方针，曾经在苏联证明是正确的”③。毛泽东重复了斯大林的农业为工业化提供原始积累的观点：“为了完成国家工业化和农业技术改造所需要的大量资金，其中有一个相当大的部分是要从农业方面积累起来的。”④ 总的来说，毛泽东不仅以苏联经验作为重要依据，理论观点也主要来自《联共（布）党史简明教程》和斯大林等人。

第三，农民与社会主义的关系。

在马克思、恩格斯的设想中，最可能爆发社会主义（共产主义）革命的是欧美发达资本主义国家。在资本无情的作用下，这些国家的阶级关系变得异常简单，社会只剩下两个对立的阶级：资产阶级和无产阶级。对农民问题而言，社会主义者要做的事情是：“我们预见到小农必然灭亡，但我们无论如何不要以自己的干预去加速其灭亡。”⑤ 可见，在马克思、恩格斯设想的社会主义体制中，农民在很大程度上是不存在的，或者说是不成其为问题的。但现实的社会主义却是在农民的国度首先建立，农民与社会主义关系问题就成了一个社会主义者必须重视和解决的重大问题。

社会主义国家解决农民问题的理论主要有三：一是农民的两重性理论。二是工农联盟理论。前文对这两个理论已有论述。三是农民分层理论。具体来说，就是依据农民对生产资料的占有和政治态度等要素，将农民进行分层，对不同的阶层（阶级）实行不同的政策。在向社会主义制度过渡的过程中，富农阶层是农民中最为特殊的阶层。苏联集体化的重要特征就是将富农视为农村资本主义的代表，对其进行剥夺和消灭。《联共

① 《斯大林全集》第 11 卷，人民出版社 1955 年版，第 139—140 页。

② 《建国以来毛泽东文稿》第 5 册，中央文献出版社 1991 年版，第 249—250 页。

③ 同上书，第 248 页。

④ 同上书，第 250 页。

⑤ 《马克思恩格斯选集》第 4 卷，人民出版社 1995 年版，第 498 页。

（布）党史简明教程》认为，消灭富农“这一革命一举解决了社会主义建设中的三个根本问题：（一）它消灭了我国人数最多的一个剥削阶级，即作为资本主义复辟支柱的富农阶级；（二）它使我国人数最多的一个劳动阶级，即农民阶级，从资本主义的个体经济的道路转上了公共经济、集体农庄经济、社会主义经济的道路；（三）它在农业这个最广泛的、生活必需的、但又最落后的国民经济部门中，为苏维埃政权建立了社会主义基础。”①

以上三方面的理论，既是毛泽东“严重的问题是教育农民”这一话语的理论支撑，也是这一论断的潜台词和我们理解这一论断的重要依据。

3. *内涵与逻辑*

行文至此，到了该厘清毛泽东“严重的问题是教育农民”这一话语的内涵和补充完善其逻辑的时候了。

首先要理解的是农业社会化的含义，这个概念对导出“严重的问题是教育农民”这一话语直接相关。如前所述，从苏联的道路和经验看，农业社会化就是指农业大生产，具体来说就是农业的合作化和集体化。这其中包含有对当时中国农业经济（乃至整个国民经济）的判断和认识，也包含着对苏联道路的学习和借鉴。毛泽东等领导人对当时中国经济的总体认识是：“中国尚有大约90%左右的分散的个体的农业经济和手工业经济，这是落后的，这是和古代没有多大区别的，我们尚有90%左右的经济生活停留在古代。”② 有鉴于此，人民民主专政的新中国一个重要任务就是推进和实现农业的合作化和集体化，创造社会主义在农村的经济基础。其实早在1945年的中共七大上，毛泽东就已提出，革命胜利后农村“要搞机械化、要搞集体化”③。集体化必然涉及中国革命中最为重要的土地问题以及农业生产的组织形态问题，这也就意味着“耕者有其田”和土改中平分土地只是暂时的策略，农民的家庭生产模式最终要被“共有共耕”的集体生产模式取代。从苏联集体化的历史和中国农民缺乏合作传统的历史看，这必然导致农民的利益损失，势必引起农民的不满。

其次，农民指的是谁？从提出这一论断的背景看，毛泽东此处的农民

---

① 联共（布）中央特设委员会编：《联共（布）党史简明教程》，人民出版社1975年版，第366页。

② 《毛泽东选集》第4卷，人民出版社1991年版，第1430页。

③ 《毛泽东文集》第3卷，人民出版社1996年版，第318页。

可作扩大的解释，具体来说，可指两个意义上的农民：一是身份上的农民，二是思想上的农民。身份上的指农业劳动者中的贫雇农和中农，思想上的农民则指党内有“农民思想”的党员干部。如前所述，前者要接受教育，不仅是因为土改中暴露出了部分农民身上固有的问题甚至恶习，更是因为合作化、集体化将危及农民千百年来习惯的家庭生产模式，并给他们带来利益上的损失，农民与新生政权之间将产生利益矛盾；后者要接受教育，是因为他们带有“民粹主义思想”和“农业社会主义思想”，而这些思想是与苏联集体化和社会主义建设的道路、经验相悖的。

再次，教育农民什么？教育农民要达到什么目的？从“严重的问题是教育农民”这一话语的理论来源看，教育农民的内容在于：第一，在近期，要教育农民服从党的政策需要，有序推进土改，发展农业生产，实现“翻身”与“生产”的统一。第二，在中远期，要教育农民服从国家工业化的需要，实行农业集体化，为国家的工业化贡献农业剩余。第三，在思想上，要教育党内有“民粹主义”和“农业社会主义”思想的党员干部自觉抛弃“错误”思想，向苏联展示的道路靠拢，自觉接受苏联道路所展示社会主义集体化思想。《关于人民公社若干问题的决议》进一步明确，教育和改造农民的目标就是要建立“没有地主富农剥削、也脱离了小生产状态的社会主义的民主集中制的农民产业军”。[①]

可见，毛泽东“严重的问题是教育农民”这一话语的逻辑是：面对国家工业化这一历史任务，国家必须尽可能多地获取农业剩余，农民的作用也将由革命主力军转为工业化所需的农业剩余（工业化的原始资本）提供者，人民民主专政的新中国能够走的只能是农业集体化道路，这不可避免地会带来农民利益上的损失，也势必引起农民与新生政权的矛盾，鉴于农民在中国的特殊地位，要缓解其中的矛盾，最为可行的办法就是对农民进行教育，推而论之，“严重的问题就在于教育农民”。

三 党的农民话语的新拐点

毛泽东“严重的问题是教育农民”这一话语，在毛泽东的农民理论演变过程中具有特殊的理论地位，是毛泽东农民理论的一个新“拐点”。

---

① 《农业集体化重要文件汇编》(1958—1981)，中共中央党校出版社1981年版，第123页。

1. 从政治革命性话语转向生产方式话语

毛泽东的阶级分析的核心在于其政治革命话语模式。中国的历史演变已经证明了农民在中国政治变革中的地位，对于中国革命，毛泽东也是毫不犹豫地将其定性为农民革命，毛泽东甚至认为，农民本身就代表着革命以及革命的方向："一切革命的党派、革命的同志，都将在他们面前接受他们的检验而决定取舍。"[①] 这种政治革命话语模式对于中共农民理论的成熟具有巨大的作用。可资为证的是，在《中国革命和中国共产党》一文中，毛泽东在进行总结性的阶级分析时，毛泽东对各个阶级属性和地位的鉴定仍然是其各自的革命性，即使在对中国工人阶级的论述中，毛泽东仍然强调工人阶级的优点在于它遭受着帝国主义、资产阶级和封建主义的沉重压迫，与农民具有天然联系及拥有共产党的领导，强调工人阶级是"中国社会里最有觉悟的阶级"，而略过了马克思主义一贯强调的工人阶级代表先进生产方式这个问题。[②] 但在中共七大的政治报告《论联合政府》中，毛泽东已经开始操持生产方式话语了。在对中国农民问题和土地问题的分析中，毛泽东指出：

> 中国一切政党的政策及其实践在中国人民中所表现的作用的好、坏、大、小，归根到底，看其对于中国人民的生产力的发展是否有帮助及其帮助之大小。它是束缚生产力的？还是解放生产力的？消灭日本侵略者，实行土地改革，解放农民，发展现代工业，建立独立、自由、民主、统一和富强的新中国，只有这一切，才能使中国社会生产力获得解放，才是中国人民所欢迎的。[③]

这可能是毛泽东第一次以这么大的篇幅，从生产方式的角度阐述中国的革命问题尤其是农民革命问题。对本节所分析的"严重的问题是教育农民"这一话语而言，这可以看作是毛泽东从政治革命话语转向生产方式话语的

① 《毛泽东选集》第1卷，人民出版社1991年版，第13页。

② 参阅《毛泽东选集》卷二，东北书店1948年版，第226页。新中国成立后在修订《中国革命和中国共产党》时，修订者们可能也意识到了这个问题，他们新增了一段话，以表明中国工人阶级与先进生产方式之间的关系："中国无产阶级除了一般无产阶级的基本优点，即与最先进的经济形式相联系，富于组织性纪律性，没有私人占有的生产资料以外，还有它的许多特出的优点。"《毛泽东选集》第2卷，人民出版社1991年版，第644页。

③ 《毛泽东选集》卷二，东北书店1948年版，第333—334页。

第一个重要标志。1948 年 2 月，毛泽东专门撰文论述了生产方式问题，并引用了马克思在《〈政治经济学批判〉序言》中的长篇论述。毛泽东运用生产方式理论，为中国革命规定了任务目标：

> 中国现阶段的人民民主革命的任务，就是要改变旧的社会经济形态、旧的生产关系以及竖立在其上面的一切社会的、政治的、精神的旧的建筑物，建立新的社会经济形态、新的生产关系以及竖立在其上面的一切社会的、政治的、精神的新的建筑物。我们的基本任务，就是如此。①

就“严重的问题是教育农民”这一话语而言，虽然它直接源于对剥夺农民利益将引起农民反弹这一常识性判断和苏联的历史教训，但深植于其中还是“农民代表的是落后生产方式”这一理论，毛泽东运用了生产方式话语，对中国农民进行了新的估价。从上面的引文可以看出，毛泽东的话语模式转变不是瞬间完成的，而是一个主客观因素共同作用的过程。这一判断清晰地表明，毛泽东对农民的关注点发生了转移：从政治领域转移到了经济领域，从注重农民的政治革命性转移到了注重农民生产方式落后性，从对小农经济对革命有利的欣喜转移到了小农经济对国家工业化难以支撑的焦虑。“严重的问题是教育农民”这一判断虽然没有直接否认农民的政治革命性，但使毛泽东的农民话语出现一个重要的转折，在某种程度上，这也预示了农民命运即将发生的改变：农民对中国革命的贡献虽不可磨灭，但面对新的形势和任务，农民的政治革命性必须让位于农民对工业化的贡献和牺牲。

2. 从“中国化”转向“国际化”

中国共产党成功地将发源于、针对于欧美发达资本主义国家的革命理论应用于中国这个落后的东方农业国家，并在马克思主义的中国化上取得了重要进展。农民理论在其中起着非常重要和特殊的作用，已有相当多的论著对此进行了研究，此不赘述。但我们在惊叹毛泽东成功创新马克思主义农民理论、领导中国农民革命取得成功之时，对毛泽东农民理论中的内在转变却未能给予足够重视。笔者认为，“严重的问题是教育农民”这一

① 《毛泽东文集》第 5 卷，人民出版社 1996 年版，第 58 页。

话语就是这种内在转变的重要体现，具体来说，就是毛泽东的农民理论从本国实践的“中国化”转向了苏联经验的“国际化”。从历史发展的逻辑看，毛泽东等领导人已将农业集体化视为实现社会主义工业化的“铁律”和社会主义制度的象征，中国的社会主义就是向这个目标前进。与之对应的，就是在相当长的一段时期忽视了中国的国情。虽然 1956 年后毛泽东等领导人对苏联模式的弊端有所察觉和警惕，但在农村、农业、农民问题上仍然没有对苏联模式进行全面深刻的反思。

3. *展露了农民话语的内在紧张*

“严重的问题是教育农民”这一判断蕴含着毛泽东在农民问题上的内在紧张：一方面，毛泽东将问题严格限定在经济领域，但又小心翼翼地回避马克思主义的经典理论——农民代表的是落后的生产方式，以免由此而带来全面否定农民的后果。而从马克思主义的立场出发，这才是“严重的问题是教育农民”这一话语的最佳理论基础。这其中体现的是毛泽东对中国农民深沉的感情。另一方面，毛泽东又认为苏联的全盘集体化模式和工业化道路具有普适性，农民为工业化作出牺牲不可避免，但农民暂时的利益牺牲带来的是工业的发展和共产主义的千年福祉。毛泽东认为，这才是社会主义应当追求的“大仁政”。“严重的问题是教育农民”这一判断，既是毛泽东农民理论的一个重要转折点，也是毛泽东农民理论内在紧张的集中体现——它展现的正是马克思主义中国化中的话语之间、话语与现实之间或许难以消弭的内在张力。不过，或许正如小巴林顿·摩尔所言：“农民早晚会成为现代化的牺牲品，这是一个简单而残酷的事实。”① 不过，需要指出的是，毛泽东农民理论的这个转折是部分的，而不是彻底的。

第三节　党的农民话语演变的特征与动力

本章和第一章从历时性的角度，追述了中共农民话语体系的内部建构历程及由此而来的农民历史主体的建构过程。本节既是对中共农民理论的演变与转折历程的一个概括性总结，也是对本章和第一章内容的回顾性总结。

---

① 巴林顿·摩尔：《民主与专制的社会起源》，华夏出版社 1987 年版，第 379 页。

一　党的农民话语演变的特征

1. 农民话语的构建在总体上是成功的

党的农民话语的演变发展虽然历经曲折，但总的来讲是成功的。这种成功表现在：第一，发展出了一套适合中国革命需要的农民话语体系。这在当时的各政治派系和理论派别中是独一无二的，也是最为成功的。就是自居为农民利益代言人的乡村建设派，其理论建构也无法与其比肩。第二，实践证明了这套话语体系的有效性。跳出是话语体系“制造”了革命还是反映了社会现实、指导和推动了革命的争论，恐怕没有人能够否认党在农民问题上的巨大成功及其对夺取政权的重要意义。第三，党的农民话语体系与马克思主义的血缘关系被党内认可。中国共产党是一个以马克思主义为指导的政党，农民话语的成功，意味着它必须获得马克思主义（或者说经过中共解释的马克思主义）的基因，否则，不仅党内思想不能统一，还会导致党内在理论上的纷争甚至组织上的分裂。这在党的历史上并不鲜见。但经过毛泽东等人的理论创造，通过马克思主义中国化这一思路，农民话语体系与马克思主义的血缘关系得到了论证，也得到了党内的广泛承认，成为凝聚党内力量、指导革命的新意识形态。第四，党的农民话语具有很强的创造性。毫不夸张地说，正是以毛泽东为代表的中国共产党人的创造性，保证了党的农民话语的发展和成功。比如，测绘中国革命空间的方法、分析农民的方法、对农民属性的重新认识和界定等，都突破了马克思、恩格斯、列宁等经典作家的论断。

2. 农民话语的接续与断裂并存

农民话语的接续，表现为话语的互文性特征，具体来说，主要体现在对马克思、列宁和共产国际农民话语框架的承接和对农民问题基本点的继承。通过分析，我们看到，中共农民话语的框架主要是由共产国际提供的，毛泽东对农民问题的理论分析和历史实践虽有革命性的创新，但仍然保持了共产国际提供的基本话语框架。当然，值得注意的是，列宁、共产国际有关农民问题的理论观点和马克思、恩格斯是有所不同的，从这个意义上讲，中共的农民话语框架直接接续的是列宁和共产国际。在《法德农民问题》中，恩格斯以反问的方式，为后世的马克思主义者界定了农民问题的基本点：“这样一个政党（指社会党——引者）能心安理得地任凭注定灭亡的农民继续被他们的伪保护者所控制，一直到农民从工业工人的消极敌人变成工业工人的积极敌人为止吗?”① 在这里，恩格斯点出了有关农民问题的基本点：农民与工人阶级的关系。恩格斯认为，先进的工人阶级要把农民从地主的手中争取过来，建立工农联盟，不能让农民成为工人阶级积极的敌人。这一观点被列宁继承和发展，用于指导中国这样的东方农民国度的革命，也就是工农联盟理论。新民主主义理论本质上是中共领导下的农民革命，核心就是代表工人阶级的政党与农民的关系。

农民话语的断裂，主要表现在两个方面：一是党的农民话语与经典马克思主义之间的断裂，二是党的农民话语发展演变过程中的断裂。首先需要说明的是，这里的断裂是指同一话语体系在演变过程中产生的差异和分歧，是话语内部的异质性成分，并非不同话语之间的对抗性矛盾。党的农民话语与经典马克思主义之间的断裂，主要表现在对农民的属性和地位的不同认识及与此相对应的分析方法的差异。毛泽东认为，在中国革命过程中，由于农民所遭受的压迫和剥削，它主要表现出的是革命性，农村是革命的中心，农民是革命的主力军，而经典马克思主义则主要从农民所代表的落后的生产方式来分析和看待，强调农民的落后性和消亡趋势。同时，为了对中国革命进行认知测绘，毛泽东提出了他的认识论和矛盾论，尤其是主张多元决定的矛盾思想，对经典马克思主义所主张的生产方式的革命测绘方法是一个重大突破。新中国成立后毛泽东会见外宾时的一段话说明，这个断裂其实非常自然。毛泽东说：

> 马克思活着的时候，不能将后来出现的所有的问题都看到，也就不能在那时把所有的这些问题都加以解决。俄国的问题只能由列宁解决，中国的问题只能由中国人解决。②

既然马克思不能解决所有问题，既然中国的问题只能由中国人自己解决，那旧观点的修正、新观点的提出就不可避免，断裂也就在所难免。

笔者不同意这样一种观点：党的农民话语是以毛泽东为代表的正确思想与其他非正确思想的斗争过程，这是一个线性发展的过程。这种观点错误地预设了一种理论天然的正确性，也低估了历史发展和思想演变的复杂

① 《马克思恩格斯选集》第4卷，人民出版社1995年版，第485页。

② 《毛泽东文集》第8卷，人民出版社1999年版，第5页。

程度。本书的分析认为，党的农民话语经历了两次转折，第一次转折是在1938年前后，标志是从共产国际的城市—工人中心论彻底转向农村—农民中心论，并提出了测绘中国革命空间的方法——矛盾论和实践论，在此基础上形成了新民主主义革命论，核心是农民革命论；第二次转折是在1949年，毛泽东提出了寓意深远的“严重的问题是教育农民”这一论断，标志着他从农民的革命话语转向生产方式话语，实际上是向经典马克思主义农民理论一定程度的回归。这种回归具有正面的意义，也是历史发展的要求，但遗憾的是，我们看到，毛泽东虽然试图调和生产方式话语与政治革命话语，但他的努力并不成功，甚至发展到极致，给中国的发展带来了巨大的损害。

3. 农民话语的命运与话语实践紧密联系

话语实践主要指话语斗争和话语的社会建构功能，话语的命运与话语实践息息相关。毛泽东的农民话语能够取得领导地位，与话语实践密切相关。

在对土改到“文革”这一段历史的研究中，黄宗智指出了中共阶级分析的表达性结构与阶级斗争的客观性结构之间的背离：中共的阶级斗争话语与乡村中的实际阶级状况的距离不断增加，导致了“文革”的发生，并最终使得阶级斗争话语总崩溃。[①] 黄宗智将话语视为“表达性现实”，将实际的情况视为“客观性现实”，二者均为“现实”。黄宗智的视角是敏锐的，话语确实是一种“现实”，而且是一种能够建构“现实”的“现实”。黄宗智的分析可以适用于中共农民话语的生产与命运。毛泽东的农民话语之所以能够获得成功，就在于它的表达性现实符合中国社会革命的客观性现实，建构了农村—农民的革命中心地位，提出了有效的革命战略。实际上，话语的社会建构的成败对于话语命运的作用，与毛泽东所强调的理论的实践性、效用性是一致的。

同时，我们也不能忽视话语斗争的一面。话语斗争是话语生产的重要一环，也是取得话语领导权的重要步骤。话语斗争包括不同话语体系之间

---

① 参阅黄宗智《中国革命中的农村阶级斗争——从土改到文革时期的表达性现实与客观性现实》，载黄宗智主编《中国乡村研究》第二辑，商务印书馆2003年版，第67—95页。需要指出的是，黄宗智的分析也不是没有问题，他忽略了这样一个历史事实：客观性现实也是表达性现实测绘的结果，换言之，革命领导人实际上是在用革命话语建构现实，用建构的现实论证革命话语的真理性，这也许是难以避免的历史悖论。

的斗争和同一话语体系内部的斗争。与中共的农民话语之间存在矛盾斗争关系的有国民党、乡村建设派、自由主义等政治或理论派别，这是中共农民话语面临的外部竞争。同时，马克思主义内部和中共内部也存在激烈的话语斗争。这里重点讨论后话语斗争。对内部话语斗争而言，要取得胜利，取决于三个条件：一是证明与经典话语体系的血缘关系，这是获得内部各派认同的基础；二是证明话语社会建构的有效性，也就是话语具有实际的革命功效；三是话语的代表人物掌握权力，形成权力与话语的相互支撑。内部话语斗争的结果是，胜利的话语体系获得真理的资格，并成为普世性的意识形态，获取领导权。毛泽东的农民话语之所以能够成功，在于它证明了自己与马克思列宁主义的血缘关系，证明了自己所拥有的实际效用，毛泽东等领导人获取了党的领导权，后两点显而易见，也极易理解；但第一点却还有争议。通过前文的分析，笔者认为，毛泽东通过将马克思主义的方法和内容进行区分，力图证明自己的农民话语（以及革命话语体系）直接来源于马克思主义，毛泽东的论证虽然并非无懈可击，但总的来说是可以接受的；从互文性的角度看，必须结合马克思主义的有关文本，才能对毛泽东著作进行合理解读，这也可以说明毛泽东的农民话语与马克思主义的血缘关系。

话语实践具有复杂性。对毛泽东的农民话语来讲，社会建构的特征和效用最为突出，农民革命主体地位的言说及围绕农民革命主体地位进行的理论创新，根本目的在于建构现实中农民的革命主体地位。中共和马克思主义内部有关农民的话语斗争，毛泽东的农民话语取得胜利，决定性的因素还是它在革命实践上的成功，这种实践上的成功表现在：对中国社会结构空间测绘的成功、战略部署的成功、暴力夺权的成功。而对毛泽东农民话语与马克思主义之间血缘关系的论证，可以看作是一种话语策略，当然，这种血缘关系对于包括农民话语在内的整个话语体系而言，是必不可少的。

4. 农民话语中的紧张仍然存在

党和毛泽东农民话语的构建总体上是成功的，但这并不能掩盖其中的紧张。通观党和毛泽东农民话语的建构历程，可以发现，张力表现在两个大的方面：一是毛泽东的农民话语与经典马克思主义农民话语之间存在的张力；二是毛泽东农民话语内在的张力。这两种张力是联系在一起的，有时很难作出截然的划分。本书第五章将对此进行专门的分析论述。

二　党的农民话语发展演变的动力

党和毛泽东之所以能够发展出一套完整的农民话语体系，推动了马克思主义农民理论的发展和转折，动力主要在于以下几方面：

第一，中国革命的现实需要。中国革命的指导思想是马克思主义。对中国共产党人来讲，马克思主义的指导性来自两个方面：一是马克思、恩格斯对中国社会和革命的直接论述，二是马克思主义提供的普遍规律。就前者而言，马克思、恩格斯对中国革命没有进行过专门的研究，仅有的直接论述有的也多是对中国社会和历史较为负面的看法，这使包括中国共产党领导人在内的中国知识分子在感情上很难接受。就后者而言，虽然从理论上讲，马克思主义所揭示的人类社会发展演进的普遍规律对中国也应当适用，但中国共产党人和信奉马克思主义的中国学者面临着严峻的挑战：来自于欧洲资本主义国家的马克思主义所阐释的社会发展形态与中国的实际相差极大，相当部分的理论观点难以与中国实际有效衔接，马克思主义所揭示的革命战略在中国的适用也存在困难甚至困境。其中关键的挑战就是，在以农民为主体的农民国度，革命的现实力量究竟是哪个阶级？从革命夺权的现实要求出发，相当部分的共产党人都认为中国革命依靠的基本力量应该是农民，这可以在列宁和共产国际那里找到策略依据，但这种策略依据并不能真正解决革命理论和革命现实落差所带来的疑问，正如本书所指出的，当马克思主义遭遇中国最主要的社会力量农民时，它面临着解释农民的历史主体地位问题、中国革命的形势和战略策略问题及马克思主义在中国革命中的正当性问题。所有这些困难和挑战，都要求中国共产党人在马克思主义基本理论的基础上，依据中国社会和中国革命的实际，发展出一套新的能够有效解释和指导中国革命的理论体系，而这套理论体系的终极目的是取得革命胜利，有关农民的话语体系就是其中的核心部分，因为它明确了中国革命的基本力量和战略策略。正如前文所指出的，中共农民话语体系的转折与演变，无不与中国革命和社会发展的实际需要直接相关，这种需要，是中国农民话语发展演变的基本动力所在。

第二，党与其他派别农民话语之间的斗争与采借。话语体系总是在斗争与采借中发展演变的，没有话语之间斗争的促进甚至融合，处于霸权地位的话语体系可能教条化，失去进一步发展完善的动力。中共的农民话语体系也是如此，它是在对其他话语体系的斗争中不断修订和完善自身，并最终在国家范围内取得领导权的。中共的农民话语提出的挑战形式有直接和间接两种。直接对中共的农民话语体系构成挑战的有国民党和乡村建设派的农民理论，间接对中共的农民话语进行挑战的比较多。比如，社会史论战中的一些派别虽然很少直接论述中国的农民问题，但它们的理论观点或者与农民问题联系紧密，或者略加推论引申，就可运用到对农民问题的解释上，这些理论观点又与中共针锋相对，对中共的农民话语体系间接提出了挑战。以梁漱溟等学者为代表的乡村建设派，对于中国农民、中国农村和中国的发展道路等都有自己的独特认识，绝大部分观点与中共针锋相对。1938 年 1 月，梁漱溟到访延安，向毛泽东赠送他刚刚出版的《乡村建设理论》等著作，并与毛泽东进行了长时间的交谈。作为秉性刚直的儒者，梁漱溟不仅在他的著作中对共产党的农民理论和革命策略进行了直言不讳的批判，在与毛泽东的交谈中，梁漱溟也对共产党所持的农民革命观进行了批评。毛泽东虽然不同意梁漱溟的改良主义观，但也认为梁漱溟的《乡村建设理论》对中国社会历史的分析有独到的见解，不少认识是对的。在与梁漱溟的谈话中和《乡村建设理论》的批注中，毛泽东尤其针对梁漱溟的文化决定论和梁漱溟抹杀农村的阶级分化与阶级斗争的观点进行了批评。[①] 但梁漱溟对中国农村的重视和分析，对乡村改造的重视与实践，与毛泽东的革命观存在相通之处；梁漱溟对中国社会尤其是农村社会特殊性的分析论述，虽然并不完全为毛泽东所赞同，但却对毛泽东有重要的启发意义。这些批判和启发也成为毛泽东提出马克思主义中国化概念的一个诱因，也是《中国革命和中国共产党》一文的潜台词，在一定程度上促进了毛泽东农民话语的发展。美国学者艾恺认为："虽然确定这种影响是一件含混的不可靠的事情，但是我们仍然有把握说，在毛泽东最终将中国的马克思主义革命塑造成一种独特的中国型式方面，梁漱溟至少起着某种推波助澜的作用。"[②] 国民党的农民理论与共产党不仅在理论上对立，在实践上也是为了消灭共产党的农村基础，这是众所周知的事实。但在注重中共与

① 参阅陈晋《一九三八年毛泽东与梁漱溟的一次争论》，《中共党史研究》1990 年第 6 期。

② 艾恺：《最后的儒家——梁漱溟与中国现代化的两难》，江苏人民出版社 1996 年版，第 297 页。梁漱溟对毛泽东的革命理论和农民话语的发展有什么样的影响，仍然是一个值得深入研究的问题。艾恺指出，毛泽东和梁漱溟在精神上的相同之处可能要大于其相异之处，"毛泽东和梁漱溟似乎都怀着儒家式的信念"；高华认为，"马克思主义中国化"这一命题的提出，与其同梁漱溟在延安窑洞中的 6 次深入长谈的启发有关（参阅艾恺《最后的儒家——梁漱溟与中国现代化的两难》，江苏人民出版社 1996 年版，第 279 页；高华：《红太阳是怎样升起来的：延安整风运动的来龙去脉》，香港中文大学出版社 2000 年版，第 117 页）。

其他派别农民话语的斗争之时，不应将这种斗争简单化、绝对化。也要看到，在话语斗争之外，还有话语之间或明或暗的采借与融合，这种采借与融合对中共农民话语体系的发展完善同样重要。比如，毛泽东认为，1924 年孙中山重新解释的三民主义，“同共产主义在中国民主革命阶段的政纲，基本上是相同的”①，也就是说，中共的新民主主义革命理论与新三民主义基本上是一致的，作为核心的农民理论，自然也从孙中山的新三民主义中汲取了养分，如对土地问题重要性的认识、耕者有其田、平均地权的主张等，如毛泽东在《新民主主义论》中的表述：“中国的经济，一定要走‘节制资本’与‘平均地权’的路，绝不能是‘少数人所得而私’，绝不能让少数资本家少数地主‘操纵国计民生’。”② 这无疑就是典型的孙中山式的话语。中共的马克思主义者与国民党改组派、动力派等唯物主义者之间存在巨大的分歧，但从另一面看来，我们也可以说，正因为这种话语之间的斗争甚至否定，促进了中国共产党人从另一面来思考中国的农民问题和革命策略，促进了中共农民话语体系的构建和成熟。

第三，以毛泽东为代表的中国共产党人的革命实践和理论创新。理论来自实践，理论是对实践的升华，理论需要实践来检验和推动，这是毛泽东在《实践论》中提出的基本观点，对中共农民理论的发展成熟与演变转折也是适用的。虽然我们认为共产国际为中共的农民话语提供了基本的术语和框架，强调毛泽东思想是中共集体智慧的产物，但我们也不必讳言党的领导人和党内马克思主义理论家（很多时候这两种身份属于同一个人）的贡献。他们的贡献主要来自两方面：一是不竭的创新精神，二是不懈的革命实践。这些人物包括毛泽东、李大钊、瞿秋白、彭湃、周恩来、刘少奇及何干之、陈伯达等人，其中毛泽东的贡献最为突出，这也使他成为中共农民理论的最主要的创立者和集大成者。有的海外学者甚至认为，毛泽东“土生土长的民粹主义”（莫里斯·迈斯纳语）使得他能够从根本上重视农民和农村，也使得毛泽东的农民理论能够获得成功，抛开这一观点的正误不论，它不正好说明以毛泽东为代表的中共领导人的实践和理论创新努力对农民话语体系构建的巨大推动吗？

本章扼要叙述了延安时期和解放战争时期，以毛泽东为代表的中国共

---

① 《毛泽东选集》卷二，东北书店 1948 年版，第 255 页。

② 同上书，第 247 页。

产党人在农民理论上的探索和贡献，勾勒了党的农民理论走向成熟的过程，简要阐述了党的农民理论发展及转折，并概要总结了党的农民理论演变发展的特征和动力。延安时期是毛泽东最富创造力的时期，也是党的理论创造最为集中的时期，结合中国实际，对共产国际所持的农民观进行了全面反思，获得了众多创新性认识，对中国农民的认识实现了理论化、体系化，成功实现了马克思主义农民理论中国化。主要表现在：提出了马克思主义中国化这一基本命题，标志着党在理论思维上的革命性转变，为农民理论的发展完善提供了重要前提；提出了中国革命的测绘哲学——矛盾观和实践观，为农民的主体地位提供了马克思主义政治哲学的支持；完善了半殖民地半封建社会理论，为农民理论提供了基础；提出和完善了新民主主义理论和人民话语，不仅将农民彻底纳入革命理论体系之中，赋予其不可动摇的主体地位；完善了对农村的阶级分析，全面阐述了农民的特征、地位和作用，深化了对中国农民的认识。通过整风运动，以农民理论为核心的中国特色的革命理论和革命道路取得了领导权。这是马克思主义中国化的核心成果和重要体现。但事物的发展并非一帆风顺，在对农民的认识中，也出现了马克思主义框架内新的动向，如张闻天指导开展的晋陕调查所取得的成果，而最为重要的是新中国成立前夕毛泽东提出的重要命题——“严重的问题是教育农民”，标志着党的农民理论在新形势新条件下的又一重大转折，这一转折有其客观的依据，但也预示马克思主义农民理论中国化的进程受到冲击。

“如果有障碍物存在，两点之间最短的线有可能是曲线”，这是德国著名剧作家贝托尔特·布莱希特借他创造的角色之口说出的一句名言。印度学者帕尔塔·查特吉在《民族主义思想与殖民地世界：一种衍生的话语》一书中，将这句话作为扉页题句，意在展示第三世界国家民族主义话语生产的复杂和曲折。对中共和毛泽东农民话语的演进路径来讲，笔者认为，这句话也是最贴切不过了——毛泽东农民话语的建构就是一条耐人寻味的曲线，横亘在其间的是俄国人对马克思主义理论的权威解释，是俄国已经成功的革命实践，是马克思主义经典作家对中国这样的东方国家的特殊国情的分析（亚细亚生产方式）。这“三座大山”一度是阻碍中共农民理论发展的最大障碍物。从中共农民话语的历史发展进程来看，它从搬用共产国际的话语和策略开始，经历回到马克思、恩格斯文本寻找理论源头和从革命实践中提炼升华两条道路在延安的会合，最终构建起了成熟的中国化的马克思主义农民理论体系，但最后又峰回路转，在新中国成立前夕，出现了戏剧性的转折。从党的农民话语的演进看，它历经了经验直觉的策略运用到从共产国际提供基本的话语框架，再到毛泽东等中国共产党人通过社会调查和革命实践修正和充实农民革命策略，最后才从哲学和中国革命整体战略的高度为农民话语提供基础与合法性论证的曲折过程。当我们回望历史，面对这一曲折的演进过程时，我们不由地发出慨叹，因为，它展现的是以中国共产党人为代表的中国革命知识分子探索中国现代化道路过程中所表现出的百折不挠的毅力、不屈不竭的创新精神和无所畏惧的担当。对当下中国的发展来讲，这正是急需的品质。

第三章 民族—国家

在中国，邮递员似乎把阶级和民族的
"觉醒的消息"送到了同一个地址。[①]
——费约翰（John Fitzgerald）

第一节 农民革命与主体地位的基础：对中国社会性质的认识

安东尼·吉登斯区分了三种国家类型：传统国家、绝对主义国家和民族—国家。吉登斯认为，这三种国家形态具有时间上前后相继的关系，民族—国家于19世纪初出现在欧洲，它的推动力是行政力量、公民观及全球化，随着资本主义的全球扩张，民族—国家的建构从欧洲向全球传播，形成了一股不可阻挡的浪潮，民族—国家的建构成为全球现象。[②] 王铭铭依据吉登斯的理论，对中国的国家形态演变进行了分析，其研究指出，中国经历了明清时期的绝对主义国家，在20世纪初（1911年辛亥革命）开始进入民族—国家行列，但中国民族—国家的成长却非一帆风顺。[③] 汪晖从思想史的角度，指出近代中国是传统的公理世界观瓦解，科学世界观兴

---

① 费约翰：《唤醒中国：国民革命中的政治、文化与阶级》，三联书店2004年版，第454页。

② 参阅安东尼·吉登斯《民族—国家与暴力》，三联书店1998年版，第1—6页。

③ 王铭铭：《村落视野中的文化与权力：闽台三村五论》，三联书店1997年版，第7页。与民族—国家（nation - state）建构密切相关的概念是"国家政权建设"（state building）。所谓"国家政权建设"，是指国家权力不断深入基层社会，尤其是在传统形态下具有一定自治性的乡村社会，重新整合、组织和控制基层秩序，向基层汲取资源，使基层社会关系发生前所未有的深刻变化。"国家政权建设"的过程，也是民族—国家内部建构的过程。西方学者尤其是从事中国研究的学者，大多接受了"国家政权建设"这一范式，使"国家政权建设"成为中国研究一个主导性的视角和路径（参阅张静《现代公共规则与乡村社会》，上海书店出版社2006年版，第3—6页）。基于主题需要，本书不对"国家政权建设"进行讨论，但这一范式的一些基本观点包含其中。

起的过程，从另一个角度阐释了中国向民族—国家的转型，尤其是思维方式的转型。[①] 可见，建构民族—国家，是近代中国国家建设的一个根本任务；中国农民历史主体地位的生成，离不开民族—国家建构这一历史前提。

在马克思主义看来，社会性质决定于占统治地位的阶级的性质，社会性质决定着革命的性质和前途，也决定着不同阶级在革命中的地位和作用。对近代以来中国的社会性质的认识，直接关系到对农民在中国革命中地位和作用的认知。对中国社会性质的分析，在马克思的著作里，有两种不同的路径：一是马克思专门论述东方社会的亚细亚生产方式理论，二是马克思提出并经斯大林解释的社会形态发展“五阶段论”。对源于马克思的这两种分析路径，1927—1937 年，中国的革命知识分子进行了一场有关中国社会史和社会性质的大讨论，对这两种路径的选择和取舍，直接关系到农民革命和农民主体地位的命运。

一　两种备选方案：亚细亚生产方式和社会发展“五阶段论”

马克思、恩格斯专门就东方独特的社会发展历程进行了分析，所运用的就是亚细亚生产方式理论。

马克思的亚细亚生产方式理论直接来自马克思在《〈政治经济学批判〉序言》中的一句话：“大体上说，亚细亚的、古代的、封建的和现代资产阶级的生产方式，可以看作是社会经济形态演进的几个时代。”[②] 马克思在多部著作的多个地方零散地对亚细亚生产方式进行过分析和阐述。如他在《资本论》中对东方国家的描述是：“国家就是最高的地主。在这里，主权就是在全国范围内集中的土地所有权。但因此在这种情况下也就没有私有土地的所有权，虽然存在着对土地的私人的和共同的占有权和用益权。”[③] 马克思认为，亚细亚生产方式的基本特征是：第一，印度、中国等东方社会具有与欧美国家完全不同的社会特征。如苏联学者马札尔（L. Madjar，旧译“马札亚尔”）认为，亚细亚生产方式的主要特点是人工灌溉、官僚制度和土地国有，亚细亚社会中阶级的形成和发展与水利发

① 汪晖：《公理世界观及其自我瓦解》，《战略与管理》1999 年第 3 期。

② 《马克思恩格斯选集》第 2 卷，人民出版社 1995 年版，第 33 页。

③ 马克思：《资本论》第 3 卷，人民出版社 2004 年版，第 894 页。

展、人工灌溉之间有密切关系，东方专制主义则是亚细亚社会的主要国家形态。[①] 马札尔研究中国社会的专著《中国农村经济研究》在20世纪30年代翻译成中文，对中国学者理解亚细亚生产方式产生了重要影响。第二，东方社会长期处于停滞状态，政治上属于专制主义，社会发展和民众意识都非常落后。马克思在给恩格斯的信中谈道："亚洲这一部分的停滞性质（尽管有政治表面上的各种无效果的运动），完全可以用下面两种相互促进的情况来解释：（1）公共工程是中央政府的事情；（2）除了这个政府之外，整个国家（几个较大的城市不算在内）分为许多村社，它们有完全独立的组织，自己成为一个小天地。"[②] 在谈到印度农村公社时指出："这些田园风味的农村公社不管看起来怎样祥和和无害，却始终是东方专制制度的牢固基础，它使人的头脑局限在极小的范围内，成为迷信的驯服工具，成为传统规划的奴隶，表现不出任何伟大的作为和历史首创精神。"[③] 第三，亚细亚生产方式的长期停滞状态需要外部力量——资本主义来破坏和重建。马克思对东方国家的经济社会和东方国家的人民持同情但却否定的态度，他对东方社会的人民是否具有自我革命的能力表示怀疑。正如汪晖所言，亚细亚生产方式包含了东方民族具有"奴性"这一前设，"亚洲人的'奴性'是从亚洲社会结构的稳定性这一历史观察中推衍出来的，而亚洲社会结构——包括中国社会结构——的一次又一次深刻的、内在的、革命性的变化完全不在这一历史观的视野之内"[④]。马克思期待西方先进的资本主义通过殖民征服和制度输出为东方社会的发展注入动力和活力，使东方的亚细亚生产方式进入"世界历史"，如在论述印度社会的变革时，马克思就提出："不列颠在印度要完成双重的使命，一个是破坏的使命，即消灭旧的亚洲式的社会；另一个是重建的使命，即在亚洲为西方式的社会奠定物质基础。"[⑤] 马克思虽然同情东方国家民众在殖民主义下的悲惨遭遇，但却并不同情落后民族的生产方式和文化制度被资本主义无情"消灭"的历史命运，他热情地呼唤资本主义带来的历史进

① 参阅马札亚尔《中国农村经济研究·导言》，神州国光社1934年版。

② 《马克思恩格斯全集》第28卷，人民出版社1973年版，第271页。

③ 《马克思恩格斯全集》第12卷，人民出版社1998年版，第143页。

④ 汪晖：《现代中国思想的兴起·科学话语共同体》（下卷，第二部），三联书店2004年版，第1548页。

⑤ 《马克思恩格斯选集》第1卷，人民出版社1995年版，第768页。

步："资产阶级的工业和商业正为新世界创造这些物质条件，正像地质变革创造了地球表层一样。只有在伟大的社会革命支配了资产阶级时代的成果，支配了世界市场和现代生产力，并且使这一切都服从于最先进的民族的共同监督的时候，人类的进步才会不再像可怕的异教神怪那样，只有用被杀害者的头颅做酒杯才能喝下甜美的酒浆。"①

中国无疑属于马克思、恩格斯笔下的东方国家。由于种种原因，与印度相比，马克思、恩格斯对中国的认识不够全面，直接论述中国的文字也不是很多。马克思、恩格斯运用的是亚细亚生产方式这一分析视角，他们对中国的看法主要有以下几点：第一，中国社会和中国人民处于半开化的野蛮状态，旧中国的死亡正在来临。马克思不无惋惜地说："历史好像是首先要麻醉这个国家的人民，然后才能把他们从世代相传的愚昧状态中唤醒似的。"② 恩格斯则认为："在波斯，欧洲式的军事组织被移植到亚洲式的野蛮制度上；在中国，这个世界上最古老国家的腐朽的半文明制度，则用自己的手段与欧洲人进行斗争。"③ 因此，"有一点是肯定无疑的，那就是旧中国的死亡时刻正在迅速临近"④。第二，基于对亚细亚生产方式的认识，对中国自身的革命力量表示怀疑。比如，针对太平天国运动，马克思认为，"在东方各国我们总是看到，社会基础停滞不动，而夺得政治上层建筑的人物和种族却不断更迭"，太平军"除了改朝换代以外，他们不知道自己负有什么使命"。⑤ 第三，需要外来力量打破中国长期的停滞状态，使中国走上真正的发展之路。如前所述，马克思虽然对英国的帝国主义行径表示愤慨，但他同样强调殖民主义对中国这样的落后殖民地国家的"建设性使命"。对中国而言，"我们看到，中国这个一千多年来一直抗拒任何发展和历史运动的国家现在怎样被英国人、被机器翻转过来，卷入文明之中"。⑥ 第四，对中国的革命与发展表示出了信心。马克思曾不无揶揄地写道："中国社会主义之于欧洲社会主义，也许就

---

① 《马克思恩格斯选集》第1卷，人民出版社1995年版，第773页。
② 《马克思恩格斯论中国》，人民出版社1997年版，第2页。
③ 同上书，第54页。
④ 同上书，第59页。
⑤ 同上书，第114页。
⑥ 同上书，第119页。

像中国哲学之于黑格尔哲学一样。但是有一个事实毕竟是令人欣慰的，即世界上最古老最巩固的帝国八年来被英国资产者的印花布带到了一场必将对文明产生极其重要结果的社会变革的前夕。当我们的欧洲反动分子不久的将来在亚洲逃难，最后到达万里长城，到达最反动最保守的堡垒的大门的时候，他们说不定会看见上面写着：中华共和国，自由，平等，博爱。”① 当然，从中也可以看出，马克思对中国社会发展的信心，来自于他对中国必将（或正在）进入世界体系，融入世界历史的判断。

社会形态发展“五阶段论”同样来自马克思在《〈政治经济学批判〉序言》中“大体上说，亚细亚的、古代的、封建的和现代资产阶级的生产方式，可以看作是社会经济形态演进的几个时代”这句话。标准的解释来自斯大林作于 1938 年 9 月的《论辩证唯物主义和历史唯物主义》。斯大林认为：“历史上生产关系有五大类型：原始公社制的、奴隶占有制的、封建制的、资本主义的、社会主义的。”② 斯大林具体解释了这五种社会形态的产生和特征，将五种社会形态视为一个具有严格的先后顺序的线性进化过程，并突出了每一种社会形态的阶级特征。不过，斯大林并没有引用马克思《〈政治经济学批判〉序言》中那句经典论断，这倒是令人奇怪的。社会形态发展“五阶段论”一提出，就成为当时马克思主义最重要的历史哲学。

二 中国社会性质的论争：拒绝亚细亚生产方式

如前所述，中国社会史论战对近代中国的社会性质提出了三种主张：新思潮派（中共马克思主义者）的半殖民地半封建社会说、动力派（“托派”）的资本主义社会说、新生命派（国民党内的唯物论学者）模棱两可的主张（如陶希圣主张的封建势力仍然存在，封建制度已经消亡）。不同观点的学者都引证马克思、恩格斯和列宁的观点为自己辩护，而对社会形态的基本界定都来自于马克思“大体上说，亚细亚的、古代的、封建的和现代资产阶级的生产方式，可以看作是社会经济形态演进的几个时代”这句话。论战甫一结束，何干之就写出了《中国社会史论战》和《中国

① 《马克思恩格斯论中国》，人民出版社 1997 年版，第 144 页。

② 《斯大林选集》（下），人民出版社 1979 年版，第 446 页。

社会性质问题论战》，对各方的观点进行了总结。[①] 时至今日，对这次论战各方提出的观点，学术界的研究已比较深入，这里没有重复的必要。本书关注的不是各方提出的具体观点如何，而是各方为什么会接受或拒绝某些（个）观点，这种拒绝背后的意涵何在，为什么以毛泽东为代表的共产党人会接受半殖民地半封建社会这一观点。这里先来分析亚细亚生产方式在中国社会史论战中的命运。

20 世纪 20 年代末，基于中国大革命失败后的现实和革命发展的需要，苏联国内对中国社会的历史发展问题产生了激烈争论，著名的东方问题专家瓦尔加（E. Varga）、马札尔等采用亚细亚生产方式来解释中国社会的历史发展进程，他们的观点得到了托洛茨基的支持，与斯大林发生了激烈的矛盾，原本的学术观点卷入了苏共党内惨烈的政治斗争，也使中国马克思主义知识分子中有关亚细亚生产方式的争论充满政治斗争色彩。1930 年，马札尔的《中国农村经济研究》的中译本由上海神州国光社出版，亚细亚生产方式的问题随之成为中国学术界尤其是马克思主义知识分子和信奉唯物史观的学者中激烈争论的一个重要话题。值得注意的是，亚细亚生产方式虽然是马克思对东方社会发展路径的重要理论观点，但当时几乎所有信奉马克思主义的学者对亚细亚生产方式还是采取了拒绝的态度。需要说明的是，这里所谓的拒绝，是指对亚细亚生产方式在解释中国历史与革命上的有效性的质疑，对亚细亚生产方式不予接受，或对其进行限定性或普世性诠释，以达到“否定”亚细亚生产方式的目的。总的来说，对亚细亚生产方式的拒绝，核心在于使其与中国近代社会的性质脱钩，以免其对中国革命的合法性造成阻碍。学者们之所以普遍拒绝亚细亚生产方式，原因主要有四：

其一，亚细亚社会理论本身存在歧义。对参加中国社会性质论战的学者们而言，马克思主义中究竟有没有亚细亚生产方式都还是一个问题。即使对马克思文本非常熟悉的学者，往往也要花很大工夫，从马克思、恩格斯的《〈政治经济学批判〉序言》《资本论》《家庭、私有制和国家的起源》等著作中摘引有关论述，以证明马克思主义中确实有亚细亚生产方

---

① 何干之：《中国社会性质问题论战》，《中国社会史论战》，载《何干之文集》第 1 卷，北京出版社 1994 年版，第 182—366 页。

式理论存在。季雷发表在《读书杂志》的《马克思的社会形式论》一文就属于此类文章，季雷广泛征引马克思、普列汉诺夫的有关论述，试图证明马克思的思想中有亚细亚生产方式理论存在，中国历史上也存在过亚细亚生产方式，但他的论证无论是当时还是现在看来，力度都是不够的。[①]曾在德国和苏联留学、对马克思主义文本非常熟悉的李季，也是在马克思的著作中四处寻找只言片语的论断作为支撑。为弥补这一不足，学者们往往引用普列汉诺夫的论述，但普氏的论述是否就是马克思的本意，还是一个问题；同时，由于普氏与苏共的复杂关系，这也使得引用普氏的论述在以马克思主义为指导的学者中存在矛盾和争议。对当时的中国学者而言，亚细亚生产方式理论最直接的证据就是马克思在《政治经济学批判序言》中的一句话“大体上说，亚细亚的、古代的、封建的和现代资产阶级的生产方式，可以看作是社会经济形态演进的几个时代”，对这句话，不同的学者则有差异极大的解读，这些不同的解读，也从另一方面说明马克思的亚细亚生产方式理论用作对东方社会的发展进行解释和预测，还存在相当大的困难。总的来说，对于马克思究竟有没有亚细亚生产方式理论，马克思的亚细亚生产方式理论的内涵究竟是什么，至少从当时国内学者的了解情况看，马克思的文本支撑是不足的，学者们的质疑也是有合理性的。实际上，直到今天，仍有相当部分的学者认为，马克思的亚细亚生产方式理论是一个不成熟的理论，马克思对亚细亚生产方式的阐述主要还是停留于概念，对亚细亚生产方式的内涵、特征、发展路径等，马克思并没有进

① 参见季雷《马克思的社会形式论》，《读书杂志》第三卷第三、四期合刊，神州国光社，1933年。季雷是少数几个坚持亚细亚生产方法的正确性和对于中国近代社会的适用性的学者之一。他在文中指出，中国的发展“发生在亚细亚生产方法的范围内和基础上”，“要正确的了解马克思主义关于社会形式而特别是关于东方社会的学说，然后才能把握住杂乱无章、五花八门的中国社会，发展过程中之枢纽对于目前中国什么经过数十年的革命运动而现在仍处于混乱日暮穷途的灾难中当有一明确而清楚的认识与了解”。1949年以来，国内学术界进行过针对亚细亚生产方式的争论，但在中国是否存在过亚细亚生产方式这一点上均采取否定态度。不过，历史也充满了吊诡。20世纪90年代后期以来，学术界对亚细亚生产方式的态度出现了转变趋势，由原来的否定逐渐转为肯定，有的学者将东方社会理论（亚细亚生产方式）与中国共产党领导的新民主主义革命和现代化建设联系在了一起，认为亚细亚生产方式的存在是中国革命特殊性和中国特色社会主义存在的初始条件（参阅孙承叔《打开东方社会秘密的钥匙：亚细亚生产方式与当代社会主义》，东方出版中心2000年版；张一兵主编：《邓小平理论与历史辩证法》，安徽人民出版社1999年版）。一般来说，历史学者倾向于否定亚细亚生产方式对中国的适应性，而较为纯粹的马克思主义研究者则倾向于肯定亚细亚生产方式对中国的适应性。

行专门分析，只是零散的论断，并不成体系。[①]

其二，亚细亚生产方式难以得到中国历史资料的佐证。马札尔认为，亚细亚生产方式的特点是人工灌溉、官僚制度和土地国有，亚细亚社会中阶级的形成和发展与水利发展、人工灌溉之间有密切关系，东方专制主义是亚细亚社会的主要国家形态。[②] 支持亚细亚生产方式的中国学者基本赞同马札尔的观点，如季雷认为，亚细亚社会的特点主要是土地私有财产之不存在，人工灌溉及与此相适应的极大范围的公共事业组织，农村公社，专制政体为国家的形式，和马札尔的观点如出一辙。[③] 也有学者根据自己的理论需要对马札尔概括的亚细亚生产方式特点中的某一点进行强调，如胡秋原就特别强调亚细亚生产方式中的专制主义因素。[④] 但问题在于，马札尔、季雷、胡秋原等人概括或强调的亚细亚生产方式的特征能否得到中国历史资料的佐证。从当时学者论战的情况看，反对亚细亚生产方式的学者所能列举的资料远比主张亚细亚生产方式的学者列举的资料为多。王宜昌对马札尔批判道，马札尔"应用着'亚细亚的生产方法'来观察东方和中国社会，简单地以他底不十分弄得清楚的理论死形式，来囊括中国有史以来的历史"；"简单地随便使用各种不同时代的种种经济事实，参加于各种不同的题目研究中"，"抹视了中国历史的现实"[⑤]。亚细亚生产方式所主张的水利和人工灌溉对中国社会具有决定作用这一理论观点，被杜畏之斥为"胡言乱语"，是"不屑驳斥的谬论"，杜畏之反问，中国古代的河渠工程与古埃及相比，可以说是小巫见大巫，那治水官僚又从何产生？杜畏之认为："从马克思到朴列寒诺夫（以及不大值得提及的瓦尔加

---

① 如佩里·安德森认为，马克思对亚洲社会历史的理解有局限性，马克思的亚细亚生产方式内容中充满矛盾，如亚细亚生产方式的两大要素——土地公有制和大型灌溉工程是不可能同时存在的，而应该是分裂的。"现代人试图根据马克思和恩格斯的片片断断的遗产来建立一种完整的'亚细亚生产方式'的理论，无论是沿着'公社—部落'的方向，还是沿着'水利—专制'的方向，实际上都是被误导了。"而且，存在亚细亚生产方式这个概念被滥用和误用了，"实际上，它甚至更不能成其为一个严格的术语了"，应该给亚细亚生产方式"一个体面的葬礼"。参阅佩里·安德森《绝对主义的国家谱系》，上海人民出版社 2001 年版，第 516—522、565 页。

② 参见马札尔《中国农村经济研究》，神州国光社 1934 年版。

③ 季雷：《马克思的社会形式论》，《读书杂志》第三卷第三、四期合刊，神州国光社，1933 年。

④ 胡秋原：《亚细亚生产方式与专制主义》，《读书杂志》第二卷第七、八期合刊，神州国光社，1932 年。

⑤ 王宜昌：《中国社会史论》，《读书杂志》第二卷第二、三期合刊，神州国光社，1932 年。

与马札尔及其同人）对于中国历史的了解都是模糊的，因此是错误的。”之所以会发生错误，是因为马克思、普列汉诺夫等人“忙于许多理论的与实践的工作”，对中国的历史不可能给予充分的研究，使得他们“在谈到中国问题就不能不取材于欧洲资产阶级学者所编的，歪述的，涂改了的，真伪杂陈的中国史”，结果就是把中国三千年复杂的历史“毫不经意地装进了‘东方社会’之神秘的魔术袋里”。[①] 王亚南批评亚细亚生产方式的主张者是“机械的望文生义”，马札尔的主张“在理论上事实上都说不通”。[②] 1928 年召开的中共六大在其决议案中也专门指出，“亚洲式生产”（即亚细亚生产方式）的特点尤其是“没有土地私有制”这一条件，“是和中国的实际情形相反的”。[③]

其三，亚细亚社会理论难以为中国革命提供有效解释和指导。“‘亚细亚生产方式’绝不仅是一个经济历史理论问题，而且是一个现实的政治实践问题。”[④] 信奉马克思主义的学者焦虑的是，如何从中国社会发展规律的角度（对当时的马克思主义学者来说就是从经济的角度）为中国的革命提供正当性解释，为 1927 年失败后的大革命指出前进方向。按照马札尔的观点，现代中国社会是亚细亚生产方式进入资本主义的过渡期，商业资本发挥着非常重要的作用。这一观点经“托派”诠释，1927 年大革命失败后的中国已经是商业资本主义占优势的社会，中国所应进行的是针对资产阶级的社会主义革命。这明显与斯大林和中共所主张的中国是半殖民地半封建社会、中国革命是反帝反封建的资产阶级民主革命相抵触。同时，亚细亚生产方式强调国家与社会的对立而不是社会之内的阶级对立，“东方社会之根本的阶级划分是发生于联合在公社内的基本的农民群众之间以及在从公社中造成的过去公社的公务人员——把自己规定为统治

① 杜畏之：《古代中国研究批判引论》，《读书杂志》第二卷第二、三期合刊，神州国光社，1932 年。

② 《王亚南文集》第四卷，福建教育出版社 1988 年版，第 11、13 页。

③ 中央档案馆编：《中共中央文件选集》第四册，中共中央党校出版社 1989 年版，第 337 页。值得注意的是，中国共产党对亚细亚生产方式的认识和态度也有一个变化的过程，在中共六大接受斯大林有关中国革命的观点之前，中共也曾认为中国社会是“亚洲式的生产方法制度”。参见《中国共产党土地问题党纲草案》（1927 年 11 月 28 日），载陈翰笙、薛暮桥、冯和法编《解放前的中国农村》第一辑，第 6—10 页。

④ 鲁凡之：《中国文化发展形态与亚细亚生产方式》，香港精英出版社 1983 年版，第 53 页。

阶级——之间”[①]，虽然它并不否定阶级斗争的存在，但更强调专制国家与农民之间的斗争。正如阿里夫·德里克所言，这种理论主张无疑将降低阶级和阶级斗争在中国革命中的作用，不仅无法为中共领导的、以阶级斗争为核心的工农革命进行正当性解释，还会对革命的正当性造成冲击。[②]正因如此，中共六大以决议的形式对亚细亚生产方式进行了批判：“如果认为现代中国的社会经济制度以及农村经济，完全是从亚洲式生产方法进于资本主义制过渡的制度，那是错误的。”[③]

其四，中国知识分子的怨恨心态。刘小枫认为：“民族整体的无能感和历史自傲感（自卑与自傲）的共同作用，成为怨恨心态的起点，决定了选择的价值偏爱结构”[④]，正是怨恨心态使主张平等的社会主义、主张打倒资本主义和帝国主义的马克思主义对中国新兴知识人产生了吸引力。“实际的社会主义理念……只是表达了某种民族性怨恨，因而是一个地道的怨恨式理念。”[⑤] 在包括中国在内的东方国家的学者看来，亚细亚生产方式具有某种霸权和廉价同情的色彩。萨义德对马克思亚细亚生产方式理论的评价是：“这种观点具有浪漫主义甚至救世论的色彩：作为人文研究材料的东方没有作为浪漫主义救赎计划之组成部分的东方重要。”萨义德指出：“有理由认为，每一个欧洲人，不管他对东方发表了什么看法，最终都几乎是一个种族主义者，帝国主义者，一个彻头彻尾的民族中心主义者”，因此，马克思虽然对东方国家的人民充满同情，但他的东方社会理论仍然与欧洲传统的东方学血脉相连，“最终占据上风的却仍然是浪漫主义的东方学视野”。[⑥] 这种“浪漫主义的东方学视野”将大大损害东方国家的先知先觉者——知识分子的自尊心，从而引发对这个理论的抵触甚至怨恨态度。美国学者本杰明·史华兹认为，由于亚细亚生产方式这一概念对中国人的自尊心造成了伤害，致使中国学者普遍排斥这一概念。[⑦] 傅高

① 季雷：《马克思的社会形式论》，《读书杂志》第三卷第三、四期合刊，神州国光社，1933年。

② 阿里夫·德里克：《革命与历史：中国马克思主义史学的起源》（1919—1937），江苏人民出版社2004年版，第159页。

③ 中央档案馆编：《中共中央文件选集》第四册，中共中央党校出版社1989年版，第337页。

④ 刘小枫：《现代性社会理论绪论》，上海三联书店1998年版，第425页。

⑤ 同上书，第424页。

⑥ 爱德华·W. 萨义德：《东方学》，三联书店1999年版，第199、260、199页。

⑦ 阿里夫·德里克：《革命与历史：中国马克思主义史学的起源》（1919—1937），江苏人民出版社2004年版，第192页。

义（Joshua A. Fogel）写道："我们很容易想象中国的历史学家第一次遇到亚细亚生产方式这一概念时极度难受的情景。中国激进的思想家数十年的努力，就是要使中国成为一个被认可的'正常'国家，这个国家具有明显的优良品质，能够从根本上迈上具有光明前景的线性发展之路。"① 这种心理学的解释有其合理性。在国家积贫积弱的背景下，中国学者对将自己的祖国描绘成与西方发达国家完全不同的理论持排斥态度，是非常自然的，因为，承认这种不同，就意味着承认自己的祖国是世界历史进程的异类，它的发展被排斥在世界历史进程之外，对于西方现代民族国家这样的普世目标，中国人似乎也会失去追求的资格。这对任何一个爱国的学者来讲，在感情上都是不可接受的。尤其值得注意的是，亚细亚生产方式所主张的中国社会长期停滞、没有进步的判断，对当时的中国知识分子来说，是自尊心的极大伤害。政治取向差异极大的郭沫若和陶希圣的话也许能够表明当时的学者在对待亚细亚生产方式上的内心世界。郭沫若说："中国人不是神，也不是猴子，中国人所组成的社会不应有甚么不同。"② 陶希圣认为："中国社会发达过程与欧洲大同小异，由氏族的生产到家长经济，奴隶经济，封建的生产，城市手工业即先资本主义。"③ 对于中国的封建制度，陶希圣也认为与欧洲的封建制差别很小："中国古代的封建制度和欧洲的封建制度小异大同。而小异之差，也许和欧洲各地封建制度互异之差相等。"④

虽然当时中国的绝大多数学者都对亚细亚生产方式持拒绝的态度，但亚细亚生产方式却是马克思主义的重要内容，虽然文本支撑略显不足，但在马克思的著作中却是白纸黑字。因此，在拒绝亚细亚生产方式的策略上就需要信奉马克思主义的学者们费一番思量。通观当时学者们的论述，对亚细亚生产方式主要有三种拒绝方式。

第一种方式是直接否认亚细亚生产方式的存在，对其进行全面批判。从本质上说，这更多的是一种政治的拒绝，而不是学术的拒绝。这种拒绝

---

① Fogel, Joshua A., "The Debate over the Asiatic Mode of Production in Soviet Union, China, and Japan", *The American Historical Review*, Vol. 93, No. 1 (Feb., 1988), p. 74.

② 郭沫若：《中国现代学术经典·郭沫若卷》，河北教育出版社 1996 年版，第 5 页。

③ 陶希圣：《中国社会形式发达过程的新估定》，《读书杂志》第二卷第七、八期合刊，神州国光社，1932 年。

④ 陶希圣：《中国社会之史的分析》，辽宁教育出版社 1998 年版，第 19 页。

方式的好处在于直截了当，但也可能带来否定马克思理论的后果。吕振羽在其著作《中国社会史诸问题》中，对日本学者秋泽修二亚细亚生产方式的主张进行了全面批判，以达到否认亚细亚生产方式存在的结果。吕振羽认为：（1）亚细亚生产方式是以政治形态决定生产方式，这和马克思主义生产方式决定社会形态的理论相悖，在理论上是错误的。（2）亚细亚生产方式误解和曲解了中国历史。吕振羽指出，中国虽有公社制度、土地公有制度的残余行迹，但这些残余行迹并不能对社会形态产生巨大影响，更不能起决定作用；家长制、人工灌溉这些东西，是东西方国家共有的或相似的，不是东方国家独有的东西，不能作为亚细亚生产方式存在的证据。（3）亚细亚生产方式的主张有害于中国革命。吕振羽认为，亚细亚生产方式中集权国家支配经济的主张，将国家与其代表的阶级对立起来，把阶级关系隐蔽在国家的名义之下，取消了农民在中国革命中的重要地位和作用。亚细亚生产方式是“穿上科学伪装的法西斯主义的历史理论”，主张亚细亚生产方式的人实际上是利用这个论题来歪曲中国历史和中国革命。[①] 杜畏之批判郭沫若固执一种“死的成见方式”，中国历史上“没有划然的奴隶社会一阶段，更无东方社会一阶段”，杜畏之认为在氏族社会丘墟上产生的并不是什么亚细亚生产方式，而是封建社会。[②] 翦伯赞则批评郭沫若陷入了“公式主义的泥沼”，对马克思文本中“亚细亚的”这一名词“未能彻底的理解”，致使“在方法上陷入了全盘的错误”，把中国历史上的奴隶制时代错误划入了“所谓的亚细亚生产方法的时代”。[③] 如前所述，党的六大在决议案中专门批判中国属于“亚洲式生产方法”的观点，否定亚细亚生产方式对中国的适用性。

第二种方式是对亚细亚生产方式视而不见、存而不论，通过将中国社会界定为非亚细亚生产方式来解构亚细亚生产方式。信奉或自称信奉马克思主义的学者都明白，在中国社会性质这个问题上，亚细亚生产方式是马克思对包括中国在内的东方社会直接界定，虽然马克思的论述还很不充分，但马克思的有关文本的存在却是不容置疑的，对处处以马克思的论述作为理据的学者来讲，直接去否定亚细亚生产方式的存在实际上是不明智

① 参见吕振羽《中国社会史诸问题》，人民出版社 1961 年版，第 5—14 页。

② 杜畏之：《古代中国研究批判引论》，《读书杂志》第二卷第二、三期合刊，神州国光社，1932 年。

③ 翦伯赞：《历史哲学教程》，生活书店 1938 年版，第 295 页。

的。因此，对参与论战的学者们来讲，最明智的方式就是对亚细亚生产方式采取视而不见、存而不论的回避态度，直接阐述自己有关中国社会性质的非亚细亚生产方式的观点，尽量不触及亚细亚生产方式这个让人烦恼的理论。事实上，这也确实是当时大多数学者对亚细亚生产方式采取的态度。翻阅有关文献，我们会发现许多持封建社会、奴隶社会观点的学者，他们所做的就是直接引述马克思、恩格斯、列宁有关封建社会、奴隶社会的论述（及中国的史料）以证明自己的观点，对亚细亚生产方式则只字不提，即便在批判持亚细亚生产方式观点的学者时也是如此。如自称以唯物主义为指导、对中国社会史颇有研究的陶希圣，在其著作《中国封建社会史》一书中，对中国社会性质的论述中，只罗列封建制度、资本主义制度、半封建制度三种观点，回避了当时正在热烈讨论的亚细亚生产方式；陶希圣在著作开篇就论及中国的地理环境，但他解读地理环境的旨趣与亚细亚生产方式完全不同，对亚细亚生产方式也未有丝毫的直接回应。[①] 再如梁园东在《中国社会各阶段的讨论》一文中详细批判了郭沫若对中国社会的分期，但独独漏掉了郭沫若将亚细亚生产方式界定为原始社会这一重要观点，其中的意涵，耐人寻味。[②]

第三种方式是对亚细亚生产方式进行策略性的解读，以达到解构的目的。这种方式是承认亚细亚生产方式的存在，但结合中国历史作出新的解释，以达到拒绝将亚细亚生产方式等同于中国历史发展形态的目的。与直接拒绝相比，这种“迂回”的拒绝更为智慧，在理论上也更有效果。按何干之先生的概括，当时主要有三种解读：（1）郭沫若的解读。郭沫若将马克思在《〈政治经济学批判〉序言》中的几种社会形态解读为前后相继的进化过程，将亚细亚生产方式解释为奴隶社会之前的社会形态，是族长制。（2）李季的解读。李季认为东方社会与西方社会不同，东方社会没有经历过奴隶制度，亚细亚生产方式是氏族社会的继承者。就中国而言，李季认为，夏和殷属于亚细亚生产方式。（3）胡秋原的解读。胡秋原认为，如果有亚细亚生产方式的话，那就是专制主义的农奴制，亚细亚生产方式与专制的封建制度是一回事。[③] 仔细分析可以发现，郭、李、胡

① 参见陶希圣《中国封建社会史》，上海南强书局 1929 年版，第 1—6 页。

② 参见梁园东《中国社会各阶段的讨论》，《读书杂志》第二卷第七、八期合刊，神州国光社，1932 年。

③ 参见《何干之文集》第 1 卷，北京出版社 1994 年版，第 292—301 页。

三人虽然承认中国存在亚细亚生产方式，但这种承认是有条件的，或者说，郭、李、胡三人采取了一种“迂回的”方式来为中国历史的进程与发展的世界性作辩护，这在郭、胡二人的论述中最为明显。郭沫若采取了线性的历史观，将亚细亚生产方式解读为奴隶制之前的社会形态，这也就是说，亚细亚生产方式并非东方国家独有的特殊社会形态，而是东西方国家都要经历的一种社会形态。郭沫若的智慧在于以“时间换空间”，将马克思在亚细亚生产方式上的空间指向“创造性地”诠释为历史发展的时间序列，将东方社会发展上的特殊问题转换成人类社会发展的普世问题。这种解读不仅与斯大林历史发展五阶段论基本吻合，能够为中共领导的革命提供合法性支撑，也照顾了中国人的自尊心，这使得它能够最终战胜其他各种解读，成为新中国成立后解释中国历史的主导理论。胡秋原的解读则是另一种形态的解构，他抽取亚细亚生产方式的一个突出特征——专制主义，来指代整个亚细亚生产方式，这使得他能够从容不迫地证明亚细亚生产方式并非东方国家所独有，而是人类社会所共有：“马克斯（即马克思）所谓亚细亚生产方法者，不过是亚洲之先资本制，即与农村公社结合的封建的及一部分农奴底制度”；“亚细亚生产方法，也是欧罗巴生产方法。亚洲生产方法国际化了”。[①]“托派分子”的李季虽然承认地理环境对社会形态的决定作用，但他与郭沫若相同的策略都是“以时间换空间”，只是将中国的一段历史——夏和殷归入亚细亚生产方式，以后的中国历史则是没有具体名称的“先资本主义社会”。

以上三种方式的实质都是拒绝亚细亚生产方式，所不同的只是拒绝的策略而已：直接批判和拒绝亚细亚生产方式针对的是那种认为近代中国仍然属于亚细亚生产方式的理论观点，对亚细亚生产方式进行自己的解读与对亚细亚生产方式视而不见的结果也是间接证明近代中国并不属于亚细亚生产方式，结果是殊途同归，其中的奥妙，自不待言。

1938 年 3 月，由方乃宜选编的《马克思与恩格斯论中国》出版，比较全面地收集了马克思、恩格斯论述中国的文章或论述，为国内读者全面了解马克思、恩格斯对中国的论述和观点提供了帮助。《马克思与恩格斯

① 胡秋原：《亚细亚生产方式与专制主义》，《读书杂志》第二卷第七、八期合刊，神州国光社，1932 年。

论中国》的一个明显特点，是其第一部分收录了马克思、恩格斯论东方社会的文字，摘录的主要是《资本论》中有关东方社会的论述，这些论述主要是关于亚细亚生产方式的。[①] 中国共产党对马克思、恩格斯有关中国的直接论述是非常重视的。党的领导人凯丰（何克全）参考方乃宜选编的《马克思与恩格斯论中国》，在《解放周刊》发表《马克思与中国》一文，纪念马克思诞辰120周年。《马克思与中国》一文有选择地使用《马克思与恩格斯论中国》提供的材料，凯丰在文章中只选择马克思对中国的正面论述，选择马克思对西方殖民主义进行批判的文字，而对马克思、恩格斯关于亚细亚生产方式和中国社会落后性的论述则有意回避，只字不提。[②] 有选择地利用马克思、恩格斯关于中国的论述，虽然有其特殊的历史背景因素，但也表明中国共产党对亚细亚生产方式的不认可和回避态度。

三　中国社会性质的论争：接受和发展半殖民地半封建社会理论

近代中国处于西方列强的殖民威胁之下，这是历史事实，也是中国各学术流派和政治派别的共识；和印度等完全殖民化的国家相比，中国只能称为“半”殖民地国家，这在孙中山那里即有类似的表述，也是各方的共识。但近代中国是否属于封建社会，在社会史论战中就有争论，今天的学者看来，这也仍然是一个值得探讨的问题。当下，一些学者对于社会史论战中“封建”一词概念多歧，使用泛化等仍多有批评。如冯天瑜认为“新思潮派”在社会史论战中将封建一词严重“泛化”，这种“泛化”的封建社会观后来被毛泽东接受，以致谬种流传，与马克思原本的封建社会观大相径庭。[③] 这种学术性的批评虽然并非无益，但如果这种批评仅仅是着眼于“纯粹”的学术问题，而忽略了问题本身的复杂性，虽然深刻，却未必公允客观。从经典的封建含义来看，中国历史上的“封建社会”学理上和史料上的支撑有限，但为什么当时自称以马克思主义为指导的学者不惜“重新”给封建下定义，以所谓

① 方乃宜选编：《马克思与恩格斯论中国》，（汉口）中国出版社1938年版。值得注意的是，新中国成立后编辑出版的《马克思恩格斯论中国》都没有亚细亚生产方式的内容，间接表达了官方和主流学术界对亚细亚生产方式与中国历史演进关系的看法。

② 凯丰：《马克思与中国》，《解放周刊》第36期，1938年5月。

③ 参阅冯天瑜《“封建”考论》，武汉大学出版社2006年版，第291—326页。

的“泛化”封建社会观来解读中国历史，仍是一个值得深入讨论的问题。

之所以接受和采用封建主义来界定近代中国的社会属性，首要的原因是封建社会说是斯大林和共产国际对中国社会性质的界定，在中共党内具有无可置疑的权威性。斯大林对中国社会性质的认识，是共产国际标准的文件精神，对中共来说再熟悉不过了。斯大林是结合中国革命来认识中国社会的。1927 年 4 月，斯大林起草了《中国革命问题——联共（布）中央所批准的给宣传员的提纲》，发表在《真理报》上。斯大林在文中提出，确定中国革命性质的基本问题有六个方面，其中前两个方面都与中国社会性质直接相关：甲，中国半殖民地的地位和帝国主义财政经济的统治；乙，被军阀统治和官僚政治的压迫所加重了的封建残余的压迫。[①] 明白无误地指出了中国是半殖民地和半封建社会。一个月后，斯大林与莫斯科中山大学的中国学生进行谈话，进一步阐述了他对中国社会封建问题的认识。斯大林认为，拉狄克没有正确理解农村商业与封建残余的关系，使得拉狄克错误地认为中国农村已经是资本主义性质，否定封建残余的地位和作用。斯大林指出，中国农村封建残余的存在是确定无疑的，中国农村还维持着“中世纪封建式的剥削压迫”，在中国农村，封建残余的统治与商人资本是结合在一起的，帝国主义则巩固着“全部的封建官僚机器”。[②] 斯大林和共产国际对中国社会性质的这种认识，一直没有改变。中共六大以决议的形式肯定中国社会的半封建性质，而党内的马克思主义学者，在论述近代中国的社会性质和革命性质时，基本上都是对这些观点的阐释。比如，在社会史论战中，张闻天（署名刘梦云）发表在《读书杂志》上四万多字的长篇论文《中国经济之性质问题的研究》，较为系统地阐释了中共对中国社会性质的认识，对任曙主张的中国属于资本主义经济的观点进行了批驳，这实际上也是对斯大林和共产国际的观点进行了更加理论化和实证化的表述。张闻天从剥削关系决定经济性质这一前提出发，坚持中国经济仍然是封建主义的，无论是帝国主义的入侵还是商业资本的发展，都是“加紧”而不是削弱了中国的封建剥削，也就是说，是强化了中国

① 斯大林：《中国革命问题——联共（布）中央所批准的给宣传员的提纲》（1927 年 4 月 21 日），《斯大林论中国革命》，联合出版社 1949 年版，第 25 页。

② 斯大林：《与中山大学学生的谈话》（1927 年 5 月 13 日），《斯大林论中国革命》，联合出版社 1949 年版，第 46 页。

经济的封建性。[①]

接受和采用封建主义来界定近代中国的社会属性的另一个重要原因是中国革命的合法性。与亚细亚生产方式、资本主义等主张相比，封建社会说对中共领导的农民革命的解释力不仅要大一些，而且还能够提供相对扎实的理论基础。斯大林早有说法："没有封建的残余和封建的压迫，中国也就没有农民革命问题，没有没收地主土地以及其他等等问题"；"没有这些条件（指封建残余、封建剥削、帝国主义压迫、商业资本与封建残余勾结等——引者），中国的农民革命是不可理解的。"[②] 虽然斯大林的解释有从结果倒推原因的嫌疑，但封建说确实能够有效地解释中国革命的性质、对象、动力、前途、步骤等一系列基本问题——除此之外，确实再无更好的理论能够阐释中共领导的工农革命的必要性和重要性，也不能解释中国革命的资本主义性质（当然，这要辅之以斯大林的社会发展"五阶段论"）。新思潮派和中国农村派努力证明中国社会和中国农村社会的封建性或半封建性，原因也就在此。"中国共产党人和马克思主义史学家对中国社会封建性的研究和认识，是由革命的需要所推动的，是与革命的实践（也就是政治）密不可分的。在我们看来，这是它的特点，也正是它的优点。"[③] 从这点来看，当下一些学者认为中共党内的马克思主义学者将"封建"一词泛化了，导致了对中国社会性质错误的认识，这从学理的角度进行批评并无不可，但从政治哲学的角度讲，这无疑将导致中共领导的中国革命合法性的弱化，招致愤怒的批判也就在所难免了。[④]

---

① 刘梦云（张闻天）：《中国经济之性质问题的研究》，《读书杂志》第一卷第四、五期合刊，神州国光社，1932 年。

② 斯大林：《与中山大学学生的谈话》（1927 年 5 月 13 日），《斯大林论中国革命》，联合出版社 1949 年版，第 46 页。

③ 李根蟠：《中国"封建"概念的演变和"封建地主制"理论的形成》，《历史研究》2004 年第 3 期。

④ 如李根蟠：《"封建"名实析议——评冯天瑜〈"封建"考论〉》，《史学理论研究》2007 年第 2 期。李根蟠在文中指出：封建"这个问题不仅牵涉对秦以后两千多年来社会基本性质的认识，而且牵涉到对中国新民主主义革命基本理论的评价，牵涉到用什么历史观进行研究的问题"；"中国共产党人和马克思主义史学工作者经过调查和研究，认定鸦片战争前的中国是封建社会，鸦片战争以后沦为半封建半殖民地社会，并据此制定了新民主主义革命的纲领。中国人民在这一纲领的指导下取得了新民主主义革命的胜利，这已经雄辩地证明了中国共产党人和马克思主义史学工作者对鸦片战争前后中国社会性质认识的正确，这难道还有什么疑义吗！从根本上否定这种认识和概念，欲置中国共产党新民主主义革命理论于何地？又将置自己于何地？"李根蟠的批判反倒证明，将近代中国界定为半封建社会，主要还是基于以马克思主义为指导的革命合法性的考虑。

接受和采用封建主义来界定近代中国的社会属性的第三个原因，是封建说符合毛泽东的革命中心论，能够为毛泽东的革命地图测绘提供依据。毛泽东的革命测绘理论认为中国革命的中心在农村，革命的主力军是农民，中国革命本质上是农民革命，这恰好与中国近代社会的半封建性质相对应，换言之，接受封建说可以为毛泽东和党的革命战略提供较为有效的解释。封建主义的实证依据主要来自中国农村的土地关系，马克思主义知识分子等将中国农村以租佃为主要形态的土地制度界定为封建土地制度，并以土地占有的不平等和地租剥削来论证中国农村社会的封建属性，并发展出了一个新的封建社会形态——封建地主制。

接受和采用封建主义来界定近代中国的社会属性的第四个原因是知识分子的自尊心。李根蟠先生对社会史论战中有关封建社会的讨论进行了细致的考证，他的结论是："关于封建社会问题，当时讨论的并不是中国历史上有无封建社会，而是封建社会存在于中国历史上的哪个时代，什么时候形成，什么时候崩溃？也就是说，是在承认中国历史上存在过封建社会的前提下的讨论。"① 为什么以封建主义来指代近代中国社会属性能够得到普遍认可，并成为不证自明的理论前设？一个重要的原因是封建社会是西方国家曾经经历的社会形态，将中国的一部分历史尤其是近代历史界定为封建社会，就能够将中国纳入世界历史范畴，有利于建构中国历史发展的常态，能够说明中国的社会发展不是世界的异类，从而维护中国人尤其是中国知识分子的自尊心。相反，亚细亚生产方式将中国视为人类发展的特殊类型甚至是普遍规律之外的异类，就难以达到维护中国人脆弱的自尊心的要求，它的命运只能是遭到拒绝。王亚南曾说，"中国社会经济的发展，并不曾逸出人类世界史的一般范畴"，只能"依一般社会或欧洲社会的演变法则去解释"，② 这代表了中国革命知识分子的普遍心声。总的来说，在对待封建主义和亚细亚生产方式的问题上，中国知识分子的内心是存在矛盾的，正如印度学者帕尔塔·查特吉在分析印度知识分子的民族主义时所指出的，在东西方的关系上，地方的知识分子"事实上有两种拒绝，而两者又是自相矛盾的，拒绝外国入侵者和统治者，却以他们的标准

① 李根蟠：《中国"封建"概念的演变和"封建地主制"理论的形成》，《历史研究》2004年第3期。

② 《王亚南文集》第四卷，福建教育出版社1988年版，第13、14页。

模仿和超越他们；也拒绝祖先的方式，它们既被视作进步的阻碍，又被作为民族认同的标记”。[①]

四 矛盾：毛泽东有关近代中国社会性质的话语及其策略

事实上，毛泽东等中共领导人较早就接受了近代中国社会的封建性和殖民地性质这一认识。比如，毛泽东1926年撰写的《中国农民中各阶级的分析及其对于革命的态度》一文中，认为中国的大地主“是封建宗法社会的唯一坚垒”[②]。据冯天瑜教授考证，这是毛泽东首次使用“封建”一词来概括中国社会，此后，“封建地主阶级”“封建剥削制度”“封建阶级”“封建的统治阶级”“封建势力”等短语就频频出现在毛泽东的著作中了。[③] 但全面阐述中国社会的发展历程、近代中国的社会性质及中国历史的发展趋向，则要等到延安时期毛泽东发表《中国革命和中国共产党》《新民主主义论》《中国革命战争的战略问题》等著作。

毛泽东对中国社会发展形态的论述，直接取法斯大林的“五阶段论”。在《中国革命和中国共产党》中，毛泽东认为：“中华民族的发展（主要是汉族的发展），和世界上别的大民族同样，曾经经过了若干万年的平等而无阶级的原始共产主义社会的生活。而从原始共产主义社会崩溃、社会生活转入阶级生活那个时代开始，经过奴隶社会、封建社会，直到现在，已有了五千年之久。”[④] 毛泽东的这篇著作发表于1939年12月，仅仅在斯大林的《论辩证唯物主义和历史唯物主义》（该文为《联共（布）党史简明教程》的一部分）发表后大约一年，可见，毛泽东对斯大林思想吸收的速度，不可谓不迅速；从另一个角度讲，这也可以看出毛泽东与斯大林对人类历史发展的看法，也确实有相通之处。毛泽东对1840年以来的中国社会性质的界定，则承袭了斯大林、共产国际和中共的传统观点，但“现代的殖民地、半殖民地、半封建社会”这个概括无疑更为简洁和精当。毛泽东的新颖之处在于集中论述了殖民地、半殖民地、半封

---

① 帕尔塔·查特吉：《民族主义思想与殖民世界：一种衍生的话语？》，译林出版社2007年版，第2—3页。

② 毛泽东：《中国农民中各阶级的分析及其对于革命的态度》，《中国农民》1926年第1期。

③ 冯天瑜：《“封建”考论》，武汉大学出版社2006年版，第289—290页。

④ 《毛泽东选集》卷二，东北书店1948年版，第206页。

建社会的基本特征，在理论上有效地阐明了近代中国的两大主要矛盾：帝国主义与中华民族的矛盾、封建残余与人民大众的矛盾，并在此基础上，全面分析了中国革命的对象、任务、动力、性质前途等基本问题。

在《新民主主义论》中，在《中国革命和中国共产党》的基础上，毛泽东对当时的中国社会形态界定作了补充性阐释。毛泽东明确指出："不论是在沦陷区与非沦陷区，都是封建制度占优势的社会"①，这无疑将"半封建"中不大容易界定的"半"定义清楚了。对于中国社会的发展趋向，毛泽东从中国革命和世界革命的关系出发，提出了新民主主义革命论和新民主主义社会论，对无产阶级政党领导的半殖民地半封建社会条件下的工农革命进行了更为准确的概括；同时，毛泽东从经济、政治、文化三个层面，对新民主主义革命的策略进行了分析，对新民主主义社会建设进行了阐释，提出了两步走的革命战略，对《中国革命和中国共产党》一文中阶级分析的补充，进一步阐明了中国革命的性质、策略、目标和步骤等基本问题。

以上是我们熟知的毛泽东有关中国社会性质和革命战略的基本话语体系，但毛泽东在其中采用的话语策略值得进一步分析，这有助于对毛泽东有关中国社会形态演变和社会发展趋向的理解。本书第二章提出《中国革命和中国共产党》一文采取了预设、否定、转化的话语策略，这三项策略对其他著作仍然是适用的，这里不再赘述。这里要讨论的，是毛泽东对有关中国社会性质和革命策略的不同话语所采取的策略。

中国社会性质论战和中国社会史论战虽然轰轰烈烈，但却并未真正解决近代中国的社会性质和革命策略问题，学者们给出的答案南辕北辙，在一些最基本的理论上，学者们的观点也是分歧深刻。正如阿里夫·德里克所言，在争论中，中国的马克思主义者"总是急于指责对方无知，偏离事实，但又从不精确地阐发他们自己的理论前提"，在论证自己的观点时，他们又总是"让一些唯物主义的理论前提凌驾于另一些理论前提之上"②。中国的马克思主义者有选择地使用马克思主义经典作家的论述，对相同的事实和数据，不同的人能够作出完全相反的解释，并讥笑对方缺

① 《毛泽东选集》卷二，东北书店1948年版，第235页。

② 阿里夫·德里克：《革命与历史：中国马克思主义史学的起源》（1919—1937），江苏人民出版社2004年版，第68、69页。

乏理论素养。尤为典型的是决定社会性质的标准问题，各派学者都从马克思主义经典作家的著作中寻章摘句，但观点却完全不同。主张封建社会论的学者强调剥削方式对社会性质的决定作用，资本主义社会论者将交换作为生产关系的核心，特殊社会论者则强调商业资本对生产关系和上层建筑的影响。对于这些争论，在延安的、参加过论战的马克思主义学者是清楚的。中共的马克思主义知识分子面临的问题是，除了泛泛地批驳论敌的立场错误，指责对方歪曲了马克思历史唯物主义之外，他们又很难拿出扎实的论据来证明对方是错误的。因为，马克思的文本确实存在着张力和解释的多元性，中国社会又存在着超出一般社会的复杂性。

毛泽东的话语策略是绕开这些争论不休的、让人烦恼的问题。在《中国革命和中国共产党》和《新民主主义论》中，毛泽东单刀直入，直接分析阐述中国的社会形态演进、中国封建社会的特征和近代中国社会的属性与特征，绕开了社会性质的决定问题和区分不同社会形态的标准等问题。从理论上讲，事物的特征并不是决定事物属性的根本因素，换言之，什么是封建社会、中国为什么长期处于封建社会、近代中国为什么是半殖民地半封建社会等基本问题，毛泽东并未在文中以历史唯物主义的基本理论作答，用德里克的话说，就是毛泽东并未清楚地交代他的马克思主义的理论前提。

但这并不意味着毛泽东这些文本所包含的观点没有根据，或者说就是错误的，这只是一种话语策略而已，目的在于通过话语的预设，绕开那些已经证明会让人争论不休的问题。不过，毛泽东并未就此停步，他的话语策略不仅是要绕开这些问题，而且要发展一种更具统摄性的话语体系来解释社会性质的决定因素，区分不同的社会形态——这就是矛盾理论。

毛泽东在《矛盾论》中已经提出：

> 任何过程如果有多数矛盾存在的话，其中必定有一种是主要的，起着领导的、决定的作用，其他则处于次要和服从的地位。因此，研究任何过程，如果是存在着两个以上矛盾的复杂过程的话，就要用全力找出它的主要矛盾。捉住了这个主要矛盾，一切问题就迎刃而解了。①

① 《毛泽东选集》第1卷，人民出版社1991年版，第322页。

> 事物的性质主要地是由取得支配地位的矛盾的主要方面所规定的。取得支配地位的矛盾的主要方面起了变化，事物的性质也就随着起变化。①

有了这个理论前提，毛泽东自然不需要跟着中国社会史论战和中国社会性质论战的各方观点起舞，他已经找到了自己所理解的马克思主义普遍真理。毛泽东的表述简洁明了：

> 封建社会的主要矛盾，是农民阶级和地主阶级的矛盾。②
>
> 帝国主义和中华民族的矛盾，封建主义和人民大众的矛盾，这就是现时中国社会的主要的矛盾。③

既然是主要矛盾决定事物的性质，那农民阶级和地主阶级的矛盾，就决定了中国社会长期以来属于封建社会；鸦片战争后，主要矛盾演变为帝国主义和中华民族的矛盾，封建主义和人民大众的矛盾，中国社会的性质自然就是半封建半殖民地。半殖民地半封建社会还不是现代意义上的民族—国家，但它为现代意义上的民族—国家的生长提供了话语基础，其核心就是有关农民革命的话语。毛泽东在《〈共产党人〉发刊词》中作了总结性的表述：

> 由于中国是半殖民地半封建的国家，政治、经济、文化各方面发展不平衡的国家，半封建经济占优势而又土地广大的国家，这就不但规定了：中国现阶段革命的性质是资产阶级民主革命的性质，革命的主要对象是帝国主义与封建主义，革命的动力基本的是无产阶级、农民阶级与城市小资产阶级，而在一定的时期中，一定的程度上，还有民族资产阶级等等这样许多的东西，而且规定了：中国革命斗争的主要形式是武装斗争。④

① 《毛泽东选集》第1卷，人民出版社1991年版，第323页。
② 《毛泽东选集》卷二，东北书店1948年版，第208页。
③ 同上书，第214页。
④ 同上书，第197页。

第二节　农民主体地位与现代民族—国家的建构

半殖民地半封建社会的一个重要特征是农民占人口绝大多数，没有占人口绝大多数的农民的主体地位，民族—国家的构建只能停留在精英规划的蓝图中，换言之，要建构现代意义上的民族—国家，农民的主体地位问题必须优先得到重视和解决。

一　农民主体地位的意识形态基石：民族主义

美国学者查尔斯·梯利在其主编的《西欧民族国家的形成》一书中提出，民族形成主要体现为公民对民族国家的认可、参与、忠诚并承担义务。英国学者安东尼·吉登斯认为，民族—国家的本质特征在于“反思性监控”的全面化：“民族国家存在于由其他民族国家所组成的联合体中，它是统治的一系列制度模式，它对业已划定边界（国界）的领土上实施行政垄断，它的统治靠法律以及对内外部暴力工具的直接控制而得以维护。”① 梯利和吉登斯指出了民族—国家与个人或阶级之间的关系：自愿认同和强制服从——民族的角度强调自愿认同，国家的角度则强调强制服从。

民族国家与民族主义之间存在直接的关系。民族主义是以民族为核心符号，以建构和发展民族国家为基本诉求的一种意识形态。盖尔纳广为人知的定义对于我们理解民族主义是有益的：“民族主义首先是一条政治原则，它认为政治的和民族的单位应该是一致的。”② 这一定义的优点在于，它简洁明了地指出了现代民族主义的本质是政治，现代民族主义主要是一种政治民族主义（但这并不否定它也包含有文化民族主义的内容），现代民族主义是和民族—国家建设紧密联系在一起的。英国著名的马克思主义史学家埃里克·霍布斯鲍姆就毫无保留地接受了盖尔纳的这一定义。③

近代中国民族主义的兴起原因是复杂的。其一，它与中国传统的华尊

① 安东尼·吉登斯：《民族—国家与暴力》，三联书店 1998 年版，第 147 页。

② 厄内斯特·盖尔纳：《民族与民族主义》，中央编译出版社 2002 年版，第 1 页。

③ 埃里克·霍布斯鲍姆：《民族与民族主义》，上海人民出版社 2000 年版，第 9 页。

夷卑、强调华夷之辨有关。其二，与西方民族主义的输入有关，梁启超、孙中山等学者和政治家在整合传统的民族主义资源和输入西方民族主义学理上作出了重要贡献。[①] 其三，选择民族主义与近代中国的苦难遭遇直接相关，“国家的生存是一个紧迫的问题”，“一旦国家的生存和兴旺被确定为首要的目标，民族主义的主题就一直占主导地位”。[②] 其四，选择民族主义也与革命知识分子的特点与寻求自身出路的诉求有关，正如罗志田所言：“从社会学的角度看，民族主义运动有其特殊的吸引力。边缘知识青年在其中找到自身价值的实现，从不值一文的白丁（nobody）变成有一定地位的人物（somebody），国家的拯救与个人的出路融为一体。精英知识分子也在这里发现一个选择，即通往回归到与大众和国家民族更接近的路径，在某种程度上也可说是从边缘回归到中央的可能。”[③]

民族主义不仅有抗议、排外、御外及以民族国家名义压迫个人自由等“破坏”的一面，“作为一种权力话语，在其形成中民族主义不只是否定的；它也有肯定的一面，它寻求新秩序替换殖民统治，即由本民族统治的新秩序”[④]，民族主义“与现代性变迁、民族建国特别是国家建设密切相关”[⑤]。盖尔纳提纲挈领地指出：“是民族主义造就了民族，而不是相反。”[⑥] 研究民族主义的学者普遍认为，民族主义具有两面性，“一方面，它引发为祸甚烈的民族侵略性，另一方面它也引发启蒙的民主理想”[⑦]。这些既是对欧洲民族国家形成的历史经验总结，也是对民族主义建设的一面（及破坏的一面）相当精当的概括。

张灏认为，20世纪的中国是民族主义的天下，它“并不属于某一个

---

① 参阅郑大华《略论中国近代民族主义的思想来源及形成》，载郑大华、邹小站主编《中国近代史上的民族主义》，社会科学文献出版社2007年版，第1—25页。

② 费正清主编：《剑桥中华民国史》（上），中国社会科学出版社1994年版，第459—460、459页。

③ 罗志田：《权势转移：近代中国的思想、社会与学术》，湖北人民出版社1999年版，第240—241页。

④ 帕尔塔·查特吉：《民族主义思想与殖民世界：一种衍生的话语？》，译林出版社2007年版，第53页。

⑤ 翁贺凯：《民族主义、民族建国与中国近代史研究——“西方学理”与中国问题》，载郑大华、邹小站主编《中国近代史上的民族主义》，社会科学文献出版社2007年版，第375页。

⑥ 厄内斯特·盖尔纳：《民族与民族主义》，中央编译出版社2002年版，第73页。

⑦ 安东尼·吉登斯：《民族—国家与暴力》，三联书店1998年版，第262页。

特定的运动，或者特定的思想流派，而是到处弥漫的思想氛围”[①]。民族主义对中国共产党而言，不仅仅是呼吁民众抵御外辱的意识形态工具，更是建构自身话语的重要依据和内容，可以说，民族主义是中国化马克思主义的底色。尼赫鲁写道：“民族主义，无论在过去，就是在今天的印度都是非有不可的，它是一种自然而且健康的生长。在任何被奴役的国家中民族自由是最首要最基本的要求……”[②] 对同样处于被奴役地位的中国来说，这句话也是适用的。民族主义对革命的重要性更不言而喻，正如美国学者亨廷顿所言：“民族主义是凝结革命联盟的水泥，是革命运动的引擎。”[③]

对农民问题而言，民族主义在建构农民革命话语中起了十分重要的作用，而民族主义也必须将农民纳入自己的话语体系才能获得力量。查特吉通过对印度民族主义的研究，认为在庞大的农业国家中，狭隘的知识精英阶层统治论不可能解决民族主义政治的中心问题，民族国家“作为一个政治实体出现，首要的就是要将民族主义政治转向农民阶层”；“民族主义的纲领必须突出主要的农民问题，并说明一个真正的民族国家的创建应该怎样，才能意味着农民问题有了一个令人信服而符合理性的解决”。[④] 盖尔纳认为：“民族主义的象征来自农民、民众那种健康、纯朴、充满活力的生活。”[⑤] 汉娜·阿伦特从欧洲民族国家的产生历史指出：“从社会学的观点来看，民族国家乃是欧洲农民阶级解放后，才拥有的政治体系，这项观点足以解释为何直到19世纪中叶民族才能在这些国家里保持着稳定的地位，换句话说，直到农民真正代表民族目标，民族国家才会稳固……普遍征兵制促使西方民族国家的打造并且酝酿民族主义达于高峰，此民族主义是那解放的、根植于泥土的农民阶级所酝酿产生的。”[⑥] 美国学者查尔莫斯·约翰逊（Chalmers Johnson）在其著作《农民民族主义与共产主义政权：1937—1945年中国革命的复苏》一书中，提出了“农民民族主义”（peasant nationalism）这一概念。约翰逊认为，中国农民身上承受的

---

① 张灏：《幽暗意识与民主传统》，新星出版社2006年版，第172页。

② 贾瓦哈拉尔·尼赫鲁：《印度的发现》，世界知识出版社1956年版，第52页。

③ 塞缪尔·亨廷顿：《变化社会中的政治秩序》，三联书店1989年版，第281页。

④ 帕尔塔·查特吉：《民族主义思想与殖民世界：一种衍生的话语?》，译林出版社2007年版，第108、213页。

⑤ 厄内斯特·盖尔纳：《民族与民族主义》，中央编译出版社2002年版，第76页。

⑥ 汉娜·鄂兰：《帝国主义》，台北联经出版事业有限公司1982年版，第158页。

压力（如经济剥削、中共的意识形态灌输、军阀混战）并不能激起大规模的农民运动，而日本的入侵和日军的兽行却唤醒了农民，使得农民团结起来，并把自己放在了共产党的位置，参与到中共领导的抗日斗争之中，努力实现民族主义目标；同时，民族主义使得前政治（Pre-political）的农民运动中具有的专制倾向理性化，中共则靠熟练操控民族主义神话获得了合法性，这也为它最终夺取全国政权奠定了基础。用农民民族主义来解释中国的共产主义革命风行一时，一度成为一个中国共产主义政权研究领域的新范式。[①] 虽然有一些学者对约翰逊的农民民族主义说持批评态度，如拉尔夫·萨克斯顿（Ralph Thaxton）认为中国农民根本就没有西方的民族主义观念，但对中共而言，民族主义确实是获得民众支持的重要一环，也是建构自身话语体系和合法性的重要手段。

在农民的国度，民族问题实质上就是农民问题，这是毛泽东所赞同的。民族主义建设性的方面，就是为构建农民的主体地位提供方向和指引。与其他国家的情况类似，在中国革命的进程中，民族主义的这种建设性主要是通过革命与启蒙及“传统的发明”两种方式展开的，在此基础上，民族—国家才能得以创生。

二　农民主体性的生成：启蒙与革命

从古典的理性主义的角度讲，启蒙就是“人之超脱于他自己招致的未成年状态”，而“未成年状态是无他人底指导即无法使用自己的知性的那种无能”。[②] 能否成为历史的主体，关键在于他能否得到启蒙，摆脱传统的非理性的思维方式，获得一种新的理性的思维方式，从而能够自主地使用自己的知性。对于农民而言，所谓启蒙，无非就是从传统人向现代人转变，从而获得主体性和现代性的过程。

“五四运动”无疑是近代中国最为引人注目的启蒙运动，以毛泽东为首的相当部分的中共领导人或者亲身参与了这场启蒙运动，或者受到过这

---

① 参阅 Peppe , Suzanner, “The Political Odyssey of an Intellectual Construct: Peasant Nationalism and the Study of China ' s Revolutionary History: A Review Essay”, *The Journal of Asian Studies*, Vol. 63, No. 1 (Feb. , 2004), pp. 105 - 125。农民民族主义观虽然在美国的中国研究领域盛极一时，但由于其理论基础的脆弱性，兼之难以得到事实的有效支持，在严厉的学术批判下，一段时间后即走向式微，但美国从事中国研究的学者对民族主义在中国革命中的地位及其与中共的关系是肯定的。

② 康德：《康德历史哲学论文集》，台北联经出版事业公司 2002 年版，第 27 页。

场启蒙运动的深刻影响。随着“五四运动”而来的轰轰烈烈的革命，与启蒙有着复杂的关系。中国近代史上启蒙与革命的关系，一直是学者热烈讨论的问题。比较有代表性的观点是启蒙与救亡（革命）悖反论。李泽厚首先提出了这一个“重要的有趣的发现”，他认为，启蒙与救亡（革命）是近代中国历史发展的两大主题，但五四以后，政治救亡的主题压倒了思想启蒙的主题，“救亡的局势、国家的利益、人民的饥饿痛苦，压倒了一切，压倒了知识者或知识群体对自由、平等、民主、民权和各种美妙理想的追求和需要，压倒了对个体尊严、个人权利的注视和尊重”①。姜义华提出了一种与李泽厚稍微不同的观点，他认为，近代中国并不是“救亡压倒启蒙”，启蒙运动并不是没有了，实际上，中国近代的启蒙运动一直都在，但这种启蒙是“理性缺位”的启蒙，之所以出现这种情况，是因为近代中国的启蒙运动受制于现代化运动与农民运动，而这两个运动又是性质和方向都不同的两种运动，在价值取向和行动实践上，“启蒙运动所希望改变的，却往往正是农民运动所坚持的；启蒙运动所希望达到的，却往往只是农民运动所希望去除的”②。姜义华认为，近代中国的革命历史基本上就是一部农民革命的历史，以“每日每时不断自发产生”③封建主义、阻碍资本主义发展的小生产的中国农民为主体的运动，自然是“理性缺位”的。

无疑，李泽厚、姜义华等学者坚持的是欧洲古典的启蒙思想，带有欧洲中心主义和精英主义的色彩。这种观点虽然并非全无道理，但它无疑将救亡（革命）与启蒙、现代化运动与农民运动作了二元对立的、简单化的处理，将农民主体性、现代性的获得的渠道仅仅理解为精英对民众的教育，当然，更为重要的是，这种观点没有真正理解近代中国民族—国家建构这一根本任务和背景。在启蒙与民族—国家的关系问题上，杜赞齐的观点值得我们记取：“启蒙历史使民族国家把自己看做是一个存在于传统与现代、等级与平等、帝国与民族国家的对立之间独特形式的共同体。在此框架内，民族成为一个体现能够推翻历史上被认为仅代表自己的王朝、贵

① 李泽厚：《中国现代思想史论》，天津社会科学院出版社2004年版，第27、28页。

② 姜义华：《“理性缺位”的启蒙》，上海三联书店2000年版，第25页。

③ 同上书，第24页。

族专制以及神职和世俗的统治者道德和政治力量的新的历史主体。”① 换言之，对急需树立自信心，进行自我革命的民族来讲，启蒙的目的不应该是在全盘否定的基础上的重新建构，而是重新认识自己的民族和人民，发现他们的优点，塑造他们的主体地位，激发他们的主体性。

首先要指出的是，启蒙与革命并不绝对矛盾，在某种意义上，革命就是一种启蒙。我们应将农民的启蒙看作是一个参与的过程，将农民的启蒙视为农民自身优点和主体性的发现过程，而不是被动接受教育和思想洗礼的过程；同时，我们也要重视话语体系对农民启蒙的作用，也就是说，要承认话语对农民主体性、现代性的塑造意义。这里以国民性理论为例进行说明。

国民性是与近代中国启蒙运动关系密切的一个重要概念。刘禾在其著作《跨语际实践——文学、民族文化与被译介的现代性》中，对国民性这一话语作了引人入胜的分析。据刘禾考证：“有关国民性的概念最初由梁启超等晚清知识分子从日本引入中国时，是用来发展中国的现代民族国家理论的。”② 在“五四新文化运动”中，启蒙学者对中国国民性的讨论达到一个高潮。“新文化运动中的‘现代性’理论把国民性视为中国传统的能指，前者担负后者的一切罪名。‘批判国民劣根性’于是上升为批判传统文化的一个重要环节。”③ 作为中共同路人的鲁迅，对中国国民性作出了最有影响的刻画，尤其是其著作《阿Q正传》，被誉为对中国国民性进行了最为深刻的描写。

“国民性是‘现代性’理论中的一个神话。”④ 在启蒙思想家那里，国民性这个“神话”具有破坏和建设双重作用：一方面，国民性话语的目的在于揭露中国人的“劣根性”，破坏中国人传统的落后的性格和思想，并解释自鸦片战争以来中国遭受屈辱的原因；另一方面，“对于启蒙本身，要想确立其普遍理想的统治权，它就需要他者”⑤，而国民性话语

① 杜赞齐：《从民族国家拯救历史：民族主义话语与中国现代史研究》，社会科学文献出版社2003年版，第2页。

② 刘禾：《跨语际实践——文学、民族文化与被译介的现代性》，三联书店2002年版，第76页。

③ 同上书，第78页。

④ 同上书，第103页。

⑤ 帕尔塔·查特吉：《民族主义思想与殖民世界：一种衍生的话语?》，译林出版社2007年版，第25页。

无疑具有制造“他者”的功能，它将中国人尤其是广大农民塑造为有病的人、具有劣根性的人，启蒙的任务就是医治这些“有病”的人，将他们改造成为符合现代社会要求的“正常”的人。对于民族来讲，国民性话语是残酷的，因为在操持国民性话语的启蒙思想家看来，“愚弱”的民众、“未开化”的民族是死不足惜的。正如杨念群所指出的，一方面，“‘国民性’的隐喻话语弥散开来，就像无孔不入的细菌一样到处渗透”，国民性话语中的“疾病”隐喻“不仅塑造了中国人想象自身与世界的方式，而且同时建构出了中国在建立现代国家时所采取的行为技术和制度体系”。[①] 但另一方面，国民性话语又时时表现出温情的一面，它总是试图“治病救人”，以现代的理性来医治和充实这些“愚弱”的民众和民族，以争得自身的生存权。鲁迅对此进行了最为直白的说明：

> 凡是愚弱的国民，即使体格如何健全，如何茁壮，也只能做毫无意义的示众的材料和看客，病死多少是不必以为不幸的。所以我们的第一要著，是在改变他们的精神，而善于改变精神的是，我那时以为当然要推文艺……[②]

国民党于1934年开始发起的新生活运动，虽然其对国民性为何如此低下的原因解释与启蒙思想家有所不同，但它却可以看作是国民性话语在政治层面的一个反映，也是国民性话语在国家层面的实践。蒋介石在其手订的《新生活运动纲要》中，对中国的国民性作了最为严厉的批判：

> 今日吾国社会，一般心理，苟且萎靡，其发现于行为者，不分善恶，不辨公私，不知本末。善恶不分，故是非混淆；公私不辨，故取予不当；本末不明，故先后倒置。于是官吏则虚伪贪污，人民则散漫麻木；青年则堕落放纵，成人则腐败昏庸；富者则繁琐浮

① 杨念群：《再造“病人”：中西医冲突下的空间政治》（1832—1985），中国人民大学出版社2006年版，第4、6页。

② 鲁迅：《呐喊·自序》，《鲁迅全集》第一卷，人民文学出版社2005年版，第439页。

华，贫者则卑污混乱。其结果遂使国家纲纪废弛，社会秩序破坏，天灾不能抗，人祸不能弥，内忧洊至，外辱频仍，乃至个人、社会、国家与民族同受其害，若长此不变，则虽欲苟延其鄙野的非人的生活亦不可得。故欲繁衍我群众之生命，保障我社会之生存，发展我国民之生计，非将上述各种病态，扫除而廓清之，并易之以合理的新生活不为功。①

在对中国国民性批判与重建问题上，启蒙思想家和蒋介石无疑有一致之处，但与启蒙思想家对中国传统的否定、对西方文明的赞美不同，蒋介石对中国的传统思想文化持肯定态度。蒋介石认为，中国社会风气败坏、民族道德堕落的原因不在于中国传统本身，而是因为“最近百年来中国在不平等条约压迫之下”②，也就是说，是西方人败坏了中国人的心灵和美德；所不同的是，启蒙思想家的批判和构想只停留在口头和纸面上，而蒋介石却将自己的批判和构想付诸了实践。蒋介石求助于中国传统的儒家传统和当时德国、意大利的法西斯主义，试图以“礼义廉耻”为核心，通过开展守时运动、民众识字运动、工读运动（如贩卖书报等）、体育运动、群育运动、社会卫生运动、提倡合作运动、促进保甲运动提倡科学运动等21项运动，实现民众衣食住行的“三化”，即生活军事化、生活艺术化、生活生产化，以奠定“中华民族复兴之基础”。③“新生活运动是蒋介石和蓝衣社试图把他们的精神——法西斯精神——输入中国人民中间的尝试之一。但这是一个隐蔽的目标，为了实现他改造国家的要求，蒋介石

① 行政院新闻局印行：《新生活运动》，1947年12月，第59页。在《中国之命运》一书中，蒋介石对中国国民性的卑弱进行了总结性的揭露和批判，蒋介石认为：“我们分别检讨社会上的习尚，立即可以看见一般国民无秩序的恶习，则表现其放荡浪漫的现象；无条理的颓风，则表现其杂乱胡涂的现象。人人不笃实，事事不敏捷。处处皆见其轻浮虚伪，与疲玩怠惰的心理。因循苟且，徘徊瞻顾，丧失信念，不下决心。损人利己，重私轻公，不知社会国家为何物。礼义扫地，廉耻荡然。民族道德之堕落，可以说莫此为甚！”中国国民党中央委员会党史委员会印：《先总统蒋公思想言论总集》卷四，1984年，第39页。

② 蒋介石：《中国之命运》，中国国民党中央委员会党史委员会印：《先总统蒋公思想言论总集》卷四，1984年，第39页。

③ 参阅行政院新闻局印行《新生活运动》，1947年12月，第67—69页；朱元懋编：《新生活运动章则》（上），南京正中书局1935年版，第12—16页。不同时期新生活运动的具体内容有所不同，如在抗日战争时期，根据实际的需要，新生活运动又有一些新的项目，如伤兵慰问运动、征募物品运动、抢救难童运动等。

运用了儒家学说，乃至基督教。”① 为完成重塑中国国民性的重任，蒋介石亲自担任新生活运动促进会会长，蒋妻宋美龄也是新生活运动的指导长之一。虽然蒋介石和国民党对新生活运动评价颇高，但它无疑是一次失败的运动，新生活运动是“一场无益且又颇具滑稽色彩的尝试”，“对许多研究者来讲，这一运动似乎证明国民党完全离开了国家的需要，也证明蒋介石仅仅是个‘旧式的儒家信徒’”。②

乡村建设派对农民的思想启蒙也着力甚多。具有代表性的乡村建设主要有两派：一为晏阳初为代表的平民教育派，一为梁漱溟为代表的村治派。总的来说，乡村建设是以人为本的，充满了启蒙的思想和精神，核心是对民族命运的关心。正如晏阳初所言，中国的生死问题，“是民族衰老，民族堕落，民族涣散，根本是‘人’的问题”，“中国的农村运动，担负着‘民族再造’的使命”。③ 不过，村治派和平民教育派新村建设的具体路数却有很大不同，时人就已指出，邹平、定县的乡建事业，“目的固然相同，而其精神与方法则颇互异”，“乡建院有齐鲁古风，平教会浓西洋习气”。④ 晏阳初持西方古典理性主义的启蒙观，对中国传统和中国农民持否定态度。晏阳初认为，定县研究的结果，说明中国农民有四大基本问题：愚、穷、弱、私，这四大问题自古就有，病得非常严重：农民作为中国的主人，“害了几千年积累而成的很复杂的病，而且病至垂危”，现在面临着“有无起死回生的方药问题”⑤。解决这四大基本问题的方法是“四大教育”：文艺教育、生计教育、卫生教育、公民教育，用文艺教育解决愚的问题，培养农民的知识力；用生计教育解决穷的问题，培养农民

① 易劳逸：《流产的革命：1927—1937年国民党统治下的中国》，中国青年出版社1992年版，第84页。按美国学者柯伟林教授的看法，蒋介石之所以接受法西斯主义，与当时中国社会普遍赞许法西斯主义和蒋介石本人对于德国国家主义的领悟有关，也与国民党的“训政”政治有关。“对许多中国人来说，法西斯主义是中国借来用于本身争取国内统一和国际自主的某种手段。”知识分子本来是应当趋向于民主政治的，但当时中国的知识界除胡适等少数人之外，大多主张或拥护独裁，而“国民党‘训导’全民，最终目的不过于此”（柯伟林：《蒋介石政府与纳粹德国》，中国青年出版社1994年版，第185、190页）。这也说明，蒋介石和国民党的“启蒙”运动完全走向了启蒙的反面。

② 易劳逸：《流产的革命：1927—1937年国民党统治下的中国》，中国青年出版社1992年版，第82、83页。

③ 《晏阳初全集》（一），湖南教育出版社1992年版，第294页。

④ 袁植群：《青岛、邹平、定县乡村建设考察记》，成都开明书店1936年版，第126、127页。

⑤ 《晏阳初全集》（一），湖南教育出版社1992年版，第294页。

的生产力；用卫生教育解决弱的问题，培养农民的强健力，用公民教育解决私的问题，培养农民的团结力。①

梁漱溟服膺儒家文化，对中国农民的认识与晏阳初截然不同。梁漱溟肯定中国传统文化，对传统文化的载体——农民也持肯定和同情态度。梁漱溟认为，乡村作为中国之本，原本是和谐的，只是到了“近百年来，世界大交通，西洋人东进，老的中国社会为一新环境所包围”②，中国乡村才日益破坏起来。梁漱溟强调中国社会的特殊性和中国人文化、心理的特殊性，认为中国人本身就是最理性的一群，不同意以西方的启蒙思想来看待中国的农民。同时，梁漱溟也不同意晏阳初将中国乡村的问题归结为农民（中国）自身的问题的看法，强调中国（乡村）的问题实际上是“全由外来”。比如，在中国人是否自私这个问题上，梁漱溟便与晏阳初针锋相对：

> 近些年来一般人都骂中国人自私，甚至举以与贫、愚、弱共列为四大病，俨然自私是中国人的定评；其实完全误会了。难道中国人从血里便带来自私吗？断不会有某一民族先天性性地格外自私的事！不过中国社会构造恰与西洋不同，从而养得的习惯也两样。③

梁漱溟认为，在西方文化的冲击下，中国农民比工商业者更有资格代表中国的传统文化，代表着“中国民族自救运动之最后觉悟”。梁漱溟强调农民相对于城市工商业者的优越性：第一，从工作对象、生产方式、家庭生活形态看，农民比工商业者更加理性，“农民的宽舒自然的性情，很适于理性的开发”；“从乡村入手，特别适合于理性的发挥”。第二，与都市的狭小自私相比，“乡村则比较能引起地方公共观念”，容易形成团体，适合开展社会自治。第三，中国社会传统的伦理、情谊，“在乡村里还有一点，不像都市中已被摧毁无余”，“礼失而求诸野”，中华民族的自救与复兴，必须依靠乡村的伦理资源。④ 不过，梁漱溟赞美的不是具体的农民、普通的农民，而是抽象的农民、上层的农民。梁漱溟不时表现出一种

① 参阅《晏阳初全集》（一），湖南教育出版社 1992 年版，第 434 页。

② 梁漱溟：《乡村建设理论》，上海人民出版社 2006 年版，第 10 页。

③ 同上书，第 48 页。

④ 同上书，第 151—155 页。

矛盾心态，他认为，不仅中国革命是由接受了西方思想的革命知识分子引起的，文化改造、民族再造的任务也只能由他所认为的那些具有文化和美德的知识分子和农村中的上层人士来完成，农民（及工人）只是知识分子和农村上层人士工作（革命）的对象而已，而不是可以依靠的革命动力。梁漱溟说：

> 在中国现适合受压迫剥削最甚者，即于知识智力最低者。他不但没有新知识而已，同时他大半是离开外面世界最远者，陶铸于旧习惯最深者。他不动则已，动则为翻转回去的动。天下岂有问题中正主人，其解决问题的方向，走向反面去者？与其认他为解决中国的动力，不如说他正是中国问题的对象，前所谓文化改造民族自救，其功夫正要在他身上做也。①

梁漱溟认为，中国的革命者，并不在那些占人口多数的被压迫的知识低下的人，相反却正是那些“少数可以压迫剥削他人以自了之人”。② 总的来说，在依靠谁这个问题上，梁漱溟与晏阳初等乡村建设派人士还是一致的。

新生活运动、乡村建设运动无疑都与启蒙和国民性话语相关，但它们又展现出了启蒙和国民性话语的多种面向。新生活运动是以一种极端的（也是启蒙思想家很难设想的）方式实施启蒙，达到改造国民性的目的，它暴露了启蒙话语和国民性话语的问题所在：在理论上，国民性话语与启蒙存在巨大的张力，国民性话语可能会借用启蒙的外衣，但却置换启蒙的内容，导致没有启蒙思想的“启蒙”；在实践上，对现实的民族和民众的思想、个性持否定态度的国民性话语，不仅创造不出历史和革命的主体来，完不成构建民族—国家的历史任务，而且，它还有可能走向事物的另一端——为独裁政治张目，走上与启蒙相悖的道路。对乡村建设运动而言，无论是秉持西方传统启蒙精神的平民教育派，还是强调中国传统文化的村治派，虽然强调“乡村问题的解决，天然要靠乡村人为主力”，但它的精英主义取向却使得它天然地倾向于农村的上层人物，广大中下层农民

① 梁漱溟：《乡村建设理论》，上海人民出版社 2006 年版，第 267 页。

② 同上书，第 267 页。

仍然是他们眼中的"他者"，历史主体地位并没有得到真正的确立，"其结果与乡村建设者的初衷相反，依靠地主阶级的政治路线不仅没能推进乡村建设运动，相反导致了'号称乡村运动而乡村不动'的局面出现"。[①] 农村派就此辛辣地讽刺梁漱溟乡村建设中的"新治道""说穿了不过是孔夫子的'民可使由之，不可使知之'的老把戏"，骨子里的目的还是要维持现存乡村秩序，只不过形式更加巧妙而已，实质上却是阻碍中国发展的一条歧路。[②] 梁漱溟也"幻想着一种民族化运动以反对国家化"，"希望通过一种含糊不明的过程使社会吞没国家，使国家变成一种社会，这样也就实现了古代儒家'政府家庭化'的理想"，[③] 对作为儒者的梁漱溟来讲，将这种思想贯彻到乡村建设中理所当然，但遗憾的是，这种思想与现代—民族国家建设的历史趋势相悖，这也决定了它最终难逃失败的命运。

新生活运动和乡村建设运动的失败说明了两点：第一，忽略革命内容的启蒙并不能实现启蒙者的初衷，启蒙思想家最为迫切的目标——通过启蒙实现民族和个体的主体性、现代性的愿望不仅不能达成，相反，它还会给启蒙带来耻辱和失败。如金冲及等学者所言，近代中国历史的一个重要特点是"救亡唤起启蒙"，是一种"救亡式启蒙"，[④] 或者说，革命是启蒙的动力所在，是革命的需要导致了启蒙的开展，抛开了革命的启蒙将会动力不足，也会导致方向偏离。新生活运动的法西斯主义色彩，就是启蒙脱离革命的结果，以至于中共在抗战时期还要在社论中提出"中国思想界的中心任务，就是从思想上彻底打垮和消灭法西斯主义"，并隐晦地谴责抗战阵营内的国民党"宣传法西斯主义或其亚种"[⑤]。第二，启蒙知识分子秉持的启蒙话语和国民性话语无疑是精英主义的，它的一个重要特征是将广大民众尤其是农民塑造为"他者"，认为只有通过启蒙和国民性改造才能生成民族和民众的现代性、主体性，但这种精英主义的、全然否定的启蒙理念本质上是启蒙知识分子所秉持的话语霸权，它虽然热切地盼望

---

① 郑大华：《民国乡村建设运动》，社会科学文献出版社 2000 年版，第 537 页。

② 千家驹：《中国的歧路——评邹平乡村建设运动》，《中国农村》第一卷 1935 年第 7 期。

③ 艾恺：《最后的儒家——梁漱溟与中国现代化的两难》，江苏人民出版社 1996 年版，第 280、281 页。

④ 金冲及：《救亡唤起启蒙》，《人民日报》1988 年 12 月 5 日。

⑤ 《解放日报》社论：《中国思想界现在的中心任务》（1943 年 5 月 5 日），《胡乔木文集》第一卷，人民出版社 1992 年版，第 101 页。

民族和民众的新生，但由于它拒绝了启蒙的建设性内容，结果也就否定了民族和民众已经具有的主体地位和主体性，使得中国历史进程主体的寻找出现了迷失，从而阻碍了中国历史的发展，换言之，我们需要首先承认民众自身具有主体性和革命性，才能真正实现启蒙和革命。① 费孝通曾经对晏阳初“传教式”的教育哲学提出批评。费孝通认为，晏阳初一贯认为中国农民“愚穷弱私”，这实际上是说中国农民所遭受的欺凌是因为“自己的没有出息，咎由自取”②，费孝通不认同晏阳初的这种观点。费孝通指出：

> 他（晏阳初——引者）对于“教育”本身的看法是值得怀疑的。如果我没有误解他的立场，我想说，他是以传教的精神去了解教育的。所谓传教精神是先假定了自己“是”去“教育”别人的“不是”。传教就是“以正克邪”，被传的对象在没有皈依宗教之前，或是说没有弃邪归正之前，满身都是罪恶。所以晏先生先得认定了“愚贪弱私”的罪恶，然后可以着手“教育”：以知识去愚，以生产去贫，以卫生去弱，以组织去私。③

费孝通说，他“实在并不能同意晏先生认为中国农民到现在还没有‘自觉’”这种说法，费孝通认为，作为教育者，首先就要承认“农民是有自觉的”，而不是自己去“使农民觉悟”，④ 不遵循这个基本的观点，他的改造计划就会“架空”。费孝通对晏阳初的批评是有道理的。

中国共产党与启蒙运动的关系十分密切。包括毛泽东在内，党的不少领导人都经过中国的启蒙运动“五四运动”的洗礼，对启蒙运动有切身的体会和认识，启蒙思想对他们的影响是深刻的；同时，党所坚持的马克思主义也并不简单地反对或者赞成启蒙。值得一提的是，毛泽东的政治秘书陈伯达在进入延安之前，还在北平发起了“新启蒙运动”。在延安，陈

---

① 这里并不是否定乡村建设运动和新生活运动，实际上，乡村建设运动虽然离主办者的初衷还有相当距离，但其贡献也不容忽视；国民党开展的新生活运动，在内容、做法和效果上也并非一无是处。

② 费孝通：《评晏阳初〈开发民力建设乡村〉》，《费孝通文集》第5卷，群言出版社1999年版，第504页。

③ 同上书，第505页。

④ 同上书，第506页。

伯达在一段时期内仍然撰写和编辑有关“新启蒙运动”的著作，毛泽东非常欣赏的何干之也参与了“新启蒙运动”，这些有关启蒙的因素，对毛泽东个人思想的发展无疑是有影响的。

刘小枫认为，近代中国的启蒙有两种不同类型：近代自由主义的启蒙和人民民主的启蒙，“马克思主义是现代启蒙思想的转向，主张科学社会主义启蒙，以启发阶级觉悟、民族觉悟和新道德为取向。中国的民族主义（救亡）与社会主义的亲和力推进了社会主义式的启蒙……”① 中国共产党秉持的阶级话语和人民话语，是一种与古典启蒙话语有所不同的启蒙话语体系。不过，既然都属于启蒙话语，也就并不影响毛泽东等中共领导人从启蒙思想和不同的启蒙思想家以及政治派别中吸收养分，同时，这也并不代表着中共与不同的启蒙思想派别没有共同的认知。下面，我们通过对中共与国民党、乡村建设派在启蒙问题上的比较来分析和把握党关于启蒙问题的态度和观点。

其一，民族主义是共同的内核，但对民族主义的认知和表达存在差异。西方经典的启蒙，是人的发现过程，强调启蒙的普世意义。中国的启蒙话语虽然来自西方，但由于历史背景的差异，塑造符合现代民族国家要求的历史主体，追求民族的独立和国家的复兴，就成为启蒙话语的关键内容，民族主义也就成为中国各派启蒙话语的共同内核。查特吉指出：“民族主义否认所谓的殖民地人民是次等人的说法；他们断言落后民族也能使自己‘现代化’，并保留自己的文化认同。这就产生了一种话语，它既挑战殖民的政治统治的主张，又接受‘现代性’这一理智前提……”② 无论是毛泽东、蒋介石还是梁漱溟、晏阳初，无疑都同意这一点，他们都强调自己的任务是实现民族的复兴和民众个体的现代化。不过，值得注意的是，毛泽东、蒋介石、梁漱溟、晏阳初等人对民族主义的认知又有所不同。蒋介石和梁漱溟持道德复古主义和文化民族主义的观点，强调中国传统道德文化的优越性，强调近代以来中华民族、中国民众在西方文化冲击下道德的堕落，试图以中国传统的道德文化来塑造现代性的中国民众，实现民族的觉悟和复兴。晏阳初和蒋介石一样，对近代以来中国的民众尤其

① 刘小枫：《现代性社会理论绪论》，上海三联书店1998年版，第388页。

② 帕尔塔·查特吉：《民族主义思想与殖民世界：一种衍生的话语？》，译林出版社2007年版，第44页。

是中国农民持否定的态度，但他和蒋介石注重道德重建不同，它注重乡村物质方面的改造，试图以经典的启蒙运动方式实现对中国农民的改造，进而达到“民族再造”的目标。中共和毛泽东并不否定中国传统文化的作用，但他们从历史唯物主义出发，认为“一切文化或文艺都是属于一定的阶级”①，中国的传统文化要一分为二，如陈伯达在批判蒋介石的著作中所言：“中国从来显然有两种文化传统的思想：一种是民众的、革命的、光明的；一种是反民众的、反革命的、黑暗的”②，前者才是革命的真正动力，后者是革命的对象而不是复古主义者笔下理想的“极乐世界”。与梁漱溟、蒋介石的文化民族主义不同，毛泽东倾向于政治民族主义，强调阶级斗争，强调通过制度革命来实现民族的独立与复兴。从逻辑上讲，强调制度革命，就意味着要寻找革命的现实力量，如果农民在文化和道德上被视为“他者”，那革命的现实力量就无从寻找，因此，政治民族主义使中国共产党不能像蒋介石、晏阳初那样否定中国农民及其他下层民众。

其二，毛泽东以阶级话语吸收、转化和消解、超越启蒙话语和国民性话语，在吸收启蒙话语合理内核的同时，对启蒙话语和国民性话语进行了一定程度的解构。马克思主义强调阶级性，否认抽象的人性和国民性。如对于人性问题，毛泽东在《延安文艺座谈会上的讲话》中指出：“有没有人性这种东西？当然有的。但是只有具体的人性，在阶级社会里就是带着阶级性的人性，而没有什么超阶级的抽象的人性。”③ 1943 年，毛泽东在一处批语中写道：

> 所谓是非善恶是历史地发生与发展的，历史地发展的相对真理与绝对真理的统一，不同阶级的不同真理观，这就是我们的是非论。道德是人们经济生活与其他社会生活的要求的反映，不同阶级有不同的道德观，这就是我们的善恶论。把人性分为自然性、社会性两个侧面，并承认自然性是无善无恶的，就给唯心论开了后门。④

---

① 《毛泽东选集》卷六，东北书店 1948 年版，第 985 页。

② 陈伯达等：《评〈中国之命运〉》，新华书店晋察冀分店 1945 年版，第 26 页。

③ 《毛泽东选集》卷六，东北书店 1948 年版，第 989 页。

④ 《毛泽东文集》第 3 卷，人民出版社 1996 年版，第 84 页。

毛泽东认为，人“只有一种基本特性——社会性”[1]，而这种社会性是“带着阶级性的人性”，实质上就是阶级性。启蒙的核心是普遍人性的回归，而毛泽东对普遍和抽象的人性持否定态度，对启蒙思想所强调的理性也不以为然，对中国启蒙思想家引进的西方古典启蒙思想持否定的态度。既然没有普遍的抽象的人性，那同样也不会有普遍的抽象的国民性，有的只是不同阶级的不同的文化和道德观，而不同的阶级，阶级性是不同的，在历史进程中的地位也是不同的，启蒙的要求也应该有所不同。毛泽东吸收了启蒙话语主张对民众进行教育的观点，强调对文化程度较低的工农兵进行教育：

> 现在工农兵面前的问题，是他们正在与敌人作残酷斗争，而他们由于长时期的封建阶级与资产阶级的统治，不识字，愚昧，无文化，所以他们的迫切要求就是把他们所急需的与所能迅速接受的文化知识和文艺作品向他们作普遍的启蒙运动，去提高他们的斗争热情与胜利信心，加强他们的团结，使他们同心同德地去和敌人作斗争。[2]

值得注意的是，毛泽东以阶级话语对工农兵——主要是农民——的启蒙作了解释，强调是不公正的阶级统治使得工农兵无文化，这与启蒙思想的解释是完全不同的；毛泽东认为，启蒙的目的不是创造精神上的人，而是更好地与敌人作斗争，开展阶级革命和民族革命。通过这一系列的转化和解构，毛泽东将启蒙话语和国民性话语转换为或融入了阶级话语，而具有世界主义色彩的阶级话语对民族主义产生了一定的消解作用，使民族—国家的建构在一定程度上超越了狭隘民族主义思想。

其三，与蒋介石等人对民族和民众的否定态度不同，毛泽东更加强调建构的一面，而不是全然地对民众进行否定。一方面，对人民而言，启蒙话语中相当部分的否定性因素被去除，代之以肯定性因素；另一方面，对于上层阶级而言，启蒙话语的肯定因素却被消解，代之以否定性话语。胡适曾经指出：“民族主义有三个方面：最浅的是排外；其次是拥护本国固有的文化；最高又最艰难的是努力建设一个民族的国家。因为最后一步是

---

① 《毛泽东文集》第 3 卷，人民出版社 1996 年版，第 83 页。

② 《毛泽东选集》卷六，东北书店 1948 年版，第 981—982 页。

最艰难的，所以一切民族主义运动往往最容易先走上前面的两步。”[①] 胡适清楚地指明民族主义思想最重要、最艰巨的使命是其建构性，而不是否定性。在这个问题上，毛泽东与胡适的观点有其一致性。毛泽东所要达到的目的，是寻找中国历史发展的主体，毛泽东要求对这个主体进行肯定、赞美和歌颂，而不是暴露、批判和否定。毛泽东反问道：“对于人民，这个人类世界历史的创造者，为什么不应该歌颂呢？”[②] 毛泽东以自己的思想转变为例，强调工农道德上和思想上的纯洁性：“拿未曾改造的知识分子和工人农民比较，就觉得知识分子不干净了，最干净的还是工人农民，尽管他们手是黑的，脚上有牛屎，还是比资产阶级和小资产阶级知识分子都干净。”[③] 毛泽东得出结论：“对于人民，只是一个教育和提高他们的问题。除非是反革命文艺家，才有所谓人民是‘天生愚蠢的’，革命群众是‘专制暴徒’之类的描写。”[④] 相反，毛泽东认为，对于阻挠中国历史进步的地主阶级、买办资产阶级，虽然他们在文化上占据优势，但他们才是要被革命的阶级；而资产阶级和小资产阶级，包括知识分子在内，则需要进行改造。

盖尔纳精辟地论述了阶级和民族的关系，指出了阶级与民族在民族—国家构建中的一致性。这段话值得我们在此引用：

> 在阶级不能从“族裔”的角度给自己下定义的时候，无论他们受到怎样的压迫和剥削，都不会推翻政治制度。只有当一个民族成为一个阶级，成为在其他方面都具有流动性的制度里的一个可见的、不平等地分布的范畴的时候，它才会具备政治意识、才会采取政治行动。只有当一个阶层碰巧（或多或少）是一个“民族”的时候，它才能从一个阶级本身，变为一个为自身利益奋斗的阶级或民族。民族和阶级单独似乎都不是政治催化剂：只有民族—阶级或阶级—民族，才是政治催化剂。[⑤]

---

① 欧阳哲生编：《胡适文集》第11卷，北京大学出版社1998年版，第587—588页。

② 《毛泽东选集》卷六，东北书店1948年版，第991页。

③ 同上书，第973页。

④ 同上书，第990页。

⑤ 厄内斯特·盖尔纳：《民族与民族主义》，中央编译出版社2002年版，第159页。

盖尔纳的这段论述，可以从另一面证明毛泽东阶级话语在吸收和消解启蒙话语、国民性话语后建构起新的民族主义话语的有效性，也可以证明毛泽东的阶级话语对民族主义话语的有效利用，并成为中国新民主主义革命的重要一环。毛泽东以阶级话语对启蒙话语和国民性话语进行了继承、转换和消解，为农民阶级在中国民族—国家建构中的主体地位提供了一种新的论证。

三　农民主体性的生成："传统的发明"

英国著名的马克思主义历史学家埃里克·霍布斯鲍姆提出了"发明的传统"这一理论。"'被发明的传统'意味着一整套通常由已被公开或私下接受的规则所控制的实践活动，具有一种仪式或象征特性，试图通过重复来灌输一定的价值和行为规范，而且必然暗含与过去的连续性。"霍布斯鲍姆认为，通过学者和政客们的创造，"被发明的传统""紧密相关于'民族'这一相当晚近的历史创新以及与民族相关的现象：民族主义、民族国家、民族象征、历史等等"。① 霍布斯鲍姆指出，被发明的传统有三种相互重叠的类型：一是那些使各个团体（真实的或是虚假的共同体）的社会凝聚力或成员资格得到确立或是象征化的传统，二是那些制度、身份或是权力关系得以确立或合法化的传统，三是那些主要目的是使信仰、价值体系和行为准则得到灌输和社会化的传统。② 正如查特吉所言："每种民族主义都为民族创造一个过去；每个民族主义都有自己的话语。"③ 在剧烈的社会转型过程中，"传统的发明"会出现得相当频繁，更有意思的是，政客和学者常常为了新的目的而利用旧的材料来建构一种新形式的被发明的传统，构造出民族文化一个令人惊奇的连续性。

如前所述，民族要阶级化，民族要与阶级融为一体，才能成为政治革命的催化剂。对中国而言，农民是中华民族人数最多、力量最大的组成部分，民族—国家的建构，离不开农民的巨大力量。不过，在经典马克思主义理论中，农民是历史的"他者"，如果没有"传统的发明"，这个"他者"是很难获得民族主义和民族国家建构所需要的主体条件的。从农民

① E. 霍布斯鲍姆、T. 兰格：《传统的发明》，译林出版社 2004 年版，第 2、16—17 页。

② 同上书，第 11 页。

③ 帕尔塔·查特吉：《民族主义思想与殖民世界：一种衍生的话语?》，译林出版社 2007 年版，第 13 页。

和革命的角度发明中国的传统，就成为一项迫切的政治任务，因为唯有如此，才能彰显农民这个历史主体的持续性和统一。

毛泽东为中国农民传统的发明指出了方向。在《〈共产党人〉发刊词》中，毛泽东简洁明了地指出："在中国，只要一提到武装斗争，实质上即是农民战争。"① 在《中国革命和中国共产党》中，毛泽东对农民战争和农民的革命性进行了详细分析：

> 地主阶级对于农民的残酷的经济剥削和政治压迫，曾经不能不在历史上掀起无数的农民暴动以反抗地主阶级的统治。从秦朝的陈胜、吴广、项羽、刘邦，汉朝的新市、平林、赤眉、铜马，隋朝的李密、窦建德，唐朝的黄巢，宋朝的宋江、方腊，元朝的朱元璋，明朝的李自成，直至清朝的太平天国，总计大小数百次，都是农民的反抗运动，都是农民的革命战争。中国历史上的农民起义和农民战争的规模之大，是世界历史上所没有的。只有这种农民暴动与农民战争，才是历史进化的真正动力。因为每次农民暴动与农民战争的结果，都打击了当时的封建统治，因而也就多少变动了社会的生产关系与多少变动了社会力的发展。②

在指出农民和农民战争对中国历史发展演进的重要意义的同时，在延安文艺座谈会上，毛泽东以自己的思想转变为例，从阶级立场和阶级感情的角度，现身说法，对农民身体上、精神上、道德上的纯洁性加以赞赏：

> 那时我觉得世界上干净的人只有知识分子，工农兵总是比较脏的。知识分子的衣服，别人的我可以穿，以为是干净的；工农兵的衣服，我就不愿意穿，以为是脏的。革命了，同工农兵在一起了，我逐渐熟悉他们，他们也逐渐熟悉了我。这时，只是在这时，我才根本地改变了资产阶级学校所教给我的那种资产阶级的与小资产阶级的感情。这时，拿未曾改造的知识分子与工农兵比较，就觉得知识分子不但精神有很多不干净处，就是身体也不干净，最干净的还是工人农

---

① 《毛泽东选集》卷二，东北书店 1948 年版，第 197 页。

② 同上书，第 208 页。

> 民，尽管他们手是黑的，脚上有牛屎，还是比大小资产阶级都干净。①

这个“被发明”的传统，就是中国农民的革命传统和纯洁传统。农民战争，一度成为中国历史研究最为重要的内容；以农民战争为主要内容的阶级斗争，成为解释中国历史演进的主导范式。在抗战时期，毛泽东就亲自布置延安的中央研究院重点研究农民战争史，但这个任务在1949年前远未完成。新中国成立后，毛泽东的农民话语取得领导权之后，这个任务才最终得以完成。这里以范文澜的著作《修订本中国通史简编》为例进行分析。范文澜在这部著作的说明中，对自己在《中国通史简编》中阶级分析运用不足作了自我批判，强调中国封建社会发展的推动力“基本上就是生产力的体现者——农民阶级（包括一切被剥削者）反对生产关系的体现者——地主阶级（包括一切剥削者）的阶级斗争”②。范文澜写道，经过他修订的中国通史，注意写了阶级斗争，着重叙述腐化残暴的封建统治阶级如何压迫农民和农民如何被迫起义，这与旧型类历史站在地主阶级的立场上，骂农民起义是“流寇”“土匪”，描写成为野蛮人，把所谓“官军”的真正野蛮行为大都挂到起义军账上的写法比起来，是纠正了谬见，肯定了被压迫者起义的作用。范文澜坦承：“写农民起义和反抗外族统治者的侵略，意在说明中国人民确实富于阶级斗争与民族斗争的伟大革命传统。”③范文澜谦逊地说，他的著作在阶级斗争这个基本问题上还没有深切的阐发，还远远不能说明中国历史上阶级斗争的实际情形。而1949年后出现的大量专门研究中国农民战争的论著，成为历史研究领域的“五朵金花”之一，虽然学者们的观点有所分歧，但理论基调都是毛泽东的有关论述，在农民战争和农民革命传统的“发明”上功不可没，“我国农民善于暴动、热衷于暴动、起义和‘革命’的史论，便在中国民众意识中形成一种‘常识’”④。

文学艺术也是“发明”中国农民革命传统和纯洁传统的一支重要力

① 《毛泽东选集》卷六，东北书店1948年版，第973页。

② 中国社会科学院近代史研究所编：《范文澜历史论文选集》，中国社会科学出版社1979年版，第40页。

③ 同上书，第23页。

④ 温锐：《毛泽东视野中的中国农民问题》，江西人民出版社2004年版，第287页。

量。早在1928年，学者谢六逸在《农民文学ABC》这一普及性读物中，就以混杂着民粹主义和马克思主义的口吻赞赏和提倡农民文学。谢六逸认为，真正意义上的农民文学是“土地的灵魂”的呐喊；是“大地之力”的表现；是“土地的创造性”的发现与现实化，是这些当作基础，确立并发展新精神文明；对于病的、堕落的、疲惫与焦躁所侵蚀的旧文明挑战，或是去救济。它是站在经济组织上的农村与农民生活之现实的表现；是反抗精神的呼唤；是向来被压迫的燃烧着的灵魂的表现。[①]

美国学者洪长泰认为，20世纪二三十年代，原本被认为粗鄙的民间文学受到了知识分子空前的热爱，“中国知识分子正是通过研究民间文学，乃至民间文化，才发现了民众的重要性，同时也重新认识了他们自己。在接踵而来的思索中，他们面临的问题是：我们是谁？我们与‘平民’的关系如何摆放？什么是民众有的而我们却没有的？是否我们应该‘到民间去’，向民众学习或去教育他们？”[②]

毛泽东的文艺观点与谢六逸对农民文学的认知有异曲同工之妙，也是对洪长泰提出的问题的解答。毛泽东在延安文艺座谈会上的讲话，标志着以肯定工农兵、为工农兵服务、通过文艺手段将工农兵塑造为历史主体为基本要求的红色文艺话语秩序的建立。红色文艺话语是一种政治话语，强调文艺的阶级性（或党性）和从属性：“一切文化或文艺都是属于一定的阶级，一定的党，即一定的政治路线的”；“文艺是从属于政治的，但又反过来给伟大影响于政治”。[③] 红色文艺话语要求，文艺是为工农兵的，对于工农兵，绝不能进行所谓的暴露，而是要进行歌颂、教育和提高，但歌颂是第一位的，而且，歌颂只能施加于工农兵，如果歌颂工农兵之外的其他人，那作者就是个人主义的、小资产阶级的知识分子，“这样的人不过是革命队伍中的蠹虫，革命人民实在不需要这样的‘歌者’”。[④]

在革命文艺话语的指导下，通过整风，延安对王实味等仍然坚持“暴露”话语的作家进行了严厉批判，同时，产生了一批与工农兵结合、走向民间的红色文艺作品。革命文艺用老百姓能够听得懂的语言和喜闻乐

① 谢六逸：《农民文学ABC》，世界书局1928年版，第11页。

② 洪长泰：《到民间去：1918—1937年的中国知识分子与民间文学运动》，上海文艺出版社1993年版，第268—269页。

③ 《毛泽东选集》卷六，东北书店1948年版，第985页。

④ 同上书，第991页。

见的方式，通过王贵（《王贵与李香香》）、张铁锁（《李家庄的变迁》）、小二黑（《小二黑结婚》）、张裕民（《太阳照在桑干河上》）等“典型人物”的塑造，展示了农民的苦难传统、革命意识及他们内心的纯洁和对新社会、新事物、新思想的执著追求。这里以影响很大的叙事长诗《王贵与李香香》为例进行简要分析。

《王贵与李香香》是诗人李季的作品，完成于1945年12月，最初曾以《太阳会从西边出来吗？——三边民间革命故事》为题刊载在《三边日报》上。1946年9月22日在延安《解放日报》发表，标题改为《王贵与李香香》。作品以陕北民歌信天游的形式，塑造了青年农民王贵和李香香的形象。作品以群众的语言，展示了农民革命话语的三个传统：第一，农民的苦难传统。一开篇，诗人就描写了农民的困难：“掏完了苦莱上树梢/遍地不见绿苗苗/百草吃尽吃树杆/捣碎树杆磨面面/二三月饿死人装棺材/五六月饿死没人理！”而主人公王贵的苦难则是农民苦难的集中展现，他13岁时父亲被地主崔二爷打死，自己也沦为崔家的“没头长工”，“三天两头挨皮鞭”，王贵“牛马当了整五年”，但地主“崔二爷没给过一个工钱”。王贵未过门的妻子李香香也被地主崔二爷抢去，幸好被游击队抢回。第二，农民的革命传统。建基于苦难传统的是农民的革命传统，作为农民的王贵与地主崔二爷有着杀父之仇，王贵很早就具备了革命所需要的仇恨意识：“老牛死了换上牛不老/杀父深仇要子报”，但他还需要“先进的”阶级和政党的启发和引导，先进的革命政党终于到了陕北：“羊群走路靠头羊/陕北起了共产党/领头的名叫刘志丹/把红旗举到半天上。”于是，农民被动员起来了：“紫红犍牛自带楼/闹革命的心思人人有”；革命意识也正确了：“咱们闹革命，革命也是为了咱！”第三，农民的纯洁性。诗人借助对李香香的描写，激起读者对农民身体、精神、道德美丽与纯洁的想象：“山丹丹开花红姣姣/香香人材长得好/一对大眼水汪汪/就象那露水珠在草上淌”；“妹妹生来就爱庄稼汉/实心实意赛过银钱”。虽然今天的文学史家批判农民诗人李季对抒情的艺术还没有真正把握，《王贵与李香香》这部作品“忽视了诗歌艺术的特性及其功能”，[①] 但革命文艺的根本目的不在于这种“小资产阶级”的艺术形式，而在于对以农民为主体的人民“这个人类世界历史的创造者”的想象性歌颂，只要达到“发

① 孔范今主编：《二十世纪中国文学史》，山东文艺出版社1997年版，第872页。

明”农民的革命传统这个目的，其他方面的不足就是可以理解和谅解的。总之，就是要通过群众喜闻乐见的艺术形式，克服“小资产阶级”局限性，站在“无产阶级”立场的革命知识分子“发明”农民的革命传统、中国的革命传统，让农民成为中国革命的当然代表。正如杜赞齐所言：

> 某个阶级的所谓的特征被延伸至整个民族，其一个人或群体是否属于民族共同体是以是否符合这个阶级的标准为转移的。中国共产主义就是一个很好的例证……以阶级斗争的革命语言界定民族的另一种手法是把阶级斗争的“普遍”理论置入民族的语境中。[①]

杜赞齐还指出，民族国家一方面歌颂古老的、永恒的特性，另一方面又努力强调民族国家的空前性，因为只有这样人民—民族才能成为自觉的历史主体。[②] 通过发明农民阶级的“传统”，农民作为中国革命主体的特征在历史和现实中实现了联结，它的合法性终于找到了历史的根基和现实的依据——以农民阶级为代表的民族的古老的、永恒的特性。毛泽东得出了结论性的话语：“只有这种农民暴动与农民战争，才是中国历史进化的真正动力。”[③]

四 余论

改革开放以来，学术界开始对农民战争史观进行反思。一些学者开始探讨农民战争的危害性，试图否定农民战争；一些学者则试图将中国农民的形象“复原”，认为以前我们对农民的认识是片面的，喜欢暴乱的农民并不是中国农民的主体。一些学者将“五朵金花”之一的农民战争史研究归结为意识形态，与“当时的时代主题相通”，“所承担的意识形态功能也最为巨大”[④]。这种观点虽不无道理，但也有简单化之嫌。实际上，农民的革命形象、纯洁形象为什么能够得以产生，历史作用是什么，还需要作进一步的深入分析。笔者认为，对于农民战争的解读、对农民形象的

① 杜赞齐：《从民族国家拯救历史：民族主义话语与中国现代史研究》，社会科学文献出版社 2003 年版，第 11 页。

② 同上书，第 17 页。

③ 《毛泽东选集》卷二，东北书店 1948 年版，第 208 页。

④ 王学典：《20 世纪中国史学评论》，山东人民出版社 2002 年版，第 159 页。

塑造，是一种话语策略、话语实践，“发明”农民的革命传统，是对过去和现在之间关系的一种再诠释，是革命知识分子在为民族书写“信史”。因为，“有抱负群体的知识分子和领导者们寻求发现他们自己的‘信史’（‘真正的’历史），并将这样的历史与自己族群过去真正的黄金时代相联系”；“诉诸族群过去的方法，无论怎么空洞含糊，都能激励起‘我们的人民’为共同的民族作自我牺牲的愿望和意志，很少有其他意识形态能在这方面与之匹敌”。① 我们看到，实际上，毛泽东、蒋介石这些政治领袖和梁漱溟、晏阳初等乡村建设派的知识分子，虽然方式有所不同，但都在努力为民族国家制作“信史”，以服务于自己改造社会的理念。所不同的是，蒋介石、晏阳初等人着眼于破，忘记了要“发明”中国的传统，农民的传统；梁漱溟虽然肯定农民，但他所“发明”的农民传统却与时代要求脱节；只有以毛泽东为首的共产党人，在“发明”农民传统的问题上成效最大，历史也已经证明了毛泽东在“发明”传统上的成功。正如英国学者巴拉克勒夫所言：“新中国历史研究由于强调了中国农民的革命性以及他们在促进社会变革上的推动作用，从而‘从根本上改变了中国历史的语言’，建立了评估和重现中国过去历史的标准。”②

我们也应看到，作为建构历史主体的主要方式，启蒙、革命和“传统的发明”，既具有一致性，也存在矛盾性。一致性在于，它们的目标都是在为落后的农民国度创造历史主体，都强调历史主体是建构现代民族国家的前提条件。矛盾性在于，经典的启蒙主义秉持怀疑主义，强调消极的否定，强调“立”之前要先“破”，突出“破”的价值和意义，这也就是国民性话语出现的原因；蒋介石带有法西斯色彩的思想也与此有一定关系，但革命与“传统的发明”强调的是积极的“立”，要为革命找出具有某种特质的、积极的“主体”，而不是对所有人都持否定态度，“发明传统”就是找出这种特质的基本方法。破与立的对象、方式、进程、结果等方面的不同，就是这种矛盾性的体现。毛泽东受过启蒙思想的深刻影响，在毛泽东的思想中，这种矛盾性同样存在，而且终其一生，在不经意的时候就会爆发出来，不过，对于农民，毛泽东始终是以“立”为主。

① 安东尼·史密斯：《民族主义：理论，意识形态，历史》，上海人民出版社 2006 年版，第 87 页。

② 巴拉克勒夫：《当代史学主要趋势》，上海译文出版社 1986 年版，第 222 页。

马克思视中国为亚细亚生产方式的代表，曾将中国比作“小心保存在密闭棺木里的木乃伊”[①]，比作人类历史的“活化石”。马克思认为，木乃伊一接触新鲜空气就要解体，与外界完全隔绝是保持旧中国的首要条件，但随着西方资本主义国家的入侵，这个条件已经不复存在，但马克思对中国等东方社会的自我发展能力仍然表示怀疑，他认为，也许要求助于帝国主义这个“历史的不自觉的工具”，才能从外部推动古老中国的变革。马克思不无惋惜地说：“历史好像是首先要麻醉这个国家的人民，然后才能把他们从世代相传的愚昧状态中唤醒似的。”[②] 但毛泽东在一定程度上修正了马克思对中国这样的东方社会的自我发展能力的消极看法。通过传统的“发明”和对革命地图与进程的科学测绘，毛泽东论证了在以历史主体建构为核心的阶级—民族—国家的建构过程中，中国具有自我再生的能力和力量，这个能力，不仅来自新兴的无产阶级和以其为阶级基础的中国共产党，也来自占中国人口绝大多数的农民。

第三节　农民—人民话语与民族本位的革命科学

构建民族—国家，需要一套革命科学。本章前两节所论述的内容——社会性质和农民主体地位，是毛泽东革命科学的基础理论，在这两个基础之上，毛泽东提出富有中国特色的革命话语，完善了他的革命科学。

一　农民—人民话语的生产

终其一生，毛泽东对“人民”这一词汇都情有独钟。在1919年发表的《民众的大联合》中，毛泽东初步提出了他的“人民话语”。毛泽东说：

> 我们竖看历史。历史上的运动不论是那（哪）一种，无不是出于一些人的联合。较大的运动，必有较大的联合。最大的运动，必有最大的联合。凡这种联合，于有一种改革或一种反抗的时候，最为显著。[③]

---

① 《马克思恩格斯论中国》，人民出版社1997年版，第4页。

② 同上书，第2页。

③ 毛泽东：《民众的大联合》（一），《毛泽东早期文稿》，湖南出版社1990年版，第338页。

毛泽东认为，无论是革命还是改良，破坏还是建设，民众的大联合都是“根本的一个方法”；民众的大联合之所以厉害，是“因为一国的民众，总比一国的贵族资本家及其他强权者要多”[①]。对于中国社会联合的现状，毛泽东持强烈的批判态度，认为中国商、工、学各界都没有真正的大联合，但这不代表中国人没有大联合的根本能力，之所以会发生没有大联合的现象，是因为“我们没有练习”。毛泽东对中华民族的大联合充满信心和期待：

> 我们中华民族原有伟大的能力！压迫愈深，反动愈大，蓄之既久，其发必速。我敢说一怪话，他日中华民族的改革，将较任何民族为彻底。中华民族的社会，将较任何民族为光明。中华民族的大联合，将较任何地域任何民族而先告成功。[②]

美国学者陈志让认为，自从《民众的大联合》发表以后，“毛泽东一刻也没有丧失他对人民作为能量和力量之源的信仰”[③]。此乃确论！

那么，除了民众大联合所能带来的强大力量之外，摆脱了民粹主义思想的毛泽东为什么还要一直强调民众的大联合呢？这是因为，毛泽东的人民是以阶级为基础，但又超越了阶级范畴，是阶级的联合；阶级的联合，就是现代民族的构造，是民族独立的力量源泉，因此，民众的大联合，是人民话语的核心。

从接受马克思主义到新中国成立这段时间内，毛泽东人民话语的发展经历了四个阶段：一是国民革命时期，代表性的著作是《中国社会各阶级的分析》和《中国农民中各阶级的分析及其对于革命的态度》。《中国社会各阶级的分析》从敌我角度进行分析，提出了阶级大联合的思想，提出“三万万九千五百万人团结起来”，打到那一百万真正的敌人。[④]《中

---

① 毛泽东:《民众的大联合》（一），《毛泽东早期文稿》，湖南出版社 1990 年版，第339 页。

② 毛泽东：《民众的大联合》（三），《毛泽东早期文稿》，湖南出版社 1990 年版，第 393—394 页。

③ 转引自布兰特利·沃马克《毛泽东政治思想的基础》（1917—1935），中国人民大学出版社 2006 年版，第 249 页。

④ 毛泽东：《中国社会各阶级的分析》，《中国农民》1926 年第 2 期。

国农民中各阶级的分析及其对于革命的态度》要求“组织自耕农、半自耕农、半益农、贫农、雇农及手工业工人五种农民于一个组织之下”①，体现的也是民众大联合的精神。今天看来，毛泽东的这两部重要著作以经验色彩为多，还没有涉及阶级大联合的理论基础。第二个阶段是土地革命时期，毛泽东通过农村社会调查和残酷的革命实践，对中国革命地图的测绘逐步成熟，认识了中国农村在革命中的中心地位，提出了农民是革命主力军的论断，农民在人民话语中的地位得到了确立。第三个阶段是延安时期，毛泽东从理论上论证了中国社会的性质、中国革命的性质和战略策略、各阶级在中国革命中的特征与地位等基本理论问题，人民话语得以完善。毛泽东这一时期的创造力极其丰富，《中国革命和中国共产党》《新民主主义论》《在延安文艺座谈会上的讲话》《论联合政府》等可以说是这一时期毛泽东人民话语的集大成之作。第四个阶段是新中国成立前夕，毛泽东提出了人民民主专政的思想，将人民话语从革命话语发展成为革命性与建设性兼具的话语。②

毛泽东人民话语的依据主要有三：一是中国半殖民地半封建社会的性质；二是阶级分析；三是统一战线理论尤其是工农联盟理论。第一个依据是人民话语的前提所在，因为只有在革命目标二元（民族革命、民主革命）、革命形势复杂、革命力量多元的半殖民地半封建社会，才有需要提出人民话语。第二个依据是人民话语的经验依据，因为阶级构成状况和各阶级对待革命的态度，是人民得以构成、人民话语得以成立的实践条件。这个问题将在下一章进行分析阐述。第三个依据可以说是直接的理论依据，也是学术界最为重视的，简要地说，统一战线理论尤其是工农联盟理论。统一战线理论既解决了帝国主义入侵，民族需要独立时应该采取的大联合策略，也为民族内部（国内）阶级斗争过程中的大联合提供了理论依据。工农联盟理论是统一战线理论的一个特例，但却是核心——它为革命中领导阶级（无产阶级）和主力军阶级（农民阶级）的大联合提供了直接的理论依据和战略指向。

毛泽东人民话语主要有四方面的内容：

---

① 毛泽东：《中国农民中各阶级的分析及其对于革命的态度》，《中国农民》1926年第1期。

② 《关于正确处理人民内部矛盾的问题》可视为毛泽东人民话语发展的第五个阶段。

——民众的大联合是核心。这是毛泽东终其一生的思想，也是毛泽东在阶级话语的基础上提出人民话语的思想渊源和直接目的所在。毛泽东认为，中国要解决民族和民主两个问题，必须依靠最大多数的人。如在《新民主主义论》中，毛泽东提出：“无论如何，中国无产阶级、农民、知识分子与其他小资产阶级，乃是决定国家命运的基本势力。”① 这些阶级都是人民，是国家的基本构成部分，革命需要他们的联合，新国家的建设也需要他们的联合。在《论人民民主专政》一文中，毛泽东重申了大联合（统一战线）这一中国革命成功的基本经验，并将大联合思想从国内推广到国际：

> 到现在为止，中国人民已经取得的主要的和基本的经验，就是这两件事：（一）在国内，唤起民众。这就是团结工人阶级、农民阶级、城市小资产阶级和民族资产阶级，在工人阶级领导之下，结成国内的统一战线，并由此发展到建立工人阶级领导的以工农联盟为基础的人民民主专政的国家；（二）在国外，联合世界上以平等待我之民族和各国人民，共同奋斗。②

——阶级差序是基础。这里的“差序”概念借用了费孝通先生分析中国社会结构时创造的“差序格局”一词。这里的差序是指不同的阶级地位，是按照其对中国革命的重要性，以无产阶级（中国共产党）为核心，以同心圆形式由内向外排列的序列。无产阶级（中国共产党）是中国革命的领导力量和核心，也是同心圆的圆心；农民是中国革命的主力军，是同心圆的第二层；知识分子、小资产阶级、流民无产者、富农等阶级向外依次排列。阶级差序的基础是阶级分析，这是毛泽东最为重视的。一般而言，通过阶级分析，较为靠近以无产阶级（中国共产党）这个核心的，都可以归入人民行列；同时，阶级差序也强调了不同阶级在人民中的不同地位，“人民大众最主要的部分是农民，其次是小资产阶级，再其次才是别的民主分子”。③ 不过，在不同的时期，阶级差序格局是有所不

① 《毛泽东选集》卷二，东北书店1948年版，第244页。

② 毛泽东：《论人民民主专政——纪念中国共产党二十八周年》，《新华日报》1949年7月。

③ 《毛泽东文集》第3卷，人民出版社1996年版，第305页。

同的，这也就是毛泽东强调的人民内涵的变化性。

——农民主体地位是重点。一般而言，在经典马克思主义的语境中，以生产方式来观察社会各阶级，对中国这样的前资本主义社会而言，得出的结论可能相对狭隘，因为它在将人数最多、力量最大的农民纳入无产阶级阵营方面还存在一定障碍，同时，也难以对中国复杂的阶级状况和在不同情况下阶级斗争策略提供指导和正当性解释，尤其容易犯“左”的关门主义错误。人民话语则可以有效弥补这些不足，将农民、小资产阶级及知识分子纳入人民范畴，成为革命的重要力量，而其中农民是最为重要的。毛泽东强调，“所谓人民大众，主要的就是农民”，把“农民”“这两个字忘记了，就是读一百万册马克思主义的书也是没有用处的，因为你没有力量”①。

——民族国家自主创生是基本目的。孟德斯鸠、亚当·斯密、黑格尔等一些欧洲古典思想家对中国等东方社会的发展持否定的看法。黑格尔认为，历史是人类类本质——理性——的体现和展开，而中国是神权专制的领域，是暴政的舞台，这里的人民缺乏理性，不了解人的本质是自由，只知道独裁者一个人是自由的，从而也就缺乏主体的自由和理性，因此，他们没有自我创生的能力，不能创造真正的历史，而只能进行周期性的改朝换代。② 马克思在很大程度上继承了黑格尔等人对中国等东方社会发展的看法，显示出了欧洲思想在东方社会问题上的连续性。正如前文所指出的，马克思指代中国、印度等东方的概念——亚细亚生产方式，提出了东方社会是长期停滞的基础所在：“东方的政治史实际上是一种循环往复：不包含任何动态的或积累的发展。其结果就是，亚洲一旦达到自己特有的文明程度，就长期地停滞不变。”③ 马克思认为，中国就是一块“活的化石”，中国居民处于“世代相传的愚昧状态”；④ 对于太平军这样的农民起义队伍，马克思的看法也趋于负面。在《中国纪事》中，马克思指出，太平军是“停滞的社会生活的产物”，“他们的使命，好像仅仅是用丑恶

---

① 《毛泽东文集》第3卷，人民出版社1996年版，第305页。

② 参阅石元康《黑格尔的中国观》，载周阳山、傅伟勋主编《西方思想家论中国》，台北正中书局1994年版，第23—74页。

③ 佩里·安德森：《绝对主义国家的系谱》，上海人民出版社2000年版，第514页。

④ 《马克思恩格斯论中国》，人民出版社1997年版，第2、114页。

万状、毫无建设性的破坏来与停滞腐朽对立”，[①] 而真正的历史使命，他们却是不知道的。毫无疑问，对于社会的长期停滞，生活在这片土地上的居民，尤其是数量最多的农民是有责任的。马克思对农民的历史地位和历史作用也是持消极态度，对中国社会发展和东方民众的负面看法和对农民历史作用的负面看法叠加，马克思对中国这样的东方国家农民的看法无疑更为负面，对以落后农民为主体的东方国家具有让走上自我发展道路的可能，他应该是持较为否定的看法的。毛泽东的人民话语将农民纳入了人民范畴，人民进入人民范畴的阶级是积极的、革命的，甚至是先进的，他们具有开展（参与）革命、打破旧制度的意愿和能力，他们是中国社会发展当然的主体和动力，中华民族也就成为具有自我创生能力的民族，弥补了马克思阶级分析的不足。

总而言之，毛泽东农民—人民话语的生产和实践，虽然是建基于阶级话语的，但却对阶级话语形成了一定的超越，它不仅让农民获得了历史主体、革命主体的重要地位，更加为独立自主地建设中国民族—国家提供了正当性支持。美国学者列文森认为，“民族主义是一种否认阶级斗争存在的理论”[②]，这个论断在一般情况下是成立的，但对中国共产党而言，情况却恰恰相反，正是阶级话语建构了一种带有新的形态和内核的民族主义，而这个内核，就是对民族历史主体的重新建构。

二　民族本位的革命科学：新民主主义理论

1938 年 1 月，在延安的窑洞中，毛泽东与来访的乡村建设派领袖梁漱溟进行了一场争论。梁漱溟回忆当时的争论情况：

> 我总执持两句话：中国老社会有其特殊构造，与欧洲中古或近代社会均非同物。中国革命是从外面引发的，不是内部自发的；此其特殊性即由老社会之特殊构造来。他（指毛泽东——引者）相当承认我的话，但他说，中国社会亦还有其一般性，中国问题亦还有其一般性；你太重视其特殊性而忽视其一般性了。我回答他：中国之所以为

① 《马克思恩格斯论中国》，人民出版社 1997 年版，第 116—117、114 页。

② 列文森：《儒教中国及其现代命运》，中国社会科学出版社 2000 年版，第 111 页。

中国，在其特殊之处；你太重视其一般性，而忽视其特殊性，岂可行呢？[①]

梁漱溟强调中国社会的特殊性，毛泽东强调中国社会的一般性。这是不是就意味着毛泽东重视中国社会的一般性而不重视中国社会的特殊性呢？实际上，毛泽东并非不重视中国的特殊性，否则，他的国情论、调查研究论及马克思主义中国化思想又有什么依据和意义呢？与文化保守主义者梁漱溟相比，毛泽东是一个“辩证论者”，既强调中国社会的特殊性，也不否认中国社会的一般性，不过，毛、梁二人之间的共性可能超过其差异，他们都高度重视中国社会的特殊性，都在努力探索适合中国需要的社会改造方法。如果我们将梁漱溟的乡村建设视为中国本位的社会改良理论、文化建设理论的话，我们可以认为毛泽东创造了民族本位的革命科学——新民主主义理论。

第一，新民主主义理论强调中国作为民族—国家的一般性，强调中国革命的世界特征，将中国纳入现代民族国家体系，增强了民族的自尊心和自信心。吉登斯指出：“民族—国家只存在于与其他民族—国家的体系性关系之中。”[②] 民族—国家建基于主权观念，至少在形式上，在民族—国家体系中，各主权国家实现了平等。现代民族国家体系（及现代民族主义）并不刻意（虽然不否定）强调本民族与其他民族的差异，而是强调自己在民族国家体系中的共性和平等地位。如果刻意强调被殖民民族的特殊性和落后性，会引起该民族知识分子的自卑和反感，如前所述，这也是亚细亚生产方式理论被中国革命知识分子所拒绝的一个重要原因。而新民主主义理论一方面强调中华民族历史发展的一般性（斯大林的“五阶段论”）——从封建社会（半殖民地半封建社会）到新民主主义社会（新资本主义社会）再到社会主义社会，另一方面强调中国革命属于发生在俄国十月革命之后的新民主主义性质，是世界革命的一部分，具有世界特征，这实际上就是将中国社会纳入了世界民族国家体系，纳入了“世界历史”范畴，换言之，中华民族不再是普遍历史进程中的异类，而是普遍历史进程中的普通一员，民族的自尊心、自信心从而得以树立和增强。

① 梁漱溟：《我的努力与反省》，漓江出版社 1987 年版，第 154 页。
② 安东尼·吉登斯：《民族—国家与暴力》，三联书店 1998 年版，第 5 页。

第二，新民主主义理论不仅强调中国革命的民族特色和革命步骤的独特性，更强调中国革命的内生性，肯定了中华民族自我创生、自我发展的能力。新民主主义理论认为，中国革命有其独特的内部特征，中国革命的成功靠的是内部革命力量的奋斗，中国无产阶级、农民、知识分子和其他小资产阶级属于人民范畴，是“决定国运的基本势力”，是“中华民主共和国的国家构成和政权构成的基本部分”。[①] 中华民主共和国“只能是一切反帝反封建的人们联合专政的民主共和国，这就是新民主主义的共和国”，是“各革命阶级联合专政”。[②] 新民主主义理论在强调工人阶级的领导地位的同时，更为强调农民的巨大作用，“农民问题，就成了中国革命的基本问题；农民的力量，是中国革命的主要力量”；“新民主主义的政治，实质上就是授权给农民”。[③] 正如沃马克等学者所指出的，中国的民族主义是一种“卢梭主义”的进步观念及对底层的认同，这也是毛泽东的社会目标所依赖的“背景假设”。[④] 结合上文的分析，可以认为，新民主主义理论肯定了中国自我革命、自我发展的意愿和能力，也找到了支撑革命与发展的基本力量——工人、农民、知识分子及其他小资产阶级组成的人民大众，其中农民的力量尤其重要，它能否获得主体地位，直接决定着中国能否具有自我发展的能力。

第三，新民主主义理论强调中国发展目标的先进性和超越性，意在提升中国的民族地位。新民主主义强调要创生一个拥有新经济、新政治、新文化的先进的现代民族国家，强调中国革命要分“两步走”，但也毫不讳言中国社会发展目标的超越性——社会主义是建立在资本主义之上、取代资本主义的更为高级的社会制度，中国实现了这个发展目标，那中国将超越西方国家，民族地位将大大提升，成为世界各民族发展的楷模。正如刘小枫所言：“对毛而言，马克思列宁主义的精髓在于，社会主义将超越资本主义，既然资本主义等同于西方列强，中国实现社会主义就等于超越西方”；“毛泽东的思想视野远高于或不同于其他共产党人地方就在于：恢复华夏帝国的历史威望和贵位是他萦绕于怀的意愿”；“毛泽东思想与别

---

① 《毛泽东选集》卷二，东北书店 1948 年版，第 244 页。

② 同上书，第 244、246 页。

③ 同上书，第 258—259 页。

④ 布兰特利·沃马克：《毛泽东政治思想的基础》（1917—1935），中国人民大学出版社 2006 年版，第 249 页。

的文化民族主义的不同之处在于，中国作为现代民族国家能涵括西方理念又比西方理念及制度高明。”① 在强调社会总体目标先进性、超越性的同时，新民主主义理论还强调民族的构建，强调民族总体和个体素质发展目标的先进性、超越性。毛泽东在《新民主主义论》中把文化提到了很高的地位，对文化革命论述很多，以文化开头，又以文化结尾，他特别指出：“我们不但要把一个政治上受压迫、经济上受剥削的中国变为一个政治上自由和经济上繁荣的中国，而且要把一个被旧文化统治因而愚昧落后的中国，变为一个被新文化统治因而文明先进的中国。”② 文化直接体现在民族和个体的素质上，新文化也就意味着对整个民族素质的构建，毛泽东相信，中华民族的新文化将超越西方的资本主义文化。

新民主主义既强调民族的独特性，也强调民族发展的一般性；既强调民族、民主革命的独特性，也强调民族、民主革命的世界性；既强调民族的复兴，也强调民族的新生。新民主主义是引领人们“向前看”的革命主义、发展主义，而不是强调“向后看”的复古主义、守成主义，更不是强调“全盘西化”的“投降主义”。从现代民族国家的发展来看，新民主主义无疑更与建构民族—国家的要求契合。新民主主义理论是一种具有现代性的以民族为本位的革命理论，它在近代中国的诸种民族主义话语的斗争中获得最终胜利，也就不足为奇了。就本书的主题而言，我们要强调的是，新民主主义理论从民族—国家构建的角度，为农民的地位提供了一个成熟和完善的解释框架，农民在民族—国家构建中的历史主体和革命主体地位得到了有效的正当性支撑。

建构民族—国家的历史任务，是确证农民主体地位的历史前提。而要完成民族—国家建构的历史任务，必须确证农民的主体地位。本章围绕中国民族—国家建构这一主题，就中国社会性质的认知、农民主体地位和主体性的生成路径和确证方法及农民—人民话语的生产等进行了论述，力图展示以毛泽东为代表的中国共产党人通过马克思主义农民理论中国化，创立民族本位的革命科学——新民主主义理论的基本逻辑。本章指出，在论证和确证的过程中，不同的政治和理论派别展开了激烈的话语斗争，马克思主义在话语斗争中，一方面保持了自身对农民问题的独特视角，另一方

---

① 刘小枫：《现代性社会理论绪论》，上海三联书店 1998 年版，第 422、427 页。

② 《毛泽东选集》卷二，东北书店 1948 年版，第 234 页。

面也吸收了其他理论流派有益的理论观点，对传统的马克思主义农民观进行了创造性的转化，形成了以农民—人民话语为核心内容的新民主主义理论，为中国化的马克思主义农民理论建构了基本的框架。

第四章　社会—阶级

在经济学形式上是错误的东西，
在世界历史上却可以是正确的。
——恩格斯

第一节　结构—功能主义底色：党对中国农村阶级划分的演变与发展

马克思对阶级斗争学说的贡献虽为后人所公认，但“人们常常谈到并感到遗憾的是，尽管阶级这一概念在马克思的著作中处于核心的地位，但他从来没有对其进行系统的定义和详细的说明。马克思在一个地方——《资本论》第三卷最后一章，标题为‘阶级’——表明要进行详细的阐述，但文字仅仅进行了一页就停止了”①。虽然马克思对阶级的分析充满他的著作，但在革命实践中成长和研习马克思主义的革命知识分子，未必有时间和兴趣去通读马克思的《资本论》这样卷帙浩繁的著作，而且，从革命实践看，有时间去通读和研习这些著作的人，往往会沉溺其中而不能自拔，甚至沦为所谓的“教条主义者”，因为他们的书本知识无法与本国的实际相结合。

对马克思在阶级理论上的不足，我们不应苛责，但也不应漠视。没有对阶级作系统和详细的说明，固然是马克思在阶级理论上的第一个不足，但也要注意到，马克思主要还是一位书斋学者，擅长的是哲学思辨，而阶级问题更多的还是一个社会实践问题，它夹杂着经济、政治、文化及国情、职业、性别、意识形态等诸多因素，远比马克思的逻辑演绎复杂和多变，即使马克思对阶级问题作了详细的阐述，用当下标准社会科学研究术语来说，它至多也只能作为理论参考而已，要在情况不同的国家和地区实

---

① 埃里克·欧林·赖特：《阶级》，高等教育出版社2006年版，第6页。

现阶级理论的“操作化”，是有很大难度的；而且，马克思阶级分析的模板是欧洲，将这种分析移植到情况差异大的国家，不可避免地会出现“水土不服”的问题。从这点来看，也许我们要为马克思没有详细论述阶级这个至关重要的问题感到庆幸，正因为马克思的这个“不足”，才减少了很多“教条主义者”，也才得以让毛泽东这样的中国革命知识分子能够在阶级问题上进行理论创新。

正如毛泽东所言，在马克思主义中，他只取四个字——“阶级斗争”，阶级分析也就成为毛泽东进行革命地图测绘的最为重要的工具。但中国农村的情况是如此复杂，如何建构阶级话语，进行阶级测绘，始终是摆在以毛泽东为代表的共产党人面前的一大难题和挑战。

一　中国农村阶级分析的起步

在党的领导人中，陈独秀率先对中国农村的阶级状况进行了分析。1923 年 7 月 1 日，陈独秀在《前锋》杂志发表文章《中国农民问题》，这是中共领导人第一次专文全面论述农民问题，也是首次就中国农村社会进行阶级分析。陈独秀将中国农村居民划分为地主（其中又细分为大地主、中地主、小地主）、中产阶级（包括自耕农兼地主、自耕农民兼雇主）、小有产阶级（包括自耕农和自耕农民兼佃农）、半益农（半无产阶级，包括佃农兼雇主、佃农）和农村无产阶级 5 个阶级和 10 个等级，并对每个阶级和等级的特征进行了分析描述（见表 4.1）。陈独秀对中国农村的阶级分析有三个重要特点：其一，阶级划分的标准主要是土地占有情况和剥削关系，前者是主要的标准，后者是辅助性的。这个标准在陈独秀采用的阶级术语中得到了直接体现，他将农村居民以财产（主要是土地）占有情况进行排序。其二，陈独秀并不认为中国农村具有明显的阶级分化和阶级斗争，他的阶级分析虽然也论及不同阶级农民的特征，但却并不以厘清各阶级的革命性和参与阶级斗争为目标，而是为鼓动农民整体参与国民革命为目标。陈独秀认为，中国这样的殖民地半殖民地国家，“农民所受地主的压迫，不像地主强大的国家（如旧俄罗斯、印度）或资本主义的国家（如欧美各国）那样厉害，不容易发生社会革命的运动”；“小农中国之农民，他们各阶级间无明显的分化”。① 在陈独秀看来，中国革命还处

① 《陈独秀著作选》第 2 卷，上海人民出版社 1993 年版，第 508、515 页。

于第一阶段——国民革命阶段，国民革命是国民联合起来对抗军阀和帝国主义的斗争，它是资本主义性质的斗争，而不是无产阶级的阶级革命，因此，众多农民虽然没有阶级分化，但所受的痛苦，却可以让他们参与国民革命。陈独秀认为，“中国目前需要的而且是可能的国民运动（即排斥外力打倒军阀运动）中，不可漠视农民问题”；阶级分化不明显也并非坏事，“各种农民（自耕农、佃农、雇工）可就其共同利害之点，联合成为一个组织”。① 其三，陈独秀认识到了中国农村的复杂性。抛开陈独秀对中国农村阶级分析是否正确的问题不谈，但陈独秀的分析表明他已认识到中国农村远较城市和工业社会所具有的复杂性，这种复杂性可以从陈独秀略显烦琐的阶级细分中体现出来。陈独秀对马克思主义阶级分析方法的把握和运用还存在很多不足，分析的结构也算不上准确和严密，使用的术语也不尽规范，但却是中国共产党对中国社会阶级分析的最初尝试，展现了党认识中国社会实际的努力。陈独秀的分析也有一定的历史影响，比如，毛泽东早期的阶级分析著作《中国社会各阶级的分析》和《中国农民中各阶级的分析及其对于革命的态度》，尤其在术语的运用上，可以看到陈独秀阶级分析的影子。当然，毛泽东并不认同陈独秀的分析，毛泽东认为陈独秀“不了解农民在革命中的任务，并将当时农民的前途估计过低”。②

表 4.1　　陈独秀对中国农村的阶级划分

<table>
<tr><th>中国农村阶级</th><th>细 分</th><th>特 征</th></tr>
<tr><td rowspan="3">地主</td><td>大地主</td><td>占有土地过万亩，每省不过十人左右。少数是前清贵族，大多数是旧官僚或新军阀</td></tr>
<tr><td>中地主</td><td>占有土地过千亩，全国至少两三万以上，半居乡村，半居城市。居乡村者或为绅董把持乡村政权，或为高利贷者盘剥贫农</td></tr>
<tr><td>小地主</td><td>占有土地过百亩，全国数量十倍于中地主。大多数居乡村，或者在乡镇经营小商业，或者为乡村绅董</td></tr>
<tr><td rowspan="2">中产阶级</td><td>自耕农兼地主</td><td rowspan="2">自耕农兼地主的人数不多，自耕农民兼雇主的甚多。此种农民占有土地，无须向地主缴纳地租；他们采用资本主义的方式，掠夺剩余价值，变为初步的资本积累</td></tr>
<tr><td>自耕农民兼雇主</td></tr>
</table>

① 《陈独秀著作选》第 2 卷，上海人民出版社 1993 年版，第 508、515 页。

② 《毛泽东自传》，解放军文艺出版社 2001 年版，第 42 页。

续表

中国农村阶级	细分	特征
小有产阶级	自耕农民	自耕农人数不少，但所占有的土地甚少；自耕农兼佃农主要是人口多而土地少的家庭，人数不多。这两种农民完全占有土地和生产工具及生产物，得全自己的劳动收益，也不掠夺他人的劳动
	自耕农兼佃农	
半益农（半无产阶级）	佃农兼雇主	不占有地权或占有半地权，但占有生产工具和劳动的一部分生产物。又可分为二等：纯粹无地权者和半有地权者。他们不能掠夺他人，又为地主所掠夺，不能全收其收益，遇到荒歉时不胜其困苦
	佃农	
农业无产阶级	雇工	没有生产工具及收得并管理其劳动所得生产物之权，纯粹是被雇者，是农村唯一的无产阶级。此种雇工，倘不失业，生活费反较佃农稳固。

资料来源：陈独秀：《中国农民问题》，《陈独秀著作选》第二卷，上海人民出版社 1993 年版，第 508—515 页。

毛泽东也是党内最早对中国的阶级状况进行系统分析的领导人之一。在《中国社会各阶级的分析》一文中，毛泽东对中国社会作了第一次阶级分析尝试，他将中国社会划分为大资产阶级、中产阶级、小资产阶级、半无产阶级和无产阶级 5 大阶级，并对每个阶级的人数进行了大致的估计（见表 4.2）。这篇文章作为新中国成立后《毛泽东选集》的开篇之作，是毛泽东对中国革命地图进行初步测绘的成果，其中的基本思想贯穿毛泽东的一生，对毛泽东开创中国革命道路有非常重大的意义，对理解毛泽东思想也起着提纲挈领的重要作用。毛泽东在阶级分析上的成绩党内此时无人能比，它的优点在于直接将阶级状况分析与革命力量确定、革命道路分析结合起来，体现出强烈的实践性。不过，与毛泽东成熟时期的阶级分析相比，这时的分析还略稚嫩。其一，毛泽东认为阶级划分的标准是普世的，使用的是西方资本主义国家的阶级术语，反映此时毛泽东对中国革命的特殊性认识还不足。毛泽东开篇即道："无论那（哪）一个国内，天造地设，都有三等人，上等、中等、下等。详细分析则有五等，大资产阶级，中产阶级，小资产阶级，小中产阶级，半无产阶级，无产阶级。"①

① 毛泽东：《中国社会各阶级的分析》，《中国农民》1926 年第 2 期。

可以看出，毛泽东此时的阶级分析与中国实际的阶级构成情况还有差距。其二，毛泽东没有提出阶级划分的具体标准，他阶级划分的标准更多的还是直观的经验感觉——财富占有状况和对待革命的态度（如将“反动知识分子”划入大资产阶级范畴），说明毛泽东对阶级分析的理论把握存在不足。其三，从这篇文章可以看出，虽然毛泽东力图给中国的阶级进行宏观上的测绘，并在此基础上给中国革命规划出科学的路径，但毛泽东此时对中国社会的实际情况了解的还不够深入和全面，阶级分析还是初步的，如他将区区200万人数的工业无产阶级作为中国革命的主力军，无疑是一个有较大局限的认识；来自于陈独秀的中产阶级这一术语在马克思主义阶级分析中是很少见的。当然，瑕不掩瑜，作为毛泽东初试啼声的作品，我们不能过于苛求。①

表4.2　　中国社会的阶级构成及各阶级对待革命的态度

<table>
<tr><th colspan="2">阶级（阶层）</th><th>人 数</th><th>对待革命的态度</th></tr>
<tr><td colspan="2">大资产阶级</td><td>100万</td><td>附属于帝国主义，极端反革命</td></tr>
<tr><td colspan="2">中产阶级</td><td>400万</td><td>右翼属于反革命，左翼有时可参加革命，但容易与敌人妥协，全体中资产阶级是半反革命的</td></tr>
<tr><td rowspan="3">小资产阶级</td><td>富资部分（右翼）</td><td>1500万</td><td>平时近似中产阶级之半反革命，战时可附和革命</td></tr>
<tr><td>自足部分（中央）</td><td>7500万</td><td>平时中立，战时可参加革命</td></tr>
<tr><td>不足部分（左翼）</td><td>6000万</td><td>欢迎</td></tr>
<tr><td rowspan="6">半无产阶级</td><td>半自耕农</td><td>5000万</td><td>参加</td></tr>
<tr><td>半益农</td><td>6000万</td><td>积极参加</td></tr>
<tr><td>贫农</td><td>6000万</td><td>勇敢奋斗</td></tr>
<tr><td>手工业工人</td><td>2400万</td><td>积极参加</td></tr>
<tr><td>店员</td><td>500万</td><td>积极参加</td></tr>
<tr><td>小贩</td><td>100万</td><td>勇敢奋斗</td></tr>
</table>

① 新中国成立后编选《毛泽东选集》时，对《中国社会各阶级的分析》一文作了非常大的修改，一些带有根本性的观点和术语也进行了修改，我们今天在《毛泽东选集》内所见到的文本和当时发表的文本有较大差异。

续表

阶级（阶层）		人数	对待革命的态度
无产阶级	工业无产阶级	200 万	主力军
	都市苦力	300 万	仅次于工业无产阶级的主力军
	农业无产阶级	2000 万	勇敢奋斗
	游民无产阶级	2000 万	可引为革命的力量

资料来源：毛泽东：《中国社会各阶级的分析》，《中国农民》1926 年第 2 期。该表附于毛泽东的文章最后，本表内个别文字已根据文章内容进行适当调整。

几乎同时，毛泽东又发表了他专门分析中国农村社会阶级状况的文章《中国农民中各阶级的分析及其对于革命的态度》。文章将中国农村居民划分为大地主、小地主、自耕农、半自耕农、半益农、贫农、雇农、游民无产阶级 7 个阶级，对每个阶级的人数进行了大致估算，并对每个阶级的对待革命的态度进行了分析和概括，在一定程度上为中国农村的阶级分析奠定了基础（见表 4.3）。对比一下几乎同一时期撰写的这两篇文章，可以发现：第一，《中国社会各阶级的分析》套用的是西方资本主义国家的阶级话语，但在《中国农民中各阶级的分析及其对于革命的态度》中，使用的却是比较地道的农民国度的阶级构成术语，体现出了毛泽东在阶级分析上的探索性和矛盾性，也可以看出，毛泽东对中国农村的了解确实较为深入和透彻。第二，虽然毛泽东对中国农村阶级构成的把握优于他对中国社会的整体把握，但他对农村的阶级分析仍然存在不足，其中最根本的问题还是将农村的阶级构成套用在西方资本主义国家的阶级状况上。毛泽东认为："大地主是大资产阶级，小地主是中产阶级，自耕农是小资产阶级，半自耕农佃农是半无产阶级，雇农是无产阶级。"① 这种套用不仅显示出此时的毛泽东对中国社会性质的把握还不够准确，也说明他还没有完全掌握马克思主义的阶级分析法。第三，毛泽东仍然是以财富占有和对待革命的态度作为阶级划分的基本依据，划分的标准仍然是经验的，理论依据存在不足。

① 毛泽东：《中国社会各阶级的分析》，《中国农民》1926 年第 2 期。

表 4.3 中国农村社会的阶级构成

<table>
<tr><th colspan="2">阶级</th><th>人 数</th><th>对待革命的态度</th></tr>
<tr><td colspan="2">大地主</td><td>约 32 万</td><td>乡村中真正的统治者，帝国主义军阀的基础，封建宗法社会的唯一坚垒，极端反革命</td></tr>
<tr><td colspan="2">小地主</td><td>至少 200 万</td><td>中国的中产阶级，受军阀大地主压迫，有反抗性，但又怕“共产”，对待革命的态度矛盾</td></tr>
<tr><td rowspan="3">自耕农</td><td>有余钱剩米的</td><td>约 1200 万</td><td>小资产阶级的右翼，发财观念极重，胆子极小，对革命持怀疑态度，受裹挟可以参加革命</td></tr>
<tr><td>自给自足的</td><td>约 6000</td><td>小资产阶级的中间派，对革命的成果持怀疑态度，对革命采取中立态度，不肯贸然参加，但绝不反革命</td></tr>
<tr><td>每年要亏本的</td><td>约 4800 万</td><td>小资产阶级的左翼，可以马上参加革命</td></tr>
<tr><td colspan="2">半自耕农</td><td>约 5000 万</td><td>经济地位不及自耕农但优于半益农和贫农，具备革命性，革命性优于自耕农但不及半益农</td></tr>
<tr><td colspan="2">半益农</td><td>约 6000 万</td><td>属佃农，但有比较充足的农具和相当数目的流动资本，勉强维持生计，革命性优于半自耕农但不及贫农</td></tr>
<tr><td colspan="2">贫农</td><td>约 6000 万</td><td>属于佃农，但乃农民中极艰苦者，极易接受革命宣传</td></tr>
<tr><td colspan="2">雇农</td><td>原文没有进行数量估计</td><td>属农村无产阶级，是对乡村生活甚感痛苦者，是农民运动中要极其注意的革命力量</td></tr>
<tr><td colspan="2">游民无产阶级</td><td>2000 万以上</td><td>包括兵、匪、盗、丐、娼，这批人很能勇敢奋斗，引导得法，可成为一种革命力量</td></tr>
</table>

资料来源：根据毛泽东《中国农民中各阶级的分析及其对于革命的态度》一文整理，《中国农民》1926 年第 1 期。

1928 年 7 月，中共六大在莫斯科召开。会议决议案对中国农村的阶级状况进行了分析，将中国农村居民划分为地主豪绅、富农、中农、小农、最小农和农业工人 6 个阶级，并对各个阶级的特征、地位和革命态度进行了分析（见表 4.4）。党的六大对中国革命的性质、中心任务（土地革命）等问题的分析是合理的，但在阶级分析上却存在相当的不足，主要表现在：第一，阶级划分的术语使用不准确、不统一，阶级划分的标准不科学。党的六大决议案将农民划分为富农、中农、小农、最小农、农业工人等几个阶级，同时又使用佃农、半佃农、自耕农等提法，这些概念存在明显的交叉，容易产生混淆。决议案以农村居民的“经济状态及土地占有的多少”[①] 为标准来划分阶级，通过“富、中、小、最小”等用语将其具体化，这种划分标准的缺陷在于，它没有考虑阶级之间的关系，尤其是剥削关系在阶级划分中的核心地位。

表 4.4　　中共六大对中国农村的阶级划分及革命策略

阶 级	特 征	革命策略
地主豪绅	地主豪绅阶级是中国社会主要的封建余孽。军阀是最大的地主。地主豪绅阶级与商业高利贷资本差不多完全混合。地主豪绅采用地租、高利贷等多种方式剥削农民，并公开掠夺土地。地主豪绅阶级受帝国主义的扶持	地主豪绅是中国最主要的土地革命对象
富农	富农是半地主。地主反对富农不是把他当作农村资本主义关系的代表，而是当出租田地的半地主。富农兼具资本主义的与前资本主义的半封建剥削形式，富农的主要特点是剥削雇佣劳动，富农通常以残酷的方式剥削雇佣劳动的人，并以高利贷剥削贫农。富农对农民运动常表现中立或仇视的态度，并常常更快地走入反革命阵营。一部分用强抢的方法变成富农	富农没有消失革命可能性时，应吸收富农加入农民反对军阀反对地主豪绅的斗争。富农发生动摇时，在不妨碍贫雇农斗争的范围内，不应加紧对富农的斗争。凡富农已成为反动势力的地方，在反对军阀和地主豪绅的同时进行反富农斗争。现阶段要使富农中立，以减少敌人的力量
中农	中农是小土地私有者，足以维持一家人的生活，并且可以得着些余钱剩米。中农有余裕的可能，并且有时能够使用雇农	联合中农是保证土地革命胜利的主要条件

① 《土地问题决议案》（1928 年 7 月 9 日），中央档案馆编：《中共中央文件选集》第 4 册，中共中央党校出版社 1989 年版，第 330 页。

续表

阶级	特征	革命策略
小农	通常不用雇农的小耕作农，勉强维持生活	可以依靠的革命力量
最小农	有最小数量的田地可以自己耕种，收入勉强维持生活，但收入的主要部分是兼做雇工所得的工资。可称为半无产阶级	可以依靠的革命力量
农业工人	农村中被雇佣的劳动者（雇农），被雇佣于资本主义的农业经济及与农业相联系的工业以维持生存	农业工人是农村无产阶级，是中共在农村的基础，要抓紧建立雇农支部

资料来源：中共六大《土地问题决议案》《农民运动决议案》，中央档案馆编：《中共中央文件选集》第4册，中共中央党校出版社1989年版，第329—366页。

第二，土地问题的分析与农村阶级划分存在矛盾。党的六大决议案认为，中国农村“资产阶级式的土地所有制度已经占着优势，这种优势日愈发展”，主要表现在“土地大半可以买卖”，“中国农村里面资本与劳动的冲突已经很剧烈了”①。决议案提出，中国农村的封建主义属于“残余”性质（决议的用语是“封建余孽”“封建余毒”），照此推断，应该用“占着优势”的农村资本主义而不应以“残余”的封建因素作为划分农村阶级的主要标志，但决议案明显是以封建因素为主来衡量和划分中国农村阶级（并确定农村的社会性质）。

陈独秀、毛泽东和党的六大对中国农村的阶级划分，体现了当时阶级分析方法使用的水平，也是党认识农村阶级构成的努力，虽然不足之处比较多，但仍然难能可贵。对马克思主义阶级理论理解的不足和中国农村第一手资料的欠缺，决定了这一时期的阶级分析只能是起步，取得的成果也是初步的。

二　农村阶级分析的发展

随着土地革命的开展和毛泽东农村社会调查的深入，中国农村生动、复杂的阶级状况也逐步呈现在革命知识分子面前。通过寻乌等地的实地调

① 《土地问题决议案》（1928年7月9日），中央档案馆编：《中共中央文件选集》第四册，中共中央党校出版社1989年版，第331、351页。

查，毛泽东在农村阶级的分析上取得了一些开创性的成果。

《寻乌调查》作于1930年，是一篇优秀的政治社会学调查报告。在报告中，毛泽东将寻乌地区的农村居民划分为公共地主、个人地主、富农、中农、贫农、手工工人、游民、雇农8个阶级，他不厌其烦地列举和描述不同寻乌地区不同阶级的代表人物的状况，资料丰富翔实（见表4.5）。《寻乌调查》的贡献在于：第一，通过翔实的第一手资料，用“解剖麻雀”的方式，全面展示了中国农村尤其是南方农村阶级状况的复杂性和特殊性。虽然之前也有革命知识分子对中国农村开展调查研究，但大多是浮光掠影式的短文，而毛泽东的《寻乌调查》及其他调查报告，全面系统地调查和研究了一个农村地区的政治、经济、文化风俗、阶级状况等各方面的情况，这在党的历史上是第一次，取得了一些开创性的成果，比如，对公共地主这一有着中国特色的重要的土地占有形式，以前几乎没有引起党的注意，毛泽东通过调查，对其作了较为系统全面的分析说明，加深了对中国农村阶级状况的认识。第二，毛泽东所使用的阶级术语趋向于规范和定型，并贴近中国农村的实际。与《中国社会各阶级的分析》套用西方资本主义国家的阶级术语不同的是，毛泽东在《寻乌调查》中不再将中国与资本主义国家的阶级状况等同起来，在术语的使用上非常注意规范性和中国农村实际的契合性，以前所使用的自耕农、半自耕农、半益农等术语不再出现。在1930年10月所作的《兴国调查》中，毛泽东同样采用了在《寻乌调查》中使用的阶级划分方法和阶级术语，只是不再将地主区分为个人地主和公共地主。毛泽东所使用的阶级术语，一直被沿用下来，成为描述和分析中国农村阶级状况的标准术语。第三，阶级划分的标准趋于科学化、实证化、操作化。阶级是一个极为抽象的概念，要应用于社会实践，必须加以实证化和操作化。对阶级这样的基本的、复杂的概念，实证化、操作化尤为重要，因为，如果不能实现合理的实证化、操作化，就无法真正厘清中国的社会状况，结果可能就是革命的失败及国家民族的巨大灾难。但阶级的实证化和操作化并不是一项简单的工作，它涉及方方面面，即使在今天，阶级这个概念如何操作化才算合理，仍然是一个争论中的复杂课题。在党的历史上，抽象分析阶级概念及不同阶级的特征、作用的革命知识分子很多，但在毛泽东之前，通过社会学的实证方式，结合中国实际，尝试将阶级概念操作化的却非常少见。在《寻乌调查》中，在调查资料的基础上，以剥削情况为标准，毛泽东将地主、富农、中农、贫农等不同农村阶级的划分标准进行了量化（见表4.5）。毛泽东的划分标准未必全然科学，但在中共历史上却是第一次，具有开创性。

表4.5　　毛泽东对江西寻乌农村的阶级划分

阶级	包含类别	特征	人口比重(%)
公共地主①	祖宗地主	从各家抽出一份家产替过世的祖宗所立的家族公共田产	
	神道地主	神、坛、社、庙、寺、观	
	政治地主	有教育性质和社会公益性质	
个人地主	大地主	收租500石以上	0.45
	中地主	收租500石以下200石以上	0.4
	小地主	收租200石以下	3
富农		有余钱剩米放债的	4
中农		够食不欠债的	18.255
贫农	半自耕农	不够食欠债的	70
	佃农中之较好的		
	佃农中之更穷困的		
	佃农中之最穷的		
手工工人	各种工匠、船夫、专门脚夫		3
游民		无业的	1
雇农		长工及专门做零工的	1

资料来源：根据毛泽东《寻乌调查》整理，《毛泽东农村调查文集》，人民出版社1982年版，第41—181页。

《寻乌调查》等调查报告虽然是毛泽东和中共调查研究的成功范例，对中国农村的科学认识来说贡献良多，但也要指出的是，由于中国地域广大，不同地域情况差异极大，寻乌、兴国作为中国农村社会研究的“典

① 毛泽东此后的著作没有再论及“公共地主”问题，但1947年9月颁布的《中国土地法大纲》第三条规定“废除一切祠堂、庙宇、寺院、学校、机关及团体的土地所有权”，可以看作是对毛泽东所作分析的政策回应。

型个案”，可以说是成功的，但在统计学的意义上，作为“样本”的寻乌、兴国并不具备代表性，换言之，对寻乌、兴国的分析虽然可以作为其他地区阶级状况的参考借鉴，但绝不能将对寻乌、兴国的分析作无条件的推广，以寻乌、兴国的阶级状况替代对全国不同区域阶级状况的专门分析。令人遗憾的是，在毛泽东的著作中，我们看到不少有关宏观层面的阶级分析，很多都来自毛泽东在赣南、闽西和湘南的调查和经验。

毛泽东农村阶级分析的初步定型，是在他1933年10月为江西苏区中央工农民主政府起草并获通过的文件《怎样分析农村阶级》，这个文件明显包含了毛泽东的一系列调查研究成果，也是江西苏区革命土地斗争实践的总结。毛泽东将农村居民划分为地主、富农、中农、贫农和工人5个阶级，相对于以前的划分作了明显的简化，同时，对每一个阶级的基本特征和判断标准作了全面描述，力图达到科学化和操作化的统一（见表4.6）。更为重要的是，毛泽东以土地占有和剥削状况作为划分标准，使阶级划分更为科学。为了更好地理解阶级划分的标准，苏区中央政府还通过了《关于土地斗争中一些问题的决定》，对劳动的内涵、容易混淆的阶级（如地主与富农、富农与富裕中农）的具体区分等进行了说明。① 曾参与解放区土改的美国友人韩丁评价道："瑞金标准的优点在于抓住了每一个农村阶级的重心，把各阶级典型成员的特点及其与生产资料的特殊关系说清楚了。其缺点是没有规定出各阶级相互之间的确切界限，对于如何区别实际生活当中经常出现的那些非典型的介乎两者之间的事例，缺乏必要的精确性。"② 韩丁的认识实际上也是当时中共中央的认识，这种划分经过一些修改后得到沿用，在解放战争时期及以后的土改中发挥了积极作用。③

---

① 参阅《中华苏维埃共和国关于土地斗争中一些问题的决定》（1933年10月10日），载中国人民解放军政治学院党史研究室编《中共党史参考资料》第六册，1979年，第623—630页，无出版社。

② 韩丁：《翻身》，北京出版社1980年版，第325页。

③ 1947年12月，中共中央将《怎样分析农村阶级》和《关于土地斗争中一些问题的决定》下发到各解放区，作为开展土改的参考；1948年5月25日，中共中央正式下发了这两个文件。正式下发的《怎样分析农村阶级》对1933年的文本进行了一定修改，而今天在《毛泽东选集》第1卷中见到的《怎样分析农村阶级》又在编选《毛泽东选集》时作了修改。笔者没有查找到1933年和1948年的两个文件版本，表内的内容以《毛泽东选集》所收录的文本为基础。因此，需要说明的是，表内列出的农村阶级的特征、划分的标准等可能与1933年和1948年的版本有所出入，根据有关资料，基本的概念和提法没有根本性的变化［参阅《中国共产党中央委员会关于一九三三年两个文件的决定》（1948年5月25日），载中国人民解放军政治学院党史研究室编《中共党史参考资料》第十一册，1979年，第127页，无出版社］。

这一时期对农村的阶级划分也有一些其他注意的地方。在邓子恢起草、毛泽东修改的《中共闽西第一次代表大会之政治决议案》中，农村社会被划分为雇农、中农、贫农、富农、豪绅地主、小资产阶级、游民阶级等。其中最引人注目的是对小资产阶级的分析，决议案认为，农村的小资产阶级有富农、小地主和中农，“只有中农可以参加革命”，城市的小资产阶级如小商人、小手工业等，则“对革命是同情的”。[①] 这种认识与经典马克思主义对小资产阶级与农民关系的界定明显不同，体现了毛泽东等领导人对阶级属性认识的曲折性。

表 4.6　　中国农村的阶级划分

阶 级	特征和判断标准	补充说明
地 主	占有土地，自己不劳动，或只有附带的劳动，而靠剥削农民为生。地主剥削的方式，主要地是收取地租，此外或兼放债，或兼雇工，或兼营工商业	1. 破产后不劳动，依靠欺骗、掠夺或亲友接济等方法为生，其生活状况超过普通中农者，仍算地主 2. 军阀、官僚、土豪、劣绅是地主阶级的政治代表，是地主中特别凶恶者 3. 帮助地主收租管家，依靠地主剥削农民为主要的生活来源，其生活状况超过普通中农的一些人，和地主一例看待 4. 依靠高利贷剥削为主要生活来源，生活状况超过普通中农的人，和地主一例看待
富 农	一般占有土地和比较优裕的生产工具和活动资本，自己参加劳动，但经常地依靠剥削为其生活来源的一部或大部。剥削方式主要是剥削雇佣劳动（请长工）	1. 有自己占有一部分土地，另租入一部分土地的。也有自己全无土地，全部土地都是租入的 2. 富农或兼以一部分土地出租剥削地租，或兼放债，或兼营工商业；富农多半还管公堂 3. 占有相当多的优良土地，除自己劳动之外并不雇工，而另以地租债利等方式剥削农民，此种情况以富农看待

① 参阅《邓子恢文集》，人民出版社 1996 年版，第 9—12 页。

续表

阶 级	特征和判断标准	补充说明
中 农	许多都占有土地；有相当的工具；生活来源全靠自己劳动，或主要靠自己劳动；一般不剥削别人；一般不出卖劳动力	1. 有些中农只占有一部分土地，另租入一部分土地 2. 有些中农并无土地，全部土地都是租入的 3. 部分中农（富裕中农）则对别人有轻微的剥削，但非经常的和主要的
贫 农	一般都须租入土地来耕，受人地租、债利和小部分雇佣劳动的剥削；一般要出卖小部分的劳动力	有些占有一部分土地和不完全的工具；有些全无土地，只有一些不完全的工具
工人	一般全无土地和工具；完全或主要以出卖劳动力为生	有些工人有极小部分土地和工具。

资料来源：毛泽东：《怎样分析农村阶级》（1933 年 10 月），《毛泽东选集》第 1 卷，人民出版社 1991 年版，第 127—129 页。

与此同时，中共的马克思主义学者也在通过田野调查，努力为中国农村进行阶级测绘。贡献最大的是以陈翰笙等人为首的中国农村派。中国农村派不仅在中国农村性质的研究上卓有成效，对农村的阶级关系、土地关系的研究也贡献良多。值得指出的一点是，毛泽东等中共领导人的农村调查，囿于条件的限制，只能采取“解剖麻雀”的方式，对若干个典型地域进行调查，但这对于地域广大、各地情况差异极大的中国农村而言，无疑是不够的，生硬地将一个或几个地区的情况推广到全国，势将犯下以偏概全的错误，而中国农村派在全国各地都开展社会调查，对于更好地了解中国各地的情况，无疑是有极大的益处的。陈翰笙等人根据亲身开展的社会调查，在其研究报告中指出了中国农村土地关系和阶级关系的复杂性和特殊性。比如，毛泽东似未注意到中国农村存在的土地永佃制，注意到“田底权”和“田面权”的存在和区别，而是将土地关系简化为租佃关系，而陈翰笙等马克思主义学者则对此进行了关注；毛泽东非常看重土地占有情况，在此基础上确定剥削关系，再由剥削关系（剥削量的比重等）来确定阶级成分，但陈翰笙等学者指出了中国农村的一些特殊情况。通过对广东番禺县的实地调查，陈翰笙指出，认为无地的农民就是雇农是错误的，“实际上他们倒是雇佣雇农的富农呢”，番禺县“富农中纯粹无地和耕地不够耕种而租进农田的有百分之四十七”[①]。陈翰笙认为，土地的出租形式相同，但性质却可能有异，因此，“只是租佃关系底外表决不足以做农户分类底标准”[②]。陈翰笙对农村阶级的划分提出了自己的见解，他将农村居民划分为地主、富农、中农、贫农、雇农五个阶级，在具体操作上，则以“中农”为标准来确定其他阶级，陈翰笙认为，中农是“具有能够过活的中等富力而在雇佣关系上不剥削他人，也不被人剥削的农户”，“雇佣长工或雇佣散工而超过当地普通农户所必须的帮忙人数，如其耕地亩数超过中农的标准”，则是富农；“凡所耕亩数不及中农底标准，而工作之外往往要借工资或其他收入才能过活的农户”，可通称为贫农；“几乎纯粹地在雇佣关系上被人剥削的都是雇农”。[③] 陈翰笙等学者的研究较好地做到了理论与实际的结合，促进了党对农村阶级分析的发展与成熟。

三　农村阶级分析的完善

1939年12月，毛泽东和几位学者共同撰写了《中国革命与中国共产党》，在著作的第二部分，毛泽东以“中国革命的动力”为题，对中国社会的阶级构成进行了测绘，对中国农村的阶级状况进行分析，是其重点所在。毛泽东论述的重点并不在阶级的操作化层面，而是各阶级的主要特征、对待革命的态度、在革命中的地位和力量等事关中国革命的重大理论问题，因此，毛泽东的表述就显得较为抽象和概括（见表4.7）。《中国革命与中国共产党》的阶级分析与《怎样分析农村阶级》的基本思想一脉相传，同时吸收了中国社会性质论战和中国农村社会性质论战的成果。不过，《中国革命与中国共产党》也并非没有新意，比如，毛泽东将农村阶级构成进行了进一步的简化，主要构成从5个阶级简化为3大阶级——地主阶级、农民阶级和无产阶级（雇农），理解和把握起来会更容易；将富农列入农民阶级的范畴，并明确将富农界定为“农村的资产阶级”，这是

① 陈翰笙主编：《广东农村生产力与生产关系》，中山文化教育馆1934年版，第3页。

② 同上书，第4页。

③ 同上书，第4—5页。

以前所没有的。总的来说，《中国革命与中国共产党》标志着党和毛泽东阶级分析上的成熟，并成为党对中国社会（中国农村）标准的阶级分析方法。比如，张闻天指导开展的晋陕调查，就基本沿用了在《中国革命与中国共产党》提出的农村阶级分析方法，将农村居民划分为地主、富农、富裕中农、中农、贫农、雇农、工人、贫民、小商人等阶级（阶层），对与毛泽东的划分不一致的，张闻天还专门以注解方式予以说明。[①]

表 4.7　中国农村的阶级划分

<table>
<tr><th colspan="2">阶级</th><th>特征和判断标准</th><th>在革命中的地位</th></tr>
<tr><td colspan="2">地主阶级</td><td>地主阶级是封建残余的代表，是帝国主义统治中国的主要社会基础，是剥削和压迫农民的阶级，在政治上、经济上、文化上阻碍中国社会前进，没有丝毫进步作用</td><td>1. 地主阶级是革命的对象，不是革命的动力
2. 地主阶级中最反动的是大地主阶级，中小地主阶级情形则较为复杂</td></tr>
<tr><td rowspan="3">农民阶级</td><td>富农</td><td>富农是农村的资产阶级，大多数的富农带有半封建性。富农约占农村人口的5%</td><td>1. 不应把富农看作是与地主无差别的阶级
2. 富农的生产在一定时期是不可缺少的</td></tr>
<tr><td>中农</td><td>中农一般不剥削别人，在经济上能自给自足，而受帝国主义、地主阶级和资产阶级的剥削。多数中农没有政治权利。约占农村人口的20%</td><td>1. 中农不但能够坚决参加反帝革命与土地革命，还能够参加社会主义革命，全部中农都可以成为无产阶级可靠的同盟者，是革命动力之一
2. 中农的态度是决定革命胜负的因素，尤其是在土地革命之后，中农成为农村中大多数的时候</td></tr>
<tr><td>贫农</td><td>贫农是没有土地或土地不足的广大的农民群众，是农村中的半无产阶级，贫农连同雇农在内，约占农村人口的70%</td><td>贫农是中国革命最广大的动力，是无产阶级的天然的和最可靠的同盟者，是中国革命队伍的主力军。中国的农民主要就是指贫农和中农</td></tr>
</table>

① 参阅《张闻天晋陕调查文集》，中共党史出版社 1994 年版，第 33—34 页。

续表

阶 级	特征和判断标准	在革命中的地位
无产阶级	指农村中的雇农。中国的无产阶级受帝国主义、资产阶级和封建势力的三重压迫，压迫的严重性和残酷性在世界各国是少见的	革命态度特别坚决和彻底，是中国革命最基本的动力和领导者
游民无产者	指农村中的失业人群，他们是乞丐、盗贼、流氓、娼妓、职业迷信家的来源	游民无产者是动摇的阶级，一部分容易被反动势力收买，另一部分则颇有革命性，但他们缺乏建设性，是流寇主义和无政府思想的来源

资料来源：毛泽东：《中国革命与中国共产党》，《毛泽东选集》卷二，东北书店1948年版，第219—227页。

阶级分析话语的落脚点是革命实践。延安时期，党对边区农村阶级结构的实际情况有比较深入的分析，尤其对边区阶级结构的变化有比较多的调查研究，比较典型的是张闻天率领的考察团对陕北和晋西北五个地点的调查，前文已有论述。这里以杨英杰对陕北延川县禹居区三乡的阶级关系调查为例，探讨一下党的阶级分析在农村的实际运用情况。

禹居区是延川县比较富裕的一个区，也是禹居区委、区政府所在地。土地革命的洗礼，使禹居区的阶级关系发生了较大变化。杨英杰对禹居区进行了实地调查，撰写了题为《延川县禹居区三乡的阶级关系及人民生活》的报告，发表在党的刊物《共产党人》上。杨英杰的调查报告发表的时间稍早于《中国革命与中国共产党》发表的时间。杨英杰的调查发现，禹居区三乡的阶级构成在向“中间阶级”靠拢，中农和富农数量有所增加，而贫雇农数量则有所减少（见表4.8）。杨英杰采用地主、富农、中农、贫农、雇农、工人等9个阶级成分概念，对禹居区三乡进行阶级划分，主要概念与毛泽东《怎样划分农村阶级》基本一致，但也有值得注意的地方，比如，杨英杰使用了知识分子、小商人和巫神作为农村阶级成分的概念，这是极其少见的（尤其是巫神这样的“阶级”成分）；将雇农与工人进行了区分，不认为雇农属于工人阶级，这也与党对雇农阶级属性的界定有所不同。杨英杰在文中指出，他划分阶级的标准是：第一，以户为单位；第二，以是否存在剥削为基本条件，“富农除了他很富裕而外，必须有剥削，没有剥削，虽然很富，但我们也不把他列为富农”。另外还有比较特殊的情况，如“知识分子家庭生活，主要靠代耕队的代耕，因之把他另列一项”①。可见，杨英杰划分阶级的标准大致准确，只是令人奇怪的是，大致准确的标准为什么会产生出新的阶级成分，这似乎预示着，阶级理论分析进入实践领域，不管其科学与否，都可能产生让人意想不到的问题。

表 4.8　　延川县禹居区三乡的阶级结构

阶级	土地革命前户数	土地革命后户数
雇农	31	15
贫农	204	136
中农	50	125
富农	16	22
地主	12	0
工人	3	7
小商人	1	7
流民	4	3
知识分子	0	5
巫神	0	3

资料来源：杨英杰：《延川县禹居区三乡的阶级关系及人民生活》，《共产党人》1939 年 2 月第 3 期。

从杨英杰的文章也可以看出，中国农村社会的复杂性和阶级问题在实践中的复杂性，使得阶级分析的实践并不容易（实际上，即使在当下，那些训练有素、占有大量资料的学者，在阶级分析实践上也是困难重重）。从总体上讲，1949 年前，毛泽东和中共的阶级分析在实践上是比较成功的，但也要注意，“左”的错误在相当长的时间内伴随着党的阶级分析和革命策略，加之农村的复杂性及阶级问题本身的复杂性，导致党的农村阶级划分错误一直较多。解放战争时期，各解放区开始进行大规模的土

① 杨英杰：《延川县禹居区三乡的阶级关系及人民生活》，《共产党人》1939 年 2 月第三期。

改，阶级划分上“左”的错误尤为明显。1947 年 12 月，中共中央工委专门发布文件，对土改中的“左”倾错误进行批评。文件总结了阶级划分的四种错误情形：一是将政治态度和思想也列为阶级划分的标准之一；二是上查三代，将老辈是地主或本人早年过地主生活的、现在的经济条件明显不是地主的，仍然定为地主；三是把有劳动的家庭作为无劳动，把主要劳动作为附带劳动，因而把富农定为地主；四是确定地主、富农的成分仅由贫农团通过，而不是由全体农民讨论通过。[①] 出租土地或雇用农民，剩余价值如何计算才算合理，这是一个至关重要的理论和实践问题。此外，还有一些特殊的问题，如党员、战士、军属、烈属、干属家庭有特殊情况的（如因参军使得家中土地需要出租或雇佣），如何确定其阶级成分？[②] 在农业的资本主义化已初露端倪的地方，还有经营地主与一般地主和富农如何区分的问题。确定一个农民和其家庭的阶级成分，在程序上是通过贫农团和全体农民大会通过，最后由党的组织（如工作组）或当地基层政府核准，鉴于乡村的复杂情况（农民之间的各种利益纷争、家族恩怨、道德评价）、党的政策的不确定及基层干部对党的政策的理解、把握水平等因素，可以想象，农村阶级划分的实践是多么复杂，纸上的理论与具体实践的张力会有多么大。黄宗智的研究指出，土改中的阶级划分“是一场道德戏剧性的行动”，在实践中，某一农民和其家庭阶级成分的确定，并非全然按照毛泽东所强调的经济关系，比如作家丁玲的《太阳照在桑干河上》，故事中的“恶霸地主”钱文贵实际上只有十亩土地，按照《土地改革法》的标准，只能算是家境较好的中农，导致将他划作地主的原

---

① 《中共中央工委关于阶级分析问题的指示》（1947 年 12 月 31 日），载中国人民解放军政治学院党史研究室编《中共党史参考资料》第十八册，1986 年，第 362 页，无出版社。

② 农村阶级的划分，最关键的还是地主和富农的认定，因为这两个阶级直接关系到农民（中农、贫农、雇农、流民无产者）能够获得多少经济利益，只有把这两个阶级的人数扩大，农民才能多获得再分配的利益，这是为什么各解放区土改中犯的是“左”倾错误的根本原因。从理论上讲，剥削量的问题才是根本的，这其中又涉及两个问题：一是剥削量如何计算；二是以剥削量的多大比例来区分地主和富农、富农和中农。在土改中，这两个问题始终是困扰各解放区的问题，就此地方向中央多次请示。从实践上讲，即使剥削量的计算及区分标准都是合理的，但还存在一个对阶级充分认定的程序问题，实际上，很多时候程序才是决定性的，因为一个农民的阶级成分是他本村的人开会确定的，即使从理论说这个农民属于贫农这样的“低成分”，但也可能通过程序让他成为中农、富农这样的“高成分”。［参阅《中共中央关于剥削年限和剥削分量问题给冀中区党委的指示》（1948 年 8 月 21 日），载中国人民解放军政治学院党史研究室编《中共党史参考资料》第十八册，1986 年，第 391—392 页，无出版社］

因不是真正的阶级地位，而是与其他村民之间糟糕的人际关系。[①] 不过，总的来说，对于当时的革命斗争和农村社会的变革大势而言，错误还是局部的，一些错误也很快得到了纠正。

对农村阶级划分的政策完善，是1950年8月颁布的《中央人民政府政务院关于划分农村阶级成分的决定》和1951年3月颁布的《关于划分农村阶级的补充规定（草案)》。《中央人民政府政务院关于划分农村阶级成分的决定》是在毛泽东的《怎样分析农村阶级》的基础上进行的补充完善，文件对农村的阶级成分进行了详尽的细分，增加了反动富农、破产地主、贫民、宗教职业者、地主富农兼工商业者、管公堂、小手工业者、手工业资本家、手工工人、自由职业者、小商和小贩等多种类别，并对阶级划分的标准作了一定程度的细化，对一些特殊问题（如地主富农出身的解放军指战员的阶级成分问题，地主、富农、资本家与工人、农民、贫民结婚后的阶级成分问题）进行了规定。《关于划分农村阶级的补充规定(草案)》补充了小土地出租者、半地主式富农、佃富农、债利生活者、畜牧业者、农村工商业家等名称，这些究竟是不是阶级成分的称谓，文件并没有作明确表述。[②] 全国农民的阶级成分，都按照这两个文件的规定予以划定或进行适当的修正。

四　农村阶级分析的特征

党的农村阶级分析有三个重要的特征：

第一，对中国农村的阶级分析是一个逐步发展成熟的过程。其中包括两方面的内容：一是马克思主义阶级分析法认识和把握的逐步成熟；二是在运用马克思主义阶级分析法分析中国农村阶级状况上的逐步成熟。当然，这两者并不是截然分开，而是相辅相成的。就前者而言，从本书分析看，党和毛泽东对马克思主义阶级分析法的掌握初步成熟于土地革命时期，基本完善是在延安时期。就后者而言，笔者以为，毛泽东似乎并不追求一个普适的阶级分析模式，他自始至终都将阶级分析的重点放在中国，探讨中国尤其是中国农村的阶级构成问题，但如前文所分析的，毛泽东初

① 黄宗智：《中国革命中的农村阶级斗争——从土改到文革时期的表达性现实与客观性现实》，载黄宗智主编《中国乡村研究》（第二辑），商务印书馆2003年版，第76—77页。

② 参阅于建嵘主编《中国农民问题研究资料汇编》第二卷（上），中国农业出版社2007年版，第1046—1062、1066—1076页。

期的分析文章虽然表现出了他的创造力和企图心，但还没有发展出适合中国农村实际的阶级分析术语和方法、标准，对中国农村实际状况的理解也还有限，但随着时间的推移，毛泽东不断取得进步，作于1933年的《怎样分析农村阶级》，标志着毛泽东对中国农村阶级分析的初步成熟；1939年的《中国革命与中国共产党》一文，标志着毛泽东对中国社会（及中国农村）阶级分析的基本完善，而对中国农村阶级分析最终的完善则是在1951年土改基本完成后。

第二，客观的结构—功能主义是阶级分析的基本视角。毛泽东始终认为，阶级作为人类历史的一个重要现象，是不可否认的客观事实；农民作为社会阶级而存在，也是毋庸置疑的；中国农民以阶级的形式存在和行动，毛泽东认为这是不证自明的客观事实。在阶级划分标准的确定上，毛泽东采用的是客观的经济因素——生产手段的占有情况和剥削关系，毛泽东和中共中央强调："阶级划分应只有一个标准，即占有生产手段（在农村中主要是土地）与否，占有多少及与占有关系相连带的生产关系（剥削关系）。如再提出其他标准都是错误的。"[①] 阶级分析的结果也是客观的、结构化的，按其阶级属性，毛泽东将农村居民进行金字塔形的排列。结构和功能密不可分，毛泽东对中国农村社会结构主义的阶级分析，根本目的是认识各阶级在中国革命中的特征、地位和作用，最终确定革命的动力和对象。采用这种以生产资料占有和剥削为核心的阶级分析，有助于实现毛泽东所设想的理论和实践目标，正如埃里克·欧林·赖特所言，它"为阶级结构的客观属性同阶级构成、阶级联盟和阶级斗争问题之间的关系进行更加系统化的分析提供了基础"[②]。当然，需要指出的是，结构主义虽然是阶级分析的基础，但并没有排除阶级意识在阶级分析中的作用，在毛泽东的阶级分析中，有时阶级意识的地位实际上超过了经济关系，这让毛泽东的阶级分析有时呈现出摇摆的特征。

第三，为农民的历史主体地位尤其是革命主体地位提供实证方面的合法性支撑是其基本目的。农民历史和革命主体地位来自两方面的支撑：一是对农民的数量和比重。虽然革命知识分子都强调农民的数量优势，并将

① 《中共中央工委关于阶级分析问题的指示》（1947年12月31日），载中国人民解放军政治学院党史研究室编《中共党史参考资料》第十八册，1986年，第362页，无出版社。

② 埃里克·欧林·赖特：《阶级》，高等教育出版社2006年版，第132页。

此作为强调农民必须参与革命的重要因素，但对农民的内涵、不同阶级（阶层）农民具体的数量和比例却并不清晰明了。毛泽东的阶级分析对农民作了明确的界定——农民主要指贫农和中农，在此基础上，对农民的数量及其在全国人口中的比例作了较为明确的估计，加深了对农民数量优势的认识，进一步明确了农民在革命中的主力军地位。二是农民的特征尤其是对待革命的态度。结构分析能够有效厘清事物的功能。通过对农民的阶级分析，党对不同阶级农民的特征和对待革命的态度有了较为全面细致的把握，同时，结构—功能主义的阶级分析突出了农民的革命性和对推动历史进步的重要作用，并对农村的“中间阶级”——富农作了较为特殊的单独处理，从而为农民的历史主体地位尤其是在革命中的主体地位提供了正当性支持。

第二节 中国农民的特征：革命与先进的辩证法

对中国农民特征的分析和描述，是毛泽东农民理论的重要内容。在探索中国革命道路的过程中，毛泽东没有停止对中国农民特征的思考和认识。

一 对农民阶级属性的认识

确定农民的阶级属性，在阶级分析中具有基础性的地位，这不仅关系到对中国社会性质的认知，也关系到农民阶级地位的确定和对农民特征的认定。

本书第一章对马克思、恩格斯和列宁的农民理论进行了概要性的分析和描述，为了论述方便，笔者在这里将马克思、恩格斯和列宁有关农民阶级属性的论述进行简要重述，以方便展开讨论。马克思、恩格斯视农民为前资本主义的阶级，代表的是落后的前资本主义的生产方式，他们据此认为，在资本主义生产方式的挤压下，农民所代表的生产方式必然走向解体，农民自身也在走向分化和灭亡，他们中的富有者会成为资本家，贫困者则沦为雇佣工人，进入无产阶级队伍。列宁认为农民属于小资产阶级范畴，具有中间阶级的两重性——革命性与保守性，而在落后的国家尤其是东方国家的革命中，农民却是资本主义关系的体现者，是一种相对进步的阶级力量，由此，列宁强调落后国家革命进程中工农联盟的重要性。与马克思、恩格斯相比，列宁对农民的认知有所不同，而列宁对中国共产党农民理论建构的影响要大得多。

中国农民究竟属于哪个阶级，这不仅关系到马克思、恩格斯、列宁及共产国际对农民问题的一般认识，也关系到对中国国情及农民自身情况的研究和认识。中共对农民阶级属性的认识，有一个变化演进的过程。①

建党初期，党将农民与工人视为一体，没有进行具体区分，认为它们都是劳动者，并提出了“劳农专政”的口号。随着马克思主义理论水平的提高，党逐步认识到了工人和农民的差异，以无产阶级专政替代“劳农专政”的口号。党早期的文件对农民的阶级属性也没有进行过专门的分析，对农民属性的表述也不确定，“小私有者”“劳动阶级”“被压迫阶级”等都用来指称农民。在中共领导人早期的论述中，中国农民比附的是资本主义条件下的农民。在《中国农民问题》《中国国民革命与社会各阶级》等文章中，陈独秀继承了列宁对农民阶级属性的界定，强调农民的私有性，他认为：“在中国，约占农民半数之自耕农，都是中小资产阶级”；“无地之佃农，也只是半无产阶级”。② 毛泽东在《中国社会各阶级的分析》中的分析与陈独秀大致相同，也用小资产阶级、半无产阶级、无产阶级来指称不同阶级（阶层）的农民，如他将自耕农明确归入小资产阶级范畴，将半自耕农、贫农、半益农归入半无产阶级范畴，所不同的是毛泽东的分析更为细致一些。总的来说，在这一阶段，党注重的是农民数量优势和所遭受的痛苦而导致的参与国民革命的可能性，对农民的阶级属性的分析主要沿用列宁和共产国际的观点，并比照资本主义社会的情况，将不同阶级（阶层）的农民分别归入小资产阶级、半无产阶级或无

---

① 20 世纪 80 年代，国内一些学者曾对我国新民主主义革命时期的农民阶级属性进行讨论，代表性的观点有：一是邓拓的观点。邓拓在《旧中国农村的阶级关系与土地制度》一文中提出，旧式富农是半地主、半农民阶级，新式富农是农村的资产阶级，雇农是乡村雇工，包括富裕中农在内的中农是农村小资产阶级，贫农是农村半无产阶级，但仍然具有小资产阶级的特征。二是王小强的观点。王小强不同意邓拓的看法，他在《中国农民的阶级属性刍议》中提出，从近代中国农民的阶级地位及由此决定的阶级本性而言，近代中国的农民仍然是与封建社会的农民处于同等地位的小生产者，仍然是封建农民。三是刘耀等人坚持的毛泽东的观点。刘耀不同意邓拓和王小强等人的观点，认为毛泽东将新民主主义革命时期的农民界定为小资产阶级是正确的（参阅刘耀《近代中国农民的阶级属性问题》，《近代史研究》1984 年第 4 期）。

② 中央档案馆编：《中共中央文件选集》第一册，中共中央党校出版社 1989 年版，第 599 页。

产阶级行列，与中国农民的实际情况有一定差距。

1928 年 7 月召开的中共六大对农民问题进行了详细的阐述，虽然党的六大决议案对中国农民的阶级属性没有进行直接表述，不过却可以发现矛盾所在。党的六大坚持中国属于半封建社会，认为中国农村土地的自由租佃使资产阶级式的土地所有制已经占优势，这种优势仍在日益发展，而中国的土地革命“是客观上争资本主义发展的斗争”，“要使自由的农民变成资本主义式的小农经济”。[①] 从这些表述看，党的六大对农民阶级属性的认识是矛盾的：已经占优势的资产阶级式的土地所有制是否意味着农民已经从封建的阶级属性过渡到资产阶级的阶级属性？如果作此解释，那如何理解党的六大提出的土地革命的目标是发展“自由的资本主义”，中国农民的目标是成为资本主义的小农？只有将中国农民的阶级属性界定为封建的（半封建的），农民下一步的革命（发展）目标才可能是成为资本主义的小农，发展“自由的资本主义”。可见，党的六大对中国农民阶级属性的认识是模棱两可的，也是自相矛盾的。

在《中国革命与中国共产党》中，毛泽东提出：“农民一般都是小资产阶级，但他们的内部是在激烈分化的过程中”，[②] 这意味着毛泽东将农民的阶级属性有了清晰的划定，也意味着毛泽东最终接受了列宁的观点。在毛泽东的笔下，小资产阶级是一个外延极广的概念，同属小资产阶级的还有知识分子、青年学生、城市贫民、职员、手工业者、自由职业者、小商人等社会阶层。从笔者所见材料看，在《中国革命与中国共产党》后，毛泽东对农民的阶级属性再无其他的直接表述，农民的小资产阶级属性也就成了定论。

为什么毛泽东最终还是接受了列宁的观点，将农民界定为小资产阶级？笔者以为，原因可能有三个方面：第一，这是列宁在农民问题上的重要遗产，作为马列主义的信奉者和继承人，沿袭这一界定是理所当然的。第二，将农民界定为小资产阶级，有助于为中国革命的性质和革命的内容提供正当性解释。中国革命是资产阶级民主性质的革命，农民是革命的主力军，革命的基本内容是农民的土地斗争，这些都可以从农民

① 中央档案馆编：《中共中央文件选集》第四册，中共中央党校出版社 1989 年版，第 337、338 页。

② 《毛泽东选集》卷二，东北书店 1948 年版，第 224 页。

属于小资产阶级这一判断中得到一定的解释。第三，将农民界定为小资产阶级，有助于解释党内出现的一些特定问题。比如，对于在土地革命时期所犯的错误，党的六届七中全会通过的《关于若干历史问题的决议》认为小资产阶级是其社会根源。决议认为，包括农民在内的小资产阶级群众是一个过渡的阶级，具有两面性："就其好的、革命的一面说来，是其大多数群众在政治上、组织上以至思想上能够接受无产阶级的影响，在目前要求民主革命，并能为此而团结奋斗，在将来也可能和无产阶级共同走向社会主义；而就其坏的、落后的一面说来，则不但有其各种区别于无产阶级的弱点，而且在失去无产阶级的领导时，还往往转而接受自由资产阶级以至大资产阶级的影响，成为他们的俘虏。"一些小资产阶级的党员，虽然在组织上入了党，但是在思想上却还没有入党，或者没有完全入党，"'左'倾路线在政治上、军事上、组织上和思想上的错误，也即是这种小资产阶级思想在党内的反映"。[①] 出身农民的党员和革命军人占了绝对多数，将农民界定为小资产阶级，有助于解释党内思想错误、路线错误的社会根源。

不过，值得注意的是，毛泽东等领导人的著作中，也将农民与小资产阶级并列，似乎有意在话语上对农民和小资产阶级进行区隔。比如，在《中国革命与中国共产党》中，在论述各种类型的小资产阶级部分，并没有将农民包括在内一起展开分析，农民被单独列出进行分析，这样处理的原因不仅是因为农民的重要性，应该还包含有其他因素。在论述小资产阶级时，毛泽东写下了这样一句话："所有这些小资产阶级，同农民阶级，都受帝国主义、封建残余与大资产阶级的压迫，日益走向没落的境地。"[②] 这实际上将农民与小资产阶级并列起来了，换言之，毛泽东的农民话语体系中，很多时候并不是把农民作为小资产阶级来看待的。而在毛泽东的行文中，基本上都将农民与小资产阶级并列，如《论联合政府》中，毛泽东在强调中国共产党具有宽广的社会代表性时申明，中国共产党不仅代表了无产阶级，同时也"代表了最广大的农民阶级、小资产阶级、知识分

① 《毛泽东选集》第 3 卷，人民出版社 1991 年版，第 992、993 页。

② 《毛泽东选集》卷二，东北书店 1948 年版，第 222 页。在新中国成立后编选《毛泽东选集》时，为了逻辑上的自洽，这一小节的标题由"各种类型的小资产阶级"修改为"农民以外的各种类型的小资产阶级"（《毛泽东选集》第 2 卷，人民出版社 1991 年版，第 640 页）。

子及其他民主分子”；[①] 在《论人民民主专政》中，毛泽东写道，要在国内唤起民众，就要“团结工人阶级，农民阶级，小资产阶级和民族资产阶级……”[②]。为什么要在话语上对农民和小资产阶级进行一定程度的区隔？笔者以为主要有以下几个原因：其一，小资产阶级并不是一个积极和正面的词汇，要时时以它来指称农民，会对农民的主力军地位造成负面的影响。马克思主义认为，小资产阶级属于中间阶级，具有革命性和妥协性这两重性，其中妥协性是很重的。在延安文艺座谈会上的讲话中，毛泽东突出和批判了小资产阶级的负面属性和作用，因此，对农民与小资产阶级进行一定程度的区隔，有助于认识农民在革命中的特殊地位。这种考虑也可以从新中国成立后编选《毛泽东选集》时进行的修改得到验证。如修订后的《中国革命和中国共产党》将“所有这些小资产阶级，同农民阶级，都受帝国主义、封建残余与大资产阶级的压迫，日益走向没落的境地”修改为“所有这些小资产阶级，和农民阶级中的中农的地位有某些相像，都受帝国主义、封建主义和大资产阶级的压迫，日益走向破产和没落的境地”，[③] 将小资产阶级与中农相提并论，但用语也只是“有某些相像”，而不是将农民性质界定为小资产阶级。其二，农民与小资产阶级的确存在比较重要的差异。农民处于中国社会的最底层，承受着最为严重的压迫和剥削，与城市的小商贩、自由职业者、知识分子等小资产阶级相对宽松的状况有着很大的不同。从党的革命理论来看，农民承受的主要是农村的封建剥削，农民本身与封建主义息息相关，这与资产阶级化程度较深的城市小资产阶级有显著的不同。其三，这种区隔也展现了党及毛泽东等领导人对农民深厚的感情。党以农村为基地，依靠农民来争取政权，党的领导人和党员干部大多来自农村，他们对农民遭受的种种不公正待遇有深切的了解和同情。将农民与小资产阶级进行适度的区隔，包含的是党和党的领导人对农民的真挚情感。不过，需要指出的是，虽然我们可以将农民

---

① 《毛泽东选集》卷二，东北书店1948年版，第322页。宣道华注意到，《新民主主义论》的原始文本提出三个阶级的联盟（无产阶级、民族资产阶级、小资产阶级）而不是四个阶级的联盟，这是“一种颇为异常的提法”，虽然这两种提法只是“形式的不同，不是本质的不同”，但并非没有影响。宣道华认为，把农民纳入小资产阶级“这个能容纳一切的范畴，能减轻强调中国革命的独特性”（参阅费正清主编《剑桥中华民国史》（下），中国社会科学出版社1994年版，第978—979页）。

② 毛泽东：《论人民民主专政》，《新华日报》1949年7月，第5页。

③ 《毛泽东选集》第2卷，人民出版社1991年版，第640—641页。

界定为小资产阶级，以及将农民与通常所说的小资产阶级进行区隔找出解释，但它也说明毛泽东在农民的阶级属性这一理论问题上还存在一些不自洽之处。

二 对中国农民特征的分析

对中国农民特征的认识，是阶级分析的重要内容和目的。对农民特征的认识有两方面的资源，一是理论上的，主要是马列主义的农民理论；另一是事实上的，主要是中国农村和农民的实际情况，这需要调查研究和革命实践来提供。

囿于调查研究的不足，党早期对中国农民特征的认识，主要来自马列主义的书本，以理论演绎为主，实证资料很少，认识的结果与中国农民的实际情况存在落差，前引陈独秀的文章这种情况就比较突出。对农民的认识必须建立在实证资料的基础上，毛泽东对此有着清晰的认识，所以，他深感革命者手中有关中国农村的实际资料“异常贫乏”，以前连农村情况的“大略都没有”，强调要“立刻下了决心，把农民问题开始研究起来”①。

擅长开展农民运动的毛泽东率先改变了仅从理论出发认识农民的不利状况。毛泽东的《湖南农民运动考察报告》较为全面地反映了当时湖南的农民运动状况，以生动翔实的第一手资料，反驳了对农民运动的负面评价和污蔑。而在《中国社会各阶级的分析》和《中国农民中各阶级的分析及其对于革命的态度》中，毛泽东尝试从理论与实际相结合的角度，以对待革命的态度和参与革命的可能为核心，对中国农民的特征进行分析描述。在土地革命时期，一系列的农村社会调查和革命实践，使毛泽东对中国农民的认识更为深入和全面。延安时期，毛泽东坚持理论与实践相结合，进一步阐释了中国农民的特征。而在土地改革过程中，毛泽东又加深了对中国农村和中国农民复杂性的认识。对于这些认识成果，本章上一节已通过图表形式进行了具体的罗列，这里仅就毛泽东对农民特征的认识进行一个简要的概括。

第一，农民是中国革命和建设的力量源泉。毛泽东指出，在半殖民地半封建社会，“所谓人民大众，主要的就是农民”；“中国民主革命的主要

① 《毛泽东文集》第1卷，人民出版社1993年版，第39页。

力量是农民。忘记了农民，就没有中国的民主革命；没有中国的民主革命，也就没有中国的社会主义革命，也就没有一切革命。我们马克思主义的书读得很多，但是要注意，不要把‘农民’这两个字忘记了；这两个字忘记了，就是读一百万册马克思主义的书也是没有用处的，因为你没有力量”①。毛泽东认为，占中国人口绝大多数的农民具有决定性的数量优势，拥有主导中国革命的前途、中国历史走向的能力：“中国几万万农民到底跟谁走？如果跟大地主、大资产阶级走，中国仍是一个存在剥削和压迫的半殖民地半封建社会；如果跟无产阶级、跟共产党走，就可以由半封建社会进入民主主义社会，由半殖民地变为独立的国家。”② 在中共七大的报告《论联合政府》中，毛泽东集中和精辟地阐述了中国农民的特征与作用：

> 农民——这是中国工人的前身。将来还要有几千万农民进入城市，进入工厂。如果中国需要建设强大的民族工业，建设很多的近代式的大城市，就要有一个变农村人口为城市人口的长过程。
>
> 农民——这是中国工业市场的主体。只有他们能够供给最丰富的粮食、原材料与吸收最广大的工业品。
>
> 农民——这是中国军队的来源，士兵就是穿起军服的农民，他们是日本侵略者的死敌。
>
> 农民——这是现阶段中国民主政治的主要基础。中国的民主主义者如不依靠三万万六千万农民群众的援助，他们就将一事无成。
>
> 农民——这是现阶段中国文化运动的主要基础。所谓扫除文盲，所谓普及教育，所谓大众文艺，所谓国民卫生，离开了三万万六千万农民，岂非大半成了空话？③

第二，农民具有强烈的革命性，是中国革命的主力军。从前一节的分析可以看出，农民的革命性、农村中不同阶级的革命性大小等，是毛泽东农村阶级分析的主要内容。毛泽东对农民的革命性是高度肯定的，他最简

① 《毛泽东文集》第3卷，人民出版社1996年版，第305页。

② 同上书，第59页。

③ 《毛泽东选集》卷二，东北书店1948年版，第225页。

洁的表述就是“农民是革命的主力军”。在毛泽东看来，农民的革命性主要有两个来源：一是基于利益要求。农民是帝国主义、封建主义压迫和剥削的对象，农民的革命性来自于利益要求。从《中国社会各阶级的分析》开始，从利益得失进行分析是毛泽东一贯的视角，也是毛泽东论证某个阶级是否是革命动力的基本方法。二是农民的阶级属性。虽然毛泽东最终还是将农民划作小资产阶级，但毛泽东在农民的革命性问题上的话语策略却是类比——将农民比作马克思主义思想中的无产阶级，以此来表明农民的革命性。比如，在《中国社会各阶级的分析》中，毛泽东将农民中的主要部分——雇农、贫农比作无产阶级和半无产阶级，对马克思主义者来讲，无产阶级的革命性几乎是不言而喻的，无须再做烦琐的论证，将无产阶级的光环反射到了农民身上，也就可以起到论证其革命性的效果；在《中国革命与中国共产党》一文中，毛泽东说：“贫农……是农村中的半无产阶级，是中国革命的最广大的动力，是无产阶级的天然的和最可靠的同盟者，是中国革命队伍的主力军。”① 毛泽东对中国农民改天换地的革命能力从不表示怀疑，《湖南农民运动考察报告》就已指出：“很短的时间内，将有几万万农民从中国中部、南部及北部各省起来，其势如暴风骤雨，迅猛异常，无论什么大的力量都压抑不住。他们将冲决一切束缚他们的罗网，朝着解放的路上迅跑。一切的帝国主义、军阀、贪官污吏、土豪劣绅，都将被他们最后葬入坟墓。”② 历史证明，这句话是先知般的预言。

第三，农民内部存在很大的差异，不同的阶级（阶层）在革命中的地位和作用是不同的。就毛泽东对农民内部差异分析的细致程度而言，在中国近代史上，恐怕无人能出其右。对中国农村中不同的阶级和阶层，毛泽东都细致分析其生产生活、利益取向、思想意识等各个方面，以此厘定不同的农村阶级或阶层对待民主革命的态度及中共应该对其采取的策略。《中国革命与中国共产党》是毛泽东对中国社会阶级和农村阶级分析的代表作，虽然与《中国社会各阶级的分析》和《中国农民中各阶级的分析及其对于革命的态度》相比，毛泽东对中国农村的阶级划分作了较为简化的处理，将其划分为地主、富农、中农、贫农和农村无产阶级 5 个部分，但从中不仅可以感受到他对农民内部差异入微的思考和把握，也可以

① 《毛泽东选集》卷二，东北书店 1948 年版，第 332—333 页。

② 《毛泽东选集》卷一，东北书店 1948 年版，第 19—20 页。

看到化繁为简后对农村阶级划分把握的成熟。

第四，农民具有非无产阶级意识，需要接受无产阶级的领导和改造。在毛泽东的文章和正式的讲话中，毛泽东几乎没有直接阐述中国农民负面问题的言论，但这并不代表毛泽东对农民身上的问题和不足没有认识。毛泽东对农民直接的负面表述，就笔者所见，代表性的资料有以下几处：

一是1929年古田会议上毛泽东起草的红四军第九次代表大会决议案。决议案中，毛泽东分析了党内各种非无产阶级思想出现的原因："四军党内种种不正确倾向的总来源，自然是由于党的组织基础最大部分是建筑于农民及其他小资产阶级成分之上。"针对各种具体的错误，毛泽东也进行了分析，比如，对于党内的极端民主化倾向，毛泽东认为其来源是"小资产阶级（小农生产及城市小资本）的自由散漫性"；绝对平均主义也是"手工业小农经济的产品"。①

二是在1936年秋的著作《中国革命战争的战略问题》中，毛泽东在论证中国共产党革命领导权的合法性时指出，中国农民及小资产阶级，"由于其小生产性，使他们的政治眼光受到限制，一部分失业群众则具备无政府主义思想"，农民和小资产阶级要克服这种狭隘性，必须接受无产阶级和共产党的领导。②

三是1938年6月14日，毛泽东在会见到延安参观的平民教育促进会成员时说，农民的性格有两方面：一是黑暗的，如自私自利、愚蠢守旧等，鲁迅的《阿Q正传》就是专写农民黑暗面的；一是光明的，如急公好义、勇敢牺牲等，农民一身就具备了这两种矛盾的性格，政治的作用，便在发到农民光明面的积极性，克服农民的黑暗面，实现民主的政治。③

四是毛泽东在延安文艺座谈会上的讲话中提出的观点。毛泽东认为工农兵面前的问题，是"他们由于长时期的封建阶级和资产阶级的统治，不识字，愚昧，无文化，所以他们迫切的要求就是把他们所急需的与所能迅速接受的文化知识和文艺作品向他们作普遍的启蒙运动"。④ 毛泽东要求有较多文化知识的知识分子承担起对农民进行教育的责任。

五是在中共七大的口头报告中，毛泽东要求农民出身的党员不要与农

---

① 《毛泽东选集》卷四，东北书店1948年版，第546、549、552页。

② 同上书，第597页。

③ 逄先知主编：《毛泽东年谱》（中），中央文献出版社2005年版，第86页。

④ 《毛泽东选集》卷六，东北书店1948年版，第981页。

民混同。毛泽东说：“我说不要同农民混同，是说要把农民提高一步，提高到无产阶级的水平。将来几十年以后，要把一切党外农民，提高到无产阶级的水平。如果不相信这一条，就不是马克思主义者。将来我们要搞机械化，要搞集体化，那就是提高他们。”①

六是在新中国成立前夕的《论人民民主专政》一文中，毛泽东提出著名的命题“严重的问题是教育农民”，对此前文已有分析论述，此不赘述。

需要指出的是，除第一、第四处外，其他几处论述都是比较温和的，未作长篇大论的专门表述，与毛泽东对农民革命性的分析不吝词汇相比，这可以说是微不足道的。此外，正如前文所指出的，虽然毛泽东对小资产阶级的狭隘性多有论述，并将其作为党内“左”倾和右倾机会主义路线的阶级基础，从列宁开始，马克思主义者也一般地将农民归入小资产阶级行列，但在毛泽东的文章和讲话中，有意识地将对农民与小资产阶级区隔起来，这说明毛泽东对农民的看法始终以正面为主。这是毛泽东对马克思主义农民理论的一大贡献。② 当然，这并不代表毛泽东否定农民的局限性。

总的来说，毛泽东对中国农民特征的分析，反映出了中国农民身上最主要和重要的方面，为制定正确的革命策略提供了基础和依据。毛泽东在农民阶级特征分析上所采用的基本方法是结构分析，同时也辅之以阶级意识分析。如前所述，结构分析的优点在于其简洁、容易理解和把握，但这种方法也存在一些不足，其中最主要的是它有将事物简单化的倾向，对极其复杂的中国农民和农村而言，结构分析的优缺点都同样明显。阶级意识分析可在一定程度上弥补结构分析的不足，揭示农民特征复杂的一面，但结构分析和阶级意识分析也存在紧张，下文将对此进行分析阐述。

三　革命与先进的转换与结合

从马克思主义的角度讲，对某一群体的分析有两个角度：生产方式分析和阶级分析。生产方式分析揭示某一群体所代表的生产力和生产关系，

① 《毛泽东文集》第3卷，人民出版社1996年版，第319页。

② 中共领导人中对农民负面论述较多的除陈独秀外大概要算刘少奇。如在党的七大所作报告《论党》中，刘少奇将当时党内的主要矛盾界定为思想矛盾，刘少奇认为，党内“最本质的矛盾，就是无产阶级思想与非无产阶级思想的矛盾，其中最主要的是无产阶级思想与农民、小资产阶级思想的矛盾”。[《刘少奇选集》（上），人民出版社1981年版，第327页]

厘清其在生产方式演进序列中的位置，并以此为基础确定其是否先进；阶级分析主要是明确这一群体在阶级结构中的位置、特征及行动取向，厘清不同阶级之间的关系尤其是阶级斗争。从理论上讲，这两个角度是相互联系的：阶级的存在与划分是以生产方式为基础的，阶级是生产方式的反映；代表先进生产方式的阶级是新生的历史主体，将作为历史客体的阶级扫入历史，这种阶级间的斗争，是生产方式变革和社会进步的直接推动力。不过，在中国较为特殊的环境下，实践与理论往往存在不合拍的现象，很多时候，实践的逻辑并不是理论的逻辑，实践的逻辑甚至与理论的逻辑相悖，而理论的逻辑则往往沦落为实践逻辑的"事后诸葛亮"式的合法性论证。对中国农民的认识在很大程度上就是如此——革命性与先进性的问题，一直是悬在中国农民头上的达摩克斯之剑。毛泽东农民话语的一个重要贡献，就是在话语上区分了革命性和先进性，在话语上实现了从先进（生产方式）向革命（阶级斗争）的转换，并由此确定了农民的历史主体和革命主体地位。

毛泽东对中国农民革命性的测绘，是以结构—功能主义的阶级分析为基础的，其底蕴是阶级政治、苦难政治和利益政治。阶级政治是指阶级分析的优先性和基础性，将阶级视为最基本的分析视角和分析工具。苦难政治和利益政治相互联系，利益政治是基础，苦难来自利益（劳动）被剥夺而造成的物质困苦和心理怨恨，苦难的深重程度可以从利益（劳动）被剥夺的程度和怨恨的程度得到体现。阶级政治、苦难政治和利益政治的终点是阶级革命性的测量，表 4.9 简要总结了中国各阶级革命性及其与经济利益得失的关系。从表 4.9 可以看出，兼具革命性和先进性的是无产阶级；具有先进性但在革命性上却表现出"两重性"的是民族资产阶级；具有中等程度的先进性但没有革命性、属于革命对象的是官僚资产阶级；地主阶级则是先进性和革命性都不具备，是革命的主要对象；小资产阶级在革命性和先进性上表现都为中等或偏下水平，具有两重性；对农民来说，在生产方式上不具备先进性或先进性很弱，但革命性却很强。中国社会各阶级的革命性之所以会出现这样的分布状况，在毛泽东看来，主要是因为革命对不同阶级社会经济地位有不同的影响，革命前遭受剥削、革命能够给社会经济利益带来正面效应的阶级，革命性往往比较强，成为革命的动力；反之，则会反对革命性，因而成为革命的对象；对于中间阶级而言，因为革命对他们社会经济地位影响具有不确定性，因而其革命性处于中间状态。

表 4.9 **中国社会各阶级的革命性和先进性**

阶 级	革命性	先进性	经济地位	革命对社会经济地位的影响
无产阶级	强	强	低	上升
农民阶级	强	无或弱	低	上升
小资产阶级	中，在分化中	中	中	略有上升或不变
民族资产阶级	两重性	强	高	下降
官僚资产阶级	无	中	高	下降
地主阶级	无	无	高	下降

说明：1. 资料来源：根据《中国社会各阶级的分析》《中国革命与中国共产党》等制作，并参考了毛泽东的其他相关著作。

2. 先进性是指某一阶级是否代表当时中国先进的生产方式。

3. 农民中的富农代表农村的资本主义生产方式，有一定的先进性，但富农只是农民中的少数。

4. 表中的小资产阶级不含农民。

对农村不同的阶级（阶层）进行革命性测量，是毛泽东革命地图测绘的重要内容。在《中国农民中各阶级的分析及其对于革命的态度》中，毛泽东对农村各阶级的革命性进行了较为详细的分析（见表 4.10）。毛泽东的结论是：在革命过程中经济利益受到极大损害的大地主是极端反革命；经济利益受损程度不太大的小地主对革命持矛盾态度；自耕农中的上层经济利益可能受损，对革命持怀疑态度，中层的经济利益冲击不大，对革命持中立态度，但决不反革命，下层可在革命中获得利益，故可以马上参加革命；除游民无产阶级外，其余的农村下层阶级皆倾向于革命，且社会经济地位越低，革命性越强（“越穷越革命”）。如前所述，毛泽东此时的分析还略显稚嫩，但其农村各阶级革命性的基本评估结果却延续下来。在毛泽东的成熟著作《中国革命与中国共产党》中，对农村阶级革命性的判断大致仍然如此，所不同的是农村阶级的命名更为简明，表述更为科学。黄宗智对毛泽东农村各阶级的革命性测绘进行了解释，他认为，在毛泽东革命地图测绘中，个体被预期依据其阶级利益而行动；中国共产党作为无产阶级的有组织的代表者，将领导贫雇农反抗地主和富农的阶级革命；雇农和贫农应该是革命最积极的响应者，因为他们将是革命的最大受益者；贫雇农将同下中农结成同盟，后者是一个关键性的中间阶层，因为他们在革命中既没有很多收益、也不会有太大损失，所以他们被想象为易于动摇的。[①] 黄宗智的分析基本上可以说明毛泽东农村不同阶级革命性测绘的基本原理和策略。

表 4.10　　中国农村各阶级的革命性

阶级（阶层）		社会经济地位	革命对经济地位的影响	革命性
大地主		高	下降	极端反革命
小地主		较高	下降	对待革命态度矛盾
自耕农	有余钱剩米的	中	不变或下降	对革命持怀疑态度，受裹挟可以参加革命
	自给自足的	中	不变或上升	对革命采取中立态度，但绝不反革命
	每年要亏本的	低	上升	可以马上参加革命
半自耕农		低	上升	具备革命性，革命性优于自耕农但不及半益农
半益农		低	上升	革命性优于半自耕农但不及贫农
贫 农		低	上升	极易接受革命宣传
雇 农		低	上升	革命性很强
游民无产阶级		低	上升	引导得法，可成为革命力量

资料来源：毛泽东：《中国农民中各阶级的分析及其对于革命的态度》，《中国农民》1926 年第 1 期。

作为马克思主义者，毛泽东清楚革命性与先进性的区别及经典马克思主义对阶级先进性的要求，他在分析农民（以及小资产阶级）时，也提出了生产方式对农民的负面影响。但在半殖民地半封建的中国，毛泽东更加明白，“言必称希腊”，照搬经典马克思主义的书本和俄国经验不利于

① 黄宗智：《中国革命中的农村阶级斗争——从土改到文革时期的表达性现实与客观性现实》，载黄宗智主编《中国乡村研究》（第二辑），商务印书馆 2003 年版，第 71 页。

中国革命的发展，更遑论取得革命成功。但毛泽东也面临一个问题：如何才能消解农民在革命性和先进性上的矛盾，为农民革命提供马克思主义的正当性支持？

对从小就接受革命史观教育的人来说，提出这个问题似乎有点多余，甚至有些不可理喻。实际上，这是一个严肃的问题，只是随着时间的推移，它已经被化约成了“不证自明”的前设，固有了意识形态的特征，因而，它也就被“遮蔽”了，因此，我们需要从学术的角度对它进行“解蔽”，进行反思和解答。其实，早在1935年，具有“托派”思想倾向、积极参与中国革命的中国研究专家伊罗生（Harold R. Issacs）就在其论文《中国革命的透视：一个马克思主义的观点》中比较了工人与农民的区别，从经典马克思主义的角度，对农民在革命中的作用作出了否定性的评价。伊罗生认为，农民分散在广大的区域，而工人像资本家那样，集中在经济中心；不同阶层之间敌对和利益冲突，为农民团结起来追求同一个目标形成了阻碍，而基于共同的利益和生存条件，工人不得不团结起来共同行动；农民本质上是小业主，他珍惜所拥有的小块财产，他的心理是特殊的个人主义，倾向是瓜分剥削者的财产，追求的是地方主义和非集中化，而大工业的环境使工人的利益成为集体利益，他要将财产社会化、国有化和集中化；控制生产的工人有能力整体性地改造社会，而农民虽然数量庞大，但只能被引导和协助进行社会改造，不可能独自使社会变革产生。伊罗生认为，因为农民的落后，在革命的过程中，意识形态教育不会有多大成效，只能用强力焊接和控制农民，才能让农民为革命贡献力量。伊罗生对当时江西苏区正在进行的农民革命表示怀疑，他不认为农民的造反会带来一个新的社会制度：“我们不需要离开中国历史去重复农民造反成功的例子，农民造反成功并不会带来阶级或财产关系的变化，它不过是一个主人代替另一个主人而已。”① 伊罗生的观点多少带有些经典马克思主义的特征，也对以毛泽东为代表的中国共产党人开创的中国革命话语提出了挑战，如何应对这种挑战，就成为中国马克思主义的重要内容。综合观察，毛泽东等领导人主要采取两种话语策略来进行应对：

一是国情话语。虽然毛泽东并不主张中国社会历史具有与西方国家完

---

① Issacs, Harold R., “Perspectives of the Chinese Revolution: A Marxist View”, *Pacific Affairs*, Vol. 8, No. 3. (Sep., 1935), pp. 269 - 283.

全相异的特征和发展路径，但他也强调中国社会历史条件的独特性尤其是革命形势的特殊性，以及由此带来的革命战略策略上的独特性，并由此形成了“国情话语”。毛泽东指出，“认清中国社会的性质，就是说，认清中国的‘国情’，乃是认清一切革命问题的基本的根据”①，道出了国情及认识国情的重要性。国情话语既有防御性，也有进攻性。防御性表现在，它以中国的国情为基点，为不同于经典马克思主义文本所主张的理论和策略提供合法性论证，达到有效应对经典马克思主义挑战的目的；进攻性体现在，它将操持经典马克思主义话语的人批判为“言必称希腊”、理论与实际相脱离的教条主义者，从而达到消解其话语力量和政治权力的目的。就农民问题而言，无论从中国农民的数量、力量还是对中国的社会性质、革命性质、革命战略等，国情话语都可以提供防御性的合法性解释。虽然从现有资料来看，毛泽东并未就马克思文本中对农民和农民问题的论述发表意见，甚至没有引用过相关的论述，但在他的心里，中国的农民与马克思笔下的法国农民明显是不同的：在马克思看来，法国（欧洲）农民是前资本主义社会的基本群体，无论从生产方式还是思想观念，他们都具有反资本主义的倾向；在毛泽东看来，无论中国农民代表的生产方式进步与否，他们所遭受的沉重的剥削和压迫使他们充满了革命精神，他们的数量优势让他们具备了摧枯拉朽的力量。马克思对农民的论述是有地域限制的，马克思农民话语的有效范围应限制在欧洲，它在中国这片古老的东方大地上会水土不服，也许，这才是毛泽东最为重要的国情论。

二是唤醒政治。如前所述，毛泽东并不全然否认农民的落后和局限，但毛泽东并不相信僵硬的经济决定论，他相信通过意识形态教育和革命实践，能够让农民觉悟起来；觉悟起来的农民，将成为中国革命最为重要的力量。毛泽东的观点与列宁是一脉相传的，“毛泽东凭直觉掌握了列宁主义的整肃方式，但却和他的师友们一样，希望有一天每个人都会觉醒过来”②。唤醒农民的第一步是让农民认识到自身所遭受的苦难，激发他们的怨恨意识。毛泽东在《中国革命与中国共产党》中指出：“中国历代的

① 《毛泽东选集》卷二，东北书店1948年版，第215页。

② 费约翰：《唤醒中国：国民革命中的政治、文化与阶级》，三联书店2004年版，第473页。列宁不仅认为属于“小资产阶级”的农民需要“唤醒”才能觉悟，就是代表先进生产方式的工人阶级，也需要职业革命家（知识分子）从外部灌输意识形态才能“唤醒”（参阅《列宁选集》第1卷，人民出版社1995年版，第317—326页）。

农民，就在这种封建的经济剥削和封建的政治压迫之下，过着贫穷困苦的奴隶式的生活。农民被束缚于封建制度之下，没有人身的自由，地主对农民有随意打骂甚至处死之权，农民是没有任何政治权利的。”① 激发农民对剥削阶级和旧制度的愤恨，对于农民的觉醒来说，意义非同小可。第二步是向农民讲解遭受苦难的原因和解决苦难的方法，让他们认同党的政策。第三步是农民带着苦难意识参与到党领导的革命中来，为中国革命和党的事业奋斗。正如亨廷顿所言：“农民不仅开始意识到自己正在受苦，也认识到能够想办法来改变自己的苦境。没有什么比这种意识更具革命性了。”② 毛泽东后来对唤醒农民的有效机制进行了总结：“我们形成了一套具体的办法，就是：访贫问苦，物色积极分子，扎根串连，团结核心，进行诉苦，组织阶级队伍，展开阶级斗争。”③ 一般意义上的农民，已经被论证为历史和革命的主体，而唤醒了的农民，则会成为革命的先锋。或如有的西方学者所言，在土改过程中，农民被鼓励诉苦，有时候还对罪大恶极的地主处以极刑，“目的不仅在于压倒士绅的威风，而且首先在于让农民除去自卑感，并最终像人一样地站起来”④。

通过对农民阶级属性和阶级特征的测绘，毛泽东完成了原本纠缠为一体的革命性和先进性的区隔。毛泽东并不否认农民生产方式的落后性，但他并不以生产方式来衡量农民的特征，而是以现实的利益政治来对农民进行分析。毛泽东的分析结果，确证了中国农民特有的革命性和农民在推动中国历史进步中的重要作用，农民在中国革命中的主力军作用得到了正当性支持，结果是，以先进性（生产方式）为核心的工人话语让位于以革命性为核心的农民话语。

当然，这并不意味着毛泽东完全抛弃了马克思主义的生产方式话语，实际上，在对农民的认识中，毛泽东也强调农民的小生产特征及其带来的负面作用，农民虽然是革命的主体和主力军，却不能成为革命的领导力量，革命的领导力量只能由代表先进生产方式的工人阶级担任。“严重的问题是教育农民”这一论断的提出，也体现了毛泽东在先进—革命之间的游移。由此也可以发现，毛泽东对中国农民的分析中，在实现革命—先

① 《毛泽东选集》卷二，东北书店1948年版，第208页。

② 塞缪尔·亨廷顿：《变化社会中的政治秩序》，三联书店1989年版，第298页。

③ 《毛泽东读苏联〈政治经济学（教科书）〉谈话记录》，1959年12月—1960年2月。

④ 费正清主编：《剑桥中华民国史》（下），中国社会科学出版社1994年版，第949页。

进转换的同时，也有革命—先进的结合、游移等不确定性存在。

第三节　话语实践与村庄的阶级建构

毛泽东的阶级分析主要是结构—功能主义的。结构—功能主义的阶级分析的一个重要特点是，它先验地假定阶级是社会群体的常态，群体必然形成阶级，个人必然从属于某一阶级，除此概莫能外。结构—功能主义还假定，阶级的属性和特征是相对稳定的，它不因时空的变化而变化，一旦科学的阶级分析作出，那分析的结果就是普遍适用的。这两个假设对于厘清复杂的阶级问题，使其适应于革命斗争的需要，是有很大帮助的，但不可否认，这两个假设也存在不足：其一，任何阶级都是历史的产物，应该有其产生、发展、成熟和消亡的过程，而不是当然存在的，对于阶级身份较为特殊的农民来说，是否形成了一个或多个阶级、形成了什么意义上的阶级，实际上还是一个需要探讨的问题。马克思在《路易·波拿巴的雾月十八日》中曾认为法国农民还不是一个阶级："各个小农彼此间只存在地域的联系，他们利益的同一性并不使他们彼此间形成共同关系，形成全国性的联系，形成政治组织，就这一点而言，他们又不是一个阶级。"①虽然马克思的这个论述针对的是充满"迷信""偏见"的法国农民，但对于中国农民，这个论断是否成立，是需要验证的。其二，结构—功能主义的阶级分析在很大程度上视农民的革命性是经济条件和利益得失的被动产物，这在理论上有简单化之嫌。当然，需要指出的是，毛泽东对农民的分析的基调虽然是结构—功能主义，但他的分析也触及阶级的很多层面，阶级意识等问题早已进入毛泽东的视野，否则，也就不会有学者称毛泽东的思想带有唯意志论色彩了。

我们还是要回到 E. P. 汤普森的著作《英国工人阶级的形成》。汤普森认为，阶级不能看成一种"结构"或"范畴"，结构主义的阶级分析的效果并不明显，"最精密的社会学之网也织不出一幅纯正的阶级图形"。②汤普森强调，阶级实际上是人的经历和思想的过程与结果，阶级是生成性的："当一批人从共同的经历中得出结论（不管这种经历是从前辈那里得

① 《马克思恩格斯选集》第 1 卷，人民出版社 1995 年版，第 677 页。

② E. P. 汤普森：《英国工人阶级的形成·前言》，译林出版社 2001 年版，第 1 页。

来还是亲身体验），感到并明确说出他们之间有共同利益，他们的利益与其他人不同（而且常常对立），阶级就产生了。”① 汤普森强调阶级的主观性，他给阶级下的定义是：“阶级是人们在亲身经历自己的历史时确定其含义的，因而归根到底是它唯一的定义。”② 汤普森力图摆脱经典马克思主义阶级结构分析上的不足：为什么会有自在的阶级向自为的阶级的转变？自为的阶级如何才能采取集体行动以实现阶级目标？不过，虽然汤普森否定了经济决定论，但如学者所指出的，他的分析也暗含有社会存在决定社会意识的理论观点，他仍然强调的是生产关系决定阶级意识，但是他用阶级经历在二者之间提供了历史调和。③ 从这点来说，汤普森的分析并未脱离马克思主义的轨道。就本书而言，虽然汤普森讨论的是英国工人阶级，但就其理论的基本进路而言，应该具有普适性，对讨论中国农民的阶级构建也是有用的。

不过，本书的立论并不停留于此。在强调阶级意识、阶级经历、阶级文化等对阶级建构作用的同时，我们还应进一步追问，对阶级具有建构作用的意识、经历、文化等从何而来？社会存在（尤其是经济基础）无疑是其物质基础所在，但并非其唯一的来源，不能否认的是，话语及话语实践对阶级的构建也具有非常重要的作用，也是阶级意识、阶级经历、阶级文化的塑造因素。尤其是对农民这样具有前现代特征的社会群体，在现代社会中，话语及话语实践对其特征和行为的塑造作用十分明显。本节将分析革命话语在农民的阶级建构、历史主体建构中的作用。

一　领导权：革命知识分子与话语生产④

知识分子与农民的关系，对于近代中国来说，是一个看似简单实则复杂，并充满争论的课题。毛泽东否认知识分子的独立性和独立作用，认为知识分子不是一个独立的阶级，与其他阶级是“皮毛关系”，“皮之不存，毛将焉附”，知识分子是从属的。从阶级属性来看，毛泽东认为，知识分

① E. P. 汤普森：《英国工人阶级的形成·前言》，译林出版社 2001 年版，第 1—2 页。

② 同上书，第 3—4 页。

③ 参阅吴清军《西方工人阶级形成理论述评——立足中国转型时期的思考》，《社会学研究》2006 年第 2 期。

④ 知识分子问题是近代中国的一个极其重要的问题，这里只是对近代中国知识分子普遍作用的一个简要描述，而不是全面的分析，这是需要说明和注意的。

子属于中间阶级——小资产阶级，这个阶级具有两面性。在《中国革命与中国共产党》中，毛泽东提出，在知识分子未与民众的革命斗争打成一片时，知识分子的“思想往往是空虚的”，“行动往往是动摇的”，其中少数知识分子还会变成革命的敌人；毛泽东还毫不客气地批判知识分子有“一种主观的个人主义的自大性，这种缺点，只有在长期群众斗争中才能洗刷干净”。[①] 在道德上，毛泽东认为未改造的知识分子与工农兵比起来，“精神有很多不干净处”。[②] 但毛泽东又肯定知识分子和青年学生的革命先锋作用，肯定他们在中国传播和接受马克思主义的重要作用，认为“革命力量的组织和革命事业的建设，离开革命的知识分子的参加，是不可能成功的”。[③] 可见，毛泽东对知识分子的看法，有其独到之处，也有其矛盾的地方。

分析中国近代的知识分子，毛泽东的论断是重要的参考，但不能拘泥于毛泽东的分析，否则就会陷入循环论证的怪圈，也无益于我们对中国知识分子及中国革命的认识。

中国共产主义革命中知识分子与农民的关系，在一些海外学者看来简单明了，他们认为，中国共产主义革命就是接受了马列主义的革命知识分子与广大农民的结合。如美国学者亨廷顿认为，“革命的可能性主要取决于中产阶级知识分子与农民并行或合作”，就中国而言，“区别中国革命与以前那些革命的并不是农民的行为而是知识分子的行为。中国共产党人的成功之处正是左派社会革命党人的失败之处，他们建立了一个革命联盟，使农民起义有了内聚力、方向和领导”。[④] 这种观点曾经被我们所批判，但实际上并非没有道理，离开了知识分子和农民的结合这个基点，我们确实无法理解包括中国共产党领导的革命在内的中国近代史。

刘晔在其研究中认为，在近代中国的历史舞台上，能够起到改天换地作用的阶级（阶层）主要是农民、工人和知识分子，农民作为被支配阶级，因为数量众多，潜在能量最大，当社会协调机制瘫痪、政治社会功能严重失调的时候，农民就会在精英人物的引导下，从幕后走向前台，演出气势磅礴、改朝换代的历史剧；而工人阶级虽然在理论上是先进生产方式

① 《毛泽东选集》卷二，东北书店 1948 年版，第 223 页。
② 《毛泽东选集》卷六，东北书店 1948 年版，第 973 页。
③ 《毛泽东选集》卷二，东北书店 1948 年版，第 223 页。
④ 塞缪尔·亨廷顿：《变化社会中的政治秩序》，三联书店 1989 年版，第 275、277 页。

的代表，但他们自出现便处于帝国主义、资本主义和本国传统势力的多重压迫之下，没有任何自主性，从社会地位看，他们也无法成为社会的中心，在组织化潜力未被开发之前，工人的组织化程度也非常低，工人仍然作为“自在的阶级”而存在；知识分子一直是近代中国追求富强的前驱，不知疲倦地鼓吹和倡导社会变革，成为中国现代化的主要推进者。[①] 在刘晔看来，近代中国的命运实际上悬在两个群体的手上——农民和知识分子：农民提供通向国家变革和现代化所需的人力资源，知识分子则是引导农民的社会精英，他们提供思想资源。这个观点虽然并不全然新鲜，但可接受度还是比较高的，因为它能够得到史料的支持。刘晔的研究重点之一就是知识分子为民族—国家建设提供的思想武器。刘晔认为，知识分子提供了民族主义、社会主义、自由主义三种构建民族—国家的意识形态资源，但具体到马克思主义革命知识分子为中国民族—国家建设和农民革命提供了哪些具体的思想资源，刘晔没有作出具体的说明。刘晔的研究最大的不足在于，他天然地认为农民就是主导中国变革和现代化的人力资源，忽视了不同思想流派在农民问题上的不同理论观点，忽视了话语对建构农民历史主体的作用，尤其是对中共而言，农民的革命主体地位和主力军地位并不是不证自明的，在比较长的一段时间内，这还是一个备受争议的重大问题。简言之，刘晔的研究忽视了知识分子对农民本身的认识和塑造，这使得他对中国国家建设的研究缺乏重要的主体向度。

近代以来，尤其是1905年清政府废除科举之后，中国知识分子面临着深刻的危机——他们失去了精神上、物质上的安身立命之本，并存在被边缘化的趋势。与此伴随的是，一批新兴的革命知识分子日益成长，他们处于主流社会之外（边缘位置），以彻底改造社会为己任，马克思主义知识分子就是新兴的革命知识分子的典型代表。

新兴的革命知识分子一个重要的特点，是他们具备创造新话语的强烈冲动和能力。马克斯·韦伯指出，知识分子具有创造话语赋予世界意义的本能和野心：“知识分子以各种方式探索，其决疑论推演至无穷尽，赋予其生活态度首尾一贯的‘意义’，由此而发现与其自身、同胞及宇宙的

① 参阅刘晔《知识分子与中国革命——近代中国国家建设研究》，天津人民出版社2004年版，第55—56页。

‘统一’。知识分子从一种‘意义’的问题上来理解‘世界’。”① 就革命话语而言，列宁认为，社会主义、共产主义等革命话语和意识形态只能由知识分子来创造，其他社会阶级根本没有这个能力。列宁指出，社会主义学说“是从有产阶级的有教养的人即知识分子创造的哲学理论、历史理论和经济理论中发展起来的”，马克思、恩格斯本人按其社会地位来说，也属“资产阶级知识分子”行列。② 列宁引用卡尔·考茨基关于知识分子与思想体系创造的论断，认为考茨基的论断是“十分重要而正确的”。卡尔·考茨基认为：

> 现代的经济科学，也像现代的技术（举例来说）一样，是社会主义生产的条件，而无产阶级尽管有极其强烈的愿望，却不能创造出现代的经济科学，也不能创造出现代的技术；这两种东西都是从现代社会发展过程中产生出来的。但科学的代表人物并不是无产阶级，而是资产阶级知识分子；现代社会主义也就是从这一阶层的个别人物的头脑中产生的，他们把这个学说传授给才智出众的无产者，后者又在条件许可的地方把它灌输到无产阶级的阶级斗争中去。可见，社会主义意识是一种从外面灌输到无产阶级的阶级斗争中去的东西，而不是一种这个斗争中自发地产生出来的东西。③

中国知识分子传统上就以道统传承者的面目出现，大力倡导“为天地立心，为生民立命，为往圣继绝学，为万世开太平”的宏大理想。要实现这一理想，“立言”即话语创造就是必不可少的重要手段。余英时先生认为，虽然中国知识分子在历史上饱受打击，但“‘谈言微中’的优狂和持‘道’不屈的君子，即使在中国史上最黑暗的阶段也未尝完全绝迹”，中国知识分子“仍然存在着一个不绝如缕的知识分子传统”——

① 马克斯·韦伯：《宗教社会学》，广西师范大学出版社 2005 年版，第 156 页。

② 《列宁选集》第 1 卷，人民出版社 1995 年版，第 317—318 页。

③ 同上书，第 326 页。列宁虽然认为工人也参与了创立社会主义思想体系的工作，但他强调工人在参与社会主义思想体系创立的时候，“不是以工人的身份来参加，而是以社会主义理论家的身份”，也就是说，参与革命话语生产的工人首先应该是知识分子，工人并不具备生产革命话语的资格和能力，因为工人自发产生的不是科学社会主义思想，而是工联主义思想（《列宁选集》第 1 卷，人民出版社 1995 年版，第 326 页注①）。

“以道自任”的传统。[①] 美国学者墨子刻认为，近代中国的知识分子大体上继承了中国传统儒家的基本道德目标和抱负，他们从西学中所接受的东西，仅仅是给实现这些道德目标和传统抱负提供了新的技术和体制上的方法而已，“现代中国与前现代中国之间意识形态上的连续一贯性，要远远超过为大多数历史学家说已经认识的那种程度”。[②] 中国的革命知识分子虽然保持彻底的改造旧社会和旧制度的决心，并积极向西方学习和引进思想文化，但他们的精神内核却具有相当的传统成分，“以道自任”的传统并未在革命知识分子身上消失，反而在旧的道统面临崩溃的情况下，得到了进一步的推进——革命知识分子将为民族—国家创造新道统作为自己的根本目标。中国的革命知识分子虽然有这样那样的缺点，但他们经历了新旧交替的大变革，对中国所遭遇的“千年未有之大变局”有切身的体会，其中的佼佼者（如毛泽东）对中国传统文化和西方思想则有深入的学习和研究，这些都为他们的理论创造打下了基础。革命知识分子发展出了不同的革命话语，话语斗争和话语实践此起彼伏，历史也已证明，近代中国是中国历史上思想和学术创造最为活跃、成果最为丰富的一个时期。

不可否认的是，“千百年来，知识分子始终不断地在论证知识精英掌舵导航的可能性、必要性和建立话语霸权的重要性”[③]，知识分子自古就有建立话语霸权的情结，自认肩负创立新世界任务的革命知识分子尤其如此。不过，这只是事物的一面，事物的另一面是，要获得创造话语的权力和正当性，就必须首先获得知识分子的身份，或者说，知识分子在话语生产上具有垄断地位，对中国革命来讲也是如此。韩小荣（音译，Xiaorong Han）敏锐地觉察到，在进入湖南一师之后，毛泽东就似乎逐渐“忘记”了自己的农民出身，而将自己的身份置于城市知识分子之内。[④] 这种情绪在延安文艺座谈会上的讲话中表现尤为明显，在讲话中，毛泽东对农民采

---

① 余英时：《中国知识分子论》，河南人民出版社 1997 年版，第 16 页。

② 墨子刻：《摆脱困境——新儒学与中国政治文化的演进》，江苏人民出版社 1996 年版，第 16 页。

③ 倪稼民：《从建构到失语——文化传统背景下的俄罗斯革命知识分子与斯大林模式》，江西人民出版社 2007 年版，第 26 页。

④ Han Xiaorong, *The Peasant in the Chinese National Question: 1900 – 1949*, Hawaii University, Ph. D dissertation, Dec., 1999, p. 248. 毛泽东采用第三人称来表述农民的一个重要原因是他认为自己已经实现了农民—小资产阶级（学生）—无产阶级的身份（认同）转换，实际上，毛泽东的这种身份转换和身份认同（心理的和社会的）也是符合中国传统的，至今仍然如此。

用的是第三人称，是从知识分子的角度去认同和赞美作为“他者”的农民，而不是从“我们”的角度对农民实现自我认同。之所以出现这种话语策略，知识分子和话语生产、话语霸权之间的关系是一个重要原因。

革命知识分子心怀民族复兴和超越西方的宏大目标，也充满通过话语霸权重获社会中心地位的渴望。知识分子的革命化，是近代中国一个引人注目的现象。按邹谠先生的说法，知识分子革命化的重要表现是他们的“政治化、军事化和农村化”。[①] 知识分子之所以出现革命化的趋向，来自于中国知识分子特有的敏锐性、关心国家民族命运的传统及废除科举后知识分子摆脱边缘化趋势的要求。与其他殖民地国家的革命知识分子一样，中国的革命知识分子具有强烈的民族主义意识，他们心怀的是民族复兴的伟大事业，企盼的是超越西方列强。按照刘小枫的说法，中国革命与俄国革命一样，都是受民族主义（反帝）意念支配的，社会主义不过是民族主义诉求的一个符号，革命知识分子之所以选择社会主义，只不过是因为“社会主义精神是弱势民族国家的翻身理念”；刘小枫认为，这种翻身理念本质上是一种怨恨心态，它既来自于革命知识分子对民族国家生存性的体验，也是被边缘化“新兴知识人在社会变动中集聚起来的怨恨”。[②]

既具备生产新话语（尤其是革命话语）的能力，又心怀让民族和自身重返中心的渴望，也就意味着革命知识分子具备了彻底改造中国社会的重要的主观条件，但知识分子本身并不具备足以取得革命成功的客观力量，它还必须寻找力量足够大的阶级或群体，并完成与其的结合——这个阶级就是农民，“共产党和农民必须结成同盟来完成革命”。[③]

二　话语实践与微观社会的阶级建构：以《翻身》和《十里店》为例

黄宗智认为：“由没有资本化的上层分子和无产化的农民，要比西欧那样由资本化的上层分子和无产化的农民所组成的关系，矛盾来得尖锐，更可能引起革命。”[④] 刘小枫指出，黄宗智的这种观点仍没有脱离革命知识分子与农民结合产生革命这一解释模式的窠臼，但“问题仍然在于，

① 邹谠：《二十世纪中国政治》，香港牛津大学出版社 1998 年版，第 58 页。

② 参阅刘小枫《现代性社会理论绪论》，上海三联书店 1998 年版，第 379—385 页。

③ 西达·斯考切波：《国家与革命：对法国、俄国和中国的比较分析》，上海世纪出版集团 2007 年版，第 329 页。

④ 黄宗智：《华北的小农经济与社会变迁》，中华书局 1986 年版，第 317 页。

这种结合如何可能?”① 刘小枫强调价值在革命中的重要性，他认为，革命知识分子创造（引进）了一种新的价值理念和伦理评价，使得知识分子对农民的动员成为可能，并使动员合理化，这种理念就是以平等为核心诉求的社会主义，社会主义理念在近代中国的历史条件下具有相当的亲和力，可以触发“以经济利益为目的的政治行动”。② 韩小荣在其博士论文中提出，在20世纪上半叶的中国，知识分子与农民主要有三种关系：阶级联盟关系、导师—学生关系、研究者—研究对象关系；韩小荣认为，中共的革命知识分子与农民关系是阶级联盟，不过，阶级联盟关系不是知识分子与农民的阶级联盟，而是工农联盟，因为中共认为知识分子本身并不是一个独立的阶级，且其自身也是以工人为其阶级基础的；乡村建设派体现的主要是导师—学生关系，他们试图通过教育来塑造新农民，实现农村改造；以费孝通、李景汉等为代表的学院派知识分子体现的是知识分子与农民之间的研究者—研究对象关系。③ 本书虽然与黄宗智、刘小枫、韩小荣的关注点有所不同，观点也有所差异，但有一点是共同的，就是关注党的农民话语实践，尤其是农民话语与农村阶级建构的复杂关系。

前文扼要分析了以毛泽东为代表的中国共产党人对中国农村的阶级分析，这是党的农民话语的核心内容。但要指出的是，虽然毛泽东等人的分析依据的是通过社会调查、革命实践等手段获取的资料，但它毕竟是宏观的、抽象的理论概括，它还必须回到实践中，对农民进行实地测量，以取得实际的效用。按照毛泽东的实践论，理论必须在实践中进行验证，但这只是问题的一方面，问题的另一面是，理论也在塑造实践。中共的农民话语必须在实践中进行检验、修正和完善，这是确定无疑的，但我们同时也看到，农民话语在建构农村的阶级，话语实践对农民阶级建构的作用不仅不可小视，甚至还有决定性的作用。

前文梳理了毛泽东等中共领导人有关中国农村社会阶级划分的演变过程及有关情况，虽然其有来自实践的因素，但它主要的还是一种有关农民的话语，具有理论的抽象性和宏观性，要想发挥话语的作用，必须让话语回到实践中去，让话语在微观层次上构建出社会关系和社会秩序。除此之

① 刘小枫：《现代性社会理论绪论》，上海三联书店1998年版，第111页。

② 参阅刘小枫《现代性社会理论绪论》，上海三联书店1998年版，第110—116页。

③ 参阅 Han Xiaorong, *The Peasant in the Chinese National Question: 1900 - 1949*, Hawaii University, Ph. D dissertation, Dec., 1999, pp. 317 - 348。

外，对革命话语而言，还要通过话语实践，生产出革命所需要的各种元素，如创造阶级结构、灌输意识形态、提升阶级意识等，最终生产出符合要求的革命主体，让革命话语的“剩余价值”得到最大限度的利用，这也是革命话语的重要意义所在。

在中共的革命历程中，就是话语实践的过程，话语实践的重要性不言而喻。就农村社会阶级建构而言，比较突出的有两个时期，一是在江西苏区时期，二是在解放战争时期和新中国成立初期。话语实践之所以在这两个时期的表现最为典型，是因为中共的农民话语、革命话语都与土地有关，土地革命是资产阶级民主革命的核心，而要开展土地革命，必须首先厘清（建构）农村的阶级结构。江西苏区开展的查田运动、解放战争时期和新中国成立初期进行的土改，是中共农民话语实践的重要场所和时机，也是我们分析话语实践的上好材料。如在江西苏区，“查田就是查阶级”，“查田运动中发生错误最多的，就是分析阶级的错误”，“有些把仅仅放几百毫子债，请过年把长工，或收几担租谷，当富农打了，有些甚至完全没有剥削别人，仅仅是多有几十担田山，生活比较富裕的中农，也当富农打了”。[①] 话语实践中类似的问题和错误，总是重复重演。

这里我们以两本同情中国革命、亲身经历（参与）了解放区土改的国外学者根据其所见所闻撰写的两部著作为例，对中共的农民话语实践进行分析，分析的重点当然还是革命话语对农村社会的建构尤其是阶级结构的建构。这两本著作是大卫·柯鲁克、伊莎贝尔·柯鲁克夫妇的《十里店：中国一个村庄的群众运动》和韩丁的《翻身：中国一个村庄的革命纪实》，这两部著作生动翔实地记录了两个解放区村庄的阶级划分和土地改革过程。

十里店位于晋冀鲁豫边区首府，处于当地重要的交通和贸易线上，被选为土改工作的试点。柯鲁克夫妇于 1947 年 11 月随同晋冀鲁豫中央局试点工作队到达十里店，实地参与和观察了土改工作过程。其时，《中国土地法大纲》刚刚颁布后两个月，各解放区正在召开土地会议落实这部划时代的法律。《土地法大纲》认为老解放区的封建势力已经基本铲除，但土地占有还不公平，需要进行“复查”。十里店属于老解放区，贯彻《中

① 刘少奇：《农业工会十二县查田大会总结》，《斗争》1933 年 11 月 20 日第 34 期。

国土地法大纲》不需要从头做起，“因此，这场发生在1948年2月到4月的新的运动被称为‘土改复查和整党’运动，或简称为‘复查’运动”。[①] 柯鲁克夫妇观察到的就是开展“复查”运动的七周内十里店发生的故事。

《翻身》记述的张庄位于山西省东南部，属上党地区，靠太行山脉。1948年3月，韩丁和范文澜任校长的华北大学的一位学员一起到达张庄，参加土改工作组。在韩丁到达之前，张庄已经成立了农会，开展了“清算运动”，划分了阶级，分配了地主、汉奸的土地和其他生产资料，进行了第一次“土改”，基本实现了中共中央《“五四”指示》的要求。但是，张庄的革命和土改存在着不少问题，尤其是村干部的腐化变质和复杂的村庄内部矛盾问题，韩丁用了较大的篇幅记述了村干部腐化堕落、欺压百姓的情况。

党对群众工作和农村工作已经发展出一整套有效的方法和程序（毛泽东后来还进行了专门总结，前文已有引述）。根据柯鲁克夫妇和韩丁的记录，工作队所采用的方法和程序主要是：（1）召开大会。大会的内容主要是介绍工作队成员，传达土改的主要精神和地方党委的要求，并向农民作工作动员。（2）调查研究。主要是访贫问苦，走访贫雇农，了解有关情况，发动尚未“翻身”的贫雇农参与“翻身”的斗争。（3）组织审查和组织重建。按照中央的要求，停止村内的党组织和党员干部的工作，并对他们的历史进行审查，对基层党组织进行整顿；召开过关会，让党员和村干部要在群众面前讲清楚问题，接受群众的评议和批判；组建贫农团、农会等组织，成立新的村政府。（4）划分阶级。组建贫农团、农会、村人民代表大会等要在阶级划分的基础上进行，阶级划分的具体方法是“自报公议”。“自报”是户主到场报告自己的家庭在村庄新中国成立前的收入来源和经济地位，“公议”是由贫农团的全体成员对所有“自报”逐一审议，并根据审议意见确定每户农民的阶级成分。依据“自报公议”的程序，对原来的阶级划分进行复查，对每一户重新划定阶级，并张榜公布。在张庄所在的地区，又在“自报公议”的基础上增加“三榜定案”的规定，对自己家庭阶级成分划分不服的可以上诉：对贫农团的决定不服

① 大卫·柯鲁克、伊莎贝尔·柯鲁克：《十里店：中国一个村庄的群众运动》，北京出版社1982年版，第7页。

的，可以上诉到农会；对农会的决定不服的，可以上诉到村人民代表大会；对村人民代表大会不服的，可以上诉到县政府。县政府的决定是最后决定，不能再上诉和改变。[①]（5）调剂土地和分配果实。根据新划定的阶级成分，对土地进行调剂，调剂土地的方式不再是斗争，而是“发动一场精心安排的运动，以便保证绝大多数有富余的人自愿作捐献”。[②] 调剂土地有纠正第一次农村阶级和土地分配划分“左”倾错误的意图，对新近斗争得来的地主财物进行分配，分配不采用平均主义的方式，而是根据各户实际需要的原则进行。整个土改工作的核心是阶级划分，其他工作都是围绕阶级划分进行，第一次土改中的“左”倾错误也是发生在阶级划分这一环节。

《翻身》和《十里店》生动地展示了阶级话语在基层乡村社会复杂的实践过程，但我们首先看到的却是宏观的阶级话语与微观的乡村社会的张力。如前所述，毛泽东等领导人对中国农村的阶级分析是非常精密的，但是，宏观的阶级分析一旦进入乡村的微观场域，就立即遭遇了挑战。

第一个挑战，也是一个最为重要的问题：乡村的阶级结构是否真的就与阶级话语所揭示的一致？或者说，阶级话语就是乡村阶级状况的“镜像式”反映？刘少奇曾说：“过去我们仅仅告诉人家分析什么叫地主、富农、中农、贫农、工人，因此，许多下面的同志遇着了乡村中的手工业主、自由职业者、宗教职业家、小贩、游民无产者及商人、绅士等，就不好叫他们作什么。如是也把他们叫作地主富农或中农贫农，以致弄出了许多错误。”[③] 从《翻身》和《十里店》的记述来看，这两个村庄虽受革命洗礼多年，但其内部关系十分复杂，似乎不能仅仅用阶级关系几个字来全部囊括。比如，张庄内部的宗教关系、宗族关系非常复杂，在农民普遍缺乏阶级意识、不知阶级为何物的时候，这些关系的作用是很大的，而且，就是在划分阶级过程中和阶级划分之后，仍然可以看到宗教、宗族关系渗透的影子。韩丁记述了张庄“反奸运动”中民族关系（汉奸问题）、阶级关系与宗教关系混杂，导致阶级状况认识不清的情况：“假如说，‘反奸运动’不加区别地进行打击，掩盖了阶级问题，宗教问题也变得非常尖锐

① 韩丁：《翻身：中国一个村庄的革命纪实》，北京出版社 1980 年版，第 482 页。

② 大卫·柯鲁克、伊莎贝尔·柯鲁克：《十里店：中国一个村庄的群众运动》，北京出版社 1982 年版，第 248 页。

③ 刘少奇：《农业工会十二县查田大会总结》，《斗争》1933 年 11 月 20 日第 34 期。

突出了。虽然对汉奸的控诉主要是针对他们的实际行动，而不是宗教信仰方面，但是由于几乎所有的汉奸都是教徒，因此运动中排教倾向是很明显的。”[1] 在十里店，“百分之九十五的农户姓王、傅、李”，柯鲁克夫妇注意到，家族间对立的痕迹依然存在，“当村干部做了一些不得人心的事以后，李姓或王姓的老辈就会咕哝，这与大多数村干部姓王有关，残存的情感联系，仍然会在一定程度上掩盖本族内部的阶级矛盾”。[2] 总的来说，村庄内部的微观阶级结构和阶级关系被掩盖在各种因素之下，或者与其他因素相互纠缠，使得宏观的阶级话语与微观的阶级结构之间存在差距和张力。

第二个挑战来自阶级话语本身的不确定性。党阶级分析的内核虽然是一以贯之的，划分阶级的标准也是一贯的，但在具体运用上，应该能够操作化，换言之，就是要确定区分乡村不同阶级的、可操作的标准，尤其是在地主与富农、富农与富裕中农等容易产生混淆的阶级上，划分的标准更要清晰，具备可操作性，最好能够量化。《“五四”指示》发布之后，各解放区掀起了土改的高潮，但都普遍出现了“左”的不良倾向，中央颁布的阶级划分标准抽象、不具备操作性是其中一个重要原因。《中国土地法大纲》颁布之后，情况虽然有所好转，但“左”的倾向仍没有得到根本性的扭转。习仲勋向毛泽东报告说，晋绥地区的土改一到农村就发生极左偏向，“凡是动起来的地方，多去强调‘贫雇路线’，反对所谓‘中农路线’，都是少数群众（不是真正的基本群众）起来乱斗、乱扣、乱打、乱拷、乱没收财物，乱扫地出门”。[3] 十里店、张庄也发生过“贫农路线”，结果是使阶级成分的标准降低，将打击面扩大。在张庄，韩丁也观察到了这个问题的存在：“随着划分阶级工作的进展，张庄的干部和群众都迫切地感到需要一个更加明确的标准。”[4] 直到1948年1月任弼时在西北野战军前线委员会扩大会议上发表《土地改革中的几个问题》的讲话并经中央转发执行后，对阶级划分标准进行了较为详细的说明并提出了量化指标之后，解放区土改中“左”的错误才得到有效遏制。《翻身》和

---

① 韩丁：《翻身：中国一个村庄的革命纪实》，北京出版社1980年版，第140页。

② 伊莎贝尔·柯鲁克、大卫·柯鲁克：《十里店：中国一个村庄的群众运动》，北京出版社1982年版，第12—13页。

③ 习仲勋：《关于土改中一些问题给毛主席的报告》（1948年1月19日），载中国人民解放军政治学院党史教研室编《中共党史参考资料》第11册，1979年，第113页，无出版社。

④ 韩丁：《翻身：中国一个村庄的革命纪实》，北京出版社1980年版，第326页。

《十里店》反映的就是纠正土改中“左”的错误过程，正好说明阶级话语本身的不确定性，使其在实践中出现偏差。但是，即使在中央的层面解决了阶级划分的标准问题，但由于各解放区的情况千差万别，各级干部理解和执行中央政策的能力参差不齐，也使得阶级话语在执行中出现不确定性，政策不断调整甚至转变，工作组和农民无所适从。比如，据《翻身》记述，潞城县委陈书记对潞城农村阶级状况的估计前后完全不同，先前批评工作组犯“右”倾错误，后来又批评工作组犯“左”倾错误；先前认为村党支部阶级成分不纯，后来又改变看法认为村党支部阶级成分是可靠的。而工作组内部对阶级划分也有不同的理解，进一步增加了阶级话语在实践中的不确定性。《翻身》生动地记载了工作组内部对中央文件的有关规定和乡村阶级状况的争论，有的观点是针锋相对的，而这些争论又夹杂着工作组成员自身的阶级成分、理论水平乃至权力地位问题，从而显得更为敏感和复杂。韩丁就注意到了“北方大学派来的知识分子和没有上过学的地方干部之间的矛盾”①，是开展土改工作的一大障碍，除理论水平上的差异之外，而北方大学派来的知识分子家庭大多来自农村的上层家庭——地主或富农，虽然这些“小资产阶级”知识分子在努力改造自己，但自己本身所处的被质疑的位置，他们的家庭正在或将要受到冲击，这些无疑是影响他们在阶级划分实践中的判断的重要因素。

第三个挑战来自阶级话语的局限性和乡土社会的复杂性。歌德曾经说过：理论是灰色的，而生活之树常青。任何话语都不可能囊括社会的所有方面，而只能揭示或解释社会某一方面、某一时期的情况，阶级话语也不例外。毛泽东等党的领导人虽然根据中国实际，发展出了较为科学的宏观的阶级分析方法，但在中国乡土社会复杂性面前，阶级话语的局限性也显得较为突出。《翻身》和《十里店》的作者虽然认同中国共产党土改中的阶级分析，但他们写实的记录也展示了阶级话语在实践中的一些不足。比如，如何处理乡土社会中广泛存在的宗族、宗教问题与阶级结构、阶级矛盾的关系？这个问题在教会势力很大、教徒占村民比例很大的张庄较为突出。如何处理家庭与个人的阶级成分？个人对家庭的从属性，在中国传统中是理所当然的，个人的出身由家庭决定，也是阶级分析中一个简易的、被各方接受的做法，但如果个人与家庭关系松散或存在矛盾，那个人的阶

① 韩丁：《翻身：中国一个村庄的革命纪实》，北京出版社 1980 年版，第 459 页。

级成分如何确定？这不仅是阶级分析本身存在的一个问题，在话语实践中也是一个比较严重的问题。在张庄，村民张老保的夫妻关系就直接影响了他的阶级成分，如果张老保和妻子、儿女一起，按照家庭划分阶级，他的成分是大家都想得到的贫农，但张老保由于夫妻感情问题，死活不愿意和妻子儿女联在一起划分阶级成分，这样他将成为中农，虽然张老保最终以家庭为单位被划为贫农，但他始终不满意，“骂骂咧咧地走了”。[①] 柯鲁克夫妇和韩丁都关注妇女问题，在中国妇女从属于丈夫、父亲和家庭，妇女的阶级由丈夫、父亲和家庭决定，但妇女的社会地位和遭遇却与男子有差异，妇女的生活作风在农村尤其被看重，而妇女的斗争性往往比男子更强，行动更为积极，从这些复杂的情况，使妇女的阶级如何划定，看似简单，实则较为复杂，也暴露出了阶级话语在妇女解放问题上存在的局限性。

这些来自微观社会的挑战是实实在在的，需要通过话语实践来化解。虽然阶级分析的还原性和化约性特征，也就是将所有社会关系都还原为或化约为阶级关系（经济关系），使阶级话语具有比较强的适应性，但前文所揭示的根本性问题仍然存在：阶级话语是实际乡村社会结构的“镜像”还是重新塑造了乡村社会结构和乡村社会关系？

对这个问题回答的分野，造成了对中国革命的不同理解。一种观点认为，中共的阶级话语其实与中国农村的实际情况完全背离，中共不过是利用阶级话语“制造”出了它所期望的革命，最终夺取了政权，这就是所谓的“制造革命”说。另一种观点与之针锋相对，它运用结构性的观点来观察和分析革命进程，“侧重于不同境遇的团体与民族间的客观关系与冲突，而不是探讨革命期间特定角色的利益、世界观或者意识形态”，强调“立足于分析国家组织及其与国际环境、国内各阶级以及经济条件的相互关系，是对革命进行结构分析的关键”，持这种观点的学者认为，包括法国大革命、俄罗斯革命、中国革命在内的近代以来的重大革命，“完全是国内外结构性矛盾及其相互作用的结果，而非公然叫嚣的革命者的尽心策划之力”。[②]

以上两种观点各执一端，“制造革命”说强调革命进程中主观力

① 参阅韩丁《翻身：中国一个村庄的革命纪实》，北京出版社1980年版，第336—340页。

② 西达·斯考切波：《国家与革命：对法国、俄国和中国的比较分析》，上海世纪出版集团2007年版，第348、349页。

量——革命者和革命话语的决定性作用，结构分析强调革命进程的客观因素——国家和社会的结构矛盾和国家权力的相对自主性，但从本书的分析来看，我们其实既可以看到革命者和革命话语的作用，也可以看到导致革命产生和推动革命发展的客观的结构性因素的影响，而且，二者是不可或缺、不能截然分开的：一方面，客观的结构性因素为革命提供了基础，革命话语必须反映（甚至塑造）这种结构性因素，另一方面，革命话语还需要塑造革命的因素和条件，对中国这样的东方落后国家来讲，塑造革命的主体尤其重要。这种观点与“制造革命”说不同的是，“制造革命”说将参与革命的广大农民视为受革命话语蛊惑、被动接受革命话语的人，他们并不是真正的革命主体，而是被裹挟进入革命进程的“群氓”；而本书的观点是，参与革命的广大农民接受革命话语并不是受到蛊惑或强迫，通过革命话语，他们获得了革命的历史资格，成为了革命的主体，主动地融入了革命进程。本书的观点与西达·斯考切波等学者所持的结构主义观的不同点在于，本书不仅强调产生和推动中国革命进程的结构因素，也强调其中的主观因素，尤其是革命话语的塑造作用。实际上，我们看到，虽然毛泽东的阶级分析以结构—功能主义为主要特色，但毛泽东并非仅仅强调客观的阶级结构的作用，他有时更加强调“阶级觉悟”对革命进程的重要影响。《翻身》和《十里店》生动地描述了两个村庄的阶级生产的过程，也记录了面对乡土社会挑战时话语实践是如何应对的。

一是对自在的阶级——阶级结构的厘清。阶级结构分析的一个内容是厘清客观存在的社会阶级状况，它的重要性却是不言而喻的：它是建构自为阶级的基础。《翻身》和《十里店》对如何在村庄这个微观社会中厘清和塑造阶级结构进行了详细的记述。在工作组的指导下，村民逐步掌握了划分阶级的“正确”标准——生产资料（土地和生产工具）的占有关系和家庭间存在的剥削关系。经过一次又一次的计算和讨论，每一户农民都获得了相应的阶级成分，这些阶级成分不同的人结合在一起，形成了村庄的微观社会结构。我们以十里店为例进行分析，重新划分后的十里店的阶级结构见表 4.11。从表中可以看出，与中央下发的农村阶级划分的有关规定相比，十里店增加了手工业者、商贩等新的阶级名称（这两个阶级更像是职业），将地主划分为旧式地主和工商地主，这些都是阶级话语面对村庄实际作出的适应性调整。但让人更感兴趣的是，在中国的乡土社会中，传统上并无阶级一说（这个问题上，梁漱溟的观点比毛泽东的观点更符合中国历史的实际，中国历史上更多的是等级和等级意识），农民头脑中也基本上没有阶级这一概念，那阶级结构究竟是如何通过阶级话语厘清或塑造出来的呢？这个问题需要结合阶级意识的灌输和激发来分析。

表 4.11 十里店的阶级结构

阶级成分	户数
贫农	140
新中农	125
老中农（包括4户富裕中农）	148
工人	1
手工业者	2
商贩	1
旧式富农	1
工商地主	1
尚未确定者	1
合计	420

资料来源：大卫·柯鲁克、伊莎贝尔·柯鲁克：《十里店：中国一个村庄的群众运动》，北京出版社 1982 年版，第 215 页。

二是自为的阶级——阶级意识的塑造和阶级认同的形成。韩丁注意到："'井底观天'的环境限制了大多数农民的眼界，人们很不容易把那些属于他们个人的特点问题，同构成他们苦难的根源的经济状况区分开来。他们往往只注意到个人的性格脾气、世仇宿怨以及诸如此类的琐屑问题，而忽视了划分阶级充分的真正标准，即他们自己对生产资料的占有关系。"① 一方面，面对受传统思想束缚、没有阶级意识、无法将阶级与其他现象进行合理区分的农民，厘清阶级结构是一个较为困难的问题，而向农民灌输阶级意识、启发阶级觉悟更为不易。另一方面，农民在活学活用阶级话语上的"创造力"却是惊人的，张庄的村民在一个寡妇和她的相好之间发现了"剥削"关系，因为这个相好总是把他家里值点钱的东西奉献给这个寡妇，这个有雇工的寡妇被称为既剥削雇工又剥削情人的

① 韩丁：《翻身：中国一个村庄的革命纪实》，北京出版社 1980 年版，第 316 页。

“双地主”；村民们认为，偷懒的雇工得到了和勤快的雇工一样的工钱，这个偷懒的雇工是在剥削雇主。村民们这些“独出心裁”的观点让陪同韩丁访问张庄的工作组成员“惊叹不已”，韩丁则认为，马克思主义知识分子戚云“对农民的创造性估计得还是太低了”。[①] 在这种状况下，厘清客观的阶级结构和启发、塑造阶级意识就有机地连为了一体，而阶级话语和阶级意识的生产性、主动性也得到了强化：破除农民头脑中不利于阶级斗争的传统思想，帮助农民认清自己客观的阶级地位，厘清村庄客观的阶级结构，在某种意义上是阶级意识生产的一个成果和表现，而非客观的阶级结构基础上的一种发展。

工作组自始至终强调村庄内阶级由农民身份进行自我生产，即由农民来认识自己和他人的阶级地位，而非工作组按照政策从外部给予划分。阶级的自我生产过程，实质上就是阶级话语的灌输过程、阶级意识的生产过程、阶级结构的塑造过程。张庄、十里店及其他所有解放区的村庄，工作组采取的都是村民自报公议和工作组调查研究相结合的方法厘清各户农民的阶级身份。

工作队队员耿西在大会上对十里店的农民说：“工作队无权为任何人定阶级成分。工作队是来这里帮助你们定成分的。工作队的任务只是把灯拨亮，使大家更加心明眼亮。”[②] 这句话集中体现了自报公议这种阶级身份的自我生产特点。自报公议，一方面将阶级成分的过程仪式化了，使它带有了神圣的色彩；另一方面，阶级划分是“采取经济和社会行动的基础，而这些行动是会从根本上影响到每一个家庭和每一个人的”，[③] 因此，自报公议这种公开的仪式过程使乡土社会“含情脉脉”的面纱被彻底撕破了，一旦进入这个过程，就意味着没有回头路可走。

但自报公议还是受制于工作组的调查研究。实际上，在自报公议之前，工作组已经根据调查研究所“查证”的情况和文件规定的阶级划分标准，绘制出了村庄的阶级结构图。工作组从进村开始就不断进行的调查研究，已经不仅是毛泽东早期开展的那种以了解社会情况、发展和完善革命话语为主的工作方式了，而是一种根据阶级划分的量化标准进

---

① 参阅韩丁《翻身：中国一个村庄的革命纪实》，北京出版社 1980 年版，第 321—322 页。

② 伊莎贝尔·柯鲁克、大卫·柯鲁克：《十里店：中国一个村庄的群众运动》，北京出版社 1982 年版，第 57 页。

③ 韩丁：《翻身：中国一个村庄的革命纪实》，北京出版社 1980 年版，第 314 页。

行的“查证式”的革命工作，工作组的调查研究是在明确的阶级话语指导下的“生产性”行动。工作组具有主导阶级划分过程和结果的重要权力，调查研究的结果，将直接决定被调查者家庭和个人的命运，更为重要的是，他们没有逃脱调查研究的机会。[①] 经过第一次阶级划分过程的洗礼后，张庄和十里店的农民们虽然操持的还是根据他们自己的思维所理解的阶级概念，但他们努力在调查研究和自报公议中使用阶级话语，努力学习对自己有利的阶级话语以争取好一些的命运。“农民们对划分阶级的会议特别感兴趣，毫无怨言地天天跑来开会，倾听报告，讨论和评论”，“各户的户主作了简短的自报之后，他们就异口同声地宣布他为贫农或中农”。[②] 不管农民们使用阶级话语是自觉的还是被迫的，但农民的头脑被撬开了，一种新的替代性的话语形式进入了他们的视野和头脑，他们将循着这套话语得到新的身份，获得与以往不同的命运。换言之，阶级划分是在阶级话语的学习与传播中进行的，在某种程度上可以说是农民阶级意识生产的伴生物。张庄的工作队相信张庄农民阶级意识的激发将产生出巨大的力量，等待农民阶级意识的进步是值得的：

> 工作队认为，每个农户在客观上必然都是隶属于一定的阶级的，只要真正弄清了各家的情况，农民就有能力把每一家都划入它所应属的阶级，而表决就意味着自认失败，意味着用主观的结论去替代客观的事实。在会议无法取得一致意见的情况下，工作组便建议暂停讨论，要大家进一步研究划分的标准，对事实进一步进行调查，等问题搞清楚以后再继续评议。[③]

---

① 参阅方慧容《“无事件境”与生活世界中的“真实”——西村农民土地改革时期社会生活的记忆》，载杨念群主编《空间·记忆·社会转型：“新社会史”研究论文精选集》，上海人民出版社 2001 年版，第 534—537 页。在量化的阶级标准出现之前，工作组判定某个（户）农民阶级成分的方法主要是看其在革命中的表现和态度，带有很强的主观性，部分农村流氓无产者由于行为积极而获得工作组好评，进而成为党员和干部，掌握了村庄权力，有的甚至为非作歹。这也成为后来土改中整党和重新划定阶级的一个重要原因。《翻身》和《十里店》对这种情况有较为详细的记述。

② 韩丁：《翻身：中国一个村庄的革命纪实》，北京出版社 1980 年版，第 314、318 页。

③ 同上书，第 315 页。

与阶级身份、阶级意识生产相伴随的还有阶级认同的形成。一方面，阶级认同对阶级身份和阶级意识有强化的作用，是阶级话语所要达到的一个重要目的；另一方面，通过阶级话语的实践，“我”与“他”“我们”与“他们”在乡村社会中出现了重大的分野，农民的阶级认同也是农民主体身份的自我生产和确证，正如安东尼·吉登斯所指出的：“‘主我，是个语言转换器，它从术语的网络中获得其意义，而借助这个网络，主体性的话语系统得以形成。运用‘主我’以及其他相关的主体性技术的能力，是自我觉知突出的条件……”①

认同政治本质上是一种“唤醒政治”，对工作组来说，农民阶级认同的最终表现就是阶级觉悟的唤醒，对自身主体地位和力量的自觉。对农民而言，认同的直接对象是自己获得的阶级身份，隐藏其后的认同对象则是赋予（或者说是“帮助自己获得”）农民身份的组织及由其创建和执掌的政权。创造农民的阶级认同有三种方式：一是利益给予。党的领导人并不否认农民的现实性尤其是农民对现实利益的迫切需要，要构建农民的阶级认同，就必须顺应农民现实的利益需要，强化阶级地位和利益分配之间的关系，从利益分配着手达到阶级认同的目的。张庄和十里店的农民在自报公议中几乎都倾向于“低报”自己的阶级成分，直接目的虽然是想获得或保住利益，但也说明农民对阶级已经有了一定的认同。二是仪式化。其一是在众人面前自报公议自己的阶级成分；其二是召开诉苦会，在众人面前进行“公共诉苦”。如前所述，这两个仪式化的过程包含着强烈的阶级意识生产的目的，通过阶级意识的生产达到破除束缚农民的乡土传统，从而构建阶级和实现阶级认同。这两种方式是联系在一起的，自报公议的过程往往就是“公共诉苦”的过程，韩丁就此写道：“人们自报家庭实际情况的时候，一连串的悲剧不断地展现在人们面前，充满着悲哀、贪婪、幽默、残忍和慈善的事件。”② 诉苦对农民心态的影响在于，诉苦“生产出了一种‘属我苦’的绵延‘自我’”，“成功改变和重新塑造了人们的记忆”，③ 进而生产出一种对阶级身份的集体认同。三是直接教育。就是对

① 安东尼·吉登斯：《现代性与自我认同》，三联书店 1998 年版，第 58 页。

② 韩丁：《翻身：中国一个村庄的革命纪实》，北京出版社 1980 年版，第 350 页。

③ 方慧容：《“无事件境”与生活世界中的“真实”——西村农民土地改革时期社会生活的记忆》，载杨念群主编《空间·记忆·社会转型：“新社会史”研究论文精选集》，上海人民出版社 2001 年版，第 564 页。

农民进行直接的阶级话语教育，灌输阶级意识，以实现阶级觉悟。这种方式是启发和动员农民的基本手段，在张庄和十里店的土改过程中都得到了使用和体现。

从韩丁和柯鲁克夫妇的记述可以看出，一方面，村庄这个微观社会的阶级建构远比民族—国家宏观的阶级建构复杂多样，阶级话语的作用机制也更为复杂和精细；另一方面，村庄的阶级建构是客观的阶级结构建构和主观的阶级意识建构相统一的过程，而阶级意识的生产甚至还是建构阶级结构的前提，在这一过程中，自在的阶级和自为阶级出现了面目模糊的情况。通过话语实践，乡村微观社会的阶级建构得以完成，农民的主体地位也最终得到了落实。

本章从宏观上梳理了中共农村阶级分析逐步成熟和完善的过程，着重阐述了毛泽东等党的领导人在阶级分析上的思想和贡献，并以十里店、张庄为例，从微观上解析中共的阶级话语实践与乡村社会阶级建构之间的复杂关系。马克思认为，在欧美发达资本主义国家，由于资本积累的作用，阶级结构将变得异常简单，整个社会将分裂为两大对抗的阶级——资产阶级和无产阶级。半殖民地半封建的中国，社会阶级结构却与欧美发达资本主义国家有着本质的不同，它呈现出社会空间的复杂性和阶级分析的困难性，在乡村尤其突出，阶级测绘也尤其困难。面对这一状况，中国共产党经过不懈的努力，历经曲折，在半殖民地半封建社会理论的框架下，通过社会学式的实证方法，最终完成了对中国农村的阶级分析和阶级划分。从本章的分析可以看出，虽然过程和结果并非尽善尽美，但基本厘清了中国乡村复杂的社会—阶级结构，完成了新民主主义理论重要的一环，为中共领导的革命提供了合法性支持。

阶级分析的目的，除厘清中国复杂的社会—阶级结构外，更重要的是找寻和确定中国革命的动力所在。农民在中国人口中占了绝大多数，历史已经证明，只有依靠和发动农民，才能够实现政治革命和社会改造。马克思主义认为，阶级是人类社会行动的基本力量，是革命的根本主体。对中国农村进行阶级分析最重要的目的，是要通过阶级话语，找寻和建构中国革命的主体。毛泽东对中国的阶级分析作出了最为重要的贡献，在马克思主义阶级思想的基础上，他结合中国实际，发展出了一套较为完善的阶级分析方法，在接受实践检验的同时，也对建构农村阶级起到了极为重要的作用，从阶级的角度，清晰地论证了农民的历史主体地位。虽然阶级分析在实践中遇到了不少困难和问题，虽然阶级话语最终的实践形态与理论设想存在差异，但通过乡村微观社会的阶级划分和阶级启蒙，农民的主体地位最终得以建构和落实。结合中国实际，毛泽东对马克思主义革命理论及阶级理论作出的一个重要贡献，就是在革命力量的找寻和建构上，实现了由“先进”（生产方式）到“革命”（利益得失）的转换和结合，以先进性为核心的工人话语让位于以革命为核心的农民话语。

第五章　诠释与展望

现在不仅能够从过去的影子中吸取养料，它甚至用过去的影子去启示未来。①

——路易·阿尔都塞

第一节　马克思主义农民理论中国化的路径、特征、启示和展望

赛义德提出了“理论旅行”理论。他认为，话语有一个出发点，在传播过程中，“有一段得以穿行的距离，一个穿越各种文本压力的通道，使观念从前面的时空点移向后面的时空点，重新凸显出来”②。马克思主义的传播，无疑就是这样一个理论旅行的过程，也是一个话语解读、抵抗、接受的过程。马克思的革命话语直接针对的是欧洲资本主义社会，对农民问题而言，按照马克思的设想，小农属于前资本主义的社会阶级，资本主义已经替社会主义扫清了农民问题，在资本主义向社会主义过渡的过程中及社会主义社会中，农民问题其实已经不存在了，至少是不那么重要了。但马克思设想的革命并没有在他先前认为最可能发生的国家爆发，相反，以马克思主义为指导的革命首先在俄罗斯爆发。在俄国革命的影响下，中国等一些东方国家的革命者接受了马克思主义，以马克思主义指导本国革命。当然，他们接受的是旅行到俄罗斯、经过俄国马克思主义者解释（或再生产出）的马克思主义话语。俄罗斯的资本主义虽有所发展，但本质上仍是一个较为落后的农民国度，加上其社会文化传统上带有一定的东方色彩，与中国等东方国家的情况有所类似。毛泽东曾对中国和俄罗

---

① 路易·阿尔都塞：《保卫马克思》，商务印书馆2006年版，第105页。

② 爱德华·赛义德：《赛义德自选集》，中国社会科学出版社1999年版，第138页。

斯有过比较："中国有许多事情和十月革命以前的俄国相同，或者近似。封建主义的压迫，这是相同的。经济和文化落后，这是近似的。两个国家都落后，中国则更落后。"① 经过俄国人解释的马克思主义，对东方国家革命的适应性有了增强。而马列主义旅行到中国，又经过毛泽东等党的领导人的创造性解释，形成了中国化的马克思主义。

赛义德认为，理论旅行的过程中，当话语体系通过各种语境压力的通道，穿越时空距离，进入另一种时间和空间的时候，话语体系，不断地被再生产和消费，有的话语被接受，有的则受到抵抗和拒绝，"完全（或部分）地被容纳（或吸收）的观点因其在新时空中的新位置和新用法而受到一定程度的改造"，话语体系中的某一部分将获得一种新的重要性。② 这个论断尤其适合马克思主义中的农民话语。在马克思、恩格斯那里，农民问题只是一个共产主义革命附带的边缘性问题，农民话语处于革命话语的边缘地位；而对中国共产党来说，农民问题是革命的中心问题，农民话语是革命的中心话语。农民话语这种"新的重要性"的获得，也就是马克思主义农民理论中国化的过程，以及马克思主义中国化的过程。

一　马克思主义农民理论中国化的路径

这里就马克思主义农民理论中国化的路径进行一个简要的总结，也为进一步的讨论提供基础。

1. 马克思主义农民理论中国化的内在理路和理论架构

马克思主义农民理论中国化经历了一个复杂的过程，也存在激烈的话语斗争，但中国化的马克思主义农民理论的内在理路是清晰和明确的，这也构成了中国化马克思主义农民理论的基本架构。

——理论核心：农民主体地位的建构。马克思主义农民理论中国化，核心是建构农民的历史和革命的主体地位。可以说，符合中国国情的革命理论，基本上就是围绕这一核心构建起来的，基本目的也是为了论证农民的革命主力军地位。在《中国社会各阶级的分析》中，毛泽东实际上已经对此有了说明。毛泽东指出："中国革命亘三十年而成效甚少，并不是目的错，完全是策略错。所谓策略错，就是不能够团结真正的朋友，以攻

① 毛泽东：《论人民民主专政》，《新华日报》1949 年 7 月 1 日。

② 爱德华·赛义德：《赛义德自选集》，中国社会科学出版社 1999 年版，第 139 页。

击真正的敌人。所以不能如此，乃是未能分清谁是敌人谁是朋友。”① 换句话说，中国革命的目的实际上是很清楚的，社会有识之士也是有相当的共识的，但问题在于对依靠什么人来取得革命胜利、实现革命目标，却存在分歧。在党内，一些领导人囿于经典马克思主义的论述，“本本主义”现象比较严重，以书本上的理论演绎来观察和分析中国革命的战略，对革命依靠力量的认识产生了偏差和错误。依靠什么人的问题，就是对历史主体和革命主体的厘定问题。因此，对于中国共产党而言，发展适合中国实际的革命理论，一个基本的目标就是要找出革命主要依靠的力量，而农民的主体地位，也就成为理论的核心。

——哲学基础：矛盾哲学和实践哲学。哲学是认识世界基本的方法论和视角，毛泽东发展出的认识中国革命（乃至整个世界）的哲学是多元矛盾和社会学的实践论。不过，我们首先应将毛泽东的多元矛盾论和实践论看作是革命地图测绘的政治哲学，毛泽东进行理论创造时直接针对的是最为紧迫的中国革命战略问题。多元矛盾论超越了僵化的经济决定论，能够更为有效地测绘出中国这个半殖民地半封建社会的革命地图分布，确定革命的中心与边缘，厘清革命力量的分布状况；实践论强调经验在认识中的基础性作用，批判了生吞活剥书本的“本本主义”和教条主义，为实事求是的思想路线提供了哲学依据。在这两个革命政治哲学的指导和支撑下，中国社会空间和革命地图得到了科学的测绘，农民的主力军地位得到了正当性支撑。

——历史条件：民族—国家建构。构建民族—国家，是近代以来中国国家建设的基本任务，它在一定程度上规定着革命的目标、动力和进程。马克思主义农民理论的中国化，是以民族—国家的构建为前提的。中国民族—国家构建的历史前提是中国社会处于前资本主义与资本主义之间的半殖民地半封建社会，这是一个过渡的社会形态。这个社会形态规定了中国革命最主要的依靠力量只能是农民，而不可能是资产阶级和工人阶级，因为，虽然资产阶级和工人阶级代表近代中国先进的生产方式，但其力量明显不足，其中资产阶级还有“两重性”，因此，农民必须成为革命的主体。鉴于经典马克思主义对农民主体性认识的局限和不足，中国的革命话语必须论证和突出农民的主体地位，这就有了启蒙与革命、“传统的发

① 毛泽东：《中国社会各阶级的分析》，《中国农民》1926 年第 2 期。

明”等话语策略。由于半殖民地半封建社会的复杂性，经典马克思主义的革命地图测绘方法不足以有效地发挥作用，毛泽东通过多元矛盾论和实践论解决了革命地图的测绘问题，从而为中国革命拟定了有效的战略策略。

——分析方法：阶级分析。阶级分析就是划分出阶级结构，分析不同阶级的属性、特征，以及对待革命的态度和可能采取的行动，在此基础上，厘清革命的动力和对象，确定革命的战略策略。毛泽东是阶级分析的大师，农民主体地位的获得，直接的方法是阶级分析。阶级分析不仅具有开放性、灵活性，而且，阶级分析还能够将生产方式话语转变为革命话语，即从某一阶级的革命性出发，而不是从其代表的生产方式是否先进来分析和确定其在革命进程中的地位和作用。因为中国农民阶级的革命性和力量的强大，所以，农民必然作为主体、主力军登上革命舞台。阶级分析同时是工农联盟的基础，通过阶级分析指出农民的革命性和重要地位的同时，也可以分析出农民身上存在的各种不足和问题，由此说明革命的领导力量只能是工人阶级，农民则只能成为革命的主力军，他必须接受无产阶级政党的领导。

——中心内容：土地革命。中国马克思主义者认为，土地问题尤其是地权分配问题，既是中国属于半封建社会的根本论据，又是论证农民历史主体地位的重要依据。地权分配及由此派生的租佃—剥削是划分农村阶级的直接依据，这是厘定不同阶级（阶层）农民革命性的基本方法，中共认为，要让革命同盟者的农民成为革命主力军，必须照顾其利益，这样才能激发出革命性，对中国农民来讲，最大、最直接的利益莫过于获得土地。同时，通过土地革命，达致相对公平的土地占有，就能消灭封建制度。因此，中国的农民革命，中心内容就是以农民为主体、自下而上的土地革命。

——重要内容：农民的属性与特征。毛泽东从革命的视角，详细分析了中国农民的阶级属性和重要特征，将农民从小资产阶级中独立出来，强调农民的革命性和建设性。同时，如果传统的“发明”，将中国农民的革命性延伸到历史深处，强调农民从来就是中国历史发展的主体力量。

——话语整合：人民话语。人民话语是毛泽东针对中国农民的一个整合性话语形式。人民话语以阶级话语为基础，又超越了阶级话语，具有较强的包容性和灵活性。人民话语包容了农民这个原本的历史客体，并从新的角度对农民的属性进行了界定，进一步肯定了农民的历史主体地位。

——进攻性论证和防御性论证的结合：国情论。如果说前面的几个方面都是积极的、进攻性的理论构建路数的话，那国情论就是兼具积极的、进攻性论证和消极的、防御性的论证方法。之所以说国情论是进攻性的，是因为国情是马克思主义农民理论中国化的重要基础，也是对不同理论观点和策略开展斗争的有效工具。国情论是防御性的，是因为国情虽然重要，但却并不能够直接构建出理论体系或话语体系。在经典作家那里找不到依据的时候，国情才是保护自己的最有效论证手段。在毛泽东等领导人那里，理论构建中直接诉诸国情的时候并不多。实际上，凡事都以国情来进行论说，说服力是不足的，也是理论怯懦的表现。

以上八点，是党的农民革命理论或农民革命话语构建的基本理路，也是马克思主义农民理论中国化的内在理路和基本框架，其中，农民主体地位的构建是核心，落脚点是毛泽东的著名论断——中国革命本质上是农民革命。

2. 马克思主义农民理论中国化的特征

马克思主义农民理论在中国化的过程中，有三个鲜明的特征。

——承续与结合统一。承续，是指党的农民理论继承和发扬了马克思主义的基本方法和内核，或者说，党的农民话语遵循了马克思主义的基本规则。结合，是表示党的农民理论是马克思主义基本原理基础与中国革命实际、中国传统文化等本土因素相结合并进行话语再生产的结果，党的农民理论无论在形式上还是内容上，都具有了中国特色。比如，阶级分析方法，是马克思主义的基本分析方法和特色所在，也是中国化农民理论的重要方法；对农民革命正当性的论证，来自马克思主义；将土地革命等同于民主革命，是对列宁有关论述的继承。工农联盟思想，是马克思主义处理农民问题的基本战略思想，也是中国化农民理论的重要内容。对于农民理论中国化中的继承、结合问题，学术界已有比较深入的研究和论述，这里就不赘述了。

——转换与发展结合。转换是指党的农民理论对经典马克思主义的农民话语在解释的基础上进行了再生产，并产生了话语转折的效果；发展是指中国化的农民理论推动了马克思主义农民理论的成熟和完善。马克思主义农民理论是三大农民理论流派之一，其影响是显而易见的，但是，马克思、恩格斯虽然提出了分析农民的方法论，但并未发展出一套相对完备的农民话语，而且，由于对东方国家了解相对不足，马克思、恩格斯针对西方资本主义社会提出的农民理论在东方国家不仅遇到了理论不完善的问题，还遇到了水土不服的问题。因此，马克思主义农民理论中国化必须解决两个问题：一是从中国实际出发，提出符合中国革命实际的农民理论，这就要求对经典马克思主义的农民理论进行一定程度的转换；二是从内容、方法等方面，进一步发展马克思主义理论，使马克思主义的农民理论能够进一步的成熟和完备。在中国语境下，这两个问题并不是截然分开的，而是联系在一起的。毛泽东虽然没有对此进行专门的阐述，但从其对中国革命的分析论述中可以看出，他对这两个问题是有深刻体认的。

就第一个问题而言，毛泽东等党的领导人较为成功地实现了问题式、视阈、农民地位、革命话语形式等方面的转换。问题式的转换具有根本性，也是毛泽东的农民理论相对独立于马克思的农民理论的一个重要表现，对此，下文将进行论述，这里暂且按下不谈。视阈的转换，是指测绘革命地图和分析农民的方法和视角有了一定程度的改变，毛泽东将多元矛盾、阶级分析等作为测绘中国革命地图和分析中国农民的基本方法，这与马克思强调生产方式这一视角有所差别。农民在革命话语地位的转换最为显而易见，毛泽东的革命理论将中国革命明确界定为农民革命，农民成为革命的主力军，农村成为革命的中心，对农民属性的认识也有了重大改变，这在经典马克思主义看来，即使不属于离经叛道，也带有偏离色彩。革命话语方式的转换，指话语风格的改变，在毛泽东的文本中，对中国农民的分析论述，不从经典作家那里引经据典，而是来自于中国田野的实际，话语充盈的是中国气派和民族气息，不再艰深晦涩。

有关中国化马克思主义农民理论对马克思主义农民理论的发展，学者们已经有比较多的论述，如白钢认为毛泽东从农民是中国革命的主要力量和工人阶级坚定的同盟军、农民是最大的革命派、中国革命实质是农民革命等三方面丰富和发展了马克思主义有关农民问题的思想。[①] 这些观点有其合理性，本书绪论也对此有所总结和分析。但笔者这里要强调的是，除了学者们已经指出的外，还有几方面的发展值得注意：一是以农民为主体的革命总体策略。这是一个带有宏观性的问题，也是毛泽东对马克思主义农民理论的一个重大贡献。二是革命测绘方法。具体来说，就是多元矛盾

① 参阅白钢《中国农民问题研究》，人民出版社 1993 年版，第 4—51 页。

论和着眼于经验的实践论及阶级分析，这实际上是一个更为基础的创新和发展，地位和意义也更为重要。三是人民话语。人民话语以阶级话语为基础，又是对马克思主义阶级话语的升华和超越，对农民国度而言，人民话语的重要性是不言而喻的，毛泽东毕生强调的群众路线，就是人民话语应用的具体化。四是话语实践。中国共产党领导的农民革命的实践，也是对马克思主义革命理论重要的丰富和发展。

——断裂与张力共存。变异、变化和斗争是话语的应有之义。而对马克思主义农民理论的中国化来说，在指出其承续、发展的同时，也应注意到话语中存在的断裂和张力。前文指出，中国化马克思主义的农民话语的断裂主要表现在两个方面：一是中共的农民话语与经典马克思主义之间的断裂，二是中共农民话语发展演变过程中的断裂。断裂并不就一定意味着偏离甚至背叛，实际上，话语断裂的地方，往往也是理论创新和思想重生的地方；断裂，在某种意义上就意味着发展。比如，经典马克思主义对农民总体上持消极和负面的看法，视农民为近现代历史的客体，而毛泽东的农民理论肯定农民的革命性和主体地位，毛泽东“似乎赋予农民一种使命，这种使命颇像马克思归之于西方资本主义社会中的城市无产阶级的”[①]。这无疑是一个断裂，但同时也是理论发展的一个体现。不过，断裂在意味着发展的同时，也会带来张力。这种张力既体现在经典马克思主义农民话语与中国化马克思主义的农民话语之间，也体现在中国化马克思主义农民话语的内部。对农民话语中张力的主要表现，下文将有具体的论述。

3. 马克思主义农民理论中国化的成效

总体上看，马克思主义农民理论中国化是成功的、卓有成效的，其成功和成效主要表现在两个方面：

一是理论创新的成功。马克思、恩格斯虽然对农民进行了理论分析，但总的来说还是比较薄弱和零散的，针对的也主要是欧洲资本主义国家的农民。列宁对农民问题的分析较马克思、恩格斯深入，也有所发展，尤其是因应世界革命形势的要求，对中国等东方落后国家的社会情况和革命形式进行了专门的思考和分析，但总的来说，农民理论仍然不够完善，一些理论观点与东方国家的实际情况不符，对农民的认识仍然不够深入、全面

① 费正清主编：《剑桥中华民国史》（下），中国社会科学出版社 1994 年版，第 931 页。

和准确。以毛泽东为代表的中国共产党人对农民理论的探索和创新，一方面弥补了经典马克思主义农民理论的不足，另一方面对经典马克思主义的农民理论有所创新和发展，构建了中国化的马克思主义农民理论体系，前文所分析的内在理路就是理论体系的基本框架。中国化的马克思主义农民理论体系包含着诸多的创新之处，比如，农民由历史的客体转变为历史的主体、社会空间的测绘方法和政治哲学——矛盾观和实践观、阶级分析的具体化和深化、实事求是思想路线的发展及其代表性理论——国情论，等等。对党的农民话语，虽然学术界仍有一些争议，但对以毛泽东为代表的中国共产党人在农民理论上的创造和成功，我想没有人表示怀疑。如果说经典马克思主义是寄望于无产阶级的、关于资本主义的科学的话，那么，中国化的马克思主义就是重新认识农民、关于落后的前资本主义国家革命与发展的科学，中国化马克思主义农民理论是马克思主义农民理论发展的新阶段和里程碑。

二是话语实践的成效。以毛泽东为代表的中国共产党人在革命实践上的成功，是一件改变世界格局和进程的、有目共睹的大事。党的农民理论在实践上的成效也有自己的特征，值得注意的是实践的深刻性和广泛性。包括国民党在内的政党或政治派别追求的革命主要还是政治革命，他们或者并不主张改变中国社会尤其是农村社会的基本结构，或者主张要通过改良的方式，有保留地进行社会改造，而党以农民革命为特征的革命理论直接指向社会的基本结构，在经济、政治、文化、社会等各个层面对社会进行全面改造，其深刻性和广泛性是其他党派和政治流派所远远不及的，这种深刻性和广泛性来自于党的农民话语的深刻性和全面性。

4. 马克思主义农民理论中国化的经验

对于革命时期马克思主义中国化的经验和启示，学术界已经有了相当多的研究，由于农民理论在中国化马克思主义中的重要地位，对马克思主义中国化的历史经验的分析探讨，往往也适用于马克思主义农民理论中国化。这里仅就马克思主义农民理论中国化的经验作一个简要总结。笔者认为，马克思主义农民理论中国化主要有五方面的经验和启示。

——解放思想，实事求是。邓小平指出："实事求是，是无产阶级世界观的基础，是马克思主义的思想基础。过去我们搞革命所取得的一切胜利，是靠实事求是。”① 这句话也是对马克思主义农民理论中国化经验的精辟概括。对于马克思、恩格斯、列宁的农民观，前文已有详细的论述，兹不赘述。如果囿于马克思主义经典作家的文本，农民在革命中的主力军地位就难以获得合法性基础，中国革命也找不到正确的依靠力量。在这种情况下，只有解放思想，实事求是，才能突破本本主义、教条主义的束缚。毛泽东能够对马克思主义农民理论中国化作出重要的贡献，就在于他具有实事求是的精神和解放思想的魄力和能力。

——辩证分析，创新理论。马克思主义是针对欧美资本主义国家的情况提出的理论，它的血缘是欧洲的历史文化，是西方文明发展的成果。西风东渐，一些中国先进的革命知识分子了解了马克思主义，开始进行宣传，并以马克思主义为指导进行革命，但这并不能改变马克思主义的西方血缘。对于马克思主义的西方血缘问题，当时主要有三种态度：第一种是坚决否认。他们认为马克思主义既然是普遍真理，经典著作的任何论述在任何地方都应该是科学的，都是适用的，绝不能有所更改。对此他们认为马克思主义革命理论中的核心的东西，更是不能有一丝一毫的改动。农民问题恰好就是具有关键性的理论和实践问题，如何测绘中国的革命地图，如何对待农民，如何界定中国的革命力量等，只能从经典作家的文本中去寻找答案。这种态度的最终结果，就是本本主义、教条主义。对于这种态度的错误，毛泽东等领导人进行了深入的分析和批判。第二种是全面肯定。用今天时髦的话说，就是强调马克思主义不过是一种“地方性知识”，不仅不具备普适性，还不应该以殖民的方式去影响或征服其他国家。他们从中国的特殊性出发，认为马克思主义的西方文化血缘不可能适应中国的特殊文化和社会环境。持这种态度的有梁漱溟这样的文化保守主义者，也有蒋介石这样的政治人物。比如，梁漱溟认为马克思主义的阶级分析只适用于西方那样的阶级分化严重的国家，对中国这样的伦理本位、职业分立，没有阶级的国家根本不适用，中国的问题是文化不调的问题，中共对中国开出的以阶级斗争为主要内容的药方是错误的。蒋介石这样的政治人物则认为共产主义是西方舶来品，共产党是苏联在中国扶植的代理人，是帝国主义的产物，根本不应该在中国存在。无论从理论还是从历史实践来看，这种态度都是偏狭和错误的。第三种是辩证分析。一方面，承

① 《邓小平文选》第二卷，人民出版社 1994 年版，第 143 页。

认马克思主义的西方文化血缘，承认马克思主义中有与中国实际不符的成分，承认马克思主义本身还不够完善；另一方面，强调马克思主义虽然源于西方，但它可以区分为基本原理和具体论断，具体论断带有比较强烈的西方色彩，可能不适用于中国这样的国家，但其基本原理是“放之四海而皆准”的真理。这种辩证分析的方法，是以毛泽东为代表的中国共产党人看待马克思主义的方法，也是科学对待马克思主义的方法。毛泽东的方法可以表述为汲取精髓，大胆创新，具体来说，要把马克思主义“当作行动的指南”而不是教条，学习马克思主义不是学习它的“字母”，而是学习它的精髓——“观察问题与解决问题的立场与方法”[①]；对于马克思主义农民理论中不符合中国实际的论述、不够完善的理论观点，要根据革命实践、中国社会实际和历史文化实际及时代要求等进行扬弃，进行理论创新，对其中的话语形态则要民族化，形成中国气派，最终创造出新的理论形态。比如，对于中国农民的属性、特征、地位、作用等问题，毛泽东扬弃了经典马克思主义的具体论断，依据中国革命实际进行了新的表述，为了论证农民的革命主体地位，毛泽东对马克思主义的阶级分析方法、矛盾理论等进行了创造性的新发展，最终创造出了较为完善的农民理论。

——话语斗争，汲取精髓。马克思主义是一个开放的理论体系，开放性是马克思主义能够不断创新发展的重要前提。开放性意味着，第一，承认存在对马克思主义的不同解读，承认这些解读从理论上讲可能都有其正当性和合理性，不同解读之间的话语斗争也有其正当性和合理性；第二，直面马克思主义与其他理论流派的话语斗争，承认这些争鸣也是合理的、有益的。开放性也意味着，在话语斗争的过程中，一方面将产生出取长补短的有利结果；另一方面，也能够让革命知识分子更好地认识理论本身存在的问题和不足，并加以弥补、发展和完善。在中国近代史上，社会各方对农民问题、农民理论的争议很大。马克思主义农民理论中国化的历程，就是一个话语斗争和在话语斗争中理论不断得到发展的过程，是一个在话语斗争中获取正当性的过程。在对马克思主义农民理论的解读上，有党内不同的解读，也存在不同马克思主义者之间的不同解读，虽然有些解读明显具有本本主义、教条主义特征，有的属于曲解，但话语斗争总的来说对

① 《毛泽东选集》卷六，东北书店1948年版，第927页。

马克思主义农民理论中国化有促进作用，尤其是那些提出了真问题、提出了有价值的观点的解读，比如，在中国社会史论战（尤其是中国农村社会性质论战）中提出的各种理论观点，对如何正确解读马克思主义农民理论、推进马克思主义农民理论中国化尤有助益。同时，马克思主义也是在与其他思想流派的斗争中实现中国化的。在中国近代史上，主要的思想流派除马克思主义外，还有自由主义、保守主义、三民主义、民粹主义、国家主义等，流派观点众多，不同的流派对农民问题和中国的发展等都提出了见解，并从各自的理论立场对马克思主义提出了批判，至演变成政治上的打击和肉体上的消灭。但以毛泽东为首的中国共产党人，也在批判中进行反批判，对其中有益的理论观点进行批判性吸收，并针对他们提出的问题不断进行理论创新，推进了马克思主义农民理论的中国化。如前所述，以梁漱溟为代表的乡村建设派和文化保守主义、孙中山的三民主义及民粹主义的若干理论观点，对马克思主义中国化都起到了重要的推动作用。

——掌握群众，改造社会。理论只有掌握群众，才能拥有改造社会的物质力量。所谓理论掌握群众，并不是视群众为他者，以群众为手段，相反，从话语与实践的关系看，正是通过话语才能建构主体。对于农民这个中国人数最多、力量强大的社会群体，以毛泽东为代表的中国共产党人不仅创造出符合中国实际的农民理论，而且，更为重要的是，要让理论掌握群众，使之成为改造中国的强大物质力量。其中有两点尤其值得注意：一是针对广大农民的，就是要树立农民的主体性，强化农民自己解放自己的意识。这是中国化马克思主义农民理论的根本点所在，也是话语实践得以成功的基础。二是针对其他阶级或阶层的，就要让其他的阶级和阶层认识农民在中国革命和现代化中的主体地位。虽然中国传统上具有重农思想，但农民并没有获得历史的主体地位；在经典马克思主义农民理论中，农民的主体地位也是晦暗不明的。中国化马克思主义农民理论虽然为农民的主体地位提供了合法性，但要使话语实践得到贯彻，还必须让包括工人阶级、知识分子、小资产阶级以及民族资产阶级在内的广大人民真正认清农民在革命和建设中的主体地位和重要作用，摆正自身与农民的关系，自觉发挥农民的主体性和能动性。毛泽东对此作了相当多的论述。而党的农民理论在实践上的成功，也有赖于此。

——正视不足，不断扬弃。虽然以毛泽东为代表的中国共产党人创造了中国化的马克思主义农民理论体系，这一理论体系的科学性、有效性得到了实践的检验，但也要认识到，一方面，农民话语中仍然存在紧张和矛盾，比如，在话语构建方式中就存在生产方式话语与革命话语的紧张；在有关中国社会性质的理论表述中，也存有一些不自洽之处；而基本的分析方法——阶级分析中，也存在不少矛盾。农民话语内在的紧张和矛盾，我们必须正视，并通过理论创新使其消弭。另一方面，随着时间的推移和历史条件的变化，以前一些适应当时历史条件的理论观点已经不再适用于今天的情况，这就需要我们用新的理论去替代过往的话语论述。比如，在革命时期，阶级话语占据农民理论的中心地位，但在社会主义现代化建设时期，我们就要以建设的政治学替代革命的政治学，阶级话语由于其本身的一些局限性，在新的历史条件下，适用性逐步减弱，需要借鉴其他的思想资源，结合中国实际，发展出一套新的分析方法，构建新的话语形态。当然，需要指出的是，这种发展并不是全面抛弃中国化马克思主义农民理论，更不是对中国化马克思主义农民理论的否定，而是在继承基础上的扬弃。

二　中国化马克思主义农民理论的内在紧张

中国化马克思主义农民理论在总体上是成功的，但其内部也存在紧张，这也是需要我们面对的一个问题。

中国化马克思主义农民话语张力的产生，主要有三方面的原因：其一，与话语断裂有关，因为断裂本身就意味着经典马克思主义的农民话语与中国化马克思主义的农民话语之间出现了错位，紧张关系也就产生了，从这个意义上说，张力是自然的，也是思想发展的体现。其二，张力的产生与话语生产者本身的不成熟有关，这体现在两个方面：一方面，话语生产者的思想本身存在张力，反映在文本上，就是话语的张力，比如，阶级分析中结构主义分析与阶级意识分析之间的矛盾和紧张，应该与阶级分析大师毛泽东思想本身的矛盾有关。另一方面，话语生产者意识到了话语的矛盾，在试图弥合这种矛盾时采取的策略出现偏差，导致紧张加剧。比如，对农民的分析有生产方式与阶级分析两种，从理论上讲这两个分析路数并无实质性的矛盾，但在实践中矛盾却出现了，而话语生产者也意识到了这种矛盾，在这种情况下，为了实现农民话语的自洽，话语生产者试图调和这两种分析方法，或者在这两种分析中左右摇摆，各取所需，结果往往是弄巧成拙，恰好暴露出了这两种分析之间的紧张关系。其三，话语的张力，是客观实际、实践中的张力在理论上的反映，因此，话语张力的产生，归根结底还是客观世界出现了张力。比如，中国化马克思主义农民理论与经典马克思主义农民理论之间的张力，归根结底还是西方先进的资本主义社会与东方落后的农民国度革命实践中出现的紧张和矛盾。

1. 政治革命话语与生产方式话语的张力

毛泽东阶级分析对应的是政治革命话语，它旨在测绘中国革命的动力分布图，它关注的是革命力量的苦难表述和利益要求，这就是毛泽东和中共实现农民话语的第一次转折。而生产方式话语注重的是不同阶级在特定生产方式中所处的地位和由这种地位决定的属性，政治上的革命性从根本上讲是基于阶级在生产方式中所处的地位的。对农民话语来讲，阶级话语得出的结论和生产方式分析得出的结论是截然不同的：阶级话语认为中国农民最具革命性，是革命当然的主力军；马克思主义的生产方式话语得出的却是否定性的结论，农民所代表的前资本主义的生产方式，它不应当、也不可能成为革命的主要力量、主导力量。毛泽东农民话语的第二次转折就是从政治革命话语转向生产方式话语。可见，政治革命话语与生产方式话语之间的张力，既是毛泽东的农民话语与经典马克思主义之间的张力，也是毛泽东农民话语的一种内在张力。当然，我们也看到，毛泽东根据他对马克思、列宁文本的解读，不遗余力地消除这种张力，但结果并不是十分理想，因为在中国这个与欧洲差异极大的语境下，想鱼与熊掌兼得是不可能的，结果只能是在两种话语之间来回反复。

2. 半殖民地半封建社会理论的内在紧张

半殖民地半封建社会理论是中共对近代中国社会属性的判断，在这个判断的基础上，中国革命的性质、动力、战略、步骤等基本理论得以建构。对农民话语来说，半殖民地半封建社会理论具有基础性的地位——正是因为近代中国社会的半殖民地半封建属性，才使得农民能够脱颖而出，历史和革命的主体地位得以建构和巩固。但近代中国是否属于半封建社会，或者进一步说，中国是否经历过封建社会，却是一个存在诸多争议的问题。俄国学者如马札尔等早已认识到，在马克思、恩格斯的文本中，包括中国这样的东方国家属于亚细亚生产方式的范畴，并不是斯大林和共产国际所认为的封建社会。中国社会史论战中，新思潮派和中国农村派捍卫了斯大林和共产国际的封建社会观，并为毛泽东所接受。但新思潮派和中国农村派并没有很好地解决他们的理论对手们提出的疑问：马克思、恩格斯的著作中并没有将中国在内的东方国家明确界定为封建社会，那中国马克思主义者所持的封建社会观理论依据何在？中国的封建社会为什么与欧洲的封建社会有如此之多的不同，是不是有两种截然不同的封建社会？抛弃马克思对东方社会属性的认识，这是否属于对马克思的背叛？中国共产党和毛泽东所接受的封建社会观中，这种矛盾依然存在。毛泽东对中国封建社会特征的概括是：自给自足的自然经济占主要地位；土地主要由封建统治阶级——地主、贵族和皇帝拥有；地主、贵族和皇室依靠剥削农民的地租过活，地主阶级的国家强迫农民缴纳贡税，强迫农民从事无偿劳役，去养活国家官吏和军队；保护这种封建剥削制度的是地主阶级的封建国家。[①] 这些概括与认为中国社会"长期停滞"等，都带有比较明显的亚细亚生产方式的话语特征。孙承叔认为，这四点概括"揭示的正是亚细亚社会次生阶段晚期中国社会的内在本质"[②]。而冯天瑜教授则认为毛泽东接受的是一种泛化的封建社会观，与中国历史并不相符。[③] 不管作何解读，都说明毛泽东的封建社会观混杂着紧张和矛盾因素。

半殖民地半封建理论也存在内在紧张，核心是半殖民地与半封建究竟是什么关系？或者说，帝国主义与中国封建因素是什么关系？其一，新思潮派和中国农村派坚持，中国的问题主要是由帝国主义入侵造成的，但他们同时又接受了马克思关于东方社会"长期停滞"的观点，认为没有帝国主义的入侵，中国社会仍将停滞下去。其二，"封建残余"是半殖民地半封建社会理论的核心词汇之一，新思潮派和中国农村派认为，"封建残余"决定了中国社会是半封建属性，帝国主义就是依靠中国的"封建残余"对中国实行统治的，但"托派"的讽刺也是有力的："'残余'可占优势，不但在事理上过不去，在逻辑上也说不通。因世界上的一切事物，

① 《毛泽东选集》卷二，东北书店 1948 年版，第 207—209 页。

② 孙承叔：《打开东方社会秘密的钥匙：亚细亚生产方式与当代社会主义》，东方出版中心 2000 年版，第 121 页。这与对"亚细亚生产方式"的理解有关，孙承叔将中国延续千年的"地主制封建社会"解释为"亚细亚社会的次生阶段"。值得注意的是，中共六大《土地问题决议案》对亚细亚生产方式特点的概括是：没有土地私有制；国家指导绝大部分的社会工程建设（尤其是水利河道），这是形成集权的中央政府统治一般小生产者的组织的物质基础；公产社制度之巩固的存在，与《中国革命和中国共产党》中对中国古代封建社会特征的概括在文字上有明显不同（参阅《中共中央文件选集》第 4 册，中共中央党校出版社 1989 年版，第 337 页）。

③ 冯天瑜：《"封建"考论》，武汉大学出版社 2006 年版。

既可‘占’了‘优势’，那将不成为‘残余’的了”，将肃清“封建残余”作为中国革命的主要任务，“那可说是闻所未闻。”[①] 可见，半殖民地半封建社会理论中的不自洽是存在的，而这些都是毛泽东半殖民地半封建社会的潜台词。

此外，在半殖民地半封建社会这一框架内，农民的阶级属性问题如何，仍有讨论的余地。按照列宁的观点，东方国家的农民属于小资产阶级，这实际上对农民与封建制度的关系进行了切割——它虽然承认了农民是封建社会的产物，但农民又与封建主义存在一定距离，是革命的民主派。但是，农民既然是封建制度的产物，按照马克思主义的农民观，农民应该代表封建的生产方式，具有封建特征，说它是革命的民主派似乎有些牵强。比如，姜义华就认为，即使在半殖民地半封建的条件下，农民所代表的仍然是落后的封建生产方式，“中国这种小农，每日每时不断执法产生的不是资本主义，而是封建主义，他们不但不是资本主义现代化得以成功的支柱，而正是阻遏这一进程的巨大而牢固的屏障”。[②] 笔者虽然并不完全认同姜义华的观点，但姜义华的确指出了半殖民地半封建这一框架下农民属性认识上的紧张和矛盾。

3. 阶级话语的内在紧张

阶级分析和阶级话语可以反映包括中国农村在内的中国社会的结构性现实，为中国革命地图的测绘提供了重要的方法论指导，革命能够取得成功，阶级分析功不可没。但是，我们也不能忽略其中表现出来的一些偏向和矛盾。作为社会结构测绘的基本工具，阶级话语中最引人注目的是表达性现实和客观性现实之间的紧张关系。

表达性现实和客观性现实这两个词汇借用于黄宗智。黄宗智在研究土改的论文中提出，土改过程中，党的工作组在没有物质基础的地方制造阶级斗争的方法得以广泛传播，阶级这个范畴不仅掌握了物质领域，而且控制了象征领域，党和党的知识分子“把革命理论应用到社会实践，并改造现实以符合意识形态的建构”，遗憾的是，来自城市的知识分子“忽略了这一对客观现实的偏离”，“革命行动进行时并未顾及表达现实与客观

---

① 严灵峰：《在“战场”上发见的“行尸走肉”》，《读书杂志》，上海神州国光社 1931 年第四、五期合刊。

② 姜义华：《“理性缺位”的启蒙》，上海三联书店 2000 年版，第 24 页。

现实之间的不一致”。[①] 换言之，毛泽东所强调的客观主义的阶级分析并未在斗争实践中得到完全的贯彻，农村的阶级结构并没有得到有效厘清，而是与主观的阶级意识、斗争需要及城市知识分子对农村和农民的“想象”纠缠在一起，导致了表达性现实和客观性现实的背离。黄宗智的分析是有助于我们加深对1949年后阶级斗争扩大化发生原因的认识。不过，黄宗智的分析可以再推进一步。笔者认为，之所以会产生表达性现实和客观性现实存在紧张，一个重要的原因在于阶级话语实践中存在的矛盾和紧张。

其一，结构分析与意识分析的紧张。结构主义的阶级分析认为，阶级出身、阶级地位、利益得失决定了思想意识，因此，地主家庭出身的人具有的封建意识、剥削意识，倾向于反对革命；农民家庭出身（中农和贫农）的人则具有反封建、反压迫的革命意识，倾向于革命；中间阶级（富农）出身的人则具有两重性。这种分析贵在简练，对不同阶级的革命态度一目了然，容易把握，问题则在于，这种分析有复杂的思想形成和利益诉求简单化之嫌，在实践中也容易引起负面的后果。实际上，阶级划分在理论上本身就有客观主义论和阶级意识论之争，毛泽东等党的领导人阶级分析的基调是客观的结构主义，但却又不时偏向阶级意识论。这就引申出对阶级分析来说非常重要的问题：出身和思想哪一个更为重要？意识的转变能否带来阶级身份的改变？

对于结构主义的分析来讲，个人的阶级成分与家庭联系在一起，是由社会结构决定的，无从改变，这也就是所谓的“出身不能选择”。不过，人的思想却是可以选择的，包括毛泽东等党的领导人在内，众多出身农村上层家庭的知识分子接受了马列主义，选择与家庭决裂，那他们的阶级成分又如何确定呢？在党的领导人中，刘少奇对这个问题的论述相对为多。刘少奇还或多或少地存有出身决定论的思想，认为无产阶级出身的党员虽然文化程度不高，但他们对马列主义了解的程度“常比某些知识分子出身的党员还要高很多”[②]，不过，他也并不认为成员的阶级出身是决定党的性质的基本条件。在党的七大报告《论党》中，刘少奇概括了决定党

---

① 黄宗智：《中国革命中的农村阶级斗争——从土改到文革时期的表达性现实与客观性现实》，载黄宗智主编《中国乡村研究》第二辑，商务印书馆2003年版，第82、83页。

② 《刘少奇选集》（上卷），人民出版社1985年版，第113页。

的性质的六个条件，其中，第五个条件是党员“在思想上和组织上受到了严格的教育和锻炼，这样，就提高了他们的阶级觉悟和集体的意志，加强了他们的组织性和纪律性”；第六个条件是党内小资产阶级出身的分子实行了“思想上的彻底改造”，其小资产阶级的本质已经改变，他们已经“成为具有无产阶级先进战士的性格”。[①] 换言之，阶级意识、阶级立场的转变带来的是阶级身份的转变。因此，阶级划分的实践就出现了紧张：一方面，可以以思想表现或政治态度来决定某一个人（家庭）的阶级出身，阶级身份也可以由思想意识来决定，具有可变性，个人的阶级成分与家庭的阶级成分之间可以出现背离；另一方面，也可以根据其家庭的阶级出身来确定个人的阶级成分，家庭出身具有继承性，一旦家庭的阶级身份被确定，就意味着出身于这个家庭的个体及其后代的阶级身份被固定下来，无论个体如何改造自己，都难以改变这个阶级身份。理论上的分歧和实践中飘忽不定的偏向，导致的结果是阶级分析的内在紧张，成为“左”倾错误的重要根源。张鸣认为：“阶级内涵的不准确乃至随意，是中国式阶级分析的一个特色。”[②] 这一观点并不确切，实际上，阶级内涵的不准确，更多的还不是中国式阶级分析的问题，而是阶级话语本身的问题。

从更广泛的意义上说，如果思想意识可以看作是一种象征资本的话，那其他很多的具有象征资本特征的东西都可以建构阶级和决定阶级成分，

---

① 《刘少奇选集》（上卷），人民出版社 1985 年版，第 124、325 页。刘少奇的阶级观比较复杂，他的阶级分析时有摇摆，但带有较强烈的“成分论”特征。比如，《在全国土地会议上的第一次总结报告》中，刘少奇认为解放区土改不彻底的一个重要原因是“发展党不注意成分”，强调“今天证明‘不强调阶级成份，阶级教育是错误的’。反对阶级成份为‘唯成份论’，那第一个‘唯成份论’就是‘列宁’（说天性！）”“不强调阶级成份”导致“党在思想上、组织上不纯洁，阶级的严肃性不够”，刘少奇认为，“贫农在我们党内没有优势，特别在领导机关！相反，县以上，地主富农子女接近一半，一半以上或绝大多数。区乡两级也有地主富农，也不少。政权中最多，职员一半在 80% 以上，故实际上非三三制，为地主富农所占据。”《全国土地会议的结论》中，刘少奇的观点更进了一步，他认为“我们党内的地主富农与小资产阶级思想很弥漫、很猖狂，而且很普遍。阶级观点模糊。这就是党内的不纯，因此，需要改造。因此，改造党，是从两方面看的：第一是形势转变了需要改造；第二是党内不纯需要改造。”刘少奇的判断，是解放区土改中发生“左”的错误的一个重要原因。参阅刘少奇《在全国土地会议上的第一次总结报告》（1947 年 8 月 9 日）、《全国土地会议的结论》（1947 年 9 月 13 日），载中国人民解放军政治学院党史教研室编《中共党史参考资料》第 11 册，1979 年，第 70、87 页，无出版社。需要说明的是，编选《刘少奇选集》时，对《全国土地会议的结论》作了大幅修改，此处所引语句已被删除。

② 张鸣：《民国的三个面相》，《读书》2008 年第 10 期。

甚至是土地等原本是生产资本都可以转化为象征资本而在阶级划分中发挥作用，阶级划分的标准“象征化”，这种“象征化”的阶级划分使阶级话语的内在紧张和矛盾更加尖锐。张小军指出：

> 土改划分阶级的依据本来主要是土地上的经济差别和因此而引起的所谓剥削，但是悖论在于，有差别的时候并没有阶级的划分，反而在没收农民土地分给缺少土地的农民之时，在剥削被消灭之时开始了划阶级。这样的阶级划分，依据已经象征化的“阶级土地”，先在象征层面进行建构，然后真实地进入制度层面，使“阶级”从“虚”到“实”。地主虽然丧失了土地，却依然真实地成为“地主”；贫农获得了更多地土地，却依然是实在的“贫农”。他们在身份、地位、家庭和子女教育等方面被各种制度所规定，成为甚至在制度形式上比过往更加真实的“地主阶级”或者“贫下中农”。①

其二，阶级地位与个体行动的紧张。结构主义的阶级分析认为，阶级地位决定利益诉求，利益诉求决定个体行动，这将阶级地位和个体的行动完全对应起来。实际上，这种对应并不具备普遍意义。毛泽东在农村调查中（《寻乌调查》和《兴国调查》）就已注意到，在革命斗争中，一些出身地主、富农的人也能够参加革命，并因为学识较高，成为革命的领导者

---

① 张小军：《阳村土改中的阶级划分与象征资本》，载黄宗智主编《中国乡村研究》（第二辑），商务印书馆 2003 年版，第 101 页。国外研究毛泽东的学者大多认为毛泽东的思想具有唯意志论色彩，认为毛泽东的思想强调个人的思想能够超越家庭（阶级）出身，从而转变其阶级成分。费正清认为：“对中国马克思主义的反向阐释意味着一个人的思想倾向并不来源于他的阶级归属，根据新的定义，他的阶级归属可以由他的思想倾向决定，也就是说，一个思想进步的农民可以成为无产阶级。这是主观政治思维对于马克思主义所强调的经济生产方式的胜利。”（费正清：《中国：传统与变迁》，世界知识出版社 2002 年版，第 590 页）。马克·谢尔登指出：“毛泽东革命理论的一个基本假设是个人可以超越阶级出身的局限。在干革命的过程中，各种阶级出身的人都可以变成革命者。”（马克·谢尔登：《革命中的中国：延安道路》，社会科学文献出版社 2002 年版，第 190 页）。从历史的经验教训看，根据思想和根据出身来确定一个人的阶级成分，其结果都可能是荒谬的，这在 1949 年后的表现尤其突出。比如，1949 年后中国出现了许多没有土地的“地主”，出现了并非出身地主、富农但却有地、富思想的“地主”“富农”；而地主、富农家庭的子女虽然没有享受过地主、富农的生活，但也被打入另册（所谓“地、富家庭出身”）。直到 1979 年 1 月 11 日中共中央发布《关于地主、富农分子摘帽问题和地、富子女成分问题的决定》，“被改造好了”的地主、富农和地、富子女才获得社员地位，但“极少数坚持反动立场，至今没有改造好的”地主、富农仍然不能摘帽。

（实际上，毛泽东等相当部分的中共高级领导人就出身地主、富农家庭）；在革命面前，同一阶级的不同个体反映也是大不相同的。比如，地主中有反动的，也有不反动的，还有不少参加革命的，这在毛泽东井冈山时期的农村调查和张闻天的晋陕农村调查中都有记载。在对赣东北革命根据地的研究中，陈德军区分了农民参与革命的三种类型：第一种类型是农民与共产党知识分子之间存在亲缘、同学或相识等社会关系，在革命到来之际，这些农民就成为共产党知识分子的信徒，在其周围形成一个忠诚的小圈子参与革命；第二种类型是农民离开自己的村庄，以出去接头的方式参与革命；第三种类型是受革命组织委派来的工作人员的动员而参与革命。虽然不能否认阶级成分在促进农民参与革命上的作用，但很多农民（尤其是农民中的知识分子）是抛弃了比同乡优越的生活条件参加革命的。陈德军的研究揭示，“导致农民置身于革命的途径就是他们日常生活中交往结构的一部分，比如各种社会关系、地缘关系、经济文化交流的脉络等”，而阶级出身只是其中的一小部分因素。[①] 革命实践也表明，“最有革命积极性的其实是游民和所谓的半无产阶级”，而“被划为农业无产阶级的雇农，倒往往沦为地主的‘狗腿’和家丁，出来抵抗革命”。[②] 可见，在结构主义的阶级分析中，将阶级地位与个体行动等同起来，不可避免地会带来理论和实践上的紧张。

其三，阶级自在和阶级自为的紧张。按照马克思的经典论述，自在的阶级并非“真正”的阶级，法国农民之所以不是一个阶级，就因为它还不是自为的，它还没有意识到自己的阶级利益所在，不能形成自己的组织。毛泽东多次提到要以各种方式教育农民，让农民意识到自己所受的剥削和压迫，帮助农民觉悟起来。我们可以认为，在马克思的意义上，毛泽东试图让农民从一个自在的阶级转变为自为的阶级，但这却带来了矛盾。一方面，“自为”的农民应该是认识到农民阶级的独特利益、独立自主的组建和发展自己的组织的阶级，这与农民必须接受无产阶级的领导，接受自己的从属地位的要求有相悖之处；“自为”的农民要求有农民自己的阶级意识，这与农民要接受无产阶级的思想才能认识觉悟的论断是矛盾的，

① 参阅陈德军《乡村社会中的革命——以赣东北根据地为研究中心（1924—1934）》，上海大学出版社 2004 年版，第 78—112 页。

② 张鸣：《民国的三个面相》，《读书》2008 年第 10 期。

换言之，按照马克思、恩格斯的论述，对农民而言，接受无产阶级领导，实际上就是接受无产阶级的思想殖民，甘于自己的从属地位，这实际上是自在阶级、而不是自为阶级的特征。另一方面，农民阶级的自为性还直接关涉到农民的历史和革命主体地位问题，按照马克思、恩格斯的观点，农民因为不具备先进的生产方式、在资本主义条件下不能做到阶级“自为”，无法获得历史的主体地位，只能走向灭亡，但在半殖民地半封建的中国，农民却是革命的主力军，他如果不能做到“自为”，那农民作为革命主力军的基础又在哪里？

其四，单面农民与立体农民的紧张。阶级分析具有化约性、还原性特征，阶级分析可以将所有因素化约和还原为阶级因素。化约性、还原性一方面使阶级分析具有简洁性，社会结构可以一目了然地呈现出来，但另一方面却也使得农村和农民在阶级分析后变得单面化，似乎阶级关系尤其是阶级斗争，就是农村和农民的全部，农民在某种意义上成为“单面人”，至多也就是具有“两重性”的“两面人”（讽刺的是，在今天，农民又成为“落后”和“改造”的代名词，成为了另一种类型的“单面人”）。这种单面化的农民，不过是对农民的一种“想象”，与生产生活中的农民是不相符的。秦晖曾经指出，在社会主义改造时期，农民也并不仅仅是简单的小资产阶级“两重性”，除此之外，至少还有宗法的两重性——民主性和宗法性。① 实际上，农民的内涵和特征是极为丰富的，农民是立体的、复杂的。将立体的、复杂的农民化约为单面的农民，不可避免地产生矛盾，运用到实践，不可避免地会造成负面的后果。

农民话语的内在紧张，既是话语自身内在矛盾性的体现，也是源自欧洲资本主义国家的阶级话语运用到东方国家后遭遇到的“东西”矛盾。对这些紧张应该辩证分析。一方面，要承认紧张是话语不自洽的体现，承认理论还存在不足，同时，也要正视话语的紧张和矛盾在实践上造成的不利后果，通过创新和发展理论来解决话语的内在紧张问题。另一方面，指出话语内在的紧张和矛盾，并不就意味着是在对话语进行解构，也不表示话语体系全然错误或无效。从马克思主义中国化的角度讲，这些矛盾和紧张显示了一种话语运用到另一个场域的“水土不服”，但却是一种较为正

① 秦晖、苏文：《田园诗与狂想曲——关中模式与前近代社会的再认识》，中央编译出版社1996年版，第344页。

常的现象。试问，哪一种话语体系没有这样那样的张力存在呢？中国革命的历史，已经证明新民主主义革命时期党的农民话语总体上的正确。应该认识到，农民话语的紧张，正是农民话语得以进一步发展的契机。当然，我们也不能忽略这些矛盾和紧张，对这些话语中存在的矛盾和紧张的认识和处理是否有效，将影响甚至决定实践的结果，其中的教训，我们已经领略了。

三 推进中国化马克思主义农民理论继续发展

“三农”（农村、农业、农民）问题是中国革命和现代化建设中的根本问题。解决好“三农”问题，需要科学的理论指导，这就要求我们总结历史的经验教训，不断推进马克思主义农民理论的中国化。

1. 马克思主义农民理论中国化与1949年后农民问题的演化

新中国成立不久，美国学者芮玛丽（Mary C. Wright）就撰文指出，中国农民和中国共产党正面临两大挑战或抉择：（1）共产党政府会不会以农民为代价推动它的社会改造计划，或者因为与农民的密切关系，被迫放弃共产主义改造计划中的一些实质性要素？（2）农民能被共产党推多远？新当政的共产主义者是否能够阻止农民将来的造反？除了接受共产主义，中国农民有没有别的选择？① 历史似乎印证了芮玛丽的疑问，在新的历史条件下，党与农民的关系变得微妙起来。

新中国成立后，按照新民主主义理论的设想，在政治解放的同时党在农村进行了全面的土地改革，广大农民实现了经济上和政治上的解放。但新民主主义社会的理念并没有得到长期坚持，改革开放以前，中国农民的历史命运按一明一暗两条主线，在历史中曲折穿行。第一条主线是改造农民。这是暗线，也就是说，很少被官方承认的政策路线。改造农民是经典马克思主义对待农民的基本思想，也是新中国成立前夕毛泽东的论断“严重的问题是教育农民”的话语实践。改造农民的理论基础是作为小资产阶级的农民具有两重性：劳动者属性和私有者属性，劳动者属性使得农民可以成为同盟军，而私有者属性则使得农民天然地朝向资本主义，“由于农民小商品经济和资本主义经济都是建立在生产资料私有制基础的上面

---

① Wright, Mary C., “The Chinese Peasant and Communism”, *Pacific Affairs*, Vol. 24, No. 3. (Sep., 1951), p. 265.

的，所以农民具有自发的资本主义倾向，这是农民落后的一面”。[①] 改造农民的办法是合作化和集体化，尤其是新的“编户齐民”制度——“组织军事化、行动战斗化、生活集体化”的人民公社制度，使农民经济、政治、文化等方面的自由缺乏，严重压制了农民的主体性，同时，它隐蔽地抽走了大量的农业剩余为工业和城市服务，城乡分离的二元结构形成并固化，农民的生活水平长期得不到提高，严重束缚了农民的积极性，阻碍了农村经济社会的发展。第二条主线是对农民革命性的倡扬。这是明线。官方和民间对农民革命性的赞扬甚嚣尘上，城市的“知识青年”也要到农村接受“贫下中农再教育”，中国农民的形象也日益单面，几乎成了革命的代名词，而广大农民真正的面貌、特征和需求，却被意识形态的崇高辞藻遮蔽了，变得模糊不清。有关中国农民在改革开放前30年遭遇的研究已经很多，事实和观点没有必要在这里重复。向来同情农民的美国人类学家詹姆斯·斯科特教授的这句论断可能未必准确，但却发人深思，值得我们记取：“无论哪种革命的成功，几乎总是造就出更为强迫性的国家政体——靠农民而养肥自己。很多时候，农民发现自身处于一个非常具有讽刺意味的位置上，他们帮助统治集团获得了权力，但统治者推行的工业化、税收制度和集体化却与他们所想要的为之抗争的目标大相径庭。”[②]

党的十一届三中全会开启了中国改革开放的历程。这场伟大变革的发动者除党和政府的高层外，最底层的农民也功不可没。安徽凤阳县小岗村的农民为生存而冒死签下协议，进行包产到户，发生在这个偏僻村庄的故事成为中国当代历史上一个划时代的事件。这种上下联动的格局，形成了推动改革开放的强大动力。农村改革的伟大成就，也成为改革开放30年浓墨重彩的一笔，也是世界农民史、乡村史上一个值得研究和总结的历程。家庭联产承包责任制的全面实行，人民公社制度的废除，乡镇企业的异军突起，村民自治的推行，统筹城乡发展、以工补农、城乡一体化战略的提出，农业税的废除等，无一不是新时期党的农村改革和农村工作的成效和亮点。中国农民则以勤劳和智慧，为国家的发展作出了重要的贡献：突破种种束缚，探索和创造了包产到户、乡镇企业、村民自治等做法，并被党和政府所接受并推广；以

① 《农业集体化重要文件汇编》（1949—1957），中共中央党校出版社1981年版，第209页。

② 詹姆斯·斯科特：《弱者的武器》，译林出版社2007年版，第34—35页。

占世界耕地7%的土地养活了世界上22%的人口；2.5亿农民工极其低廉的劳动力价格，为中国成为“世界工厂”作出了最为重要的贡献；历史发展的路径依赖仍然，通过“剪刀差”的形式，农村为城市建设和工业发展无偿贡献了上万亿的资金。不过，虽然农村发展取得了举世公认的巨大成就，但其中的过程也充满曲折，很多深层次的问题仍亟待解决，“三农”问题仍然是困扰我国社会主义现代化建设的根本问题。

这两个阶段农村和农民的情况差异之大，是各方公认的。对于改革开放前问题发生和改革开放农村发展成就的原因的分析，学术界也不遗余力地进行研究分析，不同的学者从不同的领域、以不同的视角得出了理论观点。这里笔者从马克思主义农民理论中国化的角度，通过对两个阶段有关情况的对比，对其中的原因进行简要探讨。

第一，“三农”问题的解决状况，取决于马克思主义农民理论中国化的经验是否得到继承和发扬。马克思主义农民理论中国化的经验得到继承和发扬的时期，一般也是“三农”问题解决起来相对顺利和有效的时期；马克思主义农民理论中国化的经验遭到背离的时期，往往是“三农”问题比较严重，解决起来出现困难的时期。1957—1978年之所以会出现农村经济社会发展徘徊不前的情况，一个重要原因就是忽视了马克思主义农民理论中国化的经验；改革开放以来“三农”问题的逐步解决，一个突出的原因就是对马克思主义农民理论中国化经验教训的重视（当然也包括新中国成立以来“三农”问题经验教训）。比如，1957—1978年，在农民问题上，虽然毛泽东等领导人的探索不可谓不努力，但党的理论和政策总体上还是偏离了实事求是这一基本经验和要求，或者陷入了苏联经验的束缚（如城乡关系的处理和工业化策略），或者陷入了具有乌托邦色彩的玄想（如大跃进、人民公社制度），脱离了中国农村和农民的实际。正如弗里曼等学者所指出的：“1938年至50年代初的静悄悄革命成功地建立了一个生气勃勃的、相对公正的社会，但党的教条主义者对待这段历史的态度是，好像它几乎没有出现过”，“党的领导人如此迷恋苏联道路，以致他们从未认识到进行自我革新的重要性”。[①] 改革开放以来，重新树立了实事求是的基本路线，农村经济社会发展才有了翻天覆地的变化。再

---

① 弗里曼、毕克伟、赛尔登：《中国乡村，社会主义国家》，社会科学文献出版社2002年版，第384页。

如，农民主体地位的构建，是中国革命得以成功的一个关键要素，但在人民公社体制下，农民的主体地位没有得到坚持和发展，农民不仅失去了对土地的权利，而且被牢牢束缚在土地上，甚至失去了对自身进行支配的权力，被国家权力严密地看管起来；改革开放的一条主线就是放权让利，对于农村来讲，就是放权给农民、让利给农民，其精神实质，就是重新解放农民，让农民重新获得自己的主体地位，发挥主体性。

第二，“三农”问题的解决状况，取决于对中国化马克思主义农民理论内在紧张的认识和解决程度。对中国化马克思主义农民理论内在紧张和矛盾有正确认识的时期，往往是理论得到发展的时期，也是在实践上取得较好成效的时期；相反，忽略了中国化马克思主义农民理论的内在紧张和矛盾，甚至在理论政策上进一步诱发或加剧紧张和矛盾，不仅会阻碍马克思主义农民理论中国化的进程，还会导致“三农”问题的加剧，最终影响整个国家的发展。比如，在对生产方式和革命话语的张力的认识上，毛泽东在解放前夕提出了“严重的问题是教育农民”的论断，正如前文所指出的，这一论断虽然有对新政权工业化中国家与农民、城市与农村、工人与农民关系的忧虑，但它的基调是生产方式话语，可以看作是革命话语的一个转折。应该说，这一转折是有理论依据的，但这一转折的直接依据是苏联经验，它并未真正意识到农民问题上生产方式话语与革命话语之间的深刻矛盾，反而呈现出一种让人困惑的反复和摇摆：一方面，毛泽东始终逃不脱农民所代表的生产方式这一经典马克思主义农民理论的基本问题，强调对农民的改造，毛泽东认为：“个体农民，增产有限，必须发展互助合作。对于农村的阵地，社会主义如果不去占领，资本主义就必然会去占领。”① 毛泽东认为反对对农民干涉过多的人，是“想从小农经济做文章”，认为在小农经济基础上搞，“是对农民行小惠”，与社会主义是背道而驰的。② 毛泽东不再将农民视为一个具有特殊性的阶级，而是根据苏联经验，将农民视为分化中的小资产阶级、中间阶级，它的特征是两重性，中农历来被认为农村中典型的中间阶级，导致对农民的中农化担忧。另一方面，毛泽东却又始终对农民的“落后”表现出某种偏爱，在他看来，这种“落后”是革命的源泉，是构建他心目中理想社会的基础，要

① 《毛泽东文集》第6卷，人民出版社1999年版，第299页。

② 同上书，第302、303页。

让农民继续保持这种“革命性”。再如，在对农民阶级属性和特征的认识上，毛泽东过分相信阶级分析的普遍效用，在历史条件发生变化的情况下，没有对阶级分析的内在紧张作出反思。毛泽东没有意识到，阶级分析是革命的政治学，阶级视角下的农民，对于推动革命来说是必不可少的，但阶级分析不是万能的，也不是全面的，它对和平建设的新形势未必适用——阶级分析下的所有的特征都被还原为阶级属性，农民成为了单面人，如果说革命时期由于特殊的社会环境，使得农民理论的这一矛盾没有暴露的话，那么在和平时期，随着特殊形势的消失，农民的复杂性就自然表露出来了，但遗憾的是，在阶级分析的“烛照”下，农民身上自然的、需要得到重视的复杂性却仍然被还原为阶级特征，农民的“自发性”成为可怕的洪水猛兽，受到批判和压制，经过艰辛探索构建起来的农民的主体地位和主体性在实际上被摧毁了。可见，新中国成立后相当长的一段时期内，农民理论的内在紧张不仅没有得到有效认识和解决，实际上还进一步激化了。而改革开放后党的农民理论的发展和成功在于，它采取釜底抽薪的方法，直接扬弃了农民理论诸多存在矛盾的理论观点，摒弃了狭隘的阶级分析，对农民进行了全新的认识，充分认识了农民的复杂性和多面性，对农民正当的需求、农民的自发性进行了肯定，一个主体农民、立体的农民、活生生的农民呈现在世人面前。邓小平同志曾说：“党的十一届三中全会以后决定进行农村改革，给农民自主权，给基层自主权，这样一下子就把农民的积极性调动起来了，把基层的积极性调动起来了，面貌就改变了。”① 邓小平同志对农民自主权的肯定，就是对农民主体地位和主体性的肯定。

第三，“三农”问题的解决状况，取决于中国化马克思主义农民理论能否进一步创新和发展。实践证明，必须结合变化了的历史条件，依据马克思主义基本原理和马克思主义中国化的基本经验，对农民理论进行创新和发展。理论得以发展的时期，往往也是“三农”问题解决比较好的时期；理论创新停滞不前，教条主义束缚严重的时期，往往就是“三农”问题的矛盾突出的时期。1957—1978 年，农民理论基本上处于停滞的状态，具有实质性创新意义的理论观点非常少，正如学者们的研究所指出的，即使被认为通向共产主义的桥梁的人民公社制度，虽然看起来“创

① 《邓小平文选》第三卷，人民出版社 1993 年版，第 238 页。

新”之处颇多，但其思想底色其实是毛泽东早年接触到并实践过的空想社会主义和中国古代的一些传统思想，学者认为：“毛泽东把农民小生产者所追求的平均主义和大同思想，当作人民公社的共产主义因素，这在思想上是一种倒退。”[①] 改革开放以来，虽然存在路径依赖，但党在农民理论上的创新和发展是有目共睹的，如在农民的属性、特征、农业经济的属性和形态、基层民主、城乡关系等方面，都提出了一系列新的理论观点，并在实践中取得了良好的成效。正如胡锦涛同志在纪念党的十一届三中全会召开30周年大会上的讲话所指出的那样，只有“坚持解放思想和实事求是的统一，大力发扬求真务实精神”，“自觉把思想认识从那些不合时宜的观念、做法和体制的束缚中解放出来，从对马克思主义的错误的和教条式的理解中解放出来，从主观主义和形而上学的桎梏中解放出来”，[②] 才能取得社会主义建设和发展的成就。

2. 继续推进中国化马克思主义农民理论的创新和发展

经过30年的发展，中国的农村、农业和农民发生了巨大的变化。作为改革发源地的农村，在党和政府的领导下，坚持改革开放、锐意创新，取得了一系列令世人瞩目的伟大成就，昔日的乡土社会正向现代化迈进，党的十七届三中全会通过的《中共中央关于推进农村改革发展若干重大问题的决定》对改革开放30年来我国农村的发展作了恰如其分的评价：“农村改革发展的伟大实践，极大调动了亿万农民积极性，极大解放和发展了农村社会生产力，极大改善了广大农民物质文化生活。更为重要的是，农村改革发展的伟大实践，为建立和完善我国社会主义初级阶段基本经济制度和社会主义市场经济体制进行了创造性探索，为实现人民生活从温饱不足到总体小康的历史性跨越、推进社会主义现代化作出了巨大贡献，为战胜各种困难和风险、保持社会大局稳定奠定了坚实基础，为成功开辟中国特色社会主义道路、形成中国特色社会主义理论体系积累了宝贵经验。”[③] 中国政治、经济、文化和社会方面的深刻变革，如全球化时代

---

① 武力、郑有贵主编：《解决“三农”问题之路——中国共产党“三农”思想政策史》，中国经济出版社2004年版，第450页。

② 胡锦涛：《在纪念党的十一届三中全会召开30周年大会上的讲话》，新华网，http：//news. xinhuanet. com。

③ 《中共中央关于推进农村改革发展若干重大问题的决定》，中国共产党新闻网，http：//cpc. people. com. cn/GB/64093/64094/8194418. html。

的到来、社会主义市场经济制度的确立、市场经济对农民的深刻影响、国家与农民关系的深刻变革、城乡关系的发展演变，国家工业化的进展和工业化战略的演变，农村社会形态和社会结构的深刻变革、农民自身思想和行为的变化、乡村传统的复归及各种学术思想的全面交锋和学术环境的日益宽松等，形成了中国化马克思主义农民理论发展的新的历史条件，也给“三农”问题的解决带来了前后紧逼、内外夹攻的严峻态势。如何在已经取得的成果的基础上，有效应对新的形势和条件，不断推动农村的改革和发展，深化社会主义新农村建设，仍然是摆在我们面前的一道现实的难题。

总的来说，当前我国的“三农”问题所面临的条件与革命时期、集体化时期有了根本的区别，与改革开放初期的历史条件也有很大的不同。新的历史条件，一方面要求中国化马克思主义农民理论继续创新和发展，因为只有加强理论创新，才能迎接历史带来的深刻挑战；另一方面也为中国化马克思主义农民理论的创新和发展提供了新的可能，开辟了新的道路，因为，新的历史条件，可以让我们在新的社会实践和话语争鸣中，全面总结和深刻反思“三农”问题的经验教训，汲取源头活水，在返本中达到开新，在创新中实现发展。由于主题和篇幅所限，本书不可能对新时期、新条件下中国化马克思主义农民理论的发展进行全面的分析阐述，这里仅就如何进一步推动中国化马克思主义农民理论简要地提出看法。

——科学发展观是新时期推动中国化马克思主义农民理论不断发展的指导思想。“三农”问题是中国特色社会主义建设的一个根本问题，中国化农民理论是中国特色社会主义理论体系的重要内容，“三农”问题的解决和农民理论的发展，需要马克思主义的指导。因应新时期中国的发展，以时任总书记胡锦涛的党中央提出了科学发展观。科学发展观第一要义是发展，核心是以人为本，基本要求是全面协调可持续，根本方法是统筹兼顾。党的十七大报告指出：“科学发展观是马克思主义关于发展的世界观和方法论的集中体现，是同马克思列宁主义、毛泽东思想、邓小平理论和‘三个代表’重要思想既一脉相承又与时俱进的科学理论”，“是立足社会主义初级阶段基本国情，总结我国发展实践，借鉴国外发展经验，适应新的发展要求提出来的”，新条件下“三农”问题的解决和农民理论的发展，要在科学发展观的统领下进行。

——农民的主体地位仍然是中国化马克思主义农民理论的基本主题。

主体地位对中国化马克思主义农民理论的发展来讲，具有征兆的特性和作用。从历史来看，农民的主体地位是以毛泽东为首的中国共产党人对中国革命理论艰辛探索取得的最重要成果，它既是马克思主义得以发展、中国化马克思主义得以形成的标志，也是中国化马克思主义在实践上取得成功的关键。不过，人们也许会问，通过民主革命，农民的主体地位已经通过革命话语得到了构建，在实践中也得到了贯彻，这个问题不是已经解决了吗？在改革的话语体系中，农民作为社会主义建设力量，也已经写入了各种讲话和文件，为什么主体地位仍然是农民理论的主题呢？笔者认为，这个问题实际上并未得到全面的解决。一方面，这是因为农民的主体地位出现的波折。如前所述，新民主主义革命时期，农民的主体地位问题确实已经得到了比较好的解决，但新中国成立后，这个问题出现了反复，农民的主体地位出现了相当程度的危机。改革开放以来，这一情况得到了根本性的改观，农民的主体地位在实践层面逐步重新树立，但在理论层面，仍然缺乏一个适合新时期需要的、能够为农民主体地位提供正当性论证的马克思主义话语体系。另一方面，这也是我国农村发展的基本矛盾所决定的。改革开放以来，制约中国农村发展的基本矛盾仍然是农民对现代性的迫切追求与阻碍农民获得现代性的因素之间的矛盾，农民的主体地位就是这种矛盾的基本表现。秦晖指出，中国的农民问题有两个方面：一是人数要减少，二是农民的权利要提高。① 这两个问题都直接关涉农民的主体地位问题。农民的人数减少，就意味着要对农民进行身份、思想、职业等方面的改造和变革，这就涉及被动变革还是主动变革的问题，不管是人民公社制度在思想上改造农民和束缚农民的身份变革，还是改革开放后一些地方的“逼民致富”，对农民来说都是被动的，农民处于被改造的客体地位、他者地位；而主动变革则要求农民进行自我变革。农民的权利要提高，就是农民主体地位的进一步获得和增强。因此，农民主体地位在理论上重新确证和实践上的贯彻实施，也就成为新条件下农民理论发展的主题所在。

——进一步解放农民，发展农民，推动传统农民逐步转变为现代公民，仍然是中国化马克思主义农民理论的主线。把农民从“三座大山”下解放出来，是党领导的革命的一个重要目标。这个目标虽然实现了，但解放农民的任务却还没有彻底完成，因为，解放农民的最终目标，是让农

① 秦晖：《农民中国：历史反思与现实选择》，河南人民出版社 2003 年版，第 10 页。

民获得自由，实现自主自立，获得主体性，并实现自身的和平转型——从传统农民转变为现代公民。秦晖指出，在人民公社制度下，“精英们以‘一大二公’为最高价值追求，大众则愈加巩固了‘共同体心态’，而人的现代化、人的个体化与社会化及理性和自由个性的发展，以及作为这一切之基础的全面的交换关系，在社会的价值目标体系中失去了地位”，[①]广大农民不仅被经济（土地）所束缚，也被束缚于“超经济强制”之中。改革开放以后，对农民的束缚逐步松绑，农民的自由度逐步增大，但解放农民，重塑农民的主体性，实现农民和平转型的任务还远未完成。因此，无论是思想意识、指导理论还是国家政策层面，都还需要进一步解除对农民的束缚，进一步解放农民；从农民自身来讲，也需要进行进一步自我解放，促进自我转型。中国化马克思主义农民理论的进一步发展，就是要为农民的进一步解放和转型，为其主体地位和主体性的发展和巩固提供理论指导和支持，提供正当性解释。

——自上而下和自下而上相结合，是推动中国化马克思主义农民理论发展完善的重要视角。自上而下，就是从精英的视角、从历史发展规律的视阈，来看待农民问题，发展有关农民的话语体系。自下而上，则是从农民的视角，从底层社会演变发展的视阈，来看待农民问题，发展有关农民的话语体系。马克思认为，“统治阶级的思想在每一个时代都是占统治地位的思想”[②]，一般而言，统治者必然要将这些思想向被统治者灌输，削弱被统治者的思想创造能力，以达到巩固统治地位的目的，因此，即使被统治者说话，说出来的也是统治者的话语。葛兰西对马克思的这一论断进行了深化和发展，提出了领导权理论，强调从属阶级的认同对统治的巨大作用。对农民而言，马克思认为他们比一般的从属阶级的表达能力还要低下，他们只能靠别人来表达和代表，因此，农民一般不具备历史主体的地位。这个论断是一种自上而下的精英主义，其正确性被历史无情地予以证实。但也应当看到：第一，农民没有足够的表达能力，并不意味着他们没有自己的文化、意识、诉求和创造，也并不意味着他们的文化、意识、诉求和创造仅仅是统治阶级思想的翻版；第二，农民处于演变发展之中，农

---

① 秦晖、苏文：《田园诗与狂想曲——关中模式与前近代社会的再认识》，中央编译出版社1996年版，第241页。

② 《马克思恩格斯选集》第1卷，人民出版社1995年版，第98页。

民过去缺乏表达自己的能力，并不代表今天同样缺乏。毛泽东的一大贡献，就是通过调查研究，发现中国底层的农民能够说话，能够表达自己，能够通过自我觉悟成为历史的主体并成为革命的主力军，这是对马克思主义农民观的一大贡献。邓小平也认为农民具有自己话语权和不可忽视的独特创造能力，他对家庭联产承包责任制的评价是："农村搞家庭联产承包，这个发明权是农民的。农村改革中的好多东西，都是基层创造出来，我们把它拿来加工提高作为全国的指导。"① 这些观点也为现代学者所证实，比如，詹姆斯·斯科特在对东南亚农民的研究中发现，作为一个有着自身文化传统、反抗模式和庇护制度的阶级，贫穷的农民可能质疑主流的意识形态而拒绝与统治阶级合作，穷人在相对安全的情况下"便展现他们令人深刻的能力"，他们"有能力对资本积累、无产阶级化、边缘化的更宏大的现实加以理解"。② 因此，在新的历史条件下，虽然我们仍然要承认精英分子尤其是知识分子在话语生产上的优势，但我们却不能因此而否认农民的文化、意识、诉求和创造的正当性，否认农民具有的自我表达和自我代表的能力。不过，遗憾的是，在国内，除极少数农民问题研究者，在马克思主义研究者中，不少人仍然高高在上，用鄙夷的眼光俯视农民，给予的顶多是几句虚情假意的赞扬，而从农民的视角研究农民和农民的历史，发展马克思主义农民理论的学者少之又少。这种精英话语与其说是在创造有关农民的理论，不如说是在"想象"农民。可以想见，这样的话语生产方式，是无法产生真正的科学理论的。秦晖曾不无调侃地写道："五六十年代我国颂扬农民的调子越唱越高，从'同盟者'到'主力军'，从'民主革命的动力'到'蕴藏巨大的社会主义积极性'，从'亚洲的农民比欧洲的工人更先进'到'贫下中农上管改'。然而在这同时对农民的政策越来越咄咄逼人，农民的手脚越捆越死，农民的日子越过越穷。倒是改革以后，'主力军'的调子不唱了，'上管改'的荣耀没有了，农民的处境反而大大改善。当我们大吹'贫下中农觉悟高'的时候，农民们暮气沉沉，'出工像条虫，收工像条龙，下田一窝蜂，干活磨洋工'。而当'农民革命颂'曲终人散、'农民平均主义'大受斥责之时，农民却作为改革的先锋而突然成为中国最有活力的阶层，并与国企职工在改革中的被动局面形成了

---

① 《邓小平文选》第 3 卷，人民出版社 1993 年版，第 382 页。

② 参阅詹姆斯·斯科特《弱者的武器》，译林出版社 2007 年版，第 368—390 页。

鲜明对比。”[①] 推进中国化马克思主义农民理论的发展，需要的是一种农民观的根本变革，一方面要有自上而下的精英视角（这是话语生产中不得不具有的），但另一方面更要有自下而上的农民的视角，实现两者的结合，才能同情地理解农民，也才能更好地认识农民、理解农民。

——话语斗争、话语实践是推动中国化马克思主义农民理论不断发展的动力。矛盾是事物发展的重要动力，对思想和话语的发展来说更是如此。马克思主义虽然是农民理论的一个重要流派，但中国化马克思主义农民理论是一个开放的体系，它不仅不惧怕参与不同理论体系之间的对话和斗争，还会借鉴学习其他理论体系中的智慧成果，用来丰富和发展自身。实践是理论的源头活水，它不仅是检验理论是否正确的途径，也是发展理论的途径，通过实践，中国化马克思主义农民理论才能得到检验和发展。就当下我国的“三农”问题和农民理论状况而言，必须通过理论创新，解决中国化马克思主义农民理论的基本问题，如对农民的具体分析方法，农民的属性和地位，农民与社会主义的关系，农民与社会主义国家、与共产主义政党的关系，农业组织形态，农村发展道路，农民解放与消亡的路径等。比如，虽然历史唯物主义是指导农民问题研究的根本方法，但仍然需要分析农民问题的具体方法，在新的历史条件下，既有的阶级分析方法的局限性已经非常明显，必须重新发展，因此，要在历史唯物主义及其最新的理论成果——科学发展观的指导下，发展出一套具体的分析方法。此外，在话语斗争中，应注意近代以来有关学者对农民问题提出的观点和国外最新的研究成果，比如，以梁漱溟、晏阳初为代表的乡村建设派对中国农村、中国农民提出了很多精辟的理论观点，他们的观点虽然不太适用于革命时期的农民问题，但这并不代表对和平时期的农村建设没有重要的参考价值。

——有效利用历史的经验教训，是推动马克思主义农民理论中国化不断发展的重要前提。前文分析了马克思主义农民理论中国化过程中的经验教训，这是一笔宝贵财富，也是进一步推动农民理论发展的基础，必须加以有效利用。

需要指出的是，虽然话语的权力往往掌握在知识分子手中，话语与政治息息相关，尤其是在面对农民这样的人数众多、潜力巨大但现实力量却

① 秦晖：《农民问题：什么“农民”？什么“问题”?》，载秦晖《问题与主义》，长春出版社1999年版，第20页。

非常弱小的群体的时候，政治权力对理论的作用就愈发明显。但是，在话语权力之外，知识人还承担着倡扬公平正义的责任，中国传统知识分子是以道自任、具有一定独立性的群体，恰如孔子所言的“士志于道”。因此，知识分子应当担当起“弘道”的责任，具体来说，就是在历史唯物主义尤其是科学发展观的指导下，在已经取得的理论成绩的基础上，发展出一套适应解决“三农”问题需要、能够同情地理解农民、为中国和中国农民、农村提供发展指向的理论体系。

第二节　从农民理论中国化审视马克思主义中国化

农民理论是新民主主义理论的核心内容之一，马克思主义农民理论中国化可以有效地审视马克思主义中国化。本节将以马克思主义农民理论中国化为例，对马克思主义中国化的解释模式进行讨论，展望新形势下中国化马克思主义的发展。

一　马克思主义中国化现有的解释模式

自马克思主义中国化这一概念提出以来，如何解释这一概念，就成为官方和学术界的一个重要论题。从笔者所见资料看，主要有以下几种解释模式。

1. 结合论

结合论是马克思主义中国化最为经典的表述。结合论认为，马克思主义中国化就是马克思主义的普遍原理与中国实际相结合，用马克思主义的普遍真理指导中国的革命和建设，其成果是毛泽东思想、邓小平理论、“三个代表”重要思想及科学发展观。党的领导人和党的文件对结合论论述很多。毛泽东认为：“所谓马列主义中国化，就是马克思主义普遍真理跟中国革命具体实践的统一，一个普遍一个具体，两个东西的统一就叫中国化，各国有些枝叶的不同，必须有些枝叶的不同，根本一样。比如拿树来作比喻，一棵树同一棵树，它的根本一样，枝叶总是不同的。”① 彭真

① 毛泽东在八届九中全会上的讲话，1961 年 1 月 18 日。转引自鲁振祥《“马克思主义中国化”解读史中若干问题考察》，《中国特色社会主义研究》2006 年第 1 期。

提出："马克思主义中国化的意义，就是把马克思主义的原则和方法应用于中国的具体问题上，就是要根据当时的具体情况，灵活地运用马克思主义的原则和方法来解决具体问题。"[①] 邓小平在党的十二大提出了"把马克思主义的普遍真理同我国的具体实际结合起来，走自己的路，建设有中国特色的社会主义"的指导思想。1992 年党的十四大报告指出，建设有中国特色社会主义理论"是马克思列宁主义基本原理与当代中国实际和时代特征相结合的产物，是毛泽东思想的继承和发展"，它"用新的思想、观点，继承和发展了马克思主义"。[②]

结合论是大陆学术界普遍接受和遵从的理论观点。由于官方对结合论的解释基本上是结论性的，缺乏具体的梳理和学术论证，大陆学者主要做的工作就是对结合论进行论证，但学者们在坚持结合论基本内核的同时，也对结合什么、如何结合等问题进行探索和拓展，丰富了结合论的内涵，拓展了结合论的解释力。

在结合什么这个问题上，主要有以下几种观点：一是认为马克思主义中国化是马克思主义基本原理与中国革命和建设实际相结合。这是毛泽东等党的领导人提出和坚持的观点，也是大陆学者们坚持的基本观点，本书将此称为"经典结合论"。如杨奎松就认为马克思主义中国化就是使马克思主义适合中国国情，与中国革命的具体实践相结合。[③] 澳大利亚学者尼克·奈特教授对毛泽东主张的结合论进行了细致的分析，他认为："对毛泽东而言，中国化的马克思主义代表了马克思主义普遍规律与描述中国特殊历史条件下的特殊国情的特殊'规律'的结合。"[④] 尼克·奈特教授还详细绘制了毛泽东的马克思主义中国化的示意图（见图 5.1）。二是认为马克思主义中国化是马克思主义与中国实际和时代特征相结合。既强调马克思主义中国化的地域特征，又强调马克思主义中国化的时代特征，可以称为"双结合论"。党的十三大报告对马克思主义中国化的时代特征问题有所涉及，但在党的十四大报告中才明确提出，现在已得到广泛认同。陈金龙教授在其论著中对马克思主义中国化过程中与时代特征结合的问题作

---

① 山西省委党史研究室编：《彭真大事年表》，中共党史出版社 1992 年版，第 10 页。

② 《江泽民文选》第 1 卷，人民出版社 2006 年版，第 219—220、218 页。

③ 杨奎松：《马克思主义中国化的历史进程》，河南人民出版社 1994 年版，第 1 页。

④ Nick Knight, "The Form of Mao Zedong's 'Sinificant of Marxism'", *The Australian Journal of Chinese Affairs*, No. 9 (Jan., 1983), p. 29.

了全面深刻的阐发。[①] 三是认为马克思主义中国化是马克思主义与中国文化相结合。这种观点强调马克思主义中国化中的传统文化要素，尤其是在研究毛泽东的哲学思想中，不少学者都强调中国传统哲学思想，如实事求是、知行合一等传统思想在马克思主义中国化中的地位和作用。[②] 不过，也有学者将传统文化在马克思主义中国化中的作用称为“马列主义儒家化”。相当部分的海外学者主张毛泽东的马克思主义包含更多的是中国的精神遗产，甚至认为是中国传统与马克思主义的“混合”，如墨子刻认为，毛泽东依靠的是“本国道德理想的遗产”才取得了成功，但也正因为如此，他“未能找到一条普遍有效的发展道路”；[③] 列文森认为，中国共产党人表面上反传统，“实际上是为了掩盖他们与传统重新建立联系的要求”，传统“是中国共产主义的强大的思想资源”[④]；窦宗仪认为，毛泽东的矛盾学说“显然是儒学式的，尤其是带着新儒学《太极图说》的姿态”。[⑤] 有的国内学者对此也持赞成的态度，如金观涛在对《实践论》的解读中，发现“《实践论》实质上是儒家传统知行观的一种新翻版，正是由于这一点才完成了马列主义儒家化的必要环节”。[⑥] 四是强调马克思主义中国化过程中马克思主义与农民意识的结合，或者说农民意识向马克思主义的渗透。如冯崇义认为，中共在理论上突出农民的结果，导致农民意识对其革命理论有较大的渗透，他认为，“绝大多数成员来自农民、长期生活和战斗在农民中间的中国共产党在理论上突出农民的结果，是农民意识对中国共产党的革命理论较大的渗透”。[⑦] 高华认为，中共成立之初，原本就缺少理论的准备，党内一直存在着轻视理论的根深蒂固的传统，1927 年后，中共长期战斗在落后的农村边远地区，其阶级构成发生重大变化，农民党员的比重在党内占了压倒优势，早已养成农村军事性格，“马克思主义的中国化”的提出，为中国传统因素大规模浸润中共正式打

---

① 参阅陈金龙《时代特征与马克思主义中国化》，《马克思主义研究》2008 年第 9 期。

② 参阅汪澍白《传统下的毛泽东》，中国青年出版社 1996 年版，第 93—115 页。

③ 墨子刻：《摆脱困境——新儒学与中国政治文化的演进》，江苏人民出版社 1996 年版，第 218 页。

④ 列文森：《儒教中国及其现代命运》，中国社会科学出版社 2000 年版，第 121 页。

⑤ 窦宗仪：《毛泽东与马克思主义》，《国外社会科学情报》1982 年第 11、12 期。

⑥ 金观涛：《〈实践论〉与马列主义儒家化》，香港中文大学《二十一世纪》（网络版），2003 年 12 月号。

⑦ 冯崇义：《走出轮回：农民意识与百年中国》，吉林文史出版社 1997 年版，第 185 页。

开了大门，使原来就深受农民造反传统影响的中共，更加显现出农民化的色彩。①

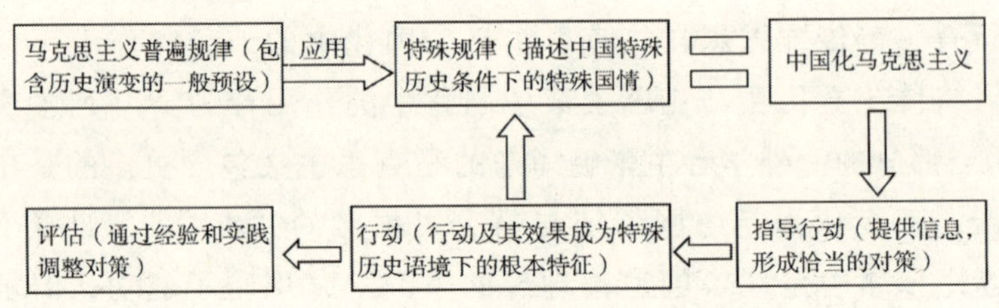

图 5.1 毛泽东的马克思主义中国化②

在如何结合这个问题上，主要有两种观点。一种观点强调以毛泽东为代表的中国共产党人的实践和理论创造。国内学者几乎都强调毛泽东的调查研究和实事求是、勇于创新的精神在马克思主义中国化中的决定性作用。另一种观点是采用解释学的方法来理解马克思主义与中国国情的结合路径。一些学者从解释学角度提出了“视阈融合”，强调马克思主义中国化过程中中国的历史情境、场域、条件等“成见”对马克思主义中国化的影响。如林默彪认为：“‘中国化’就是这样一个历史进程，马克思主义被纳入‘中国化’的诠释语境中，是中国的先进分子在自己的文化传统、社会实践等构成的中国实际这样一个‘成见’‘界域’‘基体’上来理解、选择、运用马克思主义，对马克思主义进行文化的诠释和实践的诠释。”③皮家胜认为：“马克思主义哲学中国化就是关涉我们对马克思主义哲学的理解、解释和应用的问题。”并就马克思主义哲学中国化提出了自己的界定：“我们只能将马克思主义哲学中国化理解为马克思主义哲学与对它作出理解的理解者的视野之间的具有开放性特征的‘视野融合’，视为理解者与马克思主义哲学之间展开的一个对话过程，一个马克思主义哲学的意义不断

① 高华：《红太阳是怎样升起的——延安整风运动的来龙去脉》，香港中文大学出版社2000年版，第182页。

② Knight, Nick, “The Form of Mao Zedong’s ‘Sinificant of Marxism’”, *The Australian Journal of Chinese Affairs*, No. 9 (Jan., 1983), p. 31.

③ 林默彪：《马克思主义中国化释义——一种解释学的视界》，《东南学术》2003年第1期。

生成的过程。”①

2. 发展论

发展论认为，马克思主义中国化不仅是马克思主义在中国的运用，也是马克思主义在中国的发展。较早提出这一观点的是张闻天，他认为马克思主义中国化不仅“运用马列主义于具体环境中，同时也就是发展马列主义”②。毛泽东也有类似的观点，如他在1941年所作的《反对主观主义和宗派主义》的讲话中提出：“我们反对主观主义，是为着提高理论，不是降低马克思主义。我们要使中国革命丰富的实际马克思主义化。”③1942年3月30日，毛泽东在中央学习组的讲话中指出，“要把马、恩、列、斯的方法用到中国来，在中国创造出一些新的东西”；“把理论用到实际上去，用马克思主义的立场、方法来解决中国问题，创造些新的东西，这样就用得了”。④ 近年来，党的文件也越来越突出发展论，强调马克思主义及中国特色社会主义理论是开放的理论体系，需要不断发展，也能够不断发展。如党的十七大报告突出强调“实践永无止境，创新永无止境”，认为科学发展观“是同马克思列宁主义、毛泽东思想、邓小平理论和‘三个代表’重要思想既一脉相承又与时俱进的科学理论”。学术界也认同发展论，但不同的学者对发展的内容有不同的侧重，有的学者强调马克思主义中国化是以中华民族的优秀思想来丰富和发展马克思主义，有的学者强调中国共产党革命与建设的经验成果来发展马克思主义，有的学者两者都强调。⑤

3. 综合论

这种观点将马克思主义中国化视为一个综合的过程，融合了结合与发展、过程与结果等多个维度。综合论主要有两种：一是结合论和发展论的综合。如有的学者从具体化和时代化两个方面来界定马克思主义的内涵，具体化强调的是对马克思主义的运用，时代化则指对马

① 皮家胜：《解释学：马克思主义哲学中国化研究的新维度》，《哲学研究》2005年第11期。

② 张闻天：《党的工作一个基本问题——了解具体情况》，《共产党人》1940年第四期。

③ 《毛泽东文集》第2卷，人民出版社1993年版，第374页。

④ 《毛泽东文集》第2卷，人民出版社1993年版，第408页。

⑤ 参阅郭国祥、丁俊萍《从“马克思主义中国化”到“中国化的马克思主义”》，《武汉大学学报》（人文社会科学版）2006年第4期。

克思主义的发展。[①]二是全面的综合。比较有代表性的是郭德宏、常绍舜等学者的观点。常绍舜认为，马克思主义中国化有四重含义：（1）马克思主义作为一般原理的中国化；（2）马克思主义理论形式的民族化；（3）马克思主义经典形式的现代化；（4）马克思主义理论形式的实践化。[②] 郭德宏教授的概括更为综合，他认为：（1）马克思主义中国化的基本含义是马克思主义必须和中国的实际相结合，即将马克思主义具体化，使其适合中国的情况，用以指导中国的革命；（2）马克思主义中国化是一个永远不会完结的过程，它不会一劳永逸，一次完结，而要不断地和中国实际相结合，是一个与时俱进不断发展的过程；（3）马克思主义中国化的过程也是把中国经验马克思主义化，不断地进行新的理论创造，推进马克思主义在中国的丰富和发展，使马克思义新鲜化的过程；（4）马克思主义中国化既是对马克思主义在落后国家的特殊性运用，也是对马克思主义的丰富和发展；（5）马克思主义中国化的实质，就是要破除教条主义，按照中国的实际，创造性地运用马克思主义，并用中国的经验丰富和发展马克思主义，形成中国化的马克思主义体系。[③]

4. 异端论

异端论的基本观点是，由于中共的核心思想是经典马克思主义所没有的，因此，所谓的中国化马克思主义实际上已偏离了正统马克思主义，带有“异端”性质。异端论又可以分为三种情况。一是直接的异端论。这种观点着眼于中共的农民革命理论，认为经典马克思主义中并没有农民革命这一学说，以毛泽东为代表的中共领导人所发展出的农民革命理论与经典马克思主义并不相容，是马克思主义的“异端”。本书绪论从农民理论与马克思主义的关系的角度，对异端论进行了简要的描述，这里不再赘述。这一观点虽然对于认识中共农民理论的特征有所助益，但并不正确。美国学者宣道华的这个观点是客观的，也是对这种异端论的批判：“农民尽管是重要的革命力量，但是必须遵从不是工人的，就是资产阶级的领导，而不能起自主的政治作用；这是马克思主义的最基本的政治原理之

① 参阅薛俊超《论马克思主义中国化的科学内涵》，《山东社会科学》2006 年第5 期。

② 常绍舜：《马克思主义中国化的四重含义》，《中国青年报》2006 年 7 月 16 日。

③ 郭德宏：《近十年马克思主义中国化与中国化的马克思主义研究述评》，《党史研究与教学》2004 年第 4 期。

一，追溯到了马克思本人。在以后的半个世纪之中，毛泽东的理论贡献并不在于以与这原理相对立的理论来代替它，而是在于把工人阶级领导的原则，同他相信中国革命的命运最终有赖于农村发生的事情，这二者编织在一起。”① 二是隐晦的异端论，也可以称为置换论。这种观点认为，马克思主义中国化本质上是中国中心论，它以中国的传统和现实置换了马克思主义的普遍真理，从而偏离了马克思主义。苏联的一些学者认为毛泽东思想牺牲了马克思主义的普遍原理。金观涛所称的马列主义儒家化也暗含有以儒家思想取代马克思主义核心理念的看法。三是极端的异端论。这种观点认为，中共的农民革命理论使得中共所奉行的思想路线发生了质变，已经不是马克思主义的政党。比如，曾参与中国社会史论战的反共学者郑学稼在其著作《中共兴亡史》中认为，1927 年“八七会议”之后，中共所奉行的与农民结合的马克思主义中国化使其蜕变为一个农民党，作为无产阶级政党的中共已经“名存实亡”。② 这种极端的异端论是对马克思主义和中共党史、中国近现代史的恶意曲解，意识形态的荒谬跃然纸上，学术价值也很有限，连一些对共产主义持负面看法的台湾学者也不认同这一观点，如陈永发在其著作中就开宗明义地指出：“中共不等于农民党。”③

5. 斗争论

斗争论有权力斗争论和话语斗争论两种形态。权力斗争论认为，马克思主义中国化是毛泽东与由留苏归国学生组成的国际派争夺权力和巩固自身领导地位的一种手段。部分研究毛泽东的西方学者持这种观点，国内也有个别学者认同和采用此说。权力斗争论虽然对了解党内派系情况和毛泽东等领导人的地位沉浮有所帮助，但如果以它来解释马克思主义中国化，其偏狭也是显而易见的。雷蒙德·怀利在《毛主义的兴起》中对权力斗争论进行了批判，他认为，把马克思主义中国化的概念仅仅视为毛泽东在党内争夺权力的工具是不公平的，实际上，提出马克思主义中国化这一概念，代表了中国共产党第一次认真地尝试以一种大众化的方式去向中国广

---

① 费正清主编：《剑桥中华民国史》（下），中国社会科学出版社 1994 年版，第 931 页。

② 参阅王纪霏《〈中共史论〉与〈中共兴亡史〉二书比较》，载张玉法主编《中国现代史论集》（第十辑），台北联经出版事业公司 1982 年版，第 3—10 页。郑学稼曾受马克思主义的影响，对马克思主义有一定研究，参与了中国社会史论战，著有《地租论》（黎明书局 1932 年版），专门解释《资本论》第三卷中的地租理论，在自序中称自己“愉快地充当德国人，说德国话”，但后来转向反对马克思主义。

③ 陈永发：《中国共产革命七十年》（上册），台北联经出版事业公司 2001 年版，第 26 页。

大民众介绍一种复杂的外来的意识形态，希望中国人民认同这种新的学说，而马克思主义中国化这一概念也简洁地概括了中国共产党将理论和实践统一起来的探索。[①] 应当说，雷蒙德·怀利的批判是有力的，也是正确的。话语斗争论认为，马克思主义中国化是延安时期以毛泽东为代表的正确的一方与本本主义、教条主义及自由主义、法西斯主义等进行的话语斗争的过程，其结果是创立了中国化的马克思主义——毛泽东思想。荣敬本在研究延安的民主模式的著作中，就以这种观点为基调。[②]

当然，话语斗争和权力斗争在党内都是客观存在，它们之间的关系也非常复杂，话语生产权力，权力也在生产话语。话语斗争往往是权力斗争重要和高级的形式，对马克思主义中国化的进程而言，也不例外。

二 从农民理论审视马克思主义中国化的解释模式

从现有的各种对马克思主义中国化的解释中，可以看出：

第一，不同的观点角度有所不同，虽然国内的学者基本上认同结合论，但还是存在不同的学术见解，对于学术研究来说，这是正常的。

第二，存在三个基点：马克思主义与中国的关系、经典马克思主义与毛泽东思想（及邓小平理论等）的关系、马克思主义话语与领导人个人权力地位的关系。注重马克思主义与中国关系的，往往主张结合论或发展论；注重经典马克思主义与毛泽东思想（及邓小平理论等）关系的，理论观点就多样一些，有发展论、异端论等；注重马克思主义话语与领导人个人权力地位关系的，往往有斗争论的取向。

第三，有些观点是一致的，比如，结合论是发展论、综合论的基础。有些看似不一致的观点也有相通之处，比如，主张结合论的，实际上并不排斥斗争论尤其是话语斗争，因为话语斗争是实现马克思主义与中国实际结合的一个重要手段，也是生产中国化马克思主义话语的重要机制；又如，异端论看似和结合论相矛盾，但也有一些相通的地方，如以解释学来理解马克思主义中国化，往往强调中国传统文化在马克思主义中国化过程中的作用，但如果过头了，则就会走向隐蔽的异端论或置

① Wylie, Ramond F., The Emergence of Maoism: Mao Tse - tung, Ch' en Po - ta and the Searche for Chinese Theory, *Stanford*: *Stan*ford University Press, 1980, p. 51.

② 参阅荣敬本《论延安的民主模式：话语模式与体制的比较研究》，西北大学出版社 2004 年版。

换论。

第四，在笔者看来，结合论还是最有解释力的模式，从根本上说也是正确的，以结合论为基础的发展论、综合论则显得更为全面一些，不过，从学术的角度看，也不能就此认为经典结合论已经非常完善，也不能就此认为其他理论观点没有学术价值，实际上，它们从自己的角度提出了马克思主义中国化的问题，也给出了不可忽视的解释模式。即使是异端论（极端的异端论不在此列），抛开意识形态的藩篱，其实它的学术价值不逊于其他理论观点，尤其是在对党的农民理论创新的分析上。实际上，很多时候恰恰是异端论指出了马克思主义中国化中最具创造性和最为成功的地方。龚育之教授曾撰文指出："马克思主义中国化，要创造出来一些习惯上不认为是马克思、列宁的东西，在持马克思主义传统观点的人看来，有点'左道旁门'，有点'另类'，有点'异端'。而真正的创新，恰恰就是从这里创造出来的。""论述马克思主义中国化，也应该是全面的，但最重要的，是要论述那些曾经被视为'异端'的重大的创造性发展。"① 这个论断，可以看作是对异端论学术价值的一个肯定。

农民理论作为中国化马克思主义的核心理论，是所有解释模式关注的焦点，一种解释模式是否有效，农民理论不仅是一个绕不开的结，而且还具有试金石的效用。异端论的直接依据就是经典马克思主义与农民问题的关系，结合论及以结合论为基础的发展论、综合论也以解释农民问题与马克思主义中国化的关系为重要的基点。相比较而言，主流的结合论（即马克思主义普遍原理与中国实际相结合）对马克思主义中国化的解释力和科学性较高，这也是它能够成为主流意识形态的重要基础。不过，总的来看，党的农民理论仍然对现有的解释模式有一些挑战，仍然需要思考和处理以下三对关系。

第一，正统与独创的关系。毛泽东思想是否具有马克思主义的正统性的问题，是一个国内外学者争论已久的老问题。在异端论看来，农民理论是毛泽东思想相对于马克思主义的独创性异端，换言之，毛泽东的农民理论实际上已经偏离了经典马克思主义，其正统性已经削弱。在结合论看来，农民理论仍然是马克思主义的，其不同的地方就是以毛泽东为代表的中国共产党人对马克思主义的贡献和发展，党的农民理论并没有偏离马克

① 龚育之：《马克思主义中国化与"异端"问题》，《中共党史研究》2007年第3期。

思主义。不过，相当多的学者实际上也都承认毛泽东的农民理论与经典马克思主义的不同之处，本书的分析也再一次证明了这一点。那么，如何来解释毛泽东思想与马克思主义之间正统与独创的关系问题，能否提出一个更有包容性的解释模式呢？

第二，继承与断裂的关系。这是一个和正统、异端相联系的问题，但更进了一步。主流的结合论强调继承而否认断裂，认为毛泽东思想等与马克思主义主要是一个继承的问题，发展则是建立在继承基础上的，是更好的继承，中国化马克思主义与经典马克思主义之间不存在所谓断裂的问题。而异端论强调中国化马克思主义与经典马克思主义之间的理论断裂已经到了“异端”的地步。仅仅强调中国化马克思主义与经典马克思主义之间的继承无疑是不够的，从本书分析可以看出，在农民理论上，中国化马克思主义与经典马克思主义确实存在重大的断裂，断裂点就在于农民历史主体、革命主体地位的认知。虽然我们认为马克思主义是开放的理论体系，但也要认识到，理论体系往往都是自洽的（否则就不叫“体系”了），如果不承认这种断裂，实际上很难解释有效解释中国化马克思主义是对经典马克思主义的一种发展这一命题（当然，断裂也并不意味着一定是发展）。当然，强调断裂并不必然意味着肯定异端，也不意味着否定继承。如何在解释模式中，恰如其分地表明继承与断裂并存的关系及并存与断裂之间的相互关系，是十分重要的，也是当前的解释模式需要改进的地方。

第三，普适与特殊的关系。马克思主义无疑是一个具有普适性的理论体系，而中国化马克思主义是否具有普适性，从不同的角度则有不同的看法。从结合论的视角看，中国化马克思主义所遵循的马克思主义普遍原理是普适的，但中国化马克思主义所进行的创新则是针对中国特殊实际的，是否具有普适性则存在疑问。就农民革命理论来说，如本书所分析的，这是经典马克思主义的薄弱环节，有的理论观点还与经典马克思主义有重大的差异，这些理论观点仅仅是马克思主义基本原理在中国的特殊应用或修正，还是弥补了经典马克思主义的不足而具有普适性，主流的结合论在这个问题上往往采取模棱两可的态度。换言之，农民理论给主流的结合论提出了一定的挑战。

总的来说，现有的有关中国化马克思主义各种解释模式仍然存在不足，仍然有发展和改进的必要。笔者始终认为，结合论在总体上是正确的，解释力也是最强的，这种解释模式的发展性也最好，可以在结合论的基础上，着眼于以上三对关系，尝试对马克思主义中国化提出更具综合性、包容性的解释模式。

三　马克思主义中国化一种补充的解释模式：承异论

本部分将尝试以农民理论的中国化为参照，以结合论为基础和基调，尝试性地提出一种补充性的解释模式。需要指出的是，这种解释模式虽然不是全新的，虽然它仍然是以经典结合论为基础的，但它也有自己的阐释方式和路径。

首先让我们来分析结合论的基本逻辑结构。图 5.2 展示了经典结合论的基本表述逻辑：马克思主义基本原理与中国实际相结合，并通过毛泽东等领导人艰辛的探索，中国化马克思主义得以形成。这一模型基本涵盖了马克思主义中国化的要素和过程，但也存在简单化、平面化等不足（具体表现将在下文论述）。

在研究中国历史表述的著作《从民族国家拯救历史》一书中，杜赞齐将英文中的“descent”（传承、遗传、出身、血统）和“dissent”（异见、异议）两个单词结合起来，创造了一个词语 discent，中译本译者王宪明先生将其译为“承异”。杜赞齐创造 discent 这个词语，是要强调“传承与异见”的“互通性”。[①] 笔者认为，杜赞齐自创的 discent（承异）这一概念可以用来解释马克思主义中国化，可将这一解释模式称为“承异论”。

正如杜赞齐所言，承异是传承与异见两个看似矛盾实则互通的两个词语的结合，对马克思主义中国化而言，它既是对马克思主义话语血统的继承，同时也是对经典马克思主义话语的一种修正和创造。因此，承异论的基本思想是：马克思主义中国化是经典马克思主义的传承与异见的统一体，传承主要表现在对马克思主义内核的继承，包括生产方式分析、阶级斗争理论等；异见则主要表现在对经典马克思主义一些理论观点的修正，最为典型的就是本书所分析的农民理论。毋庸讳言，承异论虽然在一定程度上涵盖了结合论的内容，但它是以话语分析为基础的，带有一定的解构

---

① 杜赞齐：《从民族国家拯救历史：民族主义话语与中国现代史研究》，社会科学文献出版社 2003 年版，第 55 页。

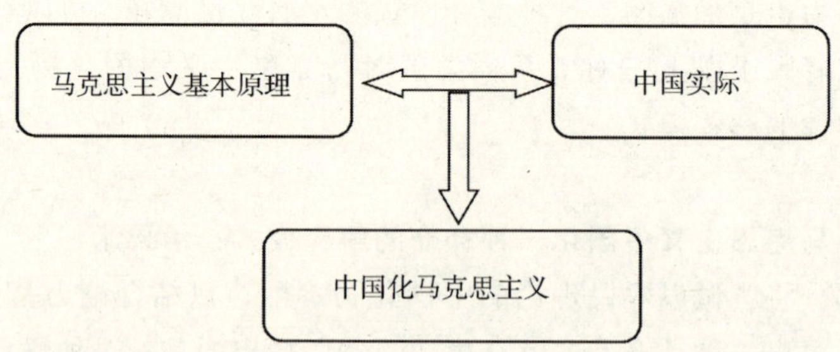

图5.2　马克思主义中国化的基本逻辑结构：经典结合论

特征，从这个角度讲，它可能更强调“异见”的方面，因此，笔者认为，承异论并不能完全取代结合论，而只是作为结合论的补充，以揭示结合论没有或无法触及和解释的一些内容。承异论的特点主要在于以下几个方面：

第一，承异论并不否定结合，相反，它以结合为基础，是对结合论的一种拓展。承异论认为，“承”，也就是对马克思主义基本原理的继承，始终是马克思主义中国化的基础；“异”，不仅是建立在“承”基础上的，而且是在传承的基础上，对马克思主义的创造性运用和发展，因为“任何传承的过程同时也是一种创造的过程”①。不过，承异论并不止步于此，承异论进一步提出，马克思主义中国化的创造性运用表明，中国化的马克思主义实际上也是对经典马克思主义的一种“异见”。本书的分析表明，中国化马克思主义的独特创新之处，在农民理论上的表现就非常充分和明显，从中也可集中看出中国化马克思主义的“异见”所在。可见，承异论实际上是结合论的一种拓展，而不是对结合论的反动。

第二，承异论是立体、多面的，对马克思主义中国化的复杂性有较深入的揭示。如图5.3所示，在经典结合论的基础上，承异论增加了时代特征这一因素，是“双结合论”；承异论增加了对马克思主义（及对中国实际、时代特征）的诠释、不同叙述结构之间的话语斗争等环节，强调不同诠释和不同话语之间的相互竞争和斗争，进一步增强了马克思主义中国

① 杜赞齐：《从民族国家拯救历史：民族主义话语与中国现代史研究》，社会科学文献出版社2003年版，第61页。

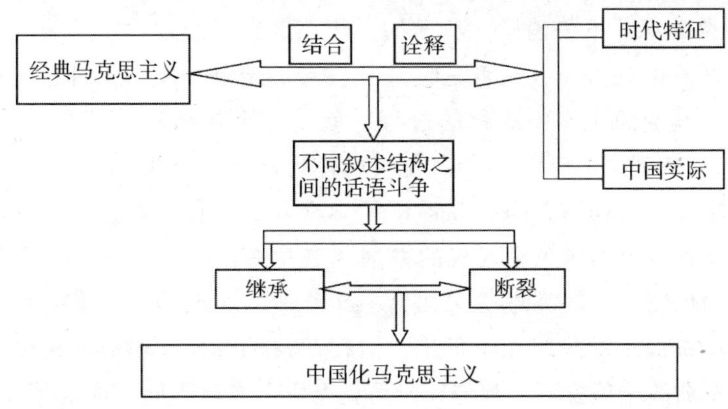

图 5.3　马克思主义中国化的逻辑结构：基于结合论的承异论

化的动态特征和开放色彩。[①] 承异论强调互动，认为各要素、环节之间不是单向的演进关系，而是双向的互动关系。比如，经典马克思主义与中国化马克思主义的关系就不仅仅是中国化马克思主义继承了经典马克思主义所包含的普遍原理，同时，中国化马克思主义实际上也在诠释经典马克思主义，也就是说，我们今天所理解的马克思主义具有中国化马克思主义这一“前见”存在，它制约着我们对马克思主义普遍原理的理解，中国化马克思主义与中国实际的关系也是如此。

第三，承异论指出了马克思主义话语的承续、断裂与发展，尤其是指出了传承中的断裂和异见。经典的结合论强调马克思主义基本原理与中国实际的结合及其运用，强调中国化马克思主义与经典马克思主义的一脉相承，这无疑是正确的，但它对中国化马克思主义与经典马克思主义之间的断裂着墨不多，解释力也因此有待增强。而承异论在强调马克思主义血统传承的同时，也突出了马克思主义话语之间的断裂和发展。承异论认为：其一，中国化马克思主义继承了马克思主义的血统，但也修订了马克思主义的部分论断，甚至在方法论领域，以毛泽东为代表的中国共产党人也有自己的创新（异见），这些都是经典马克思主义与中国化马克思主义之间

---

① 杜赞齐认为，中国近代史上形成了不同的“替代性的叙述结构”，因而是“复线的历史”，用话语分析的方法研究中国近代史，就是要研究那些“被主流话语所消灭或利用的叙述结构”。（参阅杜赞齐《从民族国家拯救历史：民族主义话语与中国现代史研究》，社会科学文献出版社 2003 年版，第 55 页）

断裂的表现，也是发展和创新的表现。当然，需要指出的是，本书认为，话语的断裂本身并不是消极、负面的，相反，有了断裂，才可能进行创造和发展；断裂的地方，往往就是创造和发展的起点。其二，对经典马克思主义而言，马克思主义中国化的过程，就是一个传承和异见交互的过程，“中国化”的基础是“传承”，但其主要的体现却是“异见”。其三，就中国化马克思主义自身而言，也存在话语承异交互的过程，而且，这一过程仍在继续。比如，以毛泽东为代表的中国共产党人创造的新民主主义革命理论，一方面仍然属于马克思主义社会主义革命的大范畴，基本的方法也是马克思主义所揭示的阶级斗争理论，但在革命的性质、革命的主体、革命的步骤、革命战略等方面，都与经典马克思主义有所不同，这就是“异见”之所在，也是发展和创新之所在；新民主主义革命核心理论之一的农民理论，则是中国化马克思主义与经典马克思主义“异见”最为纷呈、最为集中的地方，前文的论述已经对此有了比较细致的呈现。又如，毛泽东有关农民的理论观点及其分析方法，实际上也存在紧张和断裂；而邓小平理论、“三个代表”重要思想及马克思主义中国化的最新成果——科学发展观，体现的不仅是对马克思主义基本原理的承续和后一个理论对前一个理论的继承，同时也体现着后一个理论与前面所有理论之间的断裂和“异见”，这种断裂和异见就是后一个理论的创新所在。实际上，从科学理论发展的角度讲，任何理论的创新都是革命性的，都具有承异的成分，正如托马斯·库恩所言：“科学发现和发明本质上通常都是革命的”，因为，为发现新理论，“科学家必须经常调整他们以前所信赖的智力装置和操作装置，抛弃他以前的信念和实践的某些因素”。[①] 社会科学虽然与自然科学有所不同，但理论的演进和创新的一般规律是相通的。从这个角度来观察，马克思主义中国化也必然具有革命的属性，当然，这也可以说明承异论的解释力。

第四，承异论非常关切历史和革命的主体问题，并指出了话语的叙述结构问题。对马克思主义中国化而言，有两个关键性的问题：一是话语的断裂点在何处？二是话语为什么会出现断裂？笔者认为，话语的断裂点就在历史主体和革命主体的确定。如前所述，寻找一个“总体性”的阶级作为推动历史进步的主体，是马克思主义的基本内容，而话语的断裂点也恰恰就在此处：经典马克思主义以工人阶级为革命的主体，而中国化马克

① 托马斯·库恩：《必要的张力》，北京大学出版社2004年版，第223—224页。

思主义以农民为革命的主力军。那么，为什么会出现这一断裂呢？笔者认为，直接的原因是叙述结构发生了重大变化——经典马克思主义的叙述结构是以生产方式为基础建构起来的，而中国化马克思主义（新民主主义革命理论）的叙述结构是以革命性为基础建构起来的，这在前文已经作了分析。实际上，中国化马克思主义是一种有关中国历史演进的特殊叙述结构，是有关中国的知识的生产，而中国历史尤其是近代以来中国历史发展的主体的言说，是其根本的内容。那么，这又与承异论有什么关系呢？杜赞齐认为，discent 这个词“揭示了对历史的渊源是如何常常和自我与‘他者’的区分联系在一起”；在此基础上，杜赞齐进一步提出了“叙述结构”这一概念，他认为：“叙述结构成功地利用某些文化意义来作为群体的基本原则，它规定着群体的构成，规定着哪些人属于群体，哪些人不属于群体，规定着什么人具有特殊地位，什么不具有此种特殊地位。”[①]可见，承异论非常重视历史主体（或身份）的确定问题，尤其重视话语或叙述结构对主体的建构。就中国化马克思主义而言，农民被这一叙述结构成功地证明（或建构）为历史主体和革命主体，从话语的角度讲，笔者认为，之所以能够实现革命主力军从工人向农民的转变，能指的漂浮起了决定性的作用，农民的内涵被叙述结构置换了，农民从落后生产方式的代表者成为了最受压迫从而最具革命性的革命者，当然，这还需要这套叙述结构的详加论证。不过，更为深层次的原因则是毛泽东的问题式发生了变化。问题式是法国马克思主义思想家阿尔都塞提出的重要概念，简单地说，问题式就是提出问题的方式。阿尔都塞认为：“确定思想的特征和本质的不是思想的素材，而是思想的方式，是思想同它的对象所保持的真实关系，也就是作为这一真实关系出发点的总问题”；“一种思想的最后意识形态本质与其说取决于思考对象的直接内容，还不如说取决于提出问题的方式”，因此“一切都取决于总问题的性质”。[②] 因此，理解中国化马克

① 杜赞齐：《从民族国家拯救历史：民族主义话语与中国现代史研究》，社会科学文献出版社 2003 年版，第 55 页。

② 路易·阿尔都塞：《保卫马克思》，商务印书馆 2006 年版，第 55、56 页。需要说明的是，《保卫马克思》由顾良先生所译，但在 1984 年的版本中将 Problematic 译为“问题式”，而 2006 年的版本中则改译为“总问题”。张一兵先生经过对比分析后认为，Problematic 意译为“问题式”更准确恰当一些。本书从张一兵先生的观点，仍然用“问题式”这一译法，但译文则采 2006 年的版本（参阅张一兵《问题式、症候阅读与意识形态：关于阿尔都塞的一种文本学解读》，中央编译出版社 2003 年版，第 25 页）。

思主义与马克思主义的关系，厘清其中的问题式是一个重要的内容。笔者认为，对毛泽东而言，他的问题式是：如何在东方的前资本主义社会取得以社会主义为目标的革命的胜利？这与马克思所面对的欧美先发资本主义国家革命条件下的问题式已经完全不同，因此，二者之间出现断裂、异见等，是问题式的必然要求和反映，也是非常正常的。

第五，承异论强调话语斗争与话语实践。承异论认为，马克思主义中国化的过程，也是话语斗争和话语实践的过程。这也是结合论所支持和赞同的观点。所不同的是，其一，经典的结合论强调话语（叙述结构）之间的正误斗争，而且这种正误斗争是先验的，也就是说，在话语斗争开始之前，话语的正误已经被规定了，斗争胜利的一方也已确定了，而承异论强调不同话语（叙述结构）的平等性，强调不同话语（叙述结构）之间的交互作用和相互利用，强调话语的正误是斗争的结果；其二，经典的结合论虽然尽力协调话语和社会实际之间的关系，但在具体分析中却难以兼顾，在一定程度上导致了马克思主义中国化与中国实际之间的单向性，以中国实际和实践后果机械地“裁剪”马克思主义；承异论认为马克思主义话语与中国实际之间并不是单向的决定关系，而是双向的互动，马克思主义是在互动过程中“裁剪、成形、赋以新意”①，最终形成了中国化的马克思主义。可见，承异论具有更强的包容性、更好的兼顾性及更少的意识形态色彩，对以开放的姿态理解马克思主义中国化是有意义的。以本书所探讨的农民理论为例，我们以前往往强调毛泽东的农民理论是对马克思主义基本原理的具体应用和发展，强调毛泽东本人在农民理论生产上的创造性作用，强调实践的重大作用，这无疑是正确的，但不应忽略的是，毛泽东的农民理论形成过程中存在一系列复杂的话语斗争，毛泽东的农民理论也是在吸收或拒斥了不同的理论观点（包括对马克思主义的不同诠释）之后发展和形成的，其中话语斗争的复杂情形，至今我们仍然没有很好的展现和揭示；毛泽东的农民理论不仅仅是对马克思主义基本原理的应用，还有一些地方出现了断裂，存在异见，由于各种原因，我们对这些情况有意无意地遮蔽了。

第六，承异论作为结合论的补充，也能够解释前文提出的三对关系：

① 杜赞齐：《从民族国家拯救历史：民族主义话语与中国现代史研究》，社会科学文献出版社2003年版，第55页。

正统与独创的关系、继承与断裂的关系、普适与特殊的关系。承异论的解释是，在马克思主义的谱系中，不应该存在所谓正统与不正统的问题；包括中国化的马克思主义在内，任何对马克思主义的发展，既具有继承的成分，也具有断裂、独创的成分，不过，由于问题式、叙述结构等方面的重大变化，中国化马克思主义的独创性成分极多，因此，可以说，中国化的马克思主义实际上已经创造了一种新的革命模式，具有了自己较为独特的普适性因素，对于类似中国这样的非西方国家的革命，它可以具有更大的参考借鉴作用。从这个意义上说，马克思主义中国化并不是马克思主义地方化。

承异论与结合论的结合，可以发现马克思主义中国化中一些被遮蔽的过程和现象，从而拓展对马克思主义中国化解释的广度深度。而最具独创性的中国化马克思主义农民理论，是承异论的一个很好的试金石。

最后，需要说明的是，杜赞齐笔下的承异、叙述结构等概念与文化有密切的关系，但这以及这里所取的只是“承异”这一概念对马克思主义中国化主体问题的重视和确定方法——叙述结构的生产，总的来说，承异论刻画出了中国化马克思主义的基本问题所在。

四　继续推进中国化马克思主义的创新和发展

马克思主义中国化经历了两次伟大的飞跃，产生了两大理论成果：毛泽东思想和中国特色社会主义理论体系。但中国化马克思主义并不能止步于此，相反，在剧烈变化的现实面前，在中国改革发展的需要面前，在中华民族伟大复兴的目标面前，中国化马克思主义需要不断发展；而马克思主义的开放性，也为中国化马克思主义的不断发展提供了可能。那么，本书所论述的马克思主义农民理论的中国化及1949年前马克思主义中国化的历程，能够给中国化马克思主义下一步的演变发展提出什么样的问题，提供什么样的借鉴和启示呢？

第一，在传承与异见之间，强调传承与异见的统一，但更要敢于提出异见。这里所说的要敢于提出异见，并不意味着全盘抛弃马克思主义的基本原理，相反，正如杜赞齐所言，异见往往是最好的传承。要敢于提出异见，是因为异见意味着扬弃，意味着创新和发展，意味着适应新形势的需要。毛泽东曾经指出，对待马列主义，“不是把他们的理论当作教条看，而是当作行动的指南。不是学习马克思列宁主义的字母，而是学习它们观察与解决问题的立场与方法。只有这个行动指南，才是革命的科学，才是引导我们认识革命对象与指导革命运动的唯一正确的方针”①。这就是之所以要敢于提出异见的重要理论依据。纵观党的农民理论的创立，无不蕴含着敢于提出异见的勇气，也正是有了这些异见，才有了马克思主义农民理论的中国化，也才有了中国革命的胜利。改革开放以来，邓小平理论、“三个代表”重要思想和科学发展观一方面继承了马克思主义的基本原理，但同时也根据变化了的实际和时代特征，提出了许多经典马克思主义所不具有的新的理论观点；另一方面也继承了毛泽东思想的精髓和内核，同时也提出了许多毛泽东思想所不具有的新的理论观点或者说异见，如社会主义与资本主义和平共处论、社会主义本质论、社会主义市场经济论、依法治国论、以人为本论、科学发展论、和谐发展论等，都是经典马克思主义和毛泽东思想所没有的。

第二，在“文本”与“事实”之间，强调“文本”与“事实”的统一，但要更多地面向“事实”。毛泽东之所以能够对中国的革命地图进行新的测绘，提出以农村为中心、农民为主力军的革命策略，以农民理论为核心，推动马克思主义的中国化，与其面向事实的社会学取向的认识方法密不可分。可以说，正是有了面向事实的态度和精神，才有了马克思主义的中国化。但20世纪90年代以来，马克思主义研究领域出现了一种重要的倾向，一些学者主张要回到马克思、走近（进）马克思，从马克思、恩格斯的文本中寻找真正的马克思和马克思主义。从学术上讲，这一主张无可非议，因为对马克思的文本确实有进一步解读的必要，以达到厘清重要问题的目的；学术兴趣具有强烈的个人性，别人无权干涉。不过，这也涉及一个非常重要的问题：对中国化的马克思主义来说，继续发展需要的是正本清源还是直面事实？笔者以为，对于中国化马克思主义的发展而言，我们一方面确实需要加深对经典文本的解读，为中国化马克思主义提供更为坚实的文本支撑，但另一方面更要面对中国改革开放的实际和时代特征的变化，直面令人愉快或令人不那么愉快的“事实”，以推动中国化马克思主义的新发展。结合本书所分析的农民理论，结合马克思主义中国化过程中的经验教训，笔者认为，当前仍然存在防止和反对本本主义的问题，或者说，我们要防止将“返回”文本异化为“新本本主义”。应该认

① 《毛泽东选集》卷六，东北书店1948年版，第927页。

识到，中国的实际与马克思所关注和揭示的欧洲的情况有着巨大的差异，21 世纪与 19 世纪也有了根本性的变化，对马克思这个生活于 19 世纪这个乐观世纪的伟大思想家来说，当下是一个“脱节的时代”，面对的是“异质性的事实”，因此，将文本解读置身于中国实际、时代特征之下，是中国化马克思主义发展之必须，我们也才不至于在文本解读中陷入迷思，甚至蜕变为对文本的“崇拜”或者“信仰”。我们要知道，“任何游离于中国现实的理论，都逃脱不了‘昙花一现’的命运”①。

第三，在单一与多样之间，强调主导性与多样性的统一，但要更多地借鉴多样化的理论资源。中国化马克思主义的发展，离不开思想资源的积累和借鉴。在对农民理论的分析中，我们看到，马克思主义是党的农民理论的主要思想来源，但并不是唯一的来源，孙中山的三民主义、梁漱溟的乡村建设理论及中国传统思想等都为党的农民理论提供了思想资源，带来了诸多启示，推动了马克思主义农民理论中国化。这说明，在马克思主义中国化过程中，应当坚持思想资源主导性（马克思主义为主导）与多样性的统一。对当下的中国化马克思主义的发展来讲，笔者以为，在坚持这一统一性的同时，应更强调多样化的思想来源，为中国化马克思主义注入新的内容和活力。这是因为，一方面，当代中国所面临的形势已经发生了根本性的变化，马克思主义需要吸收其他流派思想才能应对时代面临的挑战；另一方面，作为开放和发展的理论，中国化的马克思主义必须吸收其他流派的思想资源，才能实现自身的发展。实际上，改革开放以来，中国化马克思主义所取得的每一个进步，都有其他思想流派的影响和作用，比如，科学发展观的提出，就吸收借鉴了西方的发展理论和发展经验；社会主义和谐社会理论的提出，则是中国传统思想与马克思主义在当代中国进一步结合的成果，党的十七大报告也明确承认了这些不同的思想来源。在当代中国，除了作为主导的中国化马克思主义之外，其他主要的思想流派还有自由主义、新左派、文化保守主义等，这些思想流派都具有一定的社会基础，对中国的发展提出了自己的主张，这也就涉及当代中国的话语斗争问题。笔者以为，话语斗争是促进理论发展的最有效手段，如果一味地回避话语斗争，不仅是理论自信不足的体现，也会导致自身的故步自封，

① 孙亮：《原创法度：“面向事实”抑或“面向文本”——中国问题与马克思主义理论创新》，2008 年广东省（马克思主义理论）博士生学术论坛参会论文，2008 年 12 月。

不利于话语的充实和完善，作为主导的中国化马克思主义应当吸收这些思想中的有益成分，为己所用，在良性互动中促进自身的发展，并对其他思想流派起到统摄的作用。

本章是全书的一个总结，概括了中国化马克思主义农民理论的基本框架，并就中国化马克思主义农民理论和中国化马克思主义的发展问题提出看法。结合马克思主义农民理论中国化的问题，本章提出了一个可能的解释模式——承异论，作为结合论的补充，以解释马克思主义中国化过程中存在的扬弃和断裂问题，同时，也力图为中国化马克思主义下一步的演变发展提供合法性支撑。

中国化马克思主义的发展问题，总结国内学术界的看法，基本的前设存有分歧，具体来说就是：中国化马克思主义的下一步发展，是马克思主义继续中国化，还是马克思主义返本开新，抑或在新的时代语境下继续断裂从而实现继续发展？第一种前设的逻辑是，中国化马克思主义的问题在于中国化仍然不足，马克思主义在中国的发展，就是在新的历史条件下，推进马克思主义基本原理与中国实际进一步结合，推进马克思主义继续中国化。第二种前设的逻辑是，马克思主义在中国遇到的种种问题，主要在于对马克思主义经典文本的诠释存在问题甚至错误，要推动马克思主义在中国发展，就必须回到马克思主义的经典文本，汲取源头活水。第三种前设的逻辑是，马克思主义中国化并不仅仅是马克思主义基本原理的单向度应用和展开，也不仅仅是对马克思主义的继承，马克思主义中国化是话语的诠释、叙述结构的斗争、能指的转换、话语的实践的复杂过程，断裂才能生长，断裂才能发展，话语的承异是其重要的一个方面。从历史的经验教训出发，中国化马克思主义的发展必然要继续涉及文本解读、话语斗争、话语实践等诸多问题，但基本的着眼点却在于话语的承异尤其是断裂，敢于和善于断裂，才能推动中国化马克思主义的新发展。本书持第三种观点。我们有理由相信，面对新的形势和挑战，中国化马克思主义能够不断创新，获得新的更大的发展。

结束语

农民问题是中国革命与建设的根本问题，中国这个古老东方社会的特殊性决定了这个论断的正确性。但遗憾的是，作为主要分析工业社会发展路径和趋势的马克思文本，对农民问题虽有所论及，对东方社会发展的特殊性也提出了自己的见解，但不是语焉不详，就是争议丛生。总的来说，马克思对农民持负面看法，认为农民是前资本主义的产物，与未来无产阶级要实现的社会是不相容的。马克思并不否认农民也在反对资本主义，也能够产生社会主义思想，但在生产方式这把利刃面前，马克思发现，农民是“用小资产阶级和小农的尺度去批判资产阶级制度的”，农民的社会主义是“反动的，同时又是空想的”，农民社会主义思想终不免“在发展中变成了一种怯懦的悲叹”，农民的历史命运是分化和消亡。① 马克思主义到达中国这个前资本主义的东方国度，并成为革命者的利器时，被马克思判了“死刑”的农民，“注定”是历史“客体”的农民，就成为革命者绕不开的一个结。直接的原因很简单，甚至使得任何遵从马克思主义教导行事的革命知识分子都不得不承认——中国农民的数量优势实在太大，没有农民的支持和参与，任何试图取得革命成功、改造中国社会的理想，终不免沦为空想。

历史和现实把问题摆在了中国共产党面前：如何看待农民在中国革命中处于何种地位，具有什么作用？如何把被动的、落后的“历史客体”塑造为积极的、革命的“历史主体”？虽然是以毛泽东为代表的中国共产党人最终创造性地完成了这一历史任务，但还是要感谢列宁和共产国际。列宁撰写了大量有关农民的著作，完成了（俄罗斯化的）马克思主义农民理论的基本框架。虽然共产国际不时表现出教条和专断，但毕竟为包括中国共产党在内的农民国度的马克思主义革命政党提供了农民革命的基本

① 《马克思恩格斯选集》第 1 卷，人民出版社 1995 年版。第 297、298 页。

话语体系和基本战略。不过，理论创新和革命实践终归要靠本国的革命者来完成。纵观历史，是毛泽东的创造性实践和理论阐释，使中国农民的历史地位发生了根本性的改变，农民的地位从经典马克思文本中的消极形象转变为中国语境中的革命化身，从而完成了"惊险的一跃"。而在这"惊险的一跃"背后，并不仅仅是对农民属性的简单阐释，也不仅仅是对马克思主义农民理论的线性发展；相反，隐藏在这"一跃"背后的，是一套复杂的话语体系，它包括对中国历史发展形态的理论分析、中国近现代社会的理论分析、对中国农村社会属性的理论分析、对中国革命属性的理论分析、对中国农民特征的理论分析，以及更为重要的，对分析中国社会、中国革命所需的方法论的发展和对马克思主义基本原理的进一步认识和开拓。也许，只有在理解了这些问题的基础上，我们才能真正理解党的农民理论的全貌及其与马克思主义看似简单实则复杂的关系，那种将党（毛泽东）的农民理论诠释为几条纲领或几个判断、并匆忙作出党的农民理论是马克思主义的发展的简单化作法的弊端才能得到克服；也只有在理解了这些问题的基础上，那种对毛泽东农民理论的内在紧张视而不见的情况才可能得到纠正，新中国成立后党在农民问题上经历的曲折才能得到历史的解释。本书力图展示党和毛泽东农民理论的体系性、复杂性及其背后深刻的理论与社会根源，但这一努力是否达到了预定的目标，还需要检验。

这就要说到马克思主义中国化的问题。理解党和毛泽东的农民理论，是理解马克思主义中国化的重要基础。列宁曾说，进一步，退两步，"在个人的生活中，在民族的历史上，在政党的发展中，都有这种现象"①。对马克思主义中国化来说，这句话同样适用。近代中国是一个以农民为主体的半殖民地半封建社会，而不是马克思所着力分析的资本主义社会，因此，必须将理论退两步，才能让理论进一步。马克思主义中国化的核心是马克思主义农民理论的中国化，就是理论进一步、退两步的辩证法。换言之，马克思主义中国化并不是对马克思主义的线性发展，而是对马克思主义在另一个语境下的策略性后退和曲折展开，贯穿其中的，不仅是对马克思主义基本原理的继承和发挥，还有对马克思主义一些具体论断的策略性诠释及弃取。

① 《列宁全集》第8卷，人民出版社1984年版，第414页。

本书所重点阐析的，是马克思主义农民理论中国化的历史与逻辑。不能否认的是，马克思主义农民理论中国化，是历史和逻辑的统一。马克思主义农民理论中国化的历史，不是抽象的历史，而是具体的实践的历史；马克思主义农民理论中国化的逻辑，既是中国历史发展的逻辑展开，也是马克思主义在具体语境下的理论演进逻辑。农民理论是中国化马克思主义的核心理论之一，因此，这一论断同样适用于马克思主义中国化。

我们不能不说到话语问题。无论是作为一种理论体系还是历史实践过程，马克思主义中国化都涉及话语问题，话语也可以起到有效分析和诠释马克思主义中国化历史进程和未来发展的作用。中国化马克思主义就是一套针对中国历史发展路径的话语系统，其中最为关键的是对中国近现代史的书写及对中国未来发展的乐观愿景。作为中国人自己的历史，中国知识分子才具有书写它的主体资格，只有中国人民才有改造它的能力。以毛泽东为代表的中国知识分子和中国人，他们用马克思主义的话语来成功塑造中国农民的历史和革命主体地位、结合中国实际书写中国历史的过程，就是马克思主义中国化的过程——一个充满艰辛、富于创造的过程。不过，话语分析却具有解构的色彩，通过话语分析，我们看到的是互文性中话语之间多重的、复杂的关系，是话语实践的全面展开，是不同叙述结构之间的竞争和斗争，是能指的漂浮，是话语的断裂。马克思主义农民理论中国化的过程，无疑就是话语的斗争、演变和实践的进程。我们看到，中国化马克思主义与经典马克思主义之间，确实存在断裂，断裂点恰恰就是农民的主体性问题，而这个断裂点，也恰恰就是中国化马克思主义的生长点。

重视农业、农村、农民问题是我们党的一贯战略思想，“三农”问题始终是关系党和人民事业发展的全局性和根本性问题，农业丰则基础强，农民富则国家盛，农村稳则社会安。农民问题已经成为中国特色社会主义需要解决的根本问题。我们相信，推进农村改革和“三农”问题解决的，只能是中国化马克思主义农民理论；伴随农村改革和“三农”问题解决的，将是中国化马克思主义农民理论新的发展。

参考文献

一　论著

1.《马克思恩格斯选集》(1—4)，人民出版社 1995 年版。

2.《马克思恩格斯论中国》，人民出版社 1997 年版。

3. 方乃宜编：《马克思与恩格斯论中国》，中国出版社 1938 年版。

4.《列宁选集》(1—4)，人民出版社 1995 年版。

5. 列宁：《土地问题研究》(上、下)，人民出版社 1953 年版。

6.《毛泽东选集》(1—4)，人民出版社 1991 年版。

7.《毛泽东选集》(1—6)，东北书店 1948 年版。

8.《毛泽东文集》(1—8)，人民出版社 1993—1999 年版。

9.《建国以来毛泽东文稿》(1—13)，中央文献出版社 1991 年版。

10.《毛泽东农村调查文集》，人民出版社 1982 年版。

11.《毛泽东早期文稿》，湖南出版社 1990 年版。

12. 毛泽东：《论人民民主专政》，新华日报社 1949 年版。

13.《刘少奇选集》(上下)，人民出版社 1981、1985 年版。

14.《邓小平文选》(1—3)，人民出版社 1994、1993 年版。

15.《江泽民文选》(1—3)，人民出版社 2006 年版。

16.《陈独秀著作选》(1—3)，上海人民出版社 1993 年版。

17.《李大钊全集》(1—5)，人民出版社 2006 年版。

18.《张闻天文集》(1—4)，人民出版社 1995 年版。

19.《张闻天晋陕调查文集》，中共党史出版社 1994 年版。

20.《郭沫若全集·历史编》(第 1、3 卷)，人民出版社 1982、1984 年版。

21.《何干之文集》(第 1 卷)，北京出版社 1994 年版。

22. 蒋中正：《中国之命运》，载秦孝仪编《先总统蒋公思想言论总集》(卷四)，台北：中国国民党中央党史委员会 1984 年版。

23. 蒋中正：《反攻抗俄基本论》，载秦孝仪编《先总统蒋公思想言论总集》（卷八），台北：中国国民党中央党史委员会 1984 年版。

24. 梁漱溟：《乡村建设理论》，上海人民出版社 2006 年版。

25. 《晏阳初全集》（1—3），湖南教育出版社 1992 年版。

26. 费孝通：《费孝通文集》（第 2、3、4 卷），群言出版社 1999 年版。

27. 逄先知主编：《毛泽东年谱（1893—1949）》（上、中、下），人民出版社、中央文献出版社 1993 年版。

28. 金冲及主编：《毛泽东传（1893—1949）》，中央文献出版社 1996 年版。

29. 逄先知、金冲及主编：《毛泽东传（1949—1976）》，中央文献出版社 2003 年版。

30. 党的文献编辑部：《毛泽东重要著作和思想形成始末》，人民出版社 1993 年版。

31. 金羽、石仲泉、杨耕主编：《毛泽东〈矛盾论〉〈实践论〉新探》，中国人民大学出版社 1991 年版。

32. 中国社会科学院科研局：《毛泽东对马克思主义发展的贡献》，社会科学文献出版社 1994 年版。

33. 李恒瑞主编：《中国革命的认识逻辑——毛泽东认识论学说的结构与特征》，中共中央党校出版社 1994 年版。

34. 温锐：《毛泽东视野中的中国农民问题》，江西人民出版社 2004 年版。

35. 萧延中主编：《外国学者评毛泽东》（第 1—4 卷），中国工人出版社 1997 年版。

36. 萧延中主编：《晚年毛泽东》，春秋出版社 1989 年版。

37. 联共（布）中央特设委员会编：《联共（布）党史简明教程》，人民出版社 1975 年版。

38. 李泽厚：《中国现代思想史论》，天津社会科学院出版社 2004 年版。

39. 张一兵：《问题式、症候阅读与意识形态：关于阿尔都塞的一种文本学解读》，中央编译出版社 2003 年版。

40. 张一兵主编：《邓小平理论与历史辩证法》，安徽人民出版社 1999 年版。

41. 孙承叔：《打开东方社会秘密的钥匙：亚细亚生产方式与当代社会主义》，东方出版中心 2000 年版。

42. 俞良早：《马克思主义东方社会理论研究》，中共中央党校出版社 2006 年版。

43. 冯天瑜：《“封建”考论》，武汉大学出版社 2006 年版。

44. 俞可平等主编：《马克思主义研究论丛·农业农民问题与新农村建设》，中央编译出版社 2006 年版。

45. 中共中央党史研究室：《中国共产党历史》（第 1 卷），中共党史出版社 2003 年版。

46. 张琳：《马克思主义中国化及其中国语境》，中国环境科学出版社 2002 年版。

47. 杨奎松：《马克思主义中国化的历史进程》，河南人民出版社 1994 年版。

48. 杨奎松：《马克思主义中国化史话》，社会科学文献出版社 2000 年版。

49. 中共中央文献研究室毛泽东研究组、中共湖南省委党史委：《毛泽东邓小平与马克思主义中国化》，中央文献出版社 1999 年版。

50. 魏晓东：《契合与奇迹：中西文化碰撞中的马克思主义中国化》，开明出版社 2000 年版。

51. 李声禄等：《马克思主义中国化：从毛泽东邓小平到江泽民》，四川人民出版社 2001 年版。

52. 陈希：《民族复兴之路与马克思主义的中国化》，清华大学出版社 2007 年版。

53. 赵明义、赵永宪等：《科学社会主义中国化问题研究》，山东大学出版社 2002 年版。

54. 李惠斌、薛晓源：《中国马克思主义研究前沿报告》，华东师范大学出版社 2007 年版。

55. 秦晖、苏文：《田园诗与狂想曲——关中模式与前近代社会的再认识》，中央编译出版社 1996 年版。

56. 秦晖：《农民中国：历史反思与现实选择》，河南人民出版社 2003 年版。

57. 秦晖：《问题与主义》，长春出版社 1999 年版。

58. 金雁、卞吾：《农村公社、改革与革命——村社传统与俄国现代化之路》，中央编译出版社 1996 年版。

59. 冯崇义：《走出轮回：农民意识与百年中国》，吉林文史出版社 1997 年版。

60. 武力、郑有贵主编：《解决“三农”问题之路——中国共产党“三农”思想政策史》，中国经济出版社 2004 年版。

61. 白钢：《中国农民问题研究》，人民出版社 1993 年版。

62. 欧阳斌、唐春元：《毛泽东的农民问题理论研究》，浙江人民出版社 1993 年版。

63. 陈金龙：《继承与超越——毛泽东与孙中山比较研究》，广东教育出版社 1998 年版。

64. 陈金龙：《民族精神与毛泽东》，湖南出版社 1993 年版。

65. 肖浩辉等:《马克思主义中国化的理论与实践》，湖南出版社 2001 年版。

66. 肖浩辉等：《毛泽东与中国农民》，湖南出版社 1993 年版。

67. 郭德宏：《中国近现代土地问题研究》，青岛出版社 1993 年版。

68. 高王凌：《租佃关系新论——地主、农民和地租》，上海书店出版社 2005 年版。

69. 何高潮：《地主·农民·共产党——社会博弈论分析》，香港：牛津大学出版社 1997 年版。

70. 孔永松：《中国共产党土地政策演变史》，江西人民出版社 1987 年版。

71. 袁银传：《小农意识与中国现代化》，武汉出版社 2000 年版。

72. 何东等：《中国共产党土地改革史》，中国国际广播出版社 1993 年版。

73. 赵冈：《历史上的土地制度与地权分配》，中国农业出版社 2003 年版。

74. 何萍、李维武：《马克思主义中国化探论》，人民出版社 2002 年版。

75. 张静如主编：《中国共产党思想史》，青岛出版社 1991 年版。

76. 张静如、卞杏英主编：《国民政府统治时期中国社会之变迁》，中国人民大学出版社 1993 年版。

77. 陈德军:《乡村社会中的革命——以赣东北根据地为研究中心(1924—1934)》，上海大学出版社2004年版。

78. 黄琨:《革命与乡村——从暴动到乡村割据（1927—1929)》，上海社会科学院出版社2006年版。

79. 陈永发:《中国共产革命七十年》（修订版)，台北：联经出版事业有限公司2001年版。

80. 高华:《红太阳是怎样升起来的——延安整风运动的来龙去脉》，香港中文大学出版社2000年版。

81. 吕世荣:《马克思发展理论研究》，中国社会科学出版社2001年版。

82. 刘森林:《重思发展：马克思发展理论的当代价值》，人民出版社2003年版。

83. 周宁:《天朝遥远：西方的中国形象研究》（上、下)，北京大学出版社2006年版。

84. 周阳山、傅伟勋主编：《西方思想家论中国》，台北：正中书局1994年版。

85. 郑大华:《梁漱溟传》，人民出版社2001年版。

86. 郑大华:《民国思想史论》，社会科学文献出版社2006年版。

87. 郑大华:《民国乡村建设运动》，社会科学文献出版社2000年版。

88. 许纪霖编:《20世纪中国知识分子论》，新星出版社2005年版。

89. 江宜桦:《自由主义、民族主义与国家认同》，台北：扬智文化事业股份有限公司1998年版。

90. 罗志田:《乱世潜流：民族主义与民国政治》，上海古籍出版社2001年版。

91. 刘小枫:《现代性社会理论绪论》，上海三联书店1998年版。

92. 刘禾:《跨语际实践——文学、民族文化与被译介的现代性》，生活·读书·新知三联书店2002年版。

93. 刘禾:《语际书写——现代思想史写作批判纲要》，上海三联书店1999年版。

94. 莫伟民:《主体的命运》，上海三联书店1996年版。

95. 李为善、刘奔主编:《主体性和哲学的基本问题》，中央文献出版社2002年版。

96. 孟登迎：《意识形态与主体建构：阿尔都塞意识形态理论》，中国社会科学出版社 2002 年版。

97. 王铭铭：《西学“中国化”的历史困境》，广西师范大学出版社 2005 年版。

98. 王铭铭：《村落视野中的文化与权力》，《闽台三村五论》，生活·读书·新知三联书店 1997 年版。

99. 罗荣渠：《现代化新论》（增订版），北京大学出版社 2004 年版。

100. 罗荣渠主编：《从西化到现代化：五四以来有关中国的文化趋同和发展道路论争文选》，北京大学出版社 1990 年版。

101. 王沪宁主编：《政治的逻辑——马克思主义政治学原理》，上海人民出版社 2004 年版。

102. 荣敬本：《论延安的民主模式：话语模式与体制的比较研究》，西北大学出版社 2004 年版。

103. 汪晖：《现代中国思想的兴起》，生活·读书·新知三联书店 2003 年版。

104. 汪晖：《去政治化的政治：短 20 世纪的终结与 90 年代》，生活·读书·新知三联书店 2008 年版。

105. 王学典：《20 世纪中国史学评论》，山东人民出版社 2002 年版。

106. 虞和平主编：《中国现代化进程》（1—3），江苏人民出版社 2001 年版。

107. 许纪霖、陈达凯主编：《中国现代化史》（第 1 卷），上海人民出版社 1995 年版。

108. 周晓红：《传统与嬗变——江浙农民的社会心理及其近代以来的嬗变》，生活·读书·新知三联书店 1998 年版。

109. 周晓红、谢曙光主编：《中国研究》（2005 年春季卷），社会科学文献出版社 2005 年版。

110. 汪熙、［美］魏斐德主编：《中国现代化历程——一个多方位的历史探索》，复旦大学出版社 1994 年版。

111. 陈建华：《革命的现代性：中国革命话语考论》，上海古籍出版社 2000 年版。

112. 姜义华：《理性缺位的启蒙》，上海三联书店 2000 年版。

113. 张宝明：《自由神话的终结——20 世纪启蒙缺失探解》，上海三联书店 2002 年版。

114. 何干之:《中国启蒙运动史》,生活书店 1947 年版。

115. 侯外庐:《中国近代启蒙思想史》,人民出版社 1993 年版。

116. 赵鼎新:《社会与政治运动讲义》,社会科学文献出版社 2006 年版。

117. 王亚南:《中国半殖民地半封建经济形态研究》(王亚南文集第四卷),人民出版社 1957 年版。

118. 复旦大学历史学系、复旦大学中外现代化进程研究中心编:《近代中国的乡村社会》,上海古籍出版社 2005 年版。

119. 李智勇:《陕甘宁边区政权形态与社会发展(1937—1945)》,中国社会科学出版社 2001 年版。

120. 黄正林:《陕甘宁边区社会经济史》,人民出版社 2006 年版。

121. 孙津:《中国农民与中国现代化》,中央编译出版社 2004 年版。

122. 范伟达、王竞、范冰编著:《中国社会调查史》,复旦大学出版社 2008 年版。

123. 李强:《社会分层十讲》,社会科学文献出版社 2008 年版。

124. 蒴伯赞:《历史哲学教程》,河北教育出版社 2000 年版。

125. 谢双明:《马克思主义东方农民问题理论研究》,安徽大学出版社 2007 年版。

126. 张鸣:《乡土心路八十年——中国近代化过程中农民意识的变迁》,上海三联书店 1997 年版。

127. 张鸣:《乡村社会权力与文化结构的变迁(1903—1953)》,陕西人民出版社 2008 年版。

128. 温铁军:《三农问题与世纪反思》,生活·读书·新知三联书店 2005 年版。

129. 王占阳:《新民主主义与新社会主义》,中国社会科学出版社 2006 年版。

130. 林红:《民粹主义——概念、理论与实证》,中央编译出版社 2007 年版。

131. 谢天佑:《专制主义统治下的臣民心理》,吉林文史出版社 1990 年版。

132. 陈旭麓:《近代中国的新陈代谢》,上海人民出版社 1992 年版。

133. 陈翰笙：《解放前的地主与农民——华南农村危机研究》，中国社会科学出版社 1984 年版。

134. 薛暮桥：《旧中国的农村经济》，农业出版社 1980 年版。

135. 《王亚南文集》编委会：《王亚南文集》第四卷，福建教育出版社 1988 年版。

136. 陈伯达、杨松等：《社会科学基础教程》，大众书店 1948 年版。

137. 陈伯达：《论农民问题》，生活·读书·新知书店 1949 年版。

138. 陈伯达：《近代中国地租概说》（增订本），晋察冀新华书店，出版地不详，1947 年版。

139. 陈伯达：《论毛泽东思想——马克思列宁主义与中国革命的结合》，人民出版社 1952 年版。

140. 陶希圣：《中国社会之史的分析》，辽宁教育出版社 1998 年版。

141. 陶希圣：《革命论之基础知识》，新生命书局 1930 年版。

142. 陶希圣：《中国封建社会史》，南强书局 1929 年版。

143. 李季：《中国社会史论战批判》，神州国光社 1936 年版。

144. ［美］布兰特利·沃马克：《毛泽东政治思想的基础（1917—1935）》，霍伟岸、刘晨译，中国人民大学出版社 2006 年版。

145. ［美］莫里斯·迈斯纳：《马克思主义、毛泽东主义与乌托邦主义》，张宁、陈铭康译，中国人民大学出版社 2006 年版。

146. ［美］魏斐德：《历史与意志：毛泽东思想的哲学透视》，李君如等译，中国人民大学出版社 2006 年版。

147. ［美］本杰明·史华兹：《中国的共产主义与毛泽东的崛起》，陈玮译，中国人民大学出版社 2006 年版。

148. ［法］布洛克：《封建社会》（上、下），张旭山等译，商务印书馆 2004 年版。

149. ［英］佩里·安德森：《绝对主义国家的谱系》，刘北成、龚晓庄译，上海人民出版社 2001 年版。

150. ［匈］卢卡奇：《历史与阶级意识——关于马克思主义辩证法的研究》，杜章智等译，商务印书馆 1996 年版。

151. ［意］安东尼奥·葛兰西：《狱中杂记》，曹雷雨、姜丽、张跣译，中国社会科学出版社 2000 年版。

152. ［法］路易·阿尔都塞：《保卫马克思》，顾良译，商务印书馆

2006 年版。

153. ［法］路易·阿尔都塞著、陈越编：《哲学与政治：阿尔都塞读本》，吉林人民出版社 2003 年版。

154. ［日］今村仁司：《阿尔都塞：认识论的断裂》，牛建科译，河北教育出版社 2001 年版。

155. ［澳］费约翰：《唤醒中国：国民革命中的政治、文化与阶级》，李恭忠等译，生活·读书·新知三联书店 2004 年版。

156. ［美］易劳逸：《流产的革命：1927—1937 年国民党统治下的中国》，陈谦平等译，中国青年出版社 1992 年版。

157. ［美］詹姆斯·斯科特：《弱者的武器》，郑广怀等译，译林出版社 2007 年版。

158. ［美］詹姆斯·斯科特：《农民的道义经济学：东南亚的反抗与生存》，程立显等译，译林出版社 2001 年版。

159. ［美］黄宗智主编：《中国研究的范式问题》，社会科学文献出版社 2003 年版。

160. ［美］黄宗智：《华北的小农经济与社会变迁》，中华书局 1986 年版。

161. ［美］黄宗智主编：《中国乡村研究》（第一、二辑），商务印书馆 2003、2004 年版。

162. ［美］黄宗智主编：《中国乡村研究》（第三辑），社会科学文献出版社 2005 年版。

163. ［俄］A. 恰亚诺夫：《农民经济组织》，萧正洪译，中央编译出版社 1996 年版。

164. ［美］J. 米格代尔：《农民、政治与革命——第三世界社会与政治变革的压力》，李玉琪、袁宁译，中央编译出版社 1996 年版。

165. ［韩］宋荣培：《儒家思想、儒家式社会与马克思主义中国化》，中国社会科学出版社 2003 年版。

166. ［英］安东尼·吉登斯：《民族—国家与暴力》，胡宗泽、赵力涛译，生活·读书·新知三联书店 1998 年版。

167. ［美］弗里曼、毕克伟、塞尔登著：《中国乡村，社会主义国家》，陶鹤山译，社会科学文献出版社 2002 年版。

168. ［美］马克·塞尔登：《革命中的中国——延安道路》，魏小明、冯崇义译，社会科学文献出版社 2002 年版。

169. ［美］列文森：《儒教中国及其现代命运》，郑大华等译，中国社会科学出版社 2000 年版。

170. ［美］西达·斯考切波：《国家与社会革命：对法国、俄国和中国的比较分析》，何俊志、王学东译，上海世纪出版集团 2007 年版。

171. ［美］费正清编：《剑桥中华民国史》（上、下），中国社会科学出版社 1993、1994 年版。

172. ［美］费正清：《伟大的中国革命》，刘尊棋译，世界知识出版社 2000 年版。

173. ［美］费正清：《观察中国》，傅光明译，世界知识出版社 2001 年版。

174. ［美］卡尔·A. 魏特夫：《东方专制主义：对于极权力量的比较研究》，徐式谷等译，中国社会科学出版社 1989 年版。

175. ［英］本尼迪克特·安德森：《想像的共同体：民族主义的起源与散布》，吴叡人译，上海人民出版社 2003 年版。

176. ［英］埃里克·霍布斯鲍姆、T. 兰格：《传统的发明》，顾杭、庞冠群译，译林出版社 2004 年版。

177. ［英］厄内斯特·盖尔纳：《民族与民族主义》，韩红译，中央编译出版社 2002 年版。

178. ［英］埃里·凯杜里：《民族主义》，张明明译，中央编译出版社 2002 年版。

179. ［日］池田诚编：《抗日战争与中国民众：中国的民族主义与民主主义》，中国人民抗日战争纪念馆编研部译，求实出版社 1989 年版。

180. ［英］保罗·塔格特：《民粹主义》，袁明旭译，吉林人民出版社 2005 年版。

181. ［英］诺曼·费尔克拉夫：《话语与社会变迁》，殷晓蓉译，华夏出版社 2003 年版。

182. ［法］乔治—埃利亚·萨尔法蒂：《话语分析基础知识》，曲辰译，天津人民出版社 2006 年版。

183. ［斯洛文尼亚］斯拉沃热·齐泽克：《意识形态的崇高客体》，季广茂译，中央编译出版社 2002 年版。

184. ［美］郭颖颐：《中国现代思想中的唯科学主义（1900—1950）》，

雷颐译，江苏人民出版社 1998 年版。

185. ［法］米歇尔·福柯：《词与物——人文社会科学考古学》，莫伟民译，上海三联书店 2001 年版。

186. ［法］米歇尔·福柯：《规训与惩戒》，刘北成等译，生活·读书·新知三联书店 1999 年版。

187. ［美］西摩·马丁·李普赛特：《政治人：政治的社会基础》，张绍宗译，上海人民出版社 1997 年版。

188. ［美］韩丁：《翻身：中国一个村庄的革命纪实》，韩倞等译，北京出版社 1980 年版。

189. ［美］大卫·柯鲁克、伊莎贝尔·柯鲁克：《十里店：中国一个村庄的群众运动》，安强、高建译，北京出版社 1982 年版。

190. ［美］塞缪尔·亨廷顿等：《现代化：理论与历史的再探讨》，上海译文出版社 1993 年版。

191. ［美］萨缪尔·亨廷顿：《变化社会中的政治秩序》，北京三联书店 1987 年版。

192. ［德］卡尔·考茨基：《土地问题》，梁琳译，三联书店 1955 年版。

193. ［法］让—马克·夸克：《合法性与政治》，佟心平、王远飞译，中央编译出版社 2002 年版。

194. ［美］埃里克·欧林·赖特：《阶级》，刘磊、吕梁山译，高等教育出版社 2006 年版。

195. ［美］G. A. 科恩：《卡尔·马克思的历史理论——一种辩护》，段忠桥译，高等教育出版社 2006 年版。

196. ［美］巴林顿·摩尔：《民主与专制的社会起源》，拓夫、张东东等译，华夏出版社 1987 年版。

197. ［美］王国斌：《转变的中国——历史变迁与欧洲经验的局限》，李伯重、连玲玲译，江苏人民出版社 1998 年版。

198. ［美］阿里夫·德里克：《革命与历史：中国马克思主义历史学的起源（1919—1937）》，翁贺凯译，江苏人民出版社 2005 年版。

199. ［美］阿里夫·德里克：《后革命氛围》，王宁等译，中国社会科学出版社 1999 年版。

200. ［美］杜赞奇：《从民族国家到拯救历史：民族主义话语与中国

现代史研究》，王宪明译，社会科学文献出版社 2003 年版。

201. ［美］杜赞奇：《文化、权力与国家：1900—1942 年的华北农村》，王宪明译，江苏人民出版社 1995 年版。

202. ［美］艾凯：《最后的儒家：梁漱溟与中国现代化的两难》，王宗昱、冀建中译，江苏人民出版社 2004 年版。

203. ［美］艾尔东·莫里斯、卡洛尔·麦克拉吉·缪勒主编：《社会运动理论的前沿领域》，刘能译，北京大学出版社 2002 年版。

204. ［英］E. P. 汤普森：《英国工人阶级的形成》（上、下），钱乘旦等译，译林出版社 2001 年版。

205. ［印］帕尔塔·查特吉：《民族主义思想与殖民世界：一种衍生的话语?》，杨曦译，译林出版社 2007 年版。

206. ［加］卜正民、格里高利·布鲁主编:《中国与历史资本主义——汉学知识的谱系学》，古伟瀛等译，新星出版社 2005 年版。

207. ［美］汉娜·阿伦特：《论革命》，陈周旺译，译林出版社 2007 年版。

208. ［德］李博：《汉语中的马克思主义术语的起源与作用》，赵倩等译，中国社会科学出版社 2003 年版。

209. ［美］萧邦齐：《血路：革命中国中的沈定一（玄庐）传奇》，周武彪译，江苏人民出版社 1999 年版。

210. 王逢振主编：《新马克思主义》（詹姆逊文集第 1 卷），中国人民大学出版社 2004 年版。

211. ［苏］杜博洛夫斯基：《“亚细亚”生产方法、封建制度、农奴制度及商业资本主义之本质问题》，吴清友译，神州国光社 1932 年版。

212. ［苏］马札亚尔：《中国农村经济研究》，陈代青、彭桂秋译，神州国光社 1934 年版。

213. Kingston - Mann, Esther, *Lenin And the Problem of Marxist Revolution*, New York: Oxford University Press, 1983.

214. Wylie, Ramond F., *The Emergence of Maoism: Mao Tse-tung, Chen Po-ta and the Search for Chinese Theory*, Stanford: Stanford University Press, 1980.

215. Kuhn, Philip, *Origins of the Modern Chinese State*, Stanford: Stanford University Press, 2002.

216. Chen, Yung - fa, *Making Revolution: The Communist Movement in Eastern And Central China*, 1937 - 1945, Berkeley: University of Michigan Press. 1980.

217. Otter, Sulamith, H. Potter, Jack M., *China's Peasant: The Anthropology of a Revolution.* New York: Cambridge University Press, 1990.

218. Allen, Graham, *Intertextuality*, London and NY: Routledge, 2000.

219. Goldstone, Jack A., *Revolutions: Theoretical, Comparative, and Historical Studies* (*third edition*), Thomason-Wodsworths Press, 2003.

220. Xiaorong, Han, *Chinese Discourses on the Peasant*, 1900 - 1949, NY: State University of New York Press , 2006.

二 论文

1. 陈亚杰:《"马克思主义中国化"的起源语境——20世纪30—40年代中国新启蒙运动研究》,中共中央党校,博士学位论文,2005年。

2. 周连顺:《毛泽东与马克思主义中国化研究》,北京大学,博士学位论文,2006年。

3. 张力军:《想像农民:乡土中国现代化语境下对农民的思想认知与审美显现(1895—1949)》,东北师范大学,博士学位论文,2006年。

4. 张春姣:《亚细亚生产方式的文化批判》,黑龙江大学,博士学位论文,2005年。

5. 蒋海升:《"西方话语"与"中国历史"之间的张力——以"五朵金花"为中心的探讨》,山东大学,博士学位论文,2006年。

6. 毛丹武:《现代性中的阶级和民族——左翼文学话语理论的一种考察》,福建师范大学,博士学位论文,2004年。

7. 赵海英:《论主体性的历史生成》,吉林大学,博士学位论文,2005年。

8. 陈锋:《社会史论战与现代中国史学》,山东大学,博士学位论文,2005年。

9. 李建军:《现代中国"人民话语"考论——兼论"延安文学"的"一体化"进程》,华中师范大学,博士学位论文,2006年。

10. 董立文:《关于毛泽东批判民粹主义及其不彻底性讨论的研究》,清华大学,硕士学位论文,2004年。

11. 毛泽东：《中国社会各阶级的分析》，《中国农民》1926 年第 2 期。

12. 毛泽东：《中国农民中各阶级的分析及其对于革命的态度》，《中国农民》1926 年第 1 期。

13. ［俄］A. B. 蟠佐夫：《20—40 年代中国共产党内思想斗争的社会前提和社会基础》，《国外中国近代史研究》（第十六辑），郭兴仁译，中国社会科学出版社 1990 年版。

14. ［俄］I. J. 洪：《中国对马克思主义的介绍》，《国外中国近代史研究》（第十七辑），蒋光明等译，中国社会科学出版社 1990 年版。

15. ［俄］A. H. 卡尔图诺娃：《中国革命：共产国际的讨论》，《国外中国近代史研究》（第十七辑），李金秋译，中国社会科学出版社 1990 年版。

16. 欧阳斌、唐春元、王素琴：《毛泽东农民理论的形成和发展》，《中国人民大学学报》1994 年第 3 期。

17. 陈金龙：《"半殖民地半封建"概念形成过程考析》，《近代史研究》1996 年第 4 期。

18. 陈金龙：《深化马克思主义中国化研究的若干思考》，《教学与研究》2006 年第 2 期。

19. 陈金龙：《论马克思主义中国化的若干问题——基于 20 世纪 50 年代社会主义建设道路的探索》，《马克思主义研究》2006 年第 12 期。

20. 陈金龙：《时代特征与马克思主义中国化》，《马克思主义研究》2008 年第 9 期。

21. 佟艳：《共产国际与毛泽东农民问题理论形成的关系》，《学术交流》2005 年第 1 期。

22. 鞠健：《论毛泽东在马克思主义农民理论中国化方面的主要贡献》，《社会主义研究》2005 年第 1 期。

23. 吴玉才：《农民问题在马克思主义中国化所处重要地位的历史原因》，《皖西学院学报》2003 年第 1 期。

24. 郭德宏：《近十年马克思主义中国化与中国化的马克思主义研究述评》，《党史研究与教学》2004 年第 4 期。

25. 黄道炫：《1920～1940 年代中国东南地区的土地占有——兼谈地主、农民与土地革命》，《历史研究》2005 年第 1 期。

26. 温铁军、冯开文：《农村土地问题的世纪反思》，《战略与管理》1998 年第 4 期。

27. 胡绳：《毛泽东的新民主主义理论再评价》，《中国社会科学》1999 年第 3 期。

28. 林蕴晖：《论中国国情与马克思主义中国化》，《中共党史研究》2000 年第 1 期。

29. 吴重庆：《革命的底层动员——在才溪读〈才溪乡调查〉》，《读书》2001 年第 1 期。

30. 张佩国：《中国乡村革命的叙事困境——以“土改”研究文本为中心》，《中国历史》2003 年第 2 期。

31. 黄兴涛：《“话语”分析与中国近代思想文化史研究》，《历史研究》2007 年第 2 期。

32. 韩震：《历史的话语分析与文本分析》，《青海社会科学》2000 年第 4 期。

33. 吴冠军：《话语分析与当代中国思想状况——一个思想札记》，载陶东风等编《文化研究》（第五辑），广西师范大学出版社 2005 年版。

34. ［澳］艾伦·卢克：《超越科学和意识形态批判——批判性话语分析的诸种发展》，载陶东风等编《文化研究》（第五辑），广西师范大学出版社 2005 年版。

35. 赵志义：《后现代语境中的历史话语》，《青海师范大学学报》（哲学社会科学版）2005 年第 2 期。

36. 邹诗鹏：《马克思主义中国化与中国现代性的建构》，《中国社会科学》2005 年第 1 期。

37. 周兴樑：《关于近代中国“两半”社会性质总理论的由来》，《历史教学》2005 年第 2 期。

38. 鲁振祥：《“马克思主义中国化”解读史中若干问题考察》，《中国特色社会主义研究》2006 年第 1 期。

39. 徐奉臻：《从批判视阈审查马克思主义中国化的理论实质》，《马克思主义与现实》2007 年第 1 期。

40. 秦晖：《土地革命 = 民主革命？集体化 = 社会主义？——马克思主义农民理论的演变与发展》，《学术界》2006 年第 6 期。

41. 秦晖：《历史与现实中的农民问题》，《农村·农业·农民》2005

年第 10 期。

42. 许前席：《作为政治问题的农民问题》，《战略与管理》2002 年第 1 期。

43. 王建辉：《从国民革命到土地革命——中国共产党对农民问题认识的转变》，《沈阳师范大学学报》（社会科学版）2005 年第 5 期。

44. 贺闹、刘顺：《农民：主体性身份的“他者”》，《绥化学院学报》2006 年第 4 期。

45. 李方祥：《农民传统与马克思主义》，《1920—1940 年代中国乡村社会文化变迁分析》，《中共福建省委党校学报》2005 年第 7 期。

46. 宋婕：《中国传统“革命”思想的两个维度及毛泽东的“革命”逻辑》，《现代哲学》2006 年第 3 期。

47. 侯建新：《封建主义概念辨析》，《中国社会科学》2005 年第 6 期。

48. 郭若平：《新民主主义的学理探源——对“中国社会性质问题论战”有益成果的吸收》，《中共党史研究》2003 年第 4 期。

49. 沈原：《社会转型与工人阶级的再形成》，《社会学研究》2006 年第 2 期。

50. 吴清军：《西方工人阶级形成理论述评——立足中国转型时期的思考》，《社会学研究》2006 年第 2 期。

51. 周建伟、陈金龙：《为什么“严重的问题是教育农民”——毛泽东农民理论的一个解读》，《现代哲学》2008 年第 1 期。

52. 周建伟、陈金龙：《亚细亚社会理论在中国社会史论战中的命运及启示》，《华南师范大学学报》（社会科学版）2008 年第 4 期。

53. Han, Xiaorong, *The Peasant in the Chinese National Question: 1900 – 1949*, Hawaii University, Ph. D dissertation, Dec., 1999.

54. Read, Jason, *The Production of Subjectivity*: *Marx And Contemporary Continental Thought*, State University of New York, Ph. D dissertation, 2001.

55. McCall, Philip L., *An Analysis of the Methodological Foundations of Marxist Class Theory*, University of Denver Ph. D dissertation, 2004.

56. Esherick, Joseph W., “Ten Theses on the Chinese Revolution”, *Modern China* 21. 1 (Jan. 1995): 45 – 76.

57. Kurtz, Marcus J., “Understanding peasant revolution: From concept

to theory and case", *Theory and Society*, Volume 29, Number 1 .

58. Scott, James C. " Revolution in the revolution", *Theory and Society*, Volume 7, Numbers 1 –2.

59. Feuerwerker, Albert, "China's History in Marxian Dress", *The American Historical Review*, Vol. 66, No. 2. (Jan. 1961), pp. 323 –353.

60. Hammen, Oscar., "Marx and the Agrarian Question", *The American Historical Review*, Vol. 77, No. 3. (Jun. 1972), pp. 679 –704.

61. Thaxton, Ralph, "On Peasant Revolution and National Resistance: Toward a Theory of Peasant Mobilization and Revolutionary War with Special Reference to Modern China", *World Politics*, Vol. 30, No. 1. (Oct. 1977), pp. 24 –57.

62. Averill, Stephen C., "Party, Society, and Local Elite in the Jiangxi Communist Movement", *The Journal of Asian Studies*, Vol. 46, No. 2. (May. 1987), pp. 279 –303.

63. Isaacs, Harold R., "Perspectives of the Chinese Revolution: A Marxist View", *Pacific Affairs*, Vol. 8, No. 3. (Sep. 1935), pp. 269 –283.

64. Wright, Mary C., "The Chinese Peasant and Communism", *Pacific Affairs*, Vol. 24, No. 3. (Sep. 1951), pp. 256 –265.

65. Hawes, Gary, "Theories of Peasant Revolution: A Critique and Contribution from the Philippines", *World Politics*, Vol. 42, No. 2. (Jan. 1990), pp. 261 –298.

66. Jenkins, J. Craig, "Why do Peasants Rebel? Structural and Historical Theories of Modern Peasant Rebellions", *The American Journal of Sociology*, Vol. 88, No. 3. (Nov., 1982), pp. 487 –514.

67. Knight, Nick, "The Form of Mao Zedong's 'Sinification of Marxism'", *The Australian Journal of Chinese Affairs*, No. 9 (Jan. 1983), pp. 17 –33.

68. Knight, Nick, "The Marxism of Mao Zedong: Empiricism And Discourse in the Field of Mao Studies", *The Australian Journal of Chinese Affairs*, No. 16 (Jul. 1986), pp. 7 –22.

69. Knight, Nick, "Mao Zedong and the Peasants: Class and Power in the Formation of a Revolutionary Strategy", *China Report*, 40: 1 (2004), pp. 49 –76.

70. Fogel, Joshua A. , "The Debate over the Asiatic Mode of Production in Soviet Union, China, and Japan", *The American Historical Review*, Vol. 93, No. 1 (Feb. 1988)

三 历史资料

1. 中共中央党史研究室第一研究部编译:《共产国际、联共(布)与中国革命档案资料丛书》(1—6), 北京图书馆出版社 1996、1998 年版。

2. 中央档案馆编:《中共中央文件选集》(1—18), 中共中央党校出版社 1989—1992 年版。

3. 中共中央书记处编:《六大以前——党的历史材料》, 人民出版社 1980 年版。

4. 中共中央书记处编:《六大以来——党内秘密文件》(上、下册), 人民出版社 1981 年版。

5. 于建嵘:《中国农民问题研究资料汇编》(一、二), 中国农业出版社 2007 年版。

6. 中国人民解放军政治学院党史研究室编:《中共党史参考资料》(1—18), 无出版社, 1979—1986 年。

7. 冯和法、薛暮桥编:《中国农村论文选》(上、下), 人民出版社 1983 年版。

8. 陈翰笙等主编:《解放前的中国农村》(第一、二辑), 中国展望出版社 1986 年版。

9. 农业部办公厅编:《农业集体化重要文件汇编》(1949—1981), 中共中央党校出版社 1981 年版。

10. 王礼锡主编:《中国社会史论战专号》(1—4), 神州国光社 1931—1933 年版。

11. 高军编:《中国社会性质问题论战》(资料选辑), 人民出版社 1984 年版。

后　记

本书是我的博士学位论文。书稿放在电脑里已经四年，终于等到了出版的机缘。

2006 年，我辞去公职，投身陈金龙教授门下攻读博士学位，当时颇有些破釜沉舟的味道。能遇良师，三生有幸。陈老师治学目光如炬，对后学不吝点拨，总能在关键处给予提点，鲁钝如我者，也能有所收获；陈老师的教学风格清新自然，主张放手让学生阅读和思考，但又让学生不敢懈怠。我在一班同学中年纪较长，但同学关系亲密无间，让我彻底摆脱曾经的办公室政治困扰，即使研究和思考遇到难题，心情也总能保持愉悦。攻博三年，可算是迄今为止人生最为畅快的时段之一。

2009 年夏，我从华南师范大学政治与行政学院毕业。记得论文答辩安排在晚上，答辩委员会主席是钟明华教授，委员有郭文亮教授、刘卓红教授、尹树广教授、林济教授。答辩场景依然清晰，那是一个紧张到汗流浃背的过程。令人高兴和感激的是，论文得到了一致好评，老师们也为论文修改提供了很多中肯的意见。

写作虽然是个人性的，但也凝聚了很多人的帮助乃至心血，要感谢的人很多，博士论文写作尤其如此。今天重读了当年的论文后记，感慨满怀，感激满怀。现将当年草就的论文后记摘录于下：

攻读博士学位的三年时间，对于我这样一个“阔别”学术圈三年、中途“回炉”的学生来讲，是一个值得毕生珍藏的人生历程。学位论文完成，就意味着人生的一个历程即将过去，新的旅程已在眼前。夫子尝言：逝者如斯夫，不舍昼夜。经历了这一过程的磨炼，也许才真正理解了夫子在川上发出的这一声感叹。

首先要感谢导师陈金龙教授。感谢导师对我这个已经离开学术圈三年的学生不离不弃，招至门下。感谢导师三年来的悉心教导，而最要感谢的，是导师对我的“放任”——“放任”我去“多读几本书，认真思考几个问题”（导师语）。论文从选题确定到框架建构，从理论观点到文字表述，都饱含导师的心血。导师的为学和为人，让我受益终身。感谢导师组王宏维教授、刘卓红教授、李明华教授、尹树广教授和中山大学教育学院郑永廷教授，他们把我引进了以前不熟悉的领域，加深了我对熟悉领域的认识和理解，也让我领略了学术的宽广和多样。感谢政治与行政学院林济教授，林老师在百忙之中仔细阅读了全文，提出了中肯的修改意见。感谢我的硕士导师秦兴洪教授，是秦老师把我领进了农民问题研究的大门，所不同的是，跟随秦老师学习和开展研究时，关注的主要是现实的“三农”问题，而在博士学位论文中，则从现实返回到了历史，希望能够对现实的“三农”问题做一些追本溯源的工作。秦老师对论文进行了认真的阅审，解答了我不少疑惑，一些关键性问题的提法也更为准确精当。当我看到秦老师十几页修改建议的时候，仿佛回到了硕士研究生时代，导师给予的鼓励和点拨，是我进步的力量。犹记得读本科时的毕业论文也是农民问题，论文的稚嫩自不待言，但指导老师王金红教授的耐心指点令我印象深刻，至今仍然铭记。我想，这篇论文有可取之处的话，是与以上各位老师的教育和指导分不开的。

感谢师母李子明老师三年来对我生活的关心，对我和我的家庭而言，师母的关心可谓雪中送炭。感谢师兄（姐）陈露、马建文、陈晓钢、谢迪斌、童小彪，师弟（妹）饶志华、王松堂、胡旭华、张齐学、许冲、包毅、李芬香、马悦怡、孟令蓉、何少群给予的帮助，尤其要感谢饶志华、张齐学和孟令蓉惠赐珍贵资料。特别要感谢同学茅根红和唐鸿，在一起学习的三年时光和兄弟般的感情，将是我一生的美好回忆。感谢老同学陈洪杏、关锋、余翔和张淑明，感谢师兄罗毅君、老同学李小林伉俪，他们的鼓励和帮助，铭记于心。

感谢我的家人。妻子雪莲，对我不安分的个性处处包容，三年来承受了巨大的生活压力，在照顾好家庭的同时，更时时关心我的学业。2006年秋入学时，小儿北辰正蹒跚学步、牙牙学语，现在已是满地飞跑的调皮男孩了。儿子成长的点点滴滴，让我在体悟到责任的同时，也为略显单调的生活增色不少。岳父母、姨妈和母亲，不远千里从四川老家轮流来广州照顾我们的生活，尤其是岳母，自小儿出生以来，大部分时间都在帮我们照顾孩子，与我们甘苦与共。远在四川的父母虽然文化程度非常有限，却深知知识的重要，对我的学业十分支持和关心。2008 年，家乡发生了震惊世界的大地震和百年不遇的洪灾，务农为生的父母遭受了他们平生最为沉重的打击，但他们仍然乐观地面对生活，不希望我为他们担心。对于他们，我的感激之情，难以言表！

四年过去了，本书涉及的主题已有不少新的研究进展，我也有过修订后再出版的打算。不过，考虑到这部著作记录了人生一个重要时期的思考，保留原样可能更好，也就放弃了修订的打算。感谢导师陈金龙教授对本书出版的关心，陈老师不仅帮助联系出版事宜，还在百忙之中为本书撰写了序言，殷殷之情，谆谆教诲，铭记于心。感谢广东省社科规划办，本书得到了广东省哲学社会科学学科共建项目立项资助。感谢华南师范大学马克思主义学院提供出版资助。责任编辑冯春凤编审为本书的出版提出了宝贵建议，做了大量工作，使本书增色不少，在此表示衷心感谢。书中的错谬之处，祈请学者同仁不吝赐教。

周建伟

2013 年 11 月于广州华南师范大学